DERNIER JOURNAL

DU DOCTEUR

DAVID LIVINGSTONE

A LA MÊME LIBRAIRIE

LIVINGSTONE (David) : *Explorations dans l'intérieur de l'Afrique centrale.* Ouvrage traduit de l'anglais, par Mme H. Loreau. 1 vol. grand in-8, avec 45 gravures et 2 cartes, 10 fr.

LIVINGSTONE (David et Charles) : *Explorations du Zambèse et de ses affluents*, et découverte des lacs Chiroua et Nyassa (1858-1864). Ouvrage traduit de l'anglais par Mme H. Loreau. 1 vol. grand in-8 avec 47 gravures et 4 cartes, 10 fr.

Les deux ouvrages précédents, abrégés par J. Belin de Launay. 1 vol. avec 20 gravures et 1 carte, 2 fr. 25

Le même volume, sans gravures, 1 fr. 25

Typographie Lahure, rue de Fleurus, 9, à Paris.

DAVID LIVINGSTONE

DERNIER JOURNAL

DU DOCTEUR

DAVID LIVINGSTONE

RELATANT

SES EXPLORATIONS ET DÉCOUVERTES
DE 1866 A 1873

SUIVI DU

RÉCIT DE SES DERNIERS MOMENTS

RÉDIGÉ D'APRÈS LE RAPPORT DE SES FIDÈLES SERVITEURS

CHOUMA ET SOUZI

PAR HORACE WALLER

Membre de la Société générale de Géographie de Londres

OUVRAGE TRADUIT DE L'ANGLAIS AVEC L'AUTORISATION DES ÉDITEURS

PAR Mme H. LOREAU

ET CONTENANT 60 GRAVURES ET 4 CARTES

TOME PREMIER

PARIS

LIBRAIRIE HACHETTE ET Cie
79, BOULEVARD SAINT-GERMAIN, 79

—

1876

Tous droits réservés

INTRODUCTION.

Au milieu du deuil général que produisit la nouvelle de la mort de Livingstone, on voulut espérer qu'au moins une partie des derniers papiers de l'illustre voyageur avait survécu au désastre et qu'elle nous serait rendue. Le fait s'est réalisé au delà de toute espérance.

Le récit est complet, nulle part il n'y a d'interruption. Pas une note quotidienne n'a été perdue; nous les avons toutes depuis le jour où Livingstone quitta Zanzibar, en mars 1866, jusqu'à celui où le carnet lui tomba des mains, dans le village d'Ilala, le 27 avril 1873.

On se rappelle qu'en 1872, lorsque M. Stanley se sépara du docteur, celui-ci lui confia un journal très-volumineux, journal scellé, qui dès l'arrivée de M. Stanley en Angleterre fut remis à la garde de miss Agnès Livingstone. La fatale nouvelle ayant été confirmée, ce journal fut ouvert, et l'on y trouva une portion considérable des notes que le docteur avait prises pendant les cinq années précédentes.

Livingstone avait pour habitude de porter constamment un carnet métallique sur lequel les moindres faits du jour étaient consignés; dès que l'occasion le permettait, ces notes étaient reportées sur le journal avec une exactitude scrupuleuse. Il semble néanmoins que, dans les dernières années de sa vie, cette coutume excellente de la rédaction d'un journal ait dû céder aux fatigues du voyage et à l'état d'épuisement qui résultait d'une affreuse maladie. Pendant son séjour dans le Manyéma, il se trouva n'avoir plus de papier, plus d'encre, plus de crayons, et il lui fallut recourir à des expédients qui, au premier abord, rendirent contestable la possibilité de déchiffrer les lignes tracées par leur moyen. Les carnets qui lui restaient à cette époque furent utilisés dans tous les sens. On trouve dans quelques-uns, des observations astronomiques, des noms de rivières, des hauteurs de montagnes partant d'un côté, pendant que l'itinéraire quotidien s'avance de l'autre, mêlé à des cartes de la route, à des notes botaniques, à des croquis soigneusement faits; le milieu du volume est rempli de calculs, de souvenirs privés, de citations, de mots recueillis pour former des vocabulaires, et, çà et là, une fleur pressée entre les deux pages a laissé une empreinte qui rend le texte moins visible; cependant le fil du récit court à travers et se retrouve : l'habitude qu'avait Livingstone d'ajouter à chaque quantième le nom du mois et le chiffre de l'année, empêchait toute confusion d'être irrémédiable.

Mais arriva le jour où il n'y eut plus, sur les carnets, un pouce de papier blanc. Les vieilles gazettes furent alors mises en cahier; et, sur leurs feuillets jaunis par l'humidité africaine, le voyageur écrivit en travers de l'impression, avec une encre composée du suc d'un arbre. La tâche laborieuse de déchiffrer cette partie du journal a été accomplie par miss Livingstone et par le révérend C. A. Alington. Leur connaissance de l'écriture du docteur et leur persévérance, jointe à de bons yeux, aidés par une forte loupe, leur ont permis d'achever ce travail avec un plein succès.

Lorsque la caisse de fer-blanc, qui avait accompagné Livingstone jusqu'à la fin, fut ouverte au Foreign-Office, on y trouva non-seulement toutes les notes dont le volume rapporté par M. Stanley donnait le résumé; mais un journal détaillé du séjour à Kouihara, et de nouvelles notes quotidiennes concernant le dernier voyage.

Celles-ci étaient-elles complètes ou n'en recevait-on qu'une partie? Ce fut en tremblant qu'on les examina, et avec joie et reconnaissance qu'il fut découvert que les gens de Livingstone avaient sauvé jusqu'à des chiffons de papier ne portant qu'une seule ligne de l'écriture du maître.

Dans la caisse se trouvaient également ses cartes, qui pour la première fois étaient mises au jour. Celles que nous donnons ont été faites sur les tracés originaux, rectifiés d'après les corrections et les additions que Livingstone faisait de temps à autre, à mesure qu'il avançait et que les détails géographiques lui apparaissaient plus clairement. Mister John Bolton[1], le compilateur de ces tracés, en a suivi le dessin d'aussi près que possible, s'efforçant de rendre son œuvre telle qu'elle aurait pu être si le docteur en eût surveillé l'exécution. On doit se féliciter de ce que le savoir, l'habileté et le zèle infatigable de M. Bolton aient été employés à ce travail.

Parmi les dernières lignes que Livingstone a écrites, se trouvait le commencement d'une lettre à mon adresse, où il exprimait le désir que pas une position établie d'après ses observations astronomiques, ainsi que le chiffre des altitudes, ne fût regardée comme étant correcte qu'après avoir été examinée, par son vieil ami, sir Thomas Maclear. Cet examen a été fait de concert avec le docteur Mann, au moins pour certaines localités.

De Kabouabouata à Mparrou, le chemin a dû être inscrit entièrement d'après les notes du docteur, celui-ci ayant été trop malade pendant cette partie du voyage pour le marquer sur sa carte; c'est la seule fois qu'il n'ait pas donné le tracé de la route, et indiqué la nature du terrain sur lequel il passait.

Nous ferons observer que, sur la carte que nous donnons, le lac Nyassa a une forme différente de celle que lui attribuent toutes les cartes qui ont paru jusqu'ici; il a été dessiné d'après les relèvements et le tracé que le docteur en a faits lors de

---

1. Attaché à l'état-major de Mr Stanford.

son exploration de 1861-1863. Par un motif quelconque, le premier cartographe n'a pas suivi le plan original; cette fois la direction et la forme du lac ont été reproduites avec plus d'exactitude.

Doué d'une force de résistance peu ordinaire, et de facultés exceptionnelles, jointes à une persévérance, à une énergie qui lui faisaient concentrer tous ces dons sur la tâche qu'il avait entreprise, ayant une crainte de l'exagération qui parfois allait jusqu'à diminuer l'importance de ses plus grandes découvertes, Livingstone était qualifié plus que tout autre pour rendre à la géographie d'immenses services. Il nous laisse en outre la foi sincère que l'esclavage, cette plaie de l'humanité, comme il le désignait, disparaîtra par suite de ses efforts. Nous avons le ferme espoir que d'autres suivront la voie qu'il a ouverte, et dont il a écarté les obstacles qui proviennent de la complète ignorance où le voyageur est des traits physiques d'un pays entièrement neuf.

Ayant eu le privilége d'être lié avec lui d'une étroite amitié pendant un long séjour en Afrique[1], il nous a été facile de voir, surtout dans sa correspondance des dernières années, qu'il aspirait à résoudre quelque énorme problème, tel que celui qu'il attaqua dans ce dernier voyage, et dont il poursuivit l'étude avec un sentiment du devoir que nous ne craignons pas de dire exagéré, tout le monde l'admettra avec nous.

Il ne tenait pas suffisamment compte de l'atteinte portée à sa constitution par la fièvre et par la dyssenterie, lors de sa traversée de l'Afrique, de 1853 à 1856; et l'ancienne blessure finit par l'épuiser.

Beaucoup de ses vieux amis furent remplis d'inquiétude, quand, en 1872, ils le virent continuer ses recherches des sources du Nil; car les lettres rapportées par M. Stanley

---

[1]. M. Waller faisait partie de la mission qui fut envoyée, en 1860, par les universités d'Oxford et de Cambridge, dans l'Afrique orientale, et qui s'établit sur les bords du Chiré. Voy. *Explorations du Zambèze et de ses affluents*, par David et Charles Livingstone, Paris, Hachette, 1866, p. 323, 326, 449.

(*Note du traducteur.*)

faisaient naître les plus vives appréhensions, qui, hélas! n'étaient que trop fondées.

Parmi les faits géographiques les plus importants relatés dans ce journal, on verra que Livingstone a mis hors de doute que le Nyassa dépend d'un système fluvial totalement distinct de celui qui comprend le lac Tanganika et les rivières coulant au nord et à l'ouest[1]. Quant à ce dernier lac, sa décharge n'a été pour le docteur qu'une hypothèse. Livingstone était convaincu de l'existence d'un émissaire, mais il n'en a pas eu la preuve, et il avait trop de sagacité pour affirmer ce qui ne lui était pas démontré par des observations attentives. La présomption était d'autant plus facile à motiver que, dans le cas où le rivage est calcaire, l'eau se fraye souvent une issue à travers le roc; toutefois il nous reste à apprendre si, par les cavernes du Kabogo de l'ouest, le Tanganika ajoute son tribut aux rivières que Livingstone nous a fait connaître, et qui sont au nombre des plus importantes du globe[2].

Aux découvertes dont le récit est contenu dans les pages suivantes, découvertes de peuplades, de grands lacs et de cours d'eau traversés par centaines, se joint un grand nombre d'observations relatives aux produits de la contrée, aux habitudes des poissons, aux mœurs des oiseaux, à la nature du sol, etc., etc.

Il me reste à dire combien j'ai d'obligation à mister James Young, de Kelly, membre de la Société géographique de Londres, pour m'avoir assuré la présence de Souzi et de Chouma, les serviteurs de Livingstone. Toujours prêt à servir

---

[1]. Il n'est ici question que des rivières occidentales dont Livingstone étudiait alors le cours, et qu'il supposait appartenir au bassin du Nil; mais le Nyassa, qui se déverse directement dans le Zambèze par le Chiré, est en communication avec l'Atlantique par le petit lac Dilolo, dont un double émissaire, la Lotemmboua, porte au sud les eaux dans la Liba, affluent du Liambaï, et au nord dans le Cassaï, tributaire du Congo. (*Note du traducteur.*)

[2]. On sait aujourd'hui que le lieutenant Cameron, parti d'Oujiji le 24 mars 1874, est arrivé le 3 mai au Loukouga, *effluent* du Tanganika, dont il a descendu le cours sur une longueur de quatre milles. D'après le chef de la localité, cette rivière va rejoindre le Loualaba; pas un Arabe ne l'avait encore suivie.

(*Note du traducteur.*)

son vieil ami, il a fait en sorte que je les eusse sous la main aussi longtemps que leur aide a pu m'être nécessaire pour me retrouver au milieu de cette pile de cartes et de manuscrits. La connaissance qu'ils possèdent l'un et l'autre des pays où le voyage a eu lieu, et le concours permanent qu'ils ont prêté à leur maître en qualité d'interprètes — posant les questions, transmettant les réponses — a fait d'eux des géographes pratiques d'une habileté peu commune. Dans une circonstance où des doutes s'élevaient à l'égard d'une ligne de faîte particulière, Souzi revint quelques heures après, avec un tracé de tout le réseau fluvial de la région; et, à ma grande surprise, sa carte concordait fort bien avec celle du docteur. Je les avais connus tous les deux autrefois pendant des années, au bord du Chiré et du Zambèze, et ce fut avec un véritable plaisir que je les gardai près de nous pendant quatre mois. Ce sont eux qui, en en faisant le modèle, ont permis au dessinateur de reproduire exactement la maison dans laquelle Livingstone est mort, ainsi que la litière sur laquelle il a fait ses dernières étapes, et le village où le corps a séjourné pendant une quinzaine.

Je n'ai pas besoin de dire que j'ai trouvé auprès du docteur Kirk (l'ancien compagnon de Livingstone dans l'exploration du Zambèze) une assistance non-moins bienveillante que précieuse, toutes les fois qu'elle m'a été nécessaire. Quelques-unes des illustrations de l'ouvrage sont dues à son obligeance.

On a pensé qu'il était convenable de distraire du journal de Livingstone toute la matière strictement scientifique, et de la réserver pour une publication spéciale. Ainsi la quantité d'eau tombée chaque jour, la température quotidienne, les observations barométriques et hypsométriques, enregistrées avec une persévérance qui ne s'est pas démentie, et accumulées d'années en années, constituent évidemment une masse d'informations que le météorologiste devra trouver à part.

J'ai eu pendant toute la durée de ma tâche le sentiment d'une grande responsabilité; car nul doute que le bien-être futur de ces races lointaines ne dépende de l'attention qu'éveillera parmi nous le récit de leurs infortunes, surtout l'assurance du bon accueil qu'elles sont disposées à faire à quiconque ira les trouver par les mêmes motifs que ceux qui animaient Livingstone.

En même temps, le souvenir et l'affection faisaient revivre pour moi l'homme, le voyageur et l'ami. Puisse ce qu'il a inscrit dans son journal conserver ici tout son intérêt et toute sa profondeur.

Horace Waller,
Twywell rectory, Thrapston, Northamptonshire.

2 novembre 1874.

DERNIER JOURNAL

DE

LIVINGSTONE

CHAPITRE PREMIER.

Arrivée à Zanzibar. — Réception cordiale du sultan Saïd-Médjid. — Meurtre du baron van der Decken. — Le marché aux esclaves. — Préparatifs de départ pour l'intérieur. — Embarquement sur le *Penguin*, vaisseau de la marine royale d'Angleterre, et sur une daou. — Baie de la Rovouma reconnue impraticable. — Atterrissage à Mikinedani. — Heureux de se retrouver en Afrique. — Ennuis causés par les cipahis. — Chameaux attaqués par la tsétsé. — Jungles. — Bûcherons indigènes. — Rencontre d'anciens ennemis. — Les Makônndés. — Lac Nanngadı. — Copal.

Zanzibar, 28 *janvier* 1866. — Arrivé dans cette île, après une traversée de vingt-trois jours sur la *Thulé*, frégate à vapeur, qui a fait partie de la dernière escadre des mers de Chine, commandée par le capitaine Sherard Osborne, frégate qui est offerte au sultan de Zanzibar par le gouvernement de Bombay. J'ai été chargé de la présentation officielle. En m'honorant de cette mission, le gouverneur, en son conseil, a voulu montrer combien il m'estime, afin d'induire le sultan à seconder mon entreprise. La lettre de Sir Bartle Frère à celui-ci est une lettre de recommandation en ma faveur, bonté dont je ressens une profonde gratitude. L'épître est conçue dans les termes suivants :

A SA HAUTESSE SEDJOUEL-MÉDJID, SULTAN DE ZANZIBAR.

« Votre Hautesse,

« J'espère que ces lignes vous trouveront heureux et bien portant.

« J'ai prié mon ami, le docteur David Livingstone, qui est personnellement et favorablement connu de Votre Hautesse, de vous assurer du bon vouloir et de la constante amitié du gouvernement de Sa Majesté dans l'Inde.

« Votre Hautesse sait quel est le but des travaux auxquels mon ami a consacré son existence; et j'ai la certitude qu'elle continuera au docteur Livingstone la bienveillante protection qu'elle lui a déjà accordée. Je ne doute pas qu'elle lui assure, dans toute l'étendue de ses États, le concours de tous ceux qui pourront l'aider à accomplir l'œuvre philanthropique à laquelle il se dévoue tout entier, et qui, Votre Hautesse ne l'ignore pas, a la vive approbation du gouvernement de Sa Majesté en Angleterre et dans l'Inde.

« J'espère que Votre Hautesse me continuera la faveur de me donner des nouvelles de sa santé et de sa prospérité.

« Toujours, de Votre Hautesse, le sincère ami,

« H. B. E. FRÈRE. »

Bombay-Castle, 2 janvier 1866.

4 février. — Au moment de notre arrivée, le consul britannique, le docteur Seward, se trouvait aux Seychelles, où il était allé se rétablir d'une maladie grave. M. Schultz, qui le remplaçait, était lui-même absent. On attendait le docteur de jour en jour; il arriva, en effet, le 31 janvier.

En l'absence des consuls, je sollicitai du sultan une audience particulière; et le lendemain, 29, j'allai voir Sa Hautesse à laquelle je fis part de ma commission. Le saïd a été fort gracieux et a paru enchanté, ce qui n'a rien d'étonnant; car la *Thulé* est équipé de la manière la plus somptueuse. J'ai demandé qu'il nous fût accordé quelques jours pour la mettre en ordre; Sa Hautesse a consenti d'autant plus volontiers à retarder sa visite au vaisseau, que nous sommes dans le ramadan ou mois du jeûne.

Aujourd'hui, le consul avait tout disposé pour me présenter officiellement, d'après les instructions qu'il a reçues à cet égard. Le capitaine Bradshaw (du *Wasp*), le capitaine Latham (du *Vigilant*) et l'évêque Tozer devaient m'accompagner, tous en grande tenue. Mais le saïd a une fluxion et n'a pas pu me recevoir. Il m'a toutefois donné pour logis une des maisons qui lui appartiennent et a désigné, pour s'occuper de ma table et de celle de mes gens, un homme qui parle anglais. Il a eu la même attention pour le lieutenant Brebner, commandant de la *Thulé*, et pour son équipage.

6 *février*. — Toujours retenue par sa fluxion et par le ramadan, Sa Hautesse a envoyé son commodore, le capitaine Abdallah pour recevoir la frégate. Au moment où le pavillon anglais a été descendu, à bord de la *Thulé*, il a été hissé au grand mât de l'*Iskander shah*, et salué de vingt et un coups de canon. Le *Wasp* a rendu le même nombre de coups au pavillon arabe; honneur que l'*Iskander*, frégate du capitaine Abdallah, a reconnu par une seconde salve royale; et la cérémonie a été terminée.

7 *février*. — Nous avons été reçus par le sultan. Je lui ai dit, au moyen de son interprète, que son ami, le gouverneur de Bombay, avait récemment visité les princes du Mahratta méridional, et avait insisté auprès d'eux sur la nécessité de l'instruction. « Le monde est en progrès, ai-je continué, il marche tous les jours; et ceux qui négligeraient de s'instruire verraient bientôt le pouvoir leur glisser des mains. En offrant à Sa Hautesse l'un des bâtiments de sa flotte à vapeur, le gouvernement de Bombay, ajoutai-je, a l'intention de faire connaître à un ami l'une des conquêtes les plus précieuses des temps modernes; car il ne veut pas monopoliser la force que donne la science; il désire au contraire élever les autres à son niveau; sur quoi, j'ai souhaité au saïd de vivre cent ans et plus, dans la plénitude du bonheur. »

L'idée de mon discours était empruntée, en partie du moins, à celui de sir Bartle Frère; j'ai pensé que mes paroles auraient plus de poids, venant d'une pareille source, qu'émanant de moi-même.

Sa Hautesse désirait vivement que, pour retourner dans l'Inde, le lieutenant Brebner et ses hommes fissent la traversée à bord du *Nadir-Shah*, l'un des vaisseaux de guerre qu'elle possède; et bien que déjà il eût envoyé ses malles au *Vigilant* pour se rendre aux Seychelles et gagner ensuite Bombay, nous avons persuadé au lieutenant Brebner d'accepter l'offre du saïd. Il est certain qu'il sera reconduit avec tous les honneurs désirables. Une heure après que le lieutenant eut consenti à monter sur le *Nadir-Shah*, Sa Hautesse avait pourvu à la dépense que nécessite l'armement du vaisseau.

11 *février*. — Ici naturellement, l'une des choses qui me préoccupaient le plus était la mort du baron von der Decken, arrivée au bord du Djoba ou El-Djib. Le premier indice que l'on eut de la malheureuse fin du voyage fut l'apparition du lieutenant von Schich. Après l'avarie du steamer, une attaque avait été résolue par les indigènes; deux Européens étaient morts dans l'affaire; les assaillants avaient perdu trois de leurs notables; ils venaient du côté de Berdéra, où le baron se trouvait avec le docteur Link; et le lieutenant ne savait pas si le chef de l'expédition vivait encore.

Il repartit aussitôt pour Brava, afin de s'enquérir du sort du baron. Pendant ce temps-là plusieurs Zanzibarites, qui avaient fait partie de l'équipage du steamer, et qui avaient pu s'échapper du camp, étaient arrivés dans cette ville[1].

---

1. Après avoir fait deux voyages sur la côte orientale d'Afrique, l'un en 1860, l'autre en 1862, le baron von der Decken était reparti d'Europe en octobre 1864, afin d'explorer le massif du mont Kénia; ses deux voyages précédents l'avaient conduit au Kilimandjaro, dont il avait fait une première ascension avec M. Thornton, géologue attaché à l'expédition du Zambèze. Cette fois il était accompagné des comtes von Schich et von Gœtz, auxquels s'adjoignirent le docteur Link et MM. Trenn et Hitzmann, l'un paysagiste, l'autre ingénieur. Se rendant à l'embouchure du Djoba, von der Decken essaya de remonter la rivière avec deux petits vapeurs, construits à ses frais; la barre fit chavirer les deux bateaux et M. Hitzmann se noya. Les embarcations furent réparées, et l'on s'engagea sur le Djob. Arrivé à Berdéra, capitale des Somalis Rahanevouines, le baron alla trouver

Maison de Livingstone, à Zanzibar.

CHAPITRE I.

18 *février*. — Tous les Européens sont allés aujourd'hui présenter leurs félicitations à Sa Hautesse à propos de la fin du ramadan. Des sucreries ont été placées devant nous. Médjid m'a prié de remercier le gouverneur de Bombay de son magnifique envoi et de lui dire que, bien qu'il eût souhaité m'avoir toujours près de lui, il n'en favoriserait pas moins mon voyage; puis il ajouta que la *Thulé* était à mon service pour me conduire à la Rovouma, quelle que fût l'époque à laquelle je voulusse partir. Je répondis que Sa Hautesse avait eu pour moi toutes les bontés possibles, qu'elle avait fait plus que je n'espérais, et que j'étais certain que Son Excellence serait ravie d'apprendre que le vaisseau contribuait à la joie et à la prospérité de Sa Hautesse; que rien ne pourrait être plus agréable au gouverneur. Le saïd me dit alors qu'il avait le projet d'aller mercredi, qui est après-demain, faire une promenade avec la *Thulé*. L'évêque Tozer, le capitaine Frazer, le docteur Steere et tous les Anglais étaient présents.

Mes cipahis vinrent ensuite, avec les autres, rendre hommage au saïd; en lui présentant les Nassickais, j'ai dit à Sa Hautesse que ces jeunes gens avaient été rachetés de l'esclavage par le gouverneur, qui, après les avoir fait instruire, les renvoyait chez eux. Cela doit lui montrer qu'il y a sur terre des hommes qui ont, pour leurs actions, d'autres mobiles que l'égoïsme.

Dans l'après-midi, le cheik Soliman, secrétaire de Sa Hautesse a apporté, pour le gouverneur, une lettre qui sera remise par le lieutenant Brebner; le *Nadir-Shah* met à la voile demain. Il a été offert de l'argent au lieutenant; mais ceci ne pouvait pas même être écouté.

---

le chef, qui vit l'expédition d'un mauvais œil. Von der Decken rejoignit ses compagnons pour continuer sa route; mais le plus grand des deux bateaux ayant échoué sur un écueil, on s'établit sur la rive. Le baron crut devoir retourner à Berdéra avec le docteur Link : cinq jours après il n'était pas revenu. Pendant ce temps-là, le camp avait été assailli et deux Européens avaient été tués. Ce fut alors que le lieutenant von Schich se rendit à Zanzibar. Le consul envoya un vaisseau à l'embouchure du Djoba. Mais le cheik avait fait tuer ses deux prisonniers à coups de lance et jeter les corps dans la rivière.

(Voy. pour plus de détails l'*Année géographique* de M. Vivien de Saint-Martin, 5ᵉ année, 1866, p. 319. Paris, librairie Hachette.)

(Note du traducteur.)

Voici les termes de la lettre :

« A Son Excellence, le gouverneur de Bombay.

(Après les compliments d'usage.)

« . . . . . La fin de mon désir est toujours d'apprendre que la santé de Votre Excellence est bonne. Quant à moi, votre ami, je me porte très-bien.

« Votre honorée lettre, confiée au docteur Livingstone, m'est dûment arrivée; et tout ce que m'avez dit à l'égard du docteur, je l'ai compris.

« Je lui montrerai du respect, lui rendrai honneur, et l'aiderai dans toutes ses affaires, ce que j'ai déjà fait; je pense qu'il vous le dira.

« J'espère que vous voudrez bien me laisser reposer dans votre cœur et que vous m'enverrez beaucoup de lettres.

« Si vous aviez besoin de quelque chose, j'en serais heureux : je vous le donnerais.

« Votre sincère ami,

« Medjid ben Saïd.

2 *mars*. — Une daou[1] est arrivée du nord, avec un chargement d'esclaves. Dès qu'il en eut connaissance, le sultan ordonna que la barque fût brûlée; nous avons vu l'incendie de la fenêtre du consulat. Mais le saïd a bien peu de pouvoir sur les Arabes asiatiques. Dernièrement il a fait preuve de quelque énergie; il voulait frapper un impôt de 10 pour 100 sur tous les articles introduits dans la ville pour y être vendus, ce qui était absolument contraire aux traités : ceux-ci ne permettent pas d'établir de monopole, ni de percevoir plus de 5 pour 100 comme droit d'importation. Le consul de France brave hautement le saïd; le terme est juste; il rend fort bien la manière dont les Français se conduisent avec les indigènes; rien d'étonnant s'ils n'acquièrent pas d'influence dans le pays; leur

---

1. Barque arabe, à demi pontée, la plus petite des embarcations maritimes de ces parages. (*Note du traducteur.*)

Le marché aux esclaves, à Zanzibar.

grand moyen, pour en obtenir, est de prêter leur pavillon aux négriers; de telle sorte que celui-ci couvre l'odieux trafic.

L'odeur qui s'élève de la plage, où, sur environ deux mille carrés, se déposent toutes les ordures de la ville, est quelque chose d'effroyable. Quand vient le soir, la couche est si épaisse qu'on pourrait la couper par tranches et en fumer les jardins; ce n'est pas Zanzibar qui devrait être le nom de cette ville, mais *Puantibar*. Personne ne peut jouir ici d'une bonne santé pendant longtemps.

Visité le marché aux esclaves. Trois cents individus, à peu près, se trouvaient en vente; le plus grand nombre étaient du Chiré et du Nyassa. Leurs figures et leurs tatouages m'étaient si familiers, que je m'attendais à les voir me reconnaître. Une femme m'a dit en effet qu'elle avait entendu parler de notre passage sur le lac. Il y en avait d'autres qui venaient de Tchipéta, au sud-ouest du Nyassa. Excepté les enfants, tous semblaient honteux de leur position : les dents sont regardées, la jupe relevée pour examiner les jambes; puis on jette un bâton pour que, en le rapportant, l'esclave montre ses allures. Quelques-uns sont traînés au milieu de la foule, et leurs prix criés sans cesse. La plupart des acheteurs étaient des Arabes du nord et des Persans. Nous sommes à une époque où les sujets de Sa Hautesse ne peuvent pas conduire d'esclaves en Arabie; mais simplement parce que le vent est contraire. Un grand nombre de daous vont à Madagascar, d'où elles reviennent pour compléter les cargaisons.

Les Arabes traitent, dit-on, leurs esclaves avec bonté; il en est de même des indigènes. Cela tient à ce qu'ils partagent l'indolence générale; car un état plus civilisé n'améliore pas le sort de l'esclave. Tant qu'il a pour maître un homme dont le rang ne diffère pas beaucoup du sien, il lui est peu demandé; à mesure que la société progresse, les besoins se multiplient, et le travail augmente. Il n'y a donc pour l'esclave aucun espoir de condition meilleure, à moins que le maître ne reste a l'état de barbarie ou n'y fasse retour.

6 mars. — Maintenant que le soleil est au zénith, les pluies ont commencé. Nous attendons avec impatience que le *Penguin* arrive d'Anjouan, et nous conduise à la Rovouma. Six de mes gens ont la fièvre, ce qui n'a rien d'étonnant dans un pareil endroit. La terre est basse; les parties culminantes ne sont pas à plus de cent cinquante pieds au-dessus de l'Océan, et il y a dans la ville absence totale de règlements sanitaires. Le souverain a fort peu d'autorité; ce n'est que le successeur d'un chef de horde dont la bande s'est répandue dans l'île et sur le littoral voisin. On lui donne simplement le titre de saïd, jamais celui de sultan; et ses sujets peuvent se vanter de choisir un autre chef s'il vient à leur déplaire.

L'île est une formation de corail, avec conglomérat de grès siliceux. On y a trouvé d'anciennes monnaies portant des inscriptions coufiques et âgées d'environ neuf cents ans.

La flore est généralement africaine; mais les plantations de girofliers, de manguiers et de cocotiers donnent à la scénerie l'aspect luxuriant des îles de la mer du Sud.

Été voir aujourd'hui l'homme le plus riche de Zanzibar, qui doit me donner des lettres pour les amis qu'il a au Tanganïka, où je voudrais former un dépôt d'articles d'échanges et de provisions de bouche, afin de n'être pas pris au dépourvu lorsque j'y arriverai.

18 *mars*. — Je me suis arrangé avec un banian du nom de Kourdji, qui est le fermier de la douane, pour envoyer à Oujiji (bords du Tanganïka) une provision d'étoffe, de grains de verre, de thé, de farine, de sucre et de café. L'Arabe chez lequel seront déposées ces marchandises, sous la garde de l'un des hommes de Kourdji, s'appelle Thani-ben-Souélim.

Hier, nous sommes allés prendre congé du saïd et le remercier de toutes les bontés qu'il a eues pour moi et pour mes gens, bontés réellement très-grandes. Il m'a offert des hommes pour m'accompagner, et une seconde lettre de recommandation. Sa santé paraît très-mauvaise.

J'ai reçu du docteur et de Mistress Seward, pendant tout mon séjour, des preuves d'une extrême obligeance; ils ont fait pour moi tout ce qui était en leur pouvoir. Que le Tout-Puissant le leur rende avec usure. La politique que suit ici le docteur me paraît être fort juste, même la seule que l'on puisse considérer avec satisfaction, et qui ait des chances de succès auprès des Arabes d'une classe infime.

Le *Penguin* est arrivé il y a quelques jours, et le lieutenant Garforth, qui le commande, accepte de me conduire à la Ro-

Embarquement sur la daou.

vouma. J'ai une daou pour emmener mes bêtes : six chameaux, trois buffles et un bufflion, deux mules et quatre ânes. Ma caravane se compose de treize cipahis, dix Anjouannais et treize Africains : neuf sortis de Nassick, deux natifs de Choupanga et deux Afahous, qui sont Chouma et Vouékétani [1].

19 *mars*. — Parti ce matin à dix heures.

J'espère que le Très-Haut me soutiendra dans cette œuvre, m'accordant de l'influence sur les païens et m'aidant à leur rendre mon voyage profitable.

24 *mars*. — Nous avons gagné le 22 la baie de la Rovouma et jeté l'ancre à deux milles de l'embouchure de la rivière, par cinq brasses d'eau.

J'ai remonté la rive gauche pour voir si les noullahs [2], qui autrefois se jetaient dans la baie, s'étaient modifiés et si les chameaux pourraient les franchir ; ils m'ont semblé moins profonds. .

Il n'y avait pas de vent ; et faire remorquer la daou par le vaisseau n'était pas même proposable. Le 23, le cutter l'a essayé, mais sans succès, un fort courant de marée sortant constamment de la rivière dans cette saison.

Une rafale est venue du S. E. qui aurait pu faire entrer la daou ; mais celui qui la commande était sur le *Penguin*, et a dit qu'il n'avait pas de grande voile. Je l'ai ramené à sa barque ; et le vent était tombé avant que nous eussions gagné l'embouchure.

---

1. Plusieurs des membres de cette caravane avaient déjà été employés par le docteur, lors de l'expédition du Zambèze et du Chiré ; ainsi Mousa, le chef des Anjouannais, avait fait partie de l'équipage du *Lady Nyassa* ; et Souzi et Amoda avaient été loués à Choupanga en qualité de bûcherons pour couper le bois nécessaire au *Pioneer*. Enfin les deux Afahous, Chouma et Vouékétani, rachetés de l'esclavage, en 1861, par Livingstone et par l'évêque Mackenzie, avaient passé trois ans à la mission de Tchibisa (bords du Chiré) avant d'être engagés par le docteur. Les Nassickais, jeunes garçons élevés dans l'Inde, étaient nouveaux dans la bande. (*Waller.*) (Voy. Livingstone, *Explorations du Zambèze et de ses affluents*, Paris, Hachette, 1866.)

2. Le *noullah* est un ravin creusé en plaine, et dans un sol meuble, par les eaux torrentielles ; le nom est hindou. L'équivalent, n'existant pas dans les langues européennes, Livingstone a employé le mot *gully*, qui est américain et a exactement le même sens ; nous le traduisons par *noullah* qui a été consacré, pour cette région, par Burton, et que Stanley lui-même a adopté.

(*Note du traducteur.*)

Aujourd'hui, je suis allé à bord de la daou; toujours pas de vent; mais j'ai laissé au maître de la barque des instructions pour remonter, près de la rive droite, si la brise venait à se lever.

M. Fane, le midshipman du *Penguin* (aspirant de marine), m'a accompagné sur la rive gauche, pour voir si nous pourrions la faire remonter aux chameaux. Nous avons abordé près de l'endroit où la rivière décrit une première petite courbe vers le nord; nous y avons trouvé trois noullahs formidables, et une jungle si épaisse, un hallier de broussailles, de dattiers, de bambous, d'épines crochues tellement enlacés qu'on pouvait à peine s'y introduire. Plus loin une fange tenace, couverte de mangliers; puis des noullahs ayant des bords sablonneux, où l'on enfonçait jusqu'à la cheville. Pas de chameau qui pût s'y mouvoir; les hommes ne s'en seraient tirés qu'avec une extrême difficulté, et sans parvenir à se frayer un chemin passable.

Nous sommes tombés sur une femelle d'hippopotame, gisant dans un fossé où elle n'était pas couverte. M. Fane lui a envoyé dans la tête une balle qui l'a fait se cabrer au point qu'elle est presque tombée à la renverse, en gravissant la berge. Le petit qui l'accompagnait a été tué; il avait le goût d'un cochon de lait, bien que sa taille fût celle d'une truie adulte.

Sur ces entrefaites, la daou, profitant d'une bonne brise, remonta près de la rive droite; mais elle engrava à un mille, au minimum, du point où cessent les mangliers. Les collines d'environ deux cents pieds de hauteur, commencent à deux ou trois milles en amont de cet endroit, et ont une verdure et une fraîcheur séduisantes.

Nous avons alors quitté la daou pour aller voir si, à distance de la berge, les mangliers cédaient la place à un terrain plus praticable; mais les mangliers continuaient, et le marais devenait pire à mesure qu'on s'éloignait de la rivière. Tout le pays est inondé à marée haute. Si nous avions débarqué là, tous nos gens auraient eu la fièvre, avant d'avoir pu gagner les hauteurs, qui, sur la rive droite, ferment l'horizon et dont le commencement est si prochain.

Il m'a semblé qu'il vaudrait mieux atterrir sur la bande

sableuse qui se déploie à gauche de la baie de la Rovouma, explorer les environs et nous renseigner auprès des indigènes, dont nous n'avons pas encore vu un seul. J'ai, conséquemment, donné l'ordre à la daou de se rendre demain à cet endroit ; et je suis revenu à bord du *Penguin*.

Le lieutenant Garforth s'est montré d'une extrême obligeance. Bien que cette époque soit la meilleure pour croiser dans le nord, il a consenti à m'attendre et à aider à mon débarquement.

25 *mars*. — Le soir l'idée m'est venue que si, exploration faite et renseignements recueillis, nous ne trouvions pas de chemin, nous serions fort embarrassés. Le lieutenant Garforth, auquel j'ai fait part de mes inquiétudes, m'a conseillé de nous rendre à Quiloa. A cinq heures du matin, je suis donc allé sur la daou, avec M. Fane, pour donner de nouveaux ordres. Le maître de la barque a protesté hautement contre la nouvelle décision, et m'a recommandé avec insistance la baie de Mikinedani, comme étant voisine de la Rovouma et du pays que je voulais visiter ; en outre, bon atterrissage et le meilleur port de la côte. Nous avons suivi ce dernier conseil ; et nous voilà avec tous nos animaux sur le rivage de la baie de Mikinedani, à vingt-cinq milles seulement au nord de la Rovouma.

Celle-ci a éprouvé de grandes modifications depuis notre première visite. Il est probable que les crues forment des bancs dans l'intérieur de l'embouchure, et que ces formations périodiques ont empêché les Arabes de faire de cette rivière un port d'embarquement. Si, en 1861, le milieu de l'embouchure avait été comme aujourd'hui, M. May, qui alors était commandant du *Pioneer*, et qui annonce avoir trouvé là une profondeur de trois brasses et plus, se serait trompé dans ses sondages.

J'ai loué une maison au prix de quatre dollars par mois, et débarqué tout notre matériel.

La baie émet un canal étroit de quelque cinq cents yards[1] de large, sur deux cents de longueur. Le chenal est profond

---

1. L'*yard*, mesure de trois pieds anglais, équivaut à 0^m,914 383 : c'est donc, en chiffres ronds, un dixième à retrancher, pour avoir notre mesure métrique.
(*Note du traducteur.*)

et peut avoir une largeur de cent yards; mais les côtés sont formés de récifs de corail où l'eau est basse. En dehors de la baie, il n'y a pas de mouillage, excepté au bord du récif, où le *Penguin* a trouvé sept brasses; plus loin, il y en a deux seulement.

Le bassin intérieur se nomme *Pemmba* et non Pimlea, ainsi que le portent faussement les cartes d'Owen. Elle est profonde et bien abritée; une autre baie, également de forme arrondie, se trouve au sud et peut avoir deux milles carrés.

Nos bêtes ont terriblement souffert de leur ballottage dans la daou. En attendant qu'elles se remettent, nous allons faire des bâts avec le bois du *ntiboué*, dont on fabrique les harpons employés pour tuer l'hippopotame, et qui est à la fois élastique et d'une grande résistance. J'ai demandé vingt porteurs; un banian s'est engagé à me les procurer à bref délai.

Ici les gens n'ont pas de bétail; ce sont pour la plupart des métis arabes, et qui, pour nous, sont polis et complaisants.

26 *mars*. — Quelques-uns des Nassikais ont l'esprit servile assez développé; cet esprit est le plus fort chez les sujets qui ont la peau la plus noire. Nos deux Gallas sont les plus intelligents et les plus laborieux; il en est qui regardent travailler les autres avec une entière indifférence.

Maintenant que je vais rentrer en Afrique je me sens tout joyeux. Quand on voyage avec la perspective d'améliorer le sort des indigènes, les moindres actes s'ennoblissent. L'échange des politesses ordinaires, notre arrivée dans un village, notre acceptation d'un gîte, nos demandes ou nos réponses, tout cela fait connaître la nation par laquelle leur pays sera éclairé et délivré de la traite de l'homme.

Le plaisir purement physique du voyage, en pays inexploré, est d'ailleurs très-grand par lui-même. Marcher vivement sur des terres de quelque deux mille pieds d'altitude donne de l'élasticité aux muscles; un sang renouvelé circule dans les veines; l'esprit est lucide, l'intelligence active, la vue nette, le pas ferme, et la fatigue du jour rend très-doux le repos du soir. On a le stimulus des chances lointaines de danger, soit de la part des hommes, soit de la part des animaux. Nos sympathies sont attirées vers nos humbles compagnons par la communauté d'intérêts et de périls, qui fait de la bande une société d'amis. La puérilité la plus misérable pourrait seule prendre texte de leur état inférieur pour exalter son propre mérite. On l'a vu cependant, et plus d'une fois ; comme si de grandir leurs défauts démontrait notre perfection immaculée!

Le voyage a pour effet, chez un homme de cœur, de faire plus compter sur soi-même ; on devient plus confiant dans ses propres ressources : la présence d'esprit se développe. Tout est fortifié ; le corps reprend ses proportions, les muscles durcissent, le visage se bronze ; il n'y a plus de graisse et pas de dyspepsie. L'Afrique, sous ce rapport, est un pays merveilleux : l'indigestion n'y est possible que pour celui qui se gorge d'os à moëlle ou de pied d'éléphant. Il y a certainement des obstacles et des fatigues dont ceux qui voyagent sous les climats tempérés ne peuvent se faire qu'une idée affaiblie ; mais quand on travaille pour Dieu, la sueur qui coule du front n'est plus un châtiment ; elle est vivifiante et se change en bienfait. Pour apprécier réellement le charme du repos, il faut s'être lassé par de rudes efforts.

27 *mars*. — La pointe de terre qui, au nord de l'entrée du havre, s'amincit jusqu'à n'avoir plus qu'une largeur de trois cents yards, porte seule le nom de Pemmba ; les autres parties ont des appellations diverses. Immédiatement au nord de cette pointe, sur la première centaine de mètres, s'élèvent quatre-vingt-dix maisons de forme carrée, et faites d'un clayonnage crépi avec de la terre. Une ruine, celle d'une mosquée, a des murs de corail et de chaux. La pointe elle-même est entièrement formée de corail ; le sol est rouge et couvert d'une épaisse végétation des tropiques, où se fait remarquer le baobab.

Actuellement, grâce au vent d'est qui souffle le soir, les daous entrent sans peine, et sortent le matin, poussées par la brise de terre.

Les huîtres abondent sur tous les rochers et à la partie inférieure des arbres que la marée vient couvrir. Elles sont petites, mais très-recherchées des habitants.

Tristes gens au physique, que les Arabes dont se compose ici la population : des membres grêles, l'air défait, beaucoup d'yeux malades.

29-30 mars. — Le havre de Mikinedani a un peu la forme d'un arc, ou plutôt celle du pique des cartes à jouer, la passe représentant la hampe. Celle-ci a tout au plus une largeur de cent yards et se dirige à peu près au sud-ouest. L'eau y est profonde, ainsi que dans le port où le mouillage est parfaitement sûr. Au couchant, les terres se dressent tout à coup à deux cents pieds de hauteur. Une colline, appelée John, est, d'après les Arabes, le meilleur point de repère pour ceux qui longent la côte.

Les habitants n'ont pas de vaches; ils disent cependant que la tsétsé n'existe pas chez eux. Leur établissement dans le pays est d'une époque récente, du moins sous le régime actuel; car des ruines de construction arabe, bâties avec de la pierre et de la chaux, et situées, l'une en face de la passe, les autres au nord-ouest, prouvent que l'endroit était connu et fréquenté d'ancienne date.

La contrée voisine renferme de gros gibier, ainsi qu'on le voit au bord des étangs. Le pays est assez élevé, et doit être salubre. Ici, les mangliers sont en petit nombre; l'autre bassin en a probablement davantage.

C'est la langue du Sahouahil que parlent les gens de la localité. Ils font un peu de commerce en orseille et en copal. Un employé de la douane de Zanzibar procède à la perception des droits, qui sont très-faibles; et un djémadar, soumis au saïd, est la principale autorité du lieu; toutefois les colons ne sont guère supérieurs aux naturels qu'ils ont déplacés.

Le djémadar s'est montré fort poli, et m'a procuré deux guides pour me conduire à Adonndé; mais je n'ai pas un seul porteur.

4 avril. — Au moment de quitter Pemmba, un de nos ânes a été si cruellement déchiré par un de nos buffles, qu'il a fallu le tuer, ce qu'on a fait avec une balle; nous avons ensuite rogné les cornes de l'agresseur, d'après le système des gens qui ferment l'écurie quand le cheval a été volé.

Mis en marche, nous sommes arrivés à un terrain nu, durci à la surface, mais dont la croûte, recouvrant un étang, a cédé sous les pieds des chameaux qui ont enfoncé jusqu'au ventre. Après les avoir retirés, nous nous sommes rendus à la demeure du djémadar, maison bâtie avec du corail et de la chaux. Hamesch a surabondamment protesté de son désir de m'être utile; mais il m'a donné pour gîte une misérable case, où entraient le vent et l'averse. J'y ai passé la nuit; ce n'était pas tolérable : j'ai donc prié le djémadar de me permettre de coucher dans la salle où il rend la justice, et où beaucoup de mes cipahis étaient déjà. Il donna son consentement, puis ferma la porte quand j'arrivai. Comme c'est un Arabe nerveux, la peur le saisit; il appela tous ses hommes, — une quinzaine de soldats ayant des mousquets à mèche, — se sauva en disant qu'il allait tuer un lion, revint bientôt et me serra la main d'une manière convulsive, en faisant des vœux pour que : « s'il y avait un homme qui voulût lui résister, ce ne fût pas moi. »

Tous nos bagages étaient dans la rue; je pris le soir la précaution très-naturelle d'y mettre un garde. Ceci troubla notre dignitaire, qui réunit ses gens de nouveau et les fit rester l'arme au bras et mèche allumée. Voyant que je ne faisais pas plus attention à lui qu'à ses paroles, dont le flot débordait, il appela Mousa et lui demanda ce que j'avais en vue. La réponse eut pour effet de l'envoyer dormir. Le lendemain je lui exprimai tous mes regrets de l'émotion que je lui avais causée en prenant une simple mesure contre les voleurs. Il me répondit d'un ton véhément : « Il n'y a pas de voleurs ici ! »

J'ai su plus tard que lui et les autres m'avaient menti en disant qu'on ne trouvait pas à louer de porteurs dans les tribus voisines. Ce sont de vils Arabes de la côte, des métis aux trois quarts africains, et possédant, comme toujours, les défauts des deux races sans en avoir les qualités. Beaucoup d'entre eux viennent quémander de l'eau-de-vie, et se mettent à rire quand je leur dis qu'il leur faut se cacher pour la boire. Toutefois, ils ne l'ont pas introduite dans leur commerce, ainsi que nous l'avons fait, nous autres chrétiens, sur la côte occidentale.

6 *avril.* — Longé la baie vers le sud-ouest, et passé la nuit dans un village situé dans cette direction. Il y a six bourgades autour du port intérieur; le nombre des habitants — Arabes de la côte et esclaves — peut être de deux cent cinquante à trois cents âmes. La partie méridionale du bassin est profonde: de dix à quatorze brasses; mais au nord-ouest l'eau est basse

et le fond rocheux. Très-petit commerce; un peu de sorgho, de sésame, de copal et d'orseille forme, tout le trafic du port. Il y a deux banians dans la localité.

7 avril. — Marché au sud avec un Somali pour guide, appelé Ben-Ali ou Bou-Ali; un homme obligeant et d'une figure agréable, auquel je donne vingt dollars pour nous conduire à Ngomano. Le chemin se déroulait dans une vallée boisée sur les deux rives, et dont l'herbe, qui nous dominait de beaucoup, produisait une sensation d'étouffement; pas un souffle d'air, et le soleil nous tombait à plomb sur la tête.

Ne connaissant rien aux chameaux, j'ai dû m'en rapporter aux cipahis qui les ont surchargés de telle façon, qu'avant la fin de la marche les pauvres bêtes étaient rendues.

8 avril. — Passé le dimanche (journée d'hier) à Nyañghédi. Dans la soirée, nos chameaux et nos buffles ont été piqués par la tsétsé[1]. Nous avions eu à franchir des fourrés qui n'avaient offert aux hommes aucun obstacle — plutôt une ombre agréable — mais dans lesquels il avait fallu ouvrir un passage aux chameaux. Les gens du village, fort heureusement (des Makônndés), se sont loués avec plaisir soit comme bûcherons, soit comme porteurs. D'après ce que le djémadar m'avait dit de l'impossibilité de se procurer des hommes, j'ai laissé chez lui beaucoup de choses, et je le regrette. J'ai fait décharger les chameaux, et, avec l'aide des coupeurs de bois qui élargissaient et qui haussaient le passage, nous avons pénétré dans la jungle. De temps en temps nous débouchions dans des clairières, où les Makônndés cultivent du sorgho, de la cassave et du maïs.

Les gens étaient beaucoup plus intéressés par la vue des chameaux et des buffles que par la mienne. Ils ont, quant à eux, le front bien dessiné, mais étroit et un peu bas, les ailes du nez largement étendues, les lèvres pleines, sans excès d'épaisseur; le corps et les membres bien faits, de petits pieds, de petites mains; la peau tantôt d'un brun foncé, tantôt d'un brun clair; la taille moyenne et l'air indépendant. Ils ne

---

1. Les piqûres infligées par deux ou trois de ces mouches suffisent pour déterminer une affection qui enlève en peu de temps les bœufs, les chevaux et les chiens. Voy. *Explorations dans l'Afrique australe*, Livingstone, Paris, Hachette, 1859, p. 72 et 626. (*Note du traducteur.*)

possèdent pas de grand chef, et les villages n'ont entre eux aucun lien.

10 *avril*. — Gagné la bourgade de Narri, par 10°,23′,14″ de latitude méridionale. Beaucoup de nos gens avaient un peu de fièvre; j'ai fait prendre des médicaments à onze d'entre eux, qui vont mieux ce matin. Les vivres abondent et ne sont pas chers. Notre course est à peu près au sud; elle nous fait suivre des vallées, d'où nous sortons souvent en gravissant la côte. Sur la hauteur sont des villages que nous quittons pour redescendre dans un autre ouadi, quelquefois dans le même. On ne voit pas d'eau courante; les habitants n'ont que des citernes.

11 *avril*. — A Tanndahara. Nous allons toujours au sud et continuons à monter. Le sol est très-fertile, mélangé de sable; mais pas de roche apparente. De riches cultures de sorgho et de maïs, du manioc de sept à huit pieds de hauteur. Les bambous sont arrachés, répandus sur les champs et brûlés pour servir d'engrais. Il paraît que le fer est très-rare, car beaucoup d'hommes ont des lances de bois; cependant à différentes places, où l'eau suintait du sol, nous avons vu de la rouille.

A chacun des villages où nous avons passé la nuit, nous avons toujours donné une brasse de calicot, et, en échange, reçu du chef une ou deux volailles et une corbeille de riz ou de maïs.

Les Makônndés ont un langage tout différent de l'idiome du Sahouahil; mais, par suite de leurs rapports avec les Arabes de la côte, beaucoup d'entre eux connaissent le kisahouahili.

12 *avril*. — Au départ nous avons eu un fourré si touffu que nos gens ne croyaient pas pouvoir l'ouvrir; cela a continué ainsi pendant plus de trois milles. Les arbres ne sont pas gros, mais tellement serrés qu'il faut beaucoup de travail pour élargir le chemin et pour hausser la voûte. Où les bambous dominent, ils ont tué le bois. Avant que la traite eût décimé la population, tous ces fourrés étaient en culture; c'est pour cela qu'on n'y trouve pas de grands arbres. Dès qu'un champ est abandonné, il y pousse un épais taillis de même essence que les arbres qui ont été coupés lors du défrichement. La formation des futaies, dont les membres, en se développant,

affament et tuent leurs compagnons, de telle sorte que la forêt est dépourvue de sous-bois, n'a pas eu le temps de se produire; beaucoup de tiges ne sont que de la grosseur d'une perche, et si entremêlées de lianes que l'on croirait voir le gréement d'un navire jeté pêle-mêle de tout côté.

Beaucoup de ces lianes ont des sarments de la grosseur d'un câble de onze pouces. L'une d'elles peut être comparée, pour la forme, au fourreau d'un sabre de cavalerie; mais elle porte au milieu du plat côté une crête d'où surgissent, à égale distance, des bouquets d'épines acérées ayant chacune un pouce de long. Elle pend en droite ligne sur une longueur de cinq ou six pieds; puis, comme si elle ne donnait pas de la sorte à ses dards assez de chance de blesser, elle tourne

Liane épineuse se tordant pour mieux blesser.

brusquement sur elle-même, de façon à mettre ses pointes cruelles à angle droit avec les précédentes. L'observation de Darwin montre infiniment ce qui, dans ces lianes, paraît être de l'instinct. L'espèce dont nous parlons semble avide de nuire; ses brins emmêlés changent de direction et se tendent pour infliger la blessure aux passants. Une autre est si tenace qu'elle ne peut être rompue avec les doigts. Il en est une qui apparaît d'abord sous forme d'un jeune arbre, mais qui, avec les penchants désordonnés de sa classe, abandonne bientôt la forme régulière pour jeter ses câbles, de six pouces de tour, à cinquante ou soixante pieds de distance : vous la coupez ici, croyant en être quitte, et vous la retrouvez à quarante yards plus loin.

Une autre ressemble à une feuille d'aloès, mais enroulée

« Lianes et tiges disparaissent devant eux comme les nuées devant le soleil. »

sur elle-même, ainsi que les tortillons que produit un rabot. Elle est d'un vert sombre, et porte, sous l'écorce, des stries d'un vert tendre et d'un vert foncé, du plus bel effet, qui rappellent les anneaux de la tige des vieux arbres. Une autre encore est pincée de distance en distance, de manière à présenter un grand nombre de bords tranchants. La voisine est une corde mince, offrant une série de gros boutons. Toujours une autre : celle-ci, dans toute sa longueur, est armée de grappins disposés de façon à retenir celui qu'elle arrête. Contre ces lianes, qui semblent appartenir à la période des terrains carbonifères, s'escriment dix jeunes et vaillants Makôndés. Habitués qu'ils sont au défrichement de ces bois, ils y vont de grand cœur, taillant et abattant, se servant pour cela de serpes bien adaptées à ce genre d'ouvrage, et prenant une cognée lorsqu'il faut couper des arbres. Lianes et tiges disparaissent devant eux comme les nuées devant le soleil. Leur paye, convenue d'avance, est d'un mètre de calicot par jour; ce qui n'est pas cher, vu la proximité de la côte. Il s'en est offert beaucoup plus qu'il ne fallait; et nous avons soin de prendre les noms de tous les engagés.

Ce sont les hommes de grande taille qui se fatiguent le plus vite; ils sont épuisés que les autres continuent à saper vigoureusement; mais deux jours de ce rude labeur semblent lasser les plus forts. Il est douteux que des gens qui ne mangent pas de viande puissent soutenir pendant longtemps un travail pénible; les Chinois font exception. Lorsque des Français furent employés comme terrassiers par nos entrepreneurs, ils ne firent tout d'abord que la moitié de la besogne des ouvriers Anglais; mais, quand ils furent nourris comme ces derniers, ils travaillèrent tout aussi bien. Ici, les Makôndés ont rarement un plat de viande; il faut pour cela qu'ils aient la chance de tuer une antilope ou un cochon sauvage. Si une volaille est mise au pot, cela ne fait que donner un peu de goût à la bouillie.

13 avril. — Nous commençons à descendre la pente septentrionale qui mène à la Rovouma, et de temps à autre le pays se fait entrevoir. Il paraît couvert de grands bois d'un vert sombre; par instants, les ondulations présentent l'aspect de collines; et, çà et là, un sterculier, anticipant sur l'hiver qui approche, se montre en feuilles jaunies. Le plus souvent la vue est bornée à quelques mètres, jusqu'au moment où nos bûcherons, faisant un sentier pour les chameaux, nous ouvrent une longue perspective.

Cette jungle ferait sourire de leurs propres avis les auteurs des petits conseils à ceux qui voyagent, conseils finement élaborés, peut-être bons en pays découvert où l'on a des arbres et des collines détachés permettant de prendre des angles, d'estimer les distances, de voir que tel point est au même parallèle, ou sous la même longitude que tel autre, et de faire ses relèvements avec rapporteur et boussole. Mais tant qu'on est dans la zone de végétation alimentée par les effluves de l'Océan indien, l'air étouffant et moite, l'herbe épaisse, le fourré inextricable, vous font sentir que vous luttez pour l'existence même; et vous n'êtes pas plus capable de prendre une position que vous ne le seriez sous un tonneau, en regardant par la bonde.

Un vieux Monyiñko a fait présent d'une chèvre à mes hommes, et a demandé aux cipahis d'égorger la bête; mais les Anjouannais, étant d'une autre secte, éprouvèrent le besoin de saigner l'animal d'une autre façon que leurs coreligionnaires hindous. Sur ce, dispute ardente pour établir à qui appartenait l'orthodoxie musulmane. Il est intéressant de voir que les chrétiens ne sont pas les seuls à disputer avec aigreur sur les sujets religieux.

Vu des roches de grès de couleur grise (pareil à celui qui recouvre la houille), et la Rovouma dans le lointain.

Didi est le nom du village de Tchommbokéa; celui-ci, dit-on, est docteur; tous les chefs ont la prétention de l'être, ou le sont réellement. L'un d'eux, néanmoins, appelé Foundine-dômmba, est venu me demander une médecine pour lui-même.

15 *avril*. — Atteint hier la Rovouma à une place où des rochers très-rouges apparaissent sur les hauteurs de la rive opposée, et près de l'endroit où, en 1861, le *Pioneer* a repris le chemin de la côte.

Aujourd'hui repos du dimanche.

16 *avril*. — Nous marchons maintenant vers l'ouest, en longeant le bord déchiqueté d'un plateau dont la rivière est

flanquée à droite et à gauche. Là-bas apparaît une rangée de collines qui semblent enfermer la Rovouma; ici, des éperons s'avancent du côté de l'eau, et des baies d'un à trois milles de profondeur pénètrent dans les terres. Parfois les promontoires sont doublés, parfois nous les franchissons; il y a alors beaucoup de bois à abattre. Le sentier va d'un village à l'autre et fait de nombreux détours. Nous arrivons continuellement à des jardins, où nous remarquons du riz semé parmi d'autres céréales; il faut qu'en certaine saison l'humidité soit grande en cet endroit pour qu'il y réussisse; maintenant les récoltes souffrent de la sécheresse. Un vieux docteur, qui a pourvu à notre nourriture, m'a fait présent de deux grands sacs de riz que sa femme a décortiqué pour nous. J'ai pu en outre acheter de ce grain pour les cipahis, ce qui est fort heureux; car la provision qui devait nous conduire jusqu'à Ngomano est finie depuis trois jours.

17 avril. — J'avais donné l'ordre aux cipahis d'emporter peu de bagages, et l'havildar m'avait assuré que deux buffles suffiraient largement à porter ce qu'ils avaient. Mais en surplus des deux buffles, il y a deux mules et deux ânes trop chargés de ce qui leur appartient. Quand je leur ai dit qu'ils tueraient les pauvres bêtes, ce que j'ai fait à plusieurs reprises, ils m'ont répondu avec tant d'assurance qu'il n'y avait pas de surcharge, que je n'ai plus rien eu à dire. Seulement mon observation leur a fait cacher une partie de leurs affaires dans les paquets des chameaux qui, à leur tour, sont accablés. J'avais emmené ces animaux, ainsi que les buffles, pour juger de l'effet que produirait sur eux la tsétsé; mais je crains bien que l'expérience ne soit manquée par la manière dont les pauvres bêtes sont conduites; toutefois, jusqu'à présent, elles ne paraissent éprouver que de la fatigue.

Le soleil est très-ardent; il vous brûle. Presque tout notre monde a eu la fièvre; d'abord les cipahis, puis les Nassickais et les hommes d'Anjouan; mais il a été facile de les guérir; la marche n'en a pas même été suspendue; nous avons fait tous les jours nos quatre ou cinq milles. Dans tous les cas de fièvre, il faut s'éloigner du point où l'attaque a eu lieu; l'exercice, d'ailleurs, aide à la guérison.

18 avril. — Ben-Ali nous a conduit assez loin vers le nord, ce qui était une fausse direction. J'ai protesté; il a déclaré que c'était le bon chemin. Nous avons eu beaucoup de bois à abattre; et cette marche, qui nous égarait, n'avait d'autre but que de permettre à notre guide de visiter une de ses épouses, qui est une jolie Makônndée. Il me l'a présentée, et j'ai dû être poli pour cette dame, bien que le zig-zag dont elle était la cause nous eût fait perdre un jour. Ces mariages sont l'un des moyens qu'emploient les Arabes pour gagner de l'influence. On voit chez les Makônndés beaucoup d'individus ayant le teint clair, mais un seul, parmi eux, a les cheveux paternels.

J'ai demandé à Ali si les gens de sa race cherchaient à convertir les membres de leurs nouvelles familles; il m'a répondu que les Makônndés n'avaient aucune idée de l'existence de Dieu, et que personne ne pouvait les instruire, bien que les captifs de cette peuplade qui sont emmenés à la côte soient faits mahométans.

Depuis que le commerce d'esclaves est introduit chez eux, les Makônndés ont perdu beaucoup de monde; les villages se font la guerre pour s'approvisionner de captifs; mais nulle propagande religieuse n'a été essayée. Les Arabes descendent au niveau des indigènes, dont ils prennent les coutumes, et ne font aucun effort pour donner les leurs aux gens du pays. Cela vaut mieux, après tout; car prendre les mœurs et les habitudes de ces musulmans de la côte ne serait pas un progrès pour les naturels.

19 avril. — Après avoir gravi une colline, nous avons marché sur un plateau où l'évaporation est plus grande que dans la vallée, et bu de l'eau fraîche pour la première fois depuis le commencement du voyage. Ici les gens sont très-grossiers, principalement les femmes. Les hommes mettent beaucoup d'ardeur à s'engager comme bûcherons. Ils font gaîment leur rude travail; de temps en temps, l'un des ouvriers pousse un cri joyeux que répètent tous les autres. C'est, je crois, le désir de plaire à leurs femmes, en leur donnant un peu d'étoffe, qui les aiguillonne.

Plus nous remontons la Rovouma, plus les gens sont tatoués sur le visage et sur le corps; les dents sont limées en pointe, et les femmes portent de grands anneaux de lèvres. Chez les

Mabihas, qui habitent la rive droite, quelques hommes portent aussi le pélelé[1].

20 avril. — Un des Anjouannais a laissé vaguer un chameau qui a détruit le carré de tabac d'un indigène. Après cela, le propriétaire n'a pas voulu nous permettre de passer dans son champ de riz, que traversait la route. J'ai examiné le dommage, fait payer à l'Anjouannais deux coudées de calicot, que j'ai données à l'homme, et tout s'est arrangé.

La tsétsé a piqué de nouveau les buffles; elle vit aux dépens des hippopotames, des éléphants et des cochons, seul gibier que nourrisse le pays, et dont nous ne voyons que les traces.

Dans les prairies basses d'un à trois milles de large, qui bordent la rivière à droite et à gauche, se trouvent des étangs saumâtres; l'un des plus étendus, le Vronngoué, que nous avons côtoyé aujourd'hui, renferme beaucoup de poisson, et l'on en tire du sel.

21 avril. — Après un grand travail dans les bois, nous avons atteint la vallée de Méhammboué, afin d'y passer le dimanche, que nous sommes tous contents de voir revenir.

Des gens de Ndonndé, que nous avons vus ce matin, rapportent qu'il y a trois mois les Mazitous ont enlevé de chez eux tous les vivres et que, maintenant, ils sont obligés d'aller de tous les côtés chercher des provisions.

Leur manière de saluer est de se prendre les mains l'un à l'autre, en disant : Eï ! eï ! Mais la mode actuelle, introduite probablement par les Arabes, est de se donner la main droite et de dire : « Marhaba ! » qui signifie bienvenu.

Le compère de mauvaise mine, à l'œil vairon, qui fut l'un des instigateurs de l'attaque dirigée contre nous en 1862[2], s'est approché de moi avec l'individu auquel j'avais donné de l'étoffe pour empêcher le conflit. Bien qu'il fût en jaquette, je l'ai parfaitement reconnu, mais ne lui ai pas dit un mot.

---

1. Anneau de deux pouces de diamètre, inséré dans la lèvre supérieure, qu'il transforme en bec de canard. Chez les pauvres, l'anneau, parfois remplacé par un disque, est en bambou; chez les riches, en ivoire ou en étain. (Voy. *Explorations du Zambèse et de ses affluents*, par D. et Ch. Livingstone, p. 108. Paris, Hachette, 1866.) (*Note du traducteur.*)

2. Voy. au sujet de cette attaque : *Explorations du Zambèse et de ses affluents*, par David et Charles Livingstone, Paris, Hachette, 1866, p. 405.
(*Note du traducteur.*)

23 *avril*. — Ce matin, comme nous venions de nous mettre en marche, nous avons passé dans un endroit où un animal avait été brûlé. A nos questions il a été répondu que, quand un léopard est tué, l'usage est d'en prendre la peau et de brûler la bête, que les Makônndés ne mangent pas, contrairement à ce que font d'autres tribus. Ils en donnent pour raison que le léopard dévore les hommes; voilà qui est l'opposé d'une tendance au cannibalisme.

Tous les rochers que nous avons vus montraient que le plateau est formé d'un grès de couleur grise, revêtu d'un conglomérat ferrugino-sableux. Nous avons alors rencontré des pièces de bois silicifié, gisant à la surface; ces billes ont tellement encore l'aspect ligneux, qu'il faut les toucher pour savoir que c'est de la pierre et non du bois : l'extérieur en a conservé le grain et la fibre; intérieurement, c'est en général du silex.

Les buffles, piqués de nouveau par la tsétsé, ne paraissent en éprouver aucun mal. Un de nos mulets est languissant; il dépérit ; j'ai cru que c'était l'effet des attaques de la mouche, jusqu'au moment où j'ai découvert qu'il a l'échine foulée de telle sorte qu'il ne peut pas baisser la tête et qu'il lui est impossible de boire; il ne peut manger que la pointe de l'herbe. Quant aux buffles, les premières piqûres datent du 7 avril; deux jours après, un bœuf aurait été malade.

L'un de nos porteurs a volé une chemise et a pris la fuite; lorsque le vol a été reconnu, les compagnons du fugitif ont suivi la piste et rejoint le voleur, qui était dans sa hutte. Les Anciens du village se sont réunis et ont condamné le coupable à une amende d'une valeur quadruple de celle de l'objet volé. Ce matin les hommes sont revenus et ont l'air d'avoir fait une chose toute simple. C'est le premier vol que nous ayons remarqué, et la manière dont il a été jugé prouve un grand fonds d'équité naturelle.

24 *avril*. — Nous avons eu des averses de temps à autre; mais la nuit s'est toujours passée à couvert. Les fièvres ont été promptement guéries et ne nous ont pas arrêtés un seul jour; malgré cela, notre marche est d'une extrême lenteur, par suite de l'indolence des cipahis; c'est un lourd fardeau que ces gens-là, et d'aucun usage, excepté la nuit, pour faire le guet.

Entre Kenndani et la Rovouma, j'ai remarqué une plante dont la racine[1] a l'aspect et la saveur d'une pomme de terre visqueuse. Je l'avais déjà vue en Afrique, dans la vallée des Barotsés, près des chutes du Liambye, au centre du continent ; elle y avait été apportée par un immigrant, qui avait profité des rapides pour arroser son jardin. Après la mort du cultivateur, la plante s'était reproduite d'elle-même[2].

Ne serait-elle pas précieuse dans l'Inde, où elle pourrait s'améliorer? En amont du pays des Makónndés, je ne vois pas qu'on la cultive. Dans tous les cas, je persuaderai à Ali d'en prendre quelques racines, que l'on enverra à Bombay.

25 avril. — Jack, l'un de nos chiens, a été mordu au-dessus de l'œil par un serpent ; il y a eu gonflement de la paupière, mais pas d'autre symptôme, et vingt-quatre heures après l'enflure avait disparu. Ou le serpent n'était pas venimeux, ou la quantité de poison inoculée était fort minime.

Les chameaux n'avancent pas, et les cipahis ajoutent à cette lenteur désespérante.

L'herbe est haute, et recouvre un sol humide, d'où s'élève une forte buée.

26 avril. — Arrivés hier à Narri, nous y sommes restés pour acheter des vivres qui, plus loin, sont moins abondants. Les gens se sont empressés de nous vendre de la volaille, des œufs et du miel. Ici, les femmes ont beaucoup de rudesse.

J'ai surpris hier Panndo, un cipahi, frappant un chameau à coups redoublés avec un bâton de la grosseur du bras : le sentier était trop étroit, la malheureuse bête ne pouvait pas avancer ; et l'homme frappait toujours. Il ne savait pas que j'étais là ; je lui ai crié de finir ; mais il était trop tard. Aujourd'hui le chameau ne peut plus marcher ; il y a une inflammation considérable de la hanche ; il faut laisser la pauvre bête à Narri, sous la protection du chef. J'ai bien peur que des contusions, que je ne m'expliquais pas et dont souffrent mes animaux, ne soient le résultat de coups méchamment donnés.

---

1. *The root of which....* Cette racine est un *tubercule*, et la plante qui le produit est une papilionacée. (*Note du traducteur.*)
2. Voy. *Explorations dans l'Afrique australe*, Paris, Hachette, 1859, p. 243. (*Note du traducteur.*)

Ce même Panndo, ainsi qu'un autre, a quitté Zanzibar complétement ivre ; il m'a ensuite volé une paire de chaussettes, et ne rend aucun service : un petit bouton à la jambe lui sert de prétexte pour ne rien faire pendant plusieurs jours.

28 *avril*. — Maintenant on ne voit plus les collines du nord, qui se sont éloignées. Une fente du plateau méridional livre passage à une petite rivière, qui sort d'un petit lac situé à huit ou dix milles de la Rovouma. Rivulette et laquelet s'appellent tous deux Nanngadi. Le dernier est assez large pour qu'un homme ne puisse pas être distingué d'un bord à l'autre, même par les yeux perçants des indigènes. L'eau est très-profonde et renferme en abondance du poisson de grande taille. Les gens qui en habitent les rives sont des Mabihas.

A quelques milles en amont de la fente du plateau, les hauteurs méridionales vont en s'abaissant, et l'on trouve des marais où sont enchâssés de petits lacs très-poissonneux. Vient après cela un espace désert, et ensuite le pays des Matammboués qui va jusqu'à Ngomano. Les Matammboués semblent être une branche des Makônndés, et une branche importante. Leur pays s'étend au loin vers le sud ; il est bien pourvu d'éléphants et d'arbres à copal. Le dialecte qu'on y emploie diffère un peu de celui des Makônndés, mais les deux tribus se comprennent.

C'est à Ibo ou Ouibo que les Matammboués conduisent leurs esclaves et portent leur ivoire et leur copal. D'après le témoignage d'Ali, leurs femmes sont d'un physique très-agréable, bien qu'elles aient la peau d'une nuance très-sombre et qu'elles se décorent du pélélé.

29 *avril*. — Passé le dimanche à Natchoutchou, au bord de la Rovouma, en face de Konayoumba, qui est le premier village des Matammboués, et dont le chef s'appelle Kimebemmbé.

Ali me dépeint les Makônndés sous des couleurs très-noires. Ils ne savent rien, dit-il, de l'existence de Dieu ; c'est à leurs mères que, dans le péril ou à l'article de la mort, ils adressent leurs invocations. Ils n'ont aucune idée de la vie future, aucune religion, pas d'autre croyance que la foi aux talismans ; et tous leurs chefs sont docteurs, c'est-à-dire sorciers.

Jamais les Arabes n'ont essayé de les convertir ; seulement, parmi les esclaves que l'on emmène à la côte, on en circoncit pour qu'ils ne soient pas impurs. Quelques-uns font des prières; et ils disent ne pas connaître le mouavé, ou poison d'épreuve. J'ai voulu leur communiquer les premiers principes; mais, quand j'ai demandé aux Nassickais de me servir d'interprètes, ils m'ont répondu qu'ils ne savaient pas la langue du pays; quelques-uns pourtant m'avaient dit qu'ils étaient de Ndonndé, lieu principal du territoire.

Les Makônndés, toujours d'après Ali, rendent les sorciers responsables des maladies et de la mort, qu'ils leur imputent. Quand l'un des habitants vient à mourir, toute la population quitte le village en disant : « C'est un mauvais endroit. »

Ils passent pour frapper beaucoup d'amendes; mais la crainte que nous leur inspirons les fait s'abstenir de toute rigueur; et ils ne nous adressent aucune réclamation, bien qu'en traversant leurs cultures nos animaux écrasent beaucoup de tiges. Ali prétend qu'ils ont peur de l'Anglais : c'est la réponse à ma prière où je demandais d'obtenir de l'influence sur l'esprit des païens. Je regrette de ne pas pouvoir leur parler de Son Nom, ainsi que je devrais le faire.

Je suis allé voir un arbre à copal qui se trouve près du village; les feuilles sont par couples, d'un vert brillant, avec les nervures saillantes sur les deux faces; les ramilles divergentes, en partant du même point. Le fruit, dont nous avons vu les coquilles, paraît être une noix; quelque animal en avait mangé le contenu. L'écorce de l'arbre est d'un gris de cendre clair; aux endroits où celle des branches est blessée, la gomme s'écoule et tombe par gouttes sur le sol; ce qui explique comment il y a des insectes dans les morceaux de copal. C'est dans le voisinage des arbres modernes que les indigènes pratiquent leurs fouilles; ils pensent que les vieux arbres, qui ont jeté leur gomme avant que celle-ci fût un objet de commerce, doivent avoir occupé le même endroit. « Parfois on ne trouve rien, me dit le Makônndé qui me servait de guide; mais le Moungou (nom que porte chez eux la divinité) peut vous donner le lendemain ce que vous n'avez pas eu la veille. » Tous ceux qui étaient là approuvèrent ces paroles, d'où la preuve qu'ils admettent l'existence de Dieu et qu'elle est présente à leur esprit.

Les Makônndés recueillent de grandes quantités de copal, ce qui attire les Arabes chez eux, où ceux-ci, retenus par leurs achats, restent longtemps.

Beaucoup de hernies humorales; ce qui est attribué à la bière.

30 *avril.* — Nos chameaux sont couverts de plaies; ils reviennent du pâturage tout sanglants et d'une façon qu'ils n'auraient pu produire en se frottant contre les arbres. Quelques-unes de ces plaies semblent résulter des anciennes meurtrissures qu'ils se sont faites dans la daou; mais je soupçonne de la perfidie; les buffles et les mulets sont maltraités; je ne peux pas être toujours là pour empêcher qu'on les batte.

Ici, les habitants ne fument pas de chanvre, mais du tabac. En fait d'animaux de basse-cour, on ne voit que des poules, des pigeons, des canards musqués; ni chèvres ni moutons. Le miel n'est pas cher : un grand pot d'une contenance d'à peu près un gallon (quatre litres et demi), et quatre poulets, m'ont été vendus une brasse de cotonnade.

De grosses mouches qui font couler le sang, et une autre exactement pareille à la mouche domestique (toutefois à l'exception de la trompe qui est droite et rigide), piquent les buffles et les tourmentent beaucoup plus que la tsétsé, qui ne les trouble pas. Cette dernière paraît préférer les chameaux, sur lesquels elle se gorge de sang; elle ne paraît pas se soucier des ânes et des mulets.

CHAPITRE II.

Effet de la première visite du *Pioneer*. — Tchitané. — Résultat des piqûres de la tsétsé. — Mort de chameaux et de buffles. — Indiscipline. Droit de passage disputé. — Razzias des Mazitous. — Un ancien ami. — Privations. — Le Loenndi. — Révolte des cipahis. — Le docteur Roscher. — Désolation. — Tatouage. — Dents ornementales. — Coutume singulière. — Mort d'un Nassickais. — Triste souvenir.

1ᵉʳ *mai*. — Nous traversons maintenant un pays relativement libre, où nous pouvons marcher sans avoir perpétuellement à nous servir de la hache. C'est un plaisir d'embrasser du regard la scène environnante, alors même qu'elle est presque entièrement couverte de grandes masses de feuillage, la plupart d'une teinte foncée; car à peu près tous les arbres ont des feuilles lustrées et d'un vert sombre comme celles des lauriers. Nous avons vu sur la route un koumbé (arbre à copal) d'une taille gigantesque[1]. Le mot *koumba* signifie creuser, et *tchangkoumbé*, littéralement : chose déterrée, est le nom du copal ; celui de koumbé a-t-il été donné à l'arbre avant que la valeur de sa gomme fût connue?

Le malolé, dont le bois a le grain très-fin et sert à la confection de tous les arcs, a laissé tomber ses fruits, qui jonchent le sol ; ils ont une mine appétissante : quelque chose comme des pêches oblongues, avec beaucoup de pépins ; mais ils ne sont mangés que par les vers.

Arrivés au village de Ntanndé, nous l'avons trouvé enclos

---

1. L'arbre à copal, *msandaroust* des gens du Sahouahil (gens de la côte), *et sandarous* des Arabes, est le *trachylobium* des savants ; il appartient à la grande famille des légumineuses, tribu des césalpiniées, section des courbarils. Sa taille lui permet de fournir des canots de dix-huit mètres de longueur, et de l'un d'eux on a pu faire la contrequille d'un brick. Pour plus de détails sur l'arbre et sur la gomme, voy. *Burton, Voyage aux grands lacs de l'Afrique orientale*, Paris, Hachette, p. 695. (*Note du traducteur.*)

d'une forte estacade. Les gens se sont ainsi fortifiés par crainte d'une attaque des Mabihas, qui traversent la rivière et s'emparent de leurs femmes quand celles-ci vont puiser de l'eau. C'est pour le marché d'Ibo que se font ces enlèvements.

Les villageois ont offert d'abattre leur estacade et de nous laisser entrer, si nous voulions rester jusqu'à demain ; j'ai refusé la proposition.

Avant de gagner Ntanndé, nous avions passé près de deux villages en ruines ; les habitants de ces bourgades étaient ceux qui nous attaquèrent en 1862. J'ai toujours l'ancienne voile, trouée par quatre balles que nous ont envoyées ces gens perfides après avoir reçu notre étoffe et protesté de leur amitié pour nous[1]. Deux hommes de l'un de ces villages, le père et le fils, allaient tirer sur notre bateau, quand ils furent prévenus par les gens de la seconde barque : le père fut touché au menton et le fils à la tête. Il n'est pas mal que les Anglais soient connus dans le pays comme sachant frapper quand on les attaque sans motif ; et jamais assaut ne fut plus injuste que dans cette occasion.

2 mai. — Les montagnes se rapprochent, et nous reconnaissons le Liparou : sa forme tabulaire nous l'avait fait remarquer à notre premier voyage. Il a sept ou huit cents pieds (deux mille cent ou deux mille quatre cents mètres) de hauteur.

Un cours d'eau permanent s'échappe du côté occidental de la base du plateau, et forme une lagune dans la prairie qui borde la Rovouma. Des arbres qui aiment ces cours d'eau perpétuels couvrent de leurs racines les rives marécageuses et leur font un parquet ; mais par endroit on enfonce d'un mètre. Il nous a fallu combler ces fondrières avec des branches et des feuilles, puis décharger nos bêtes et les conduire en terre ferme.

Nous avons passé la nuit au bord du Liparou.

3 mai. — Fait halte dans un village makoa, dont le chef est une vieille femme. Les Makoas ou Makoanés se reconnaissent à leur tatouage en forme de demi-lune qu'ils portent sur le front ou ailleurs.

---

1. Voy. *Explorations du Zambèse*, p. 405.   (*Note du traducteur.*)

Tchitané, mon caniche, a fait aux chiens du village une chasse impitoyable. Ses regards féroces terrifiaient cette meute de misérables parias à la robe jaune et blanche, et n'avaient d'autre cause que la difficulté, pour ceux-ci, de reconnaître à quel bout de sa personne était sa queue ou sa tête. Il s'est énormément amusé de la poursuite de cette canaille jappante, mais, si l'un des fugitifs se fût retourné, il aurait détalé dans l'autre sens.

Une femme à l'air maternel s'est approchée et m'a offert de la farine. Nous allions partir ; d'autres femmes avaient donné à manger à mes hommes et n'avaient rien reçu en échange ; celle qui m'apportait de la farine ne pensait donc pas à la vendre. Je lui ai dit de me l'envoyer par son mari et que je l'achèterais ; j'aurais mieux fait de l'accepter. Quelques-uns font des cadeaux simplement par bonté et sans espoir de retour.

Beaucoup de Makoas ont la figure tatouée de lignes doubles et saillantes, d'un demi-pouce de longueur. Quand l'incision est faite, on y introduit du charbon ; et les chairs sont pressées de façon à obtenir une cicatrice en relief. Cela donne au visage quelque chose de hideux, beaucoup de cet air rébarbatif que nos anciens rois aimaient à faire reproduire dans leurs portraits.

4 mai. — Nous apprenons que la rivulette enveloppée d'une ombre perpétuelle, et dont les racines d'arbres à grandes feuilles tapissent les bords fangeux, ne s'appelle pas Liparou, mais Nyonnka. L'endroit où nous avons campé était une île formée par une de ses branches, et dans laquelle le propriétaire fait venir du riz.

De grosses mouches qui ont l'air beaucoup plus redoutable que la tsétsé, et qui continuent à tourmenter nos pauvres bêtes, font aux buffles des piqûres d'où s'échappe du sang de couleur artérielle. Je n'ai jamais vu cela ; mais, toutes les fois que nous avons tué un bœuf piqué par la tsétsé, j'ai remarqué que tout le sang était rouge. Notre bufflonne a une inflammation de l'œil, et, du côté droit, un gonflement de la partie lombaire du bassin. Les buffles ont été piqués de nouveau par la tsétsé ; le gris est malade ; mais je l'attribue à une surcharge excessive, car il a le dos tout écorché. Les chameaux ne semblent pas éprouver les effets de la mouche ; toutefois l'écoulement de leurs affreuses plaies, joint à un rude travail, les épuise. Aucun symptôme du poison de la tsétsé chez les ânes et les mulets ; mais l'un de ces derniers a une luxation de l'épaule, et ne peut pas baisser la tête, ce qui l'empêche de boire et de manger.

Nous avons vu la dernière des chaînes de collines dont la vallée est flanquée vers le nord. En face de nous est une plaine où surgissent quelques monts détachés.

Beaucoup de Makoas habitent un endroit appelé Nyoutchi, et qui est situé à l'extrémité de la chaîne.

A Nyammba, où nous avons couché le 5, se trouvait une doctoresse, ayant faculté de faire pleuvoir ; elle nous a offert une volaille et un grand panier de soroko (le *meungo* de l'Inde). C'est une belle femme, grande et bien faite, jolie jambe, petit pied, et tatouée à profusion sur toutes les parties du corps ; les lèvres elles-mêmes ont leur dessin finement élaboré, ainsi que le postérieur ; nulle honte dans ce pays-ci à montrer cela.

Beaucoup de sel est tiré du sol par lixiviation.

La vieille femme qui est à la tête du village a une pintade apprivoisée, pintade huppée, *khannga tolé* des indigènes, et dont les mouchetures sont bleues au lieu d'être blanches.

Après avoir laissé derrière nous l'extrémité de la chaîne, et allant toujours à l'ouest, nous avons trouvé d'abord un grès durci par le feu ; puis des masses de granite, comme si la force ignée qui avait produit le métamorphisme du grès avait résidé dans ces masses ; elle a également soulevé le grès de manière à l'incliner au levant. Après cela, le granite ou la syénite est couvert de stries, comme si la roche avait été fondue ; les stries, ainsi qu'ailleurs, se dirigent de l'est à l'ouest. Avec le changement de structure géologique, nous avons une végétation d'un autre genre : au lieu des arbres à feuilles de laurier de la zone précédente, nous trouvons des diospyros, des acacias et des mimosas ; l'herbe est moins haute, et nous pouvons marcher sans couper de bois.

A notre gauche, c'est-à-dire au sud, est une colline appelée Simmba, ou le lion, et qui a été nommée ainsi en raison de la ressemblance qu'on lui suppose avec cet animal. Elle est le siége d'une population nombreuse, composée de Mabihas, qui de temps à autre viennent faire des razzias d'esclaves de ce côté-ci de la rivière.

6 mai. — Encore la tsétsé. Nos bêtes ont de la somnolence; la bufflonne a l'œil trouble; quand on la pique, il sort de la peau un filet de sang d'un rouge écarlate.

Les naturels de ce canton paraissent intelligents et respectueux. Pendant le service, un homme se mit à causer; à peine eus-je dit : « Kou soma M'loungou » (nous désirons prier Dieu), qu'il garda le silence. Il serait intéressant de connaître leurs idées, de savoir ce qu'ils ont appris dans leur communion avec la nature pendant tant de siècles. Leur manière d'être ne rappelle en rien cette brutalité, ce mépris de la vie humaine, dont les chroniques des âges ténébreux de notre histoire offrent tant d'exemples; mais je n'ai pas d'interprètes; et bien que, par suite de la connaissance que j'ai d'autres dialectes, je puisse m'entendre avec eux pour les choses ordinaires, cela ne suffit pas.

7 mai. — Un des chameaux est mort cette nuit, et, ce matin, le buffle gris a des convulsions. Je m'attends à perdre encore un buffle, un mulet et d'autres chameaux. Les cipahis, par leurs cruautés, annulent mon expérience. Dès que je ne suis pas avec eux ils s'arrêtent; et pendant qu'ils fument et qu'ils mangent, ils laissent les pauvres bêtes chargées, en plein soleil. Ils ne marchent pas, ils musent et ne veulent faire aucun effort, pas même porter leur fourniment. Ces gens-là ont pour manger et pour vomir une faculté singulière. Les villages des Makônndés sont d'une propreté remarquable; dès que nous y avons passé, la place est dégoûtante. Le climat n'aiguise pas l'appétit; mes cipahis ne s'en emplissent pas moins jusqu'à ce que le débordement arrive, et, quand ils ont vomi et se sont purgés, ils recommencent. D'abord ils déjeunent; une heure après, tandis que je suis à l'avant-garde, sans quoi un détour pourrait nous conduire chez les amis de notre guide, ils s'asseyent pour croquer les pochées de maïs qu'ils ont volées. Si, pour les surveiller, je reste en arrière, je perds tout le plaisir du voyage. Ils ne sont pas remis en marche, qu'ils songent à une nouvelle pose. A vol d'oiseau, nous n'avons pas fait plus de quatre milles par jour, et souvent mes bêtes sont restées au soleil pendant huit heures de suite. Levés dès l'aurore, nous ne pouvons être en route qu'à huit heures. Emmener des cipahis est une grande méprise.

7 mai. — Nous sommes maintenant vis-à-vis d'une montagne qui, du nord-est où nous la voyons, ressemble à un éléphant couché; elle s'appelle Naboungala.

Un autre chameau, un très-bon, est mort sur la route. Ses frémissements, ses convulsions n'ont pas ressemblé du tout à ce que nous avons observé chez les bœufs et les chevaux tués par la tsétsé; néanmoins celle-ci peut être la cause du mal. De tous les symptômes, le seul qui se rapporte à cette mouche est la couleur artérielle du sang; je n'ai jamais vu de piqûre de taon faire couler un sang rouge, comme celui qu'elle tire actuellement de la peau de nos bêtes.

8 mai. — Au village de Liponndé ou Iponndé, en face du mont granitique de Nakapouri, où nous avons couché en 1862. Chose étrange, les mots qui forment le nom de cette montagne n'appartiennent pas au makonndé, mais au sétchouana; ils signifient corne de chèvre, et ont été choisis à cause des projections qui se détachent de la masse.

Je laisse à Iponndé les cipahis, leur havildar, les Nassickais et les animaux, pour traverser rapidement la contrée où il n'y a pas de vivres, et pour envoyer au sud et à l'ouest chercher des provisions. Quand les bêtes se seront reposées, on les amènera. Un des mulets est très-malade; un buffle est somnolent et épuisé; l'un des chameaux, couvert de plaies, n'est plus qu'un squelette; un autre a un énorme trou à la pointe de la hanche, qui est à nu et se projette au dehors. Cela a dû être fait méchamment; la pauvre bête est revenue du pâturage saignant en abondance, et aucun arbre ne l'aurait perforée de la sorte, lui faisant un trou de forme ronde.

J'emporte tous les bagages, ne laissant ici que les effets des cipahis, qui maintenant font une charge suffisante pour tous nos animaux.

9 mai. — Parti avec les Anjouannais et les vingt-quatre porteurs; c'est un plaisir de s'éloigner des autres; ils s'unissaient pour accabler nos bêtes. Je leur ai dit à maintes reprises qu'ils les tueraient; à peine avais-je tourné les talons, qu'ils ajoutaient toutes leurs affaires à la charge que j'avais mise. C'était quelque chose de si irritant d'avoir sans cesse à lutter contre cet esprit de fraude, que j'y avais renoncé.

Une marche agréable, d'au moins huit milles, nous a conduits à Moïdala, où nous avons passé la nuit. La roche est toujours de la synéite.

Traversé une vallée, où se trouvent le grand acacia épineux avec lequel on fait souvent les canots, et un arbre de la famille des euphorbes, dont le fruit, de la dimension d'une orange mandarine, renferme trois graines.

En surcroît de l'invasion des Mazitous, qui a passé dans les champs comme une nuée de sauterelles, le pays a souffert de l'une de ces sécheresses inexplicables auxquelles sont sujettes certaines parties restreintes, et quelquefois de larges portions de cette contrée. Les roseaux, qui près de la côte nous arrêtaient, n'existent pas ici; l'herbe est grillée, beaucoup de plantes sont mortes et les arbres n'ont plus de feuilles, comme si nous étions en hiver. Le sol est revêtu d'une forêt ouverte avec, çà et là, une jungle épaisse au bord des cours d'eau. Tous les ruisseaux que nous avons franchis ne sont que des torrents dont le lit sableux est à sec, et dans lequel les indigènes font des trous pour avoir de l'eau.

Nous avons traversé un territoire où une certaine somme fut demandée, comme droit de passage, à un Arabe appelé Birkal. Après deux jours et demi de négociations, l'Arabe accepta le combat, tua deux indigènes, blessa mortellement l'un des chefs, et le compte fut réglé; depuis lors, aucune demande n'a été faite. Le frère d'Ali a répondu de la même manière aux réclamations de ce genre; trois Makônndés et deux de ses gens ont péri dans la lutte; puis on a fait la paix, et il n'y a pas eu d'autre exaction.

11 *mai*. — Il est difficile de faire avancer les porteurs, qui sont épuisés, faute de nourriture.

En remontant le lit sableux d'un cours d'eau appelé Nyédé, nous avons vu que, dans tous les endroits humides, on avait planté du maïs et des fèves; de telle sorte que les ravages des Mazitous ne seront pas suivis d'une famine absolue.

Rencontré une femme qui avait l'air de fuir. Ali l'a arrêtée;

il croyait que c'était une esclave, et il s'attendait à recevoir une récompense. Mais, ramenée à son village, qui n'était pas à plus d'un quart de mille, la femme n'a pas été reconnue comme fugitive, et la capture officieuse s'est trouvée n'être qu'une méprise.

12 *mai*. — Environ 4' à l'est-nord-est de Matahouatahoua ou Nyamatalolé, point de retour de notre première exploration.

13 *mai*. — A Matahouatahoua, une femme au visage profusément tatoué, mais d'un physique agréable, s'est approchée tenant un bouquet de sorgho à sucre, et l'a déposé à mes pieds en disant: « Je vous ai déjà vu ici. » Elle montrait le point de la rivière où nous avions commencé à redescendre en 1862. Je me suis alors rappelé que j'avais fait arrêter la barque, pour attendre le panier d'aliments qu'une femme apportait; ce panier fut remis à Tchiko; rien ne fut donné en échange. Parfois les présents ne sont faits que dans l'espoir d'en recevoir de plus considérables; il est doux d'avoir la preuve qu'il n'en est pas toujours ainsi.

Cette femme avait dans la démarche et dans le langage une dignité pleine de douceur. Je lui donnai un petit miroir; elle revint bientôt, m'apportant son unique poulet et un panier de graines de concombres, dont on fait de l'huile; ces graines, par cela même qu'elles renferment une grande quantité de matière oléagineuse, sont fort nutritives, et se mangent grillées comme des châtaignes. En me les donnant, l'excellente femme s'excusa de ne pas m'offrir davantage, alléguant pour motif la misère présente. Je lui ai fait accepter une brasse d'étoffe, et nous nous sommes dit adieu; elle s'appelle Kanagnoné.

Les porteurs ne sont d'aucun service, par suite d'inanition; mais je ne peux rien acheter pour les nourrir : le pays est brûlé et maigrement couvert d'acacies épineuses.

14 *mai*. — Après une marche d'une heure trois quarts, il a fallu s'arrêter : la fatigue vient promptement quand on a l'estomac vide. Nous avions atteint le village d'Hassané, qui est en face d'une colline appelée Tchisouloué, un cône situé sur la rive méridionale de la Rovouma, et qui est évidemment d'origine vulcanienne; il est couvert d'arbres, tandis que le granite se montre toujours sous forme de masse dont la roche est

à nu. Tout autour sont de grandes plaques d'une belle dolomite. Celle-ci peut provenir de la cuisson du tuf, qui, dans le pays, semble avoir été versé avec l'eau, après l'action volcanique.

Comme nous arrivions, la fille d'Hassané ôtait du feu une marmite pleine de haricots, bouillis avec la cosse. Hassané m'en fit présent; et quand je l'invitai à en prendre sa part : « Non, me dit-il, vous êtes étranger, et de plus en voyage; je suis chez moi et me procurerai autre chose. » De même que tous les chefs, il passe pour être docteur, c'est-à-dire magicien, et sa femme, une vieille dame vigoureuse, est doctoresse; jamais il n'a eu d'autre épouse, et a quatre enfants qui vivent avec lui. Nous avons pris un de ses fils pour aller au sud acheter des provisions, tandis que les porteurs en cherchaient de leur côté.

J'ai déposé chez Hassané le riz et le mungo que nous avons achetés avec son fils, pour que les cipahis et les Nassickais aient des vivres quand ils arriveront.

L'effroi qu'inspirent les Mazitous est inimaginable; à la seule vue de leurs boucliers, toute la population prend la fuite comme un troupeau de daims qui s'effare. Un enfant ne s'éloigne pas de quelques mètres de sa demeure, pour les choses les plus indispensables, à moins que grand'mère ne soit en vue. Matâmora, ainsi que les Arabes appellent le chef de Ngomano, a reçu les Mazitous d'une façon chaleureuse; il en a tué plusieurs, ce qui sans doute les a fait battre en retraite.

15 et 16 mai. — Étapes misérablement courtes, toujours par suite de la faim; je sympathise avec mes pauvres hommes. Les porteurs que j'avais envoyés de l'autre côté de la rivière pour acheter des vivres ont été égarés par un nommé Tchikoungou, un beau parleur, qui les a conduits au nord, où l'on ne peut absolument rien avoir. Ce bavard, en les promenant de la sorte, avait pour but de me faire payer trois journées, à lui et aux autres. Je suppose que la faim leur fait perdre l'esprit; mais je leur ai dit qu'un jour où l'on ne faisait rien ne comptait pas; ils l'ont admis sans difficulté. Le salaire est d'une brasse de calicot pour trois jours de portage; deux pieds par étape.

17 mai. — Après avoir fait quelques milles, toujours à jeun, ma suite a demandé à passer sur l'autre rive. Comme cette traversée impliquait en même temps celle du Loenndi, j'ai d'abord refusé; puis, dans l'espoir d'obtenir des vivres, j'ai bien voulu; et le passage s'est effectué avec deux très-petites pirogues. Envoyés dans le Sud, Ali et Mousa ont trouvé un peu de sorgho vert; je l'ai donné aux porteurs, que j'ai payés et congédiés. Ce sont les petites misères du voyage, et cela n'est pas digne d'être écrit.

Un pic granitique apparait à 15' à l'est-sud-ouest.

18 *mai.* — A l'endroit où nous avons passé la rivière, des strates métamorphiques d'une couleur chocolat sont complétement dressées, et aux alentours nous avons des étendues de dolomite, qui parfois ont la blancheur du marbre.

Le pays est desséché, l'herbe et les feuilles sont jaunes et cassantes. Parmi ces plantes brûlées, la grande abondance des tiges d'une sorte d'acacia herbacé, qui aime l'eau, prouve qu'en d'autres temps celle-ci ne manque pas, et les empreintes laissées par des pieds d'hommes pateaugeant dans la vase, empreintes actuellement durcies, montrent que le terrain a été bourbeux.

Le chef du village où nous avons passé la nuit est martyrisé par les rhumatismes. Il m'a prié de lui donner un médicament, et de le lui administrer moi-même. J'ai reçu de lui, comme honoraires, un panier de mungo et de sorgho non parvenu à maturité; cet envoi m'a fait le plus grand plaisir; mes gens n'avaient plus rien, et il me fallait partager avec eux le peu de farine que j'avais gardée pour moi.

19 *mai.* — Pris de nouveaux porteurs, au lieu du passage de la Rovouma. Tout en cheminant, nous sommes arrivés au confluent sans nous en douter. Matâmora n'étant qu'à deux milles en amont, sur le Loenndi, je lui ai fait demander assistance. Il est venu ce matin de bonne heure. C'est un homme grand et bien fait; son visage est sévère, ce qui tient à la quantité de rides qu'il a sur le front. Il nous a fait passer l'eau.

Décidément le Loenndi est la branche mère de la Rovouma; il est cependant moins large : de cent cinquante à deux cents yards d'un bord à l'autre, et la Rovouma, de deux cents à deux cent cinquante. Les deux rivières ont la même nature;

elles sont rapides et peu profondes, remplies d'îlots, de rochers et de bancs de sable; pour les parcourir, on se sert de petits canots, que les gens du pays se vantent de conduire avec beaucoup d'adresse; les femmes, à cet égard, ne sont inférieures à aucun homme.

Le confluent est à deux milles environ au nord du point de notre passage.

En amont du Loenndi, nous voyons, à quelque vingt milles de distance, un grand pic granitique appelé Nkandjé; et par delà, fermant l'horizon, la ligne indécise d'une rangée de hauteurs. Il y a, dans cette région montagneuse, des affleurements de houille. On trouve des fragments de ce minéral dans le sable du Loenndi.

Matâmora a dans le pays une très-bonne réputation, et beaucoup d'opprimés viennent lui demander asile. D'une grande politesse, il resta sur la rive, jusqu'à ce que le dernier de nos ballots fût passé; puis il se leva, entra dans le canot où je me trouvais, m'accompagna, prit une nasse dans une pêcherie et m'en donna le contenu; plus tard, j'ai reçu de lui un peu de sorgho vert. Il a perdu littéralement tout son grain, a été obligé de fuir avec son peuple et s'est réfugié à Maroumba, île rocheuse de la Rovouma, à six milles environ au-dessus de Matahouatahoua.

Le Loenndi et la Rovouma, dit-il, sortent du lac Nyassa; mais on ne peut pas les remonter en bateau, à cause de leurs nombreuses cataractes. Il serait étrange que tout cela fût un mythe.

Matâmora m'a demandé si les tribus dont nous avons traversé le pays étaient disposées à conserver la paix que je désire. Les chasseurs d'esclaves l'ont assailli de tous côtés; lui seul n'a jamais été à la chasse de l'homme. Si les gens que nous allons rencontrer nous attaquaient, il viendrait nous soutenir et les combattre. Avant moi il n'avait jamais vu d'Européen; le docteur Roscher passait pour être Arabe. Je n'ai pas pu savoir où demeure Likoumbou, l'individu auquel ce dernier a laissé, dit-on, ses objets d'échange.

20 *mai*. Payé Ali à son entière satisfaction, et lui ai confié une dépêche géographique (n° 2).

Envoyé quatre hommes au sud pour acheter des vivres.

Nous sommes ici chez les Matammboués, à deux milles au sud-ouest de Ngomano, c'est-à-dire du confluent, par 11°26′23″ de latitude méridionale et 35°29′52″ de longitude est[1].

Abraham, l'un des Nassickais, est arrivé; il est, dit-il, envoyé par les cipahis et chargé par eux de me déclarer qu'ils n'iront pas plus loin. C'est avec la plus grande difficulté qu'on les a fait venir jusque-là. Ils ne veulent pas obéir à leur chef, pas se lever le matin pour partir. En marche, ils se couchent sur la route, donnent leurs sacs et leurs mousquets à porter aux indigènes et se rendent complétement inutiles.

Le buffle noir est mort, ainsi qu'un chameau, et l'un des mulets a été laissé en arrière, ne pouvant plus marcher. Si je ne savais pas que la tsétsé est dans le pays, je dirais que la surcharge et les mauvais traitements ont seuls fait mourir les pauvres bêtes.

J'ai envoyé aux cipahis une note où j'établis que j'ai vu leur désobéissance, leur mauvais vouloir, leur paresse, et que je n'attends, pour les renvoyer, que la déposition formelle de leur havildar. Je ne regrette que celui-ci.

Un léopard est venu peu de temps après la nuit close, et malgré le clair de lune nous a enlevé un petit chien; on dit qu'il y a deux jours il a pris un indigène.

22 mai. — Nos quatre hommes reviennent avec fort peu de denrées, en échange de beaucoup d'étoffe. Matâmora nous témoigne une vive affection; il n'a rien qu'un peu de sorgho vert, et nous en apporte tous les jours.

Vent du sud très-fort chaque après-midi. Les pluies ont cessé vers le 15 mai, et la température s'est abaissée; quelques averses nocturnes, averses copieuses, ont fermé la saison.

23 et 24 mai. — Pris des observations lunaires.

25 mai. — Matâmora n'est pas Ndonndé. Un chef, qui demeure au sud-ouest, porte ce nom et appartient à la tribu des Matammboués.

26 mai. — J'avais envoyé Mousa au couchant pour acheter des provisions; il revient les mains vides.

Vers onze heures, vu passer devant notre porte deux

---

1. La longitude que nous indiquons est toujours celle du méridien de Paris.
(*Note du traducteur.*)

hommes conduisant deux femmes enchaînées; celui qui était devant portait du feu; l'autre marchait derrière et avait un mousquet. Matâmora avoue que ses sujets se vendent les uns les autres.

27 *mai*. — L'havildar est ici avec Abraham; il confirme tout ce que j'ai mis dans ma note. Après en avoir entendu la lecture, les cipahis ont, dit-il, déploré leur folie; il ajoute que, si je les renvoie en disgrâce, ils ne devront le reprocher qu'à eux-mêmes. Les voilà chez Hassané; ils demandent que je les conserve; je peux essayer : seulement ils sont pour moi une lourde charge.

Au sud-ouest d'ici commence le territoire des Mânnganyas; mais plus loin, dans cette même direction, on y trouve un espace désert. Directement à l'ouest, le pays est représenté par tout le monde comme tellement montagneux et infesté de Mazitous, qu'il est impossible de choisir cette route. Je dois, par conséquent, me diriger vers le milieu du lac, traverser celui-ci et reprendre ma ligne de 1863.

Les Mazitous ont avec eux leurs femmes, leurs enfants, leurs bœufs et leurs chèvres; la tribu tout entière vit du pillage des autres peuplades; elle s'arrête ici : plus bas, ses bœufs seraient tués par la tsétsé.

2 *juin*. — Les hommes que j'ai envoyés au sud-est, chez les Matammboués, sont revenus avec une bonne provision de grain. Quant aux cipahis, on ne les voit pas venir. Ils disent ne pas pouvoir; simple prétexte; ils essayent de retenir les autres et de les faire marcher aussi lentement qu'eux. Ma patience est à bout; ils ont tué l'un de mes chameaux à coups de crosse de mousquet, frappant jusqu'à ce que la bête fût morte. J'avais pensé à les désarmer tous, et à en prendre cinq ou six des moins récalcitrants; mais ce serait beaucoup plus d'embarras que d'avantage.

Je me propose de partir lundi ou mardi, le 4 ou le 5, et de me diriger vers l'ouest. Mes cipahis ont offert à Ali huit roupies (une vingtaine de francs) pour les ramener à la côte; il y a donc conspiration organisée.

D'après les symptômes que présente la bufflonne, je pense que la tsétsé est son principal ennemi; mais elle porte à l'épaule une blessure qui ressemble à un coup de baïonnette et qui me fait soupçonner les cipahis, dont la culpabilité à l'égard des plaies et des contusions des chameaux ne fait aucun doute.

Maintes créatures d'Afrique possèdent, dans leur genre, une aussi grande vitalité que les hommes de ce continent.

La fourmi blanche fut apportée par hasard, de la côte occidentale, à Sainte-Hélène, et a commis de tels ravages dans la ville de Saint-James que beaucoup d'habitants ont été ruinés; le gouverneur a été obligé d'appeler au secours. Dans d'autres pays neufs, comme on appelle les terres nouvellement colonisées, une masse de mauvaises herbes a suivi le flot de l'émigration anglaise; il en est de même des insectes. La mouche domestique d'Europe fait disparaître la mouche bleue de la Nouvelle-Zélande; les émigrants l'emportent dans des boîtes pour la répandre dans leur nouveau domicile.

Mais quel insecte détruira la tsétsé?

Les Arabes ont donné la punaise aux Makônndés, et nous trouvons partout la mouche domestique; puis une autre mouche qui lui ressemble, mais dont la trompe est un suçoir affilé; enfin la mouche bleue et d'énormes taons de plusieurs espèces; il y a ici tant de place pour toute chose!

Dans la Nouvelle-Zélande, le surmulot est éconduit par la souris d'Europe, sans parler du rat hanovrien de Waterton, qui est le lord du pays. « De même que le rat de l'homme blanc a chassé le nôtre, disent les indigènes, de même que leur mouche a renvoyé notre mouche, et que le trèfle tue nos fougères, l'homme blanc fera disparaître les Maoris. » Le cochon, déposé sur la rive par le capitaine Cook, a envahi tout un côté de l'île, et est devenu un tel fléau qu'il a fallu le combattre. Un propriétaire de cent mille acres de terrain (quarante mille hectares) a donné six pence (soixante centimes) par tête; quelque vingt mille cochons ont été tués, et sans qu'il y parût d'une façon notable. Ici le cochon sauvage abonde, et nourrit la tsétsé; il cause en outre de grands dommages aux propriétaires de moutons, suivant les brebis pleines et dévorant les agneaux au moment de leur naissance.

3 juin. — La bufflonne est tombée, l'écume à la bouche, et a expiré. Sa viande est grasse et d'un bon aspect; mes gens s'en régalent; l'une des jambes de devant paraît un peu luisante, mais c'est tout. Malgré la différence des symptômes qu'ont présentés les chameaux et les buffles, et ceux que j'ai observés autrefois chez les bœufs et les chevaux, la mort a pu être produite par la tsétsé; mais il est certain qu'il y a eu de mauvais traitements. Le bufflion a une coupure d'un demi-pouce de profondeur; les chameaux avaient de larges plaies et, à la fin, cette odeur particulière qui annonce la mort. Je suis très-embarrassé : rien de certain au sujet des causes de la maladie des pauvres bêtes.

J'ai demandé à Matámora si les Matammboués croyaient en Dieu; il m'a répondu que, quant à lui, il ne le connaissait pas, et m'a conseillé de ne pas demander aux gens chez qui nous allons s'ils le priaient, parce qu'ils s'imagineraient que j'ai le désir de les faire tuer. J'ai répliqué que nous aimions à parler de Lui, etc. Le chef m'a dit que dans le cas où ils priaient le Mouloungou, nom qu'ils donnent à la divinité, ils lui offraient d'abord un peu de farine, mais qu'ils savaient très-peu de chose de Lui.

Ils ont tous un grand respect pour le Mouloungou, et lorsqu'ils répondent : « Nous ne le connaissons pas », c'est afin de prévenir les paroles irrévérentes qui pourraient nuire au pays.

4 *juin*. — Quitté Ngomano. J'ai été obligé de dire aux Nassickais qu'il fallait travailler ou partir; qu'il était absurde de leur voir manger tout ce que nous avons, sans qu'ils fissent la moindre chose, pas même porter leurs affaires; que je ne le souffrirais pas davantage. Je leur ai donné des ballots à chacun et leur ai promis dix roupies par mois, à compter d'à présent. Richard et Abraham sont restés en arrière; celui-ci a toujours travaillé avec courage, et sa paye peut dater du 7 avril, jour de notre départ de Mikinedani.

5 *juin*. — Couché dans un village appelé Lammba, situé au bord de la Rovouma, près d'un torrent tumultueux de cent cinquante ou deux cents yards, et renfermant beaucoup d'îlots et de rochers. Le pays est couvert d'une forêt libre, semée partout de clairières mises en cultures; mais à présent tout est mort : la sécheresse d'une part, de l'autre le froid de l'hiver.

Passé près d'un village où de bon sorgho venait d'être récolté. Les épis étaient rangés soigneusement en lignes pour les faire sécher et pour que le vent ne les égrenât pas en les dispersant; il est en outre plus facile d'en écarter les oiseaux.

Parfois le sorgho n'arrive pas à graine et la tige contient du sucre en abondance; c'est alors le *sorgho saccharatum*, fort apprécié des indigènes. Celui-ci est commun cette année; beaucoup de tiges ne sont qu'en fleurs, et, ne devant pas en retirer de semence, les naturels les mâchent comme ils feraient de la canne à sucre. Cette nourriture les engraisse; mais elle ne durera pas longtemps, et la famine viendra. Pour l'éviter, les pauvres gens font tout ce qu'ils peuvent; ils plantent des fèves et du maïs dans les endroits humides. La citrouille ordinaire du pays se cultive également; mais elle est d'un genre bâtard et considérée comme très-inférieure.

6 juin. — De grandes collines de granite s'élèvent au nord; on ne les aperçoit que de temps à autre: bien que de chétive venue, les arbres cachent l'horizon.

Quitté un village appelé Mékosi; peu de temps après, nous sommes arrivés au lit sableux d'un ruisseau desséché, où étaient des traitants et leur bande; ils nous dirent qu'ils avaient acheté deux esclaves qui s'étaient enfuis, et nous proposèrent de rester avec eux; offre plus polie que séduisante.

Gagné ensuite le village de Makotchéra. Celui-ci est le plus grand chef de la contrée; un joyeux mortel, d'une laideur qui ne répond pas à son franc sourire: le front bas, sillonné de rides profondes, le nez quelque peu assyrien, mais épaté; la bouche très-grande, le corps très-maigre. Il se plaint des Matchingas, tribu aïahoue qui demeure au nord de la Rovouma et qui lui vole ses sujets. Quelques indigènes donnent pour raison de l'esclavage qu'il est pénible de filer le coton et de faire venir le grain.

Le village de Makotchéra est par 11° 22' 49" de latitude méridionale. La rivière étant à peu près à 2' vers le nord, montre que, relativement à nous, elle s'éloigne dans cette direction depuis que nous avons quitté Ngomano.

Les Nassickais sont encore en arrière; je les ai attendus plusieurs jours, malgré la difficulté de se procurer des vivres, que l'on ne peut avoir qu'à des prix énormes et en allant très-loin.

7 juin. — Arrivée de deux cipahis et de l'havildar. Abraham est avec eux; Richard n'a pas pu venir, à cause de sa faiblesse. J'ai envoyé trois de mes gens pour l'assister, et les seuls cordiaux que j'aie en ma possession. Les cipahis me font dire qu'ils ne peuvent pas marcher; c'est pour ne pas avoir à manquer de vivres. Toutefois, qu'ils arrivent ou qu'ils n'arrivent pas, il faut que j'avance, puisqu'on ne trouve rien ici.

Je me proposais de partir demain; mais hier au soir on a mangé la dernière parcelle de nourriture. J'ai donc envoyé deux escouades battre la contrée avec mission d'acheter des vivres à n'importe quel prix; et il faut les attendre.

Makotchéra a été chasseur d'éléphants, et c'est un poëte; mais je n'ai pas pu le décider à nous donner un échantillon de son talent : ses ancêtres n'ont jamais vu d'Anglais, lui non plus; je suis le premier et je l'intimide. Il pense que Dieu est méchant, puisqu'il fait mourir tant de monde.

Si le docteur Roscher a suivi cette route, il a dû voyager comme Arabe; car personne ne paraît le connaître[1].

9 juin. — Remis en marche. Traversé d'abord le même genre de forêt; nous montons graduellement à mesure que nous avançons vers l'ouest; puis nous avons trouvé des masses énormes de granite ou de syénite, s'écaillant par grandes plaques. Elles sont couvertes d'une plante dont le feuillage ressemble à de l'herbe, et qui a une tige raboteuse; l'écorce de cette tige se détache par endroits et se frise à l'entour, comme les bobêches de papier que l'on met aux bougies. Ainsi revêtues, ces collines paraissent d'un gris clair, avec des portions noires dans les parties les plus abruptes. A une distance de quelque dix milles, ces collines paraissent d'un bleu foncé.

Le terrain est dur et pierreux, mais tapissé d'herbe et de plantes diverses. L'herbe est disposée par touffes et ressemble à celle du Kalahari. Il y a des arbres sur les hauteurs; parmi eux abonde le ptérocarpe, dont l'écorce est employée comme vêtement. Le bois de charpente apparaît çà et là; mais en général la végétation est rabougrie : peu d'arbres ont plus de trente pieds de haut.

---

1. Ce voyageur allemand, on se le rappelle, fut tué près du lac Nyassa. Les chefs indigènes dénoncèrent les assassins, qui furent envoyés à Zanzibar, condamnés à mort et exécutés. (WALLER.)

Passé la nuit près d'une colline appelée Nyeñgo et de forme arrondie, ce qui est l'ordinaire. La Rovouma, qui était venue tout près de nous, s'éloigne de nouveau pour serpenter au milieu de grandes masses pareilles à cette colline.

Latitude : 11° 20′ 5″.

10 *juin*. — Marche très-fatigante, toujours dans le même pays; aucune habitation. Passé près d'un homme dont la mort était récente; on dit qu'il est mort de faim. Entre le village de Makotchéra et la colline de Ngozo, qui sera notre prochaine station, il n'existe pas de rivière permanente; pour avoir de l'eau, il faut creuser la couche sableuse des ruisseaux taris; quelquefois on trouve un ruisselet; mais je crois qu'à une autre époque tout est desséché, et que les habitants n'ont pas d'autre source que la Rovouma. Le premier signe que nous ayons eu de notre approche de la demeure de l'homme a été une jolie petite femme qui tirait de l'eau d'une fosse. J'étais seul; elle s'est agenouillée, et, selon l'usage du pays, elle m'a tendu son vase rempli d'eau, en l'élevant avec les deux mains.

Bien que la masse ronde du Ngozo fût clairement visible des hauteurs que nous traversions à l'est de cette colline, j'ai été égaré par un de nos hommes qui s'était perdu.

En apprenant notre arrivée, un parti arabe s'est enfui; cela nous donne de l'importance auprès des indigènes.

Latitude : 11° 18′ 10″.

11 *juin*. — Nos porteurs refusent d'aller plus loin; ils courraient, disent-ils, le danger d'être pris ici, à leur retour. Je les ai payés, et j'en attends d'autres de l'endroit où nous sommes.

12 *juin*. — Un homme respectable du nom de Makoloya ou d'Imepanndé est venu me faire une visite et m'a questionné au sujet de mon voyage, demandé où j'allais et combien de temps durerait mon absence. Il a entendu parler de la Bible, un gros livre que l'on consultait; c'est un homme venu d'Ibo ou d'Ouibo qui lui a donné ce renseignement.

13 *juin*. — Makoloya nous a amené sa femme et apporté un peu de grain. Son père, dit-il, lui a enseigné qu'il y avait un Dieu, mais voilà tout.

Le tatouage que portent les indigènes sur le front et sur le corps n'a d'autre but que de les orner : c'est pour être plus beau à la danse. Ces ornements toutefois paraissent tenir du blason, car en les voyant les gens du pays disent sans hésiter à quelle tribu ou section de tribu appartient celui qui en est décoré. Les Matammboués et les Hauts-Makônndés ont des temmbos ou tatouages qui ressemblent beaucoup aux dessins de l'ancienne Égypte, par exemple, des lignes ondulées telles qu'en faisaient les anciens pour représenter l'eau. Des arbres, des jardins enfermés dans des carrés semblent avoir été imaginés autrefois pour les riverains de la Rovouma, qui les ont encore; le fils prend le tatouage du père; et c'est ainsi que

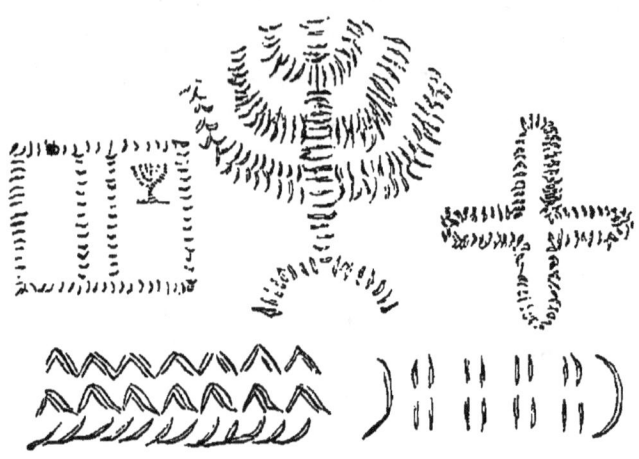

Tatouages des Matammboués.

les anciennes marques se sont perpétuées, bien que le sens paraisse en être perdu.

Les Makoas portent le croissant ou presque la pleine lune; mais suivant eux ce n'est qu'une parure. Une matière bleue (on m'a dit que c'était du charbon) est introduite dans les coupures, et le dessin se détache brillamment sur les peaux de couleur claire qui, par parenthèse, sont communes.

Chez les Makônndés et les Matammboués, les incisives sont limées en pointe. Les Matchingas, tribu aïahoue, laissent un crochet des deux côtés de la dent et s'arrachent l'une des incisives médianes en haut et en bas.

14 juin. — Je suis maintenant aussi dépendant des porteurs que si je n'avais pas amené de bêtes de somme; mais c'est une pauvre matière à mettre dans un journal. Nous nous sommes rendus à Métaba pour voir si le chef voudrait nous prêter du monde. Kitouannga nous a fait une longue conduite; puis il nous a quittés en disant qu'il allait chercher des hommes pour Mousa, qui les recevrait demain.

Le Ngozo et le Mékannga (masse également arrondie), près desquels nous avons passé, ont au moins deux mille pieds, — trois mille peut-être, — au-dessus du niveau de la plaine, et seraient entièrement nus sans la plante herbacée, de nature particulière, qui les tapisse dans les endroits où le versant n'est pas trop raide. On rapporte que les indigènes ont des greniers sur ces montagnes, où, d'après l'un des chefs que nous avons vus, il y aurait de l'eau. Ce chef ne connaît pas dans le pays d'ancien édifice bâti avec de la pierre.

Trouvé sur notre passage beaucoup de masses d'un conglomérat ferrugineux, et observé que la majeure partie du gneiss est inclinée au couchant. A voir les stries qu'elle présente, il semblerait que la roche a été partiellement fondue; la direction est tantôt nord et sud, tantôt levant et couchant. Dans la partie qui a pu être la surface, les cannelures ont le même aspect que si elles avaient été produites dans une matière molle au moyen d'une baguette.

Nous avons bivaqué au bord de la Rovouma, en amont d'une cataracte, à une place où la rivière a de cent cinquante à deux cents mètres de large, et dont le calme relatif permet à une bande d'hippopotames de s'y héberger. Quand l'eau est assez basse pour être franchie à gué en beaucoup d'endroits, comme il arrive, dit-on, aux mois d'août et de septembre, ces amphibies doivent avoir de la peine à vivre.

15 *juin*. — Trois heures de marche nous ont fait gagner Métaba. Le chef, appelé Kinazômmbé, est un homme d'un certain âge, qui a l'air avisé, la figure sévère et le nez assyrien. Il a bâti une grande maison de réception où beaucoup de métis arabes ont pris leur demeure. Ces gens ont un grand nombre d'armes à feu, et la quantité de fourches à esclaves abandonnées sur le chemin est étonnante; les captifs qui les portaient, perdant tout espoir de s'évader, auront fait leur soumission. Il y a également au bord de la route beaucoup de huttes que les Arabes ont construites pour s'abriter contre la pluie.

Chez Kinazômmbé, la deuxième récolte de maïs est mûre, et l'on ne doit pas trop s'apercevoir de la famine.

16 *juin*. — Nous entendons faire de sombres récits du pays qui est en face de nous : quatre ou cinq jours pour se rendre chez Mtarika; puis dix jours, à travers les jungles, pour gagner la ville de Mataka; disette chez le premier, mais abondance chez l'autre, qui est voisin du lac.

En amont de Ngozo, la Rovouma vient du sud; et Masousa, qui est au bord de cette rivière, nous est désigné comme étant au sud-ouest de Métaba; ce serait donc à Ngozo que la Rovouma atteindrait son point le plus septentrional[1]. Masousa est, dit-on, à cinq jours de marche (au moins cinquante milles) de Métaba.

Nous allons maintenant au sud-ouest.

La race bovine d'Afrique, de même que le buffle hindou, n'est apprivoisée que partiellement; jamais les vaches ne cèdent leur lait qu'en présence de leur petit, ou d'un veau empaillé : le *fulchan* de l'Inde. Près de Mozambique, dans tout le pays voisin, les femmes participent un peu de la nature des animaux sauvages. Lorsqu'elles sont enceintes, elles refusent toute relation intime avec leurs maris; et cela continue jusqu'au sevrage de l'enfant, qui n'a lieu d'ordinaire que la troisième année. Je tiens d'autorités les plus respectables que beaucoup de jeunes gens ne prennent d'abord qu'une femme et s'en contentent jusque-là, vivant heureux avec une seule épouse; mais après cela, rien ne pouvant la décider à cohabiter avec lui, et la séparation durant trois ans, l'homme est presque obligé de contracter un nouveau mariage. Ce fait m'a été signalé comme l'une des plaies sociales les plus graves. La même absurdité prédomine sur la côte occidentale où elle est, dit-on, approuvée par les hommes, sous prétexte de pureté.

Chose curieuse que le rhum soit un article aussi important du commerce de l'ouest, et que sur la côte orientale sa vente soit à peu près inconnue, le même peuple ayant commencé la traite sur les deux rives. On peut s'imaginer qu'au nord

---

1. Pour cela, il faut envisager la Rovouma comme affluent du Loenndi; telle est d'ailleurs l'opinion de Livingstone, revoy. p. 46. (*Note du traducteur.*)

du cap Delgado les idées religieuses des Arabes y sont pour quelque chose ; mais au sud les Portugais n'ont à cet égard aucun scrupule et vendraient leurs grands-pères tout aussi bien que du rhum, s'ils pouvaient en faire de l'argent. Ils fabriquent même dans le pays d'affreux alcool tiré de différents grains et de certains fruits, entre autres de celui de l'anacardier : cette branche de commerce n'a aucun succès. Ils donnent à leurs esclaves, comme récompense, du *mata bicho* ou tue-la-créature ; et parfois vous rencontrez un homme qui, ayant eu avec eux de nombreuses relations, vous demande de la liqueur ; mais la vente de celle-ci ne rapporte rien : les indigènes ne boivent que si la chose est gratuite. Le coup de rhum indispensable sur la côte de l'ouest dans toute transaction politique avec les chefs est tout à fait inconnue. Si le commerce des spiritueux pouvait être productif, certes les musulmans ne s'en abstiendraient pas ; ils m'ont souvent demandé de l'eau-de-vie d'une manière détournée — comme médicament ; et quand je leur rappelais que ce breuvage leur était défendu, ils me répondaient : « Oh ! nous le boirons en cachette. »

Il y a quelque chose d'inexplicable dans la prédominance de la hernie humorale chez les Makônndés ; cette affection est répandue dans le pays d'une manière effrayante ; les naturels l'attribuent à la bière prise en excès. On ne peut donc pas regarder ces gens-là comme abstèmes.

18 *juin*. — Ne voyant pas venir Mousa avec les bagages dont il était chargé, et craignant que tout n'allât pas à souhait, je suis parti hier, après l'office, avec tout mon monde. Une marche active de six heures nous a fait arriver fort à propos, juste au moment où une bande de Vouaninedi ou Maninedis, qui sont ou des Ajahouas ou de soi-disant Mazitous et qui venaient du nord, avaient essayé de passer la Rovouma. Ils venaient en qualité de pillards, et Mousa se disposait à défendre les bagages. Un ou deux coups de fusil, tirés par les gens de Kitouannga, firent rebrousser chemin à la bande, qui était déjà dans la rivière.

Simon et une demi-douzaine de cipahis sont enfin arrivés. Richard est mort ; je l'avais laissé avec les autres à Liponndé, et ne l'ai pas revu. Il était trop lié avec les cipahis ; j'ai été souvent sur le point de lui en faire des reproches ; car ces gens-là ont de mauvais propos, mais pas avec moi, et personnellement je ne pouvais en rien dire. Pauvre garçon ! il est venu jusque chez Hassané, puis a été trop faible pour aller plus loin. Quand j'ai su par Abraham que les cipahis l'avaient laissé en arrière, cela m'a inquiété, et j'ai envoyé près de lui trois de ses camarades avec des cordiaux, pour l'aider à venir ; il est mort, paraît-il, deux jours après. Je suis désolé de n'avoir pas été là pour faire au moins ce que j'aurais pu. Les Hindous ont essayé de le détourner de ses devoirs, mais sans y réussir. « Je voudrais être mort, disait-il à Abraham ; je suis si tourmenté ! »

Il a fallu le prendre de haut avec les cipahis, tant leur conduite devient intolérable. Je les ai fait venir ce matin et leur ai demandé s'ils connaissaient la punition qu'ils avaient encourue en désobéissant à mes ordres et en essayant de faire déserter les Nassickais.

« Non-seulement, leur ai-je dit, vous restez sur la route quand il faudrait marcher, mais vous avez offert de l'argent à Ali pour qu'il vous emmenât à la côte ; et votre excuse pour ne pas arriver était fausse ; vous étiez si peu malades, que vous faisiez trois repas par jour, et de très-bon appétit. » Ils n'ont rien trouvé à répondre. J'ai alors cassé aux gages le naïk, c'est-à-dire le caporal, et condamné les autres à porter des ballots. S'ils se conduisent bien, ils toucheront le salaire des travailleurs en outre de leur paye ; si non, rien que leur solde. Leurs membres s'atrophient dans l'oisiveté ; tandis que ceux de mes gens qui travaillent se portent bien et prennent de la force, ces Hindous s'affaiblissent, et ont le plus mauvais air ; ils sont d'une nonchalance et d'une malpropreté insignes ; tout cela doit changer. Si on les trouve couchés et endormis sur la route, pendant les heures de marche, comme ils en ont l'habitude, ou sans leurs mousquets et leur fourniment, ils seront fouettés. Ceux d'entre eux qui font quelque chose sont forts en comparaison des autres.

19 juin. — Pour habituer les cipahis, je leur avais donné de légers ballots. Au départ, cela a bien marché ; mais lorsque la crainte d'un châtiment immédiat se fut évanouie, l'ancien esprit commença à reparaître. Périm, dont la charge se composait de vingt livres de thé, l'a diminuée en jetant d'abord le plomb qui l'enveloppait, et ensuite les trois quarts du contenu, réduisant de la sorte notre provision à cinq livres.

J'ai retrouvé aujourd'hui ce télégramme :

« Votre mère est morte le 18 juin, à midi. »

C'était en 1865. La douleur n'a pas été peu de chose.

CHAPITRE III.

Horreurs du commerce d'esclaves. — Agriculture. — Poterie. — Exorcisme. — Mort de notre dernier mulet. — Libération d'une femme. — Atrocités des traitants. — Chez Mtarika. — Marche forcée. — Rencontre de caravanes. — Renvoi des cipahis. — Mataka. — Métropole des Aïahous. — Hospitalité et bons sentiments. — Mataka restitue le bétail volé. — Beauté du pays et salubrité du climat. — Les Aïahous. — Regrets.

19 *juin*. — Passé près d'une femme attachée à un arbre et par le cou; elle était morte. Les gens du pays nous expliquent qu'elle ne pouvait pas suivre la bande, et que son maître n'a pas voulu qu'elle devînt la propriété de celui qui la trouverait, si le repos venait à la remettre. Ce n'est pas la première que nous voyons attachée de la sorte. Une autre avait été poignardée ou tuée d'une balle; car elle gisait dans une mare de sang. La réponse que l'on nous fait est toujours la même : le propriétaire de ces victimes, ne pouvant plus les faire marcher, et furieux de la perte qu'il en éprouve, soulage sa colère en tuant l'esclave qui tombe de fatigue. Mais l'imputation aux Arabes de ces énormités ne repose que sur les rapports des indigènes[1].

20 *juin*. — Retourné à Métaba, où le chef nous a dit que lui seul avait du grain à vendre. Les Arabes l'ont approvisionné de poudre et de cotonnade grossière, d'où l'obligation où nous avons été, pour obtenir des vivres, de lui céder nos plus belles étoffes et divers objets qui lui faisaient envie. Il a exagéré la famine que nous avons en perspective, voulant me faire acheter le plus possible; toutefois, au moment où j'allais partir,

---

1. Ces meurtres ne sont pas seulement le résultat de la colère; ils ont pour but d'inspirer aux captifs une terreur qui les aiguillonne et leur fait supporter les fatigues de la marche. Les Portugais, chefs de bande, connaissent fort bien l'efficacité de ce stimulant. (W.)

il m'a donné un repas copieux, composé de potage[1] et de pintade.

21 juin. — Nous avons eu des difficultés avec nos porteurs; mais ayant gagné une île de la Rovouma, appelée Tchimiki, je l'ai trouvée peuplée de Makoas, gens plus courtois et plus laborieux que les Aïahous; et j'ai envoyé l'havildar à un chef très-obligeant, du nom de Tchirikaloma.

22 juin. — Un pauvre petit garçon, affligé d'un prolapsus ani, m'a été apporté hier. Sa mère qui, pour me consulter, avait fait une route fatigante de beaucoup de milles, l'avait sur l'épaule droite; c'est là seulement qu'il pouvait être à l'aise. Un enfant à la mamelle occupait le bras gauche; et sur la tête, cette femme avait deux paniers. Chaque fois que nous nous arrêtions, son amour maternel se montrait dans le soin avec lequel elle bandait le cher petit, tandis que la grossièreté d'un état social inférieur éclatait dans les rires des brutes qui regardaient le pauvre enfant.

23 juin. — Le pays est couvert de forêts et beaucoup plus libre que dans la région précédente. Nous sommes maintenant à quelque huit cents pieds (deux cent quarante et quelques mètres) au-dessus du niveau de la mer.

Tous les indigènes cultivent du maïs au bord de la Rovouma, ainsi que dans les îles, dont le terrain est moins sec. Presque tous ont des fusils, de la poudre en abondance et une quantité de beaux grains de verre; ils ont des perles rouges enfilées avec leurs cheveux mêmes, et des cravates de perles bleues aussi serrées que les cols des soldats.

Le pélélé est d'un usage universel; les dents sont limées en pointe.

24 juin. — D'énormes quantités de bois sont mises en tas et brûlées pour amender les terres; mais cela ne paraît pas déboiser le pays.

Service divin dans la matinée; beaucoup de spectateurs. Ils croient à l'Être suprême, mais ne l'invoquent pas.

---

1. Ce potage, que le docteur appelle *porridge*, est effectivement le porridge d'Écosse; seulement il est fait avec du sorgho ou de l'éleusine, au lieu d'être composé d'avoine : c'est du grain concassé, et cuit dans l'eau, jusqu'à former une bouillie, à consistance de pâte. En Écosse, cette pâte est recouverte d'un liquide : bière ou laitage. On verra plus loin quel genre de bouillon employait Livingstone pour tremper son porridge. (*Note du traducteur.*)

Négrier tuant ses esclaves.

CHAPITRE III.

Des vents froids du sud prédominent; température +12° 5′.

L'un des mulets est très-malade. Il a été laissé à l'havildar, quand je suis retourné à Ngozo, et probablement il sera resté à découvert pendant la nuit. Chaque fois qu'ils ont eu un animal en leur pouvoir, les cipahis en ont abusé. Il est difficile de ne pas manquer de charité envers de pareilles gens; néanmoins j'essayerai; car l'esprit a une tendance marquée à s'appesantir sur les maux du voyage. J'ai dit à l'havildar que j'étais fort mécontent de ses hommes, qui méditaient de me faire échouer, sinon mourir; que cependant je ne leur avais jamais adressé une parole désobligeante, qu'il pouvait en rendre témoignage. Il m'a répondu que ces gens-là n'étaient pour moi qu'un fléau; que quant à lui, il ne me quitterait pas et me suivrait jusqu'à la mort.

On ne connaît pas, dans cette région, le moyen de faire bouillir la marmite avec des pierres chauffées; mais on y emploie les termitières en guise de four; et des trous sont creusés dans le sol pour la cuisson du pied d'éléphant, de la bosse de rhinocéros, de la tête de zèbre et d'autres grands animaux.

Percer une baguette en en faisant tourner une autre avec la paume des mains pour se procurer du feu est d'une pratique universelle; il est très-commun de voir les bâtonnets qui servent à cet usage attachés aux vêtements ou aux paquets des voyageurs. Les indigènes mouillent avec la langue l'extrémité de la baguette et la plongent dans le sable pour y faire adhérer quelques parcelles de silice, afin qu'elle pénètre plus aisément dans la pièce horizontale. Ils ont pour cela en grande estime le bois d'un certain figuier qui s'allume très-vite. Quand il fait humide, ils préfèrent emporter du feu dans un crottin sec d'éléphant; celui du mâle a environ huit pouces de diamètre sur un pied de longueur. Ils se servent également, pour ce transport, de la tige d'une certaine plante qui pousse dans les endroits rocailleux.

Acheté un senzé (*aulacode swindérien*) qui a été boucané. Mettre le poisson, la viande et les fruits sur un châssis, au-dessus d'un feu très-lent, pour les faire sécher, est d'une pratique générale; la salaison n'est pas connue.

Outre les échafaudages qu'ils emploient comme séchoirs, les

Makónndés, au lieu de coucher par terre, ont des plates-formes de six pieds de haut sur lesquelles ils vont dormir ; le feu qui est au-dessous éloigne les moustiques, et, dans le jour, ces estrades servent de lieu de repos et d'observation.

La poterie semble avoir été connue des Africains dès les temps les plus reculés ; on en trouve des fragments partout, même parmi les os fossiles de l'époque la plus ancienne.

Marmites et cruches pour l'eau et pour la bière sont fabriquées par les femmes qui les font à la main et à l'œil, sans l'aide d'aucune machine. Un éclat d'os ou de bambou est employé comme ébauchoir et pour étendre les petites mottes d'argile qui s'ajoutent pour obtenir plus de rondeur. Le vase, une fois modelé, reste ainsi jusqu'au jour suivant ; le lendemain matin, on y met le bord, on le retouche à plusieurs reprises et on le polit avec beaucoup de soin ; il est ensuite exposé au soleil jusqu'à parfaite dessiccation. Un feu clair de bouse de vache séchée, de rafle de maïs ou de chaume, d'herbe et de menu bois, est fait dans un trou pratiqué en terre pour la cuisson finale. Ces vases sont décorés, à deux ou trois pouces du bord, de dessins tracés à la plombagine, ou gravés dans la pâte avant qu'elle ait durci, et, dans tous les cas, imitant le tressage des paniers.

Tchirikaloma nous dit que le surnom des Makoas, auxquels il appartient, est Miradzi ; d'autres groupes de la même famille sont appelés Tchimeposala et Milola ou Malola. Tous avaient pour signe distinctif le croissant de la lune à son premier quartier ; mais aujourd'hui beaucoup d'entre eux adoptent les marques des Aïahous, parce qu'ils en habitent le pays. Ils ne semblent pas avoir pour désignations personnelles des noms de quadrupèdes ou d'oiseaux. Miradzi était un ancêtre. Les Makoas mangent tous les animaux, excepté le léopard, et ceux qui dévorent les cadavres humains, tels que l'hyène[1].

25 juin. — Quitté Tchirikaloma et gagné le village de Namalo que nous avons trouvé désert : tous les habitants sont partis ce matin pour aller chez les Matammboués où il y a des vivres.

---

[1]. La prohibition de tel ou tel animal, comme substance alimentaire, devient pour les tribus une marque distinctive : ainsi les Mânnganyas, voisins des Makoas, mangent de l'hyène et du léopard avec plaisir ; telle autre peuplade se repaît d'éléphant qui, pour celle d'à côté, est un animal immonde. (WALLER.)

Une pauvre petite fille, trop faible pour suivre les émigrants, a été laissée dans une case — probablement une orpheline.

Les traitants arabes fuient le sentier en toute hâte dès qu'ils entendent parler de nous.

Ici, la Rovouma est large de cinquante à soixante-douze mètres.

Pas moyen d'avoir de vivres, ni par prière ni par argent.

Près de beaucoup de villages, nous remarquons une baguette dont les deux bouts sont fichés en terre et qui forme une arche ; de nombreux talismans, pour la plupart des morceaux d'écorce, sont enterrés sous cette baguette. Lorsque la maladie s'abat dans la commune, les hommes se rendent là en pèlerinage ; ils se lavent avec de l'eau dans laquelle ils trempent le talisman, qui leur sert d'éponge ; puis ils passent en rampant sous la branche ; après quoi, ils enterrent le charme à la place où ils ont passé, et avec lui la maligne influence qui les menaçait. On a recours au même moyen pour écarter les mauvais esprits, les bêtes féroces et les envahisseurs.

J'ai demandé à Tchirikaloma comment les albinos sont traités dans le pays ; il m'a répondu qu'on les laissait vivre, mais qu'ils n'arrivaient jamais à l'âge d'homme. A ce propos, il m'a raconté qu'une femme ayant eu un garçon qui avait un orteil à la place où devait être le genou, quelques-uns dirent à la mère : « Tuez-le. — Et comment pourrais-je tuer mon fils ? » répondit-elle. L'enfant grandit et eut beaucoup de belles filles et de beaux garçons, dont pas un n'hérita de sa difformité.

Avez-vous entendu parler de gens qui mangent des hommes, ou qui ont une queue ? lui demandai-je encore. « Certainement, dit-il ; mais nous avons toujours compris que ces monstruosités-là, ainsi que les autres, n'existaient que parmi vous, gens qui allez sur mer. » Les autres monstruosités auxquelles il faisait allusion désignaient ceux de mes compatriotes qui ont des yeux derrière la tête, aussi bien qu'au visage. On m'avait déjà parlé de ces derniers près d'Angola.

Les pluies sont attendues dans cette contrée lorsque les Pléiades paraissent à l'orient aussitôt après le coucher du soleil ; on les appelle ici du même nom que dans le sud : *Lemila*, qui signifie labourage.

En suivant la Rovouma, nous passons chez des gens si bien

pourvus de calicot par la traite, que cet article n'a plus aucune valeur sur la place ; nous ne pouvons rien obtenir en échange.

Si nous allions directement à l'ouest, nous aurions à traverser plusieurs affluents de la Rovouma qui viennent du sud, tels que le Zanndoulo, le Sandjennzé, le Lotchirinego. Doublant ensuite l'extrémité nord du lac Nyassa, nous arriverions chez les Ninedis, qui occupent maintenant le territoire abandonné par les Mazitous, dont ils ont pris le bouclier et les habitudes de pillage : un parti arabe, entré chez eux, n'a pu sortir qu'au prix d'une balle entière de calicot. Il ne serait pas prudent de m'aventurer de ce côté-là ; ce sera pour plus tard, si nous revenons par ici. Quant à présent, nous nous rendrons chez Mataka, dont la ville est à quelques jours seulement de la partie centrale du lac, et où les denrées abondent.

26 *juin*. — Mon dernier mulet est mort.

Ce matin, comme nous passions dans le voisinage d'une case, une femme bien mise, qui avait au cou la fourche des esclaves, nous a appelés hautement et nous a sommés d'être témoins de la violence qui lui était faite. Il y avait dans son accent une telle autorité que tous mes hommes firent halte, puis allèrent à elle pour l'entendre.

Elle nous dit alors qu'elle était proche parente de Tchirikaloma, et se rendait près de son mari en amont de la rivière, lorsque le vieillard qui la retenait captive l'avait saisie, séparée de sa servante et soumise à l'état de dégradation où elle était présentement. Ses liens étaient de bois vert et de coupe récente. L'homme dit pour sa justification qu'elle se sauvait, et que Tchirikaloma lui en aurait voulu, s'il ne l'avait pas arrêtée. Je lui demandai ce qu'il espérait recevoir pour sa peine ; il répondit qu'il n'attendait rien ; mais des gens ayant tout l'air de chasseurs d'esclaves rôdaient aux environs, et je ne doutai pas que cette femme n'eût été saisie avec intention de la vendre. Je donnai donc une brasse d'étoffe au ravisseur pour payer Tchirikaloma, s'il se trouvait offensé, et le priai de dire au chef qu'ayant eu honte de voir une de ses parentes la fourche au cou, je l'avais libérée et que je la ramenais à son mari.

C'est évidemment une femme de haute condition ; non-seulement ses manières l'annoncent, mais elle porte une quantité de beaux grains de verre enfilés sur du crin d'éléphant. C'est en outre une femme de tête ; dès qu'elle a été libre, elle est allée bravement chercher son panier et sa calebasse dans la maison de celui qui l'avait capturée. La maîtresse du logis, une virago, l'a enfermée et a voulu lui prendre ses perles, mais elle s'est vaillamment défendue ; mes gens ont enfoncé la porte et l'ont fait sortir. Sur ce, l'autre femme, car l'officieux vieillard a deux épouses, joignit sa kyrielle d'injures à celles de son aînée, qui, les poings sur la hanche, nous invectivait en véritable harengère. J'éclatai de rire, la jeune femme en fit autant, laissant la colère à la vieille ; et nous sommes partis avec notre lady. J'ai expliqué ma conduite aux chefs des endroits que nous avons traversés, et j'ai expédié un messager à Tchirikaloma, afin de prévenir les faux rapports auxquels mon action pourrait donner lieu.

Nous avons ensuite passé devant une esclave qui a été poignardée ce matin, et dont le corps gisait sur la route. Un groupe d'hommes se tenait à une centaine de pas du cadavre ; de l'autre côté, à même distance, était un groupe de femmes ; les uns et les autres regardaient. Ce fut toujours la même réponse : elle ne pouvait plus marcher ; et, furieux de la perte qu'elle lui causait, l'Arabe l'a tuée où elle est tombée.

27 *juin*. — Aujourd'hui, vu un homme qui est mort de faim ; car ce n'était plus qu'un squelette.

Un de nos gens s'est écarté du sentier et a trouvé une quantité d'individus la fourche au cou : esclaves abandonnés par le traitant qui ne pouvait plus les nourrir. Ils étaient trop faibles pour parler ; nous n'avons pas su d'où ils venaient ; quelques-uns étaient très-jeunes.

Traversé le Toulosi, cours d'eau venant du sud et ayant à peu près vingt mètres de large.

Les naturels sont généralement fort troublés quand je leur dis que les esclaves que l'on trouve morts sur le chemin ont été tués par ceux qui les ont vendus. L'homme qui vend son semblable fait la même chose, leur dis-je, que celui qui tient la victime pendant que le meurtre s'accomplit. Chacun des chefs rejette la faute sur le voisin. Tchenndjéhouala accuse

Matchemmba, qui est en amont de la rivière, d'encourager le commerce d'esclaves. Je lui ai répondu que j'avais assez voyagé parmi eux pour savoir ce que valaient leurs excuses, et qu'ils se blâmaient réciproquement. « Il vaudrait mieux, ajoutai-je, garder votre peuple et cultiver plus de terre. — C'est que Matchemmba, a-t-il répliqué, vend ses hommes, et vient ensuite piller nos champs quand nous les avons travaillés. »

Un ancien me dit que les Arabes, qui viennent chez eux les tenter avec de belles étoffes, sont la cause de cette vente. C'est enfantin. Je leur démontre que leur pays ne sera bientôt plus qu'une jungle, et que ceux des leurs qui ne seront pas morts dans le trajet cultiveront les terres des Arabes à Quiloa et ailleurs.

28 *juin*. — A une heure de marche environ du village de Tchenndjéhouala, nous avons trouvé une bande qui était en train de piller. Les propriétaires des jardins mis à sac fuyaient de l'autre côté de la rivière et nous ont engagés par signes à combattre les pillards, qui étaient des gens de Matchemmba; mais nous sommes restés sur une éminence avec tous nos bagages, pour voir comment les choses tourneraient. Deux des maraudeurs sont venus nous trouver, et nous ont dit qu'ils avaient fait cinq captifs. C'est à Mousa qu'ils s'adressaient; je pense qu'ils nous prenaient pour des Arabes.

Ils cueillirent du maïs vert; quelques-uns des nôtres firent de même, croyant sans doute, le pillage étant donné, que les gens qui souffraient réellement de la faim pouvaient en prendre leur part.

J'allai un peu avec les deux maraudeurs, et vis, par les empreintes, que la bande pouvait monter à quatre ou cinq fusils. Jardins et cases étaient abandonnés. Une pauvre femme était seule, faisant cuire un peu de maïs. L'un des étrangers lui ordonna de le suivre. « Laissez-la, dis-je à cet homme : elle est mourante. — Oui, répondit-il, mourante de faim ! » Et il est parti sans elle.

Passé après cela de village en village; tous désertés. Nous étions alors entre deux partis hostiles.

Campé dans un jardin. Les gens de Tchenndjéhouala nous ayant dit de prendre ce qui nous plairait, et mes hommes

Esclaves abandonnés.

n'ayant pas mangé, nous avons glané quelques poignées de haricots, de feuilles de fèves, de tiges de sorgho vert, — pauvre nourriture; mais il n'y avait pas autre chose.

29 *juin*. — Nous nous sommes rendus chez le frère de Natchemmba, un nommé Tchiméséia, qui tout d'abord nous a donné des vivres. Le sol est maintenant profond; dans ce riche humus se développent beaucoup de grands acacias; les autres arbres sont également très-gros, et beaucoup d'îles fournissent des terres convenables pour le maïs.

L'un des Nassickais rapporte que sa charge lui a été volée. Il l'avait déposée sur la route, s'est éloigné un instant, et le ballot a disparu : deux cent cinquante yards de cotonnade. Le garçon s'était probablement endormi; je ne peux pas leur persuader, non plus qu'aux cipahis, que l'on ne doit pas se coucher pendant la marche.

Akosakoné, la femme que nous avons délivrée, est arrivée ce matin chez son mari, qui est l'un des frères de Matchemmba. Elle s'est comportée pendant tout le trajet comme une grande dame, se faisant, pour dormir, un feu à part des autres. Dans tous les villages que nous avons traversés, elle a raconté chaleureusement l'infamie dont elle avait été victime et la manière dont nous l'avions sauvée, émotionnant toutes les femmes, qui s'indignaient avec elle et la complimentaient de sa délivrance. Partout elle a chanté nos louanges et nous a rendu beaucoup de services, allant acheter nos provisions et obtenant le double de ce que nous aurions eu pour le même prix, nous défendant en cas d'injustice, et prenant d'elle-même un sac de verroterie qu'elle porta sur sa tête, lorsqu'elle nous vit à court de monde. En arrivant au village de Tchiméséia, l'un de ses beaux-frères, elle me présenta au chef et lui demanda pour nous des vivres, qu'elle nous fit donner en reconnaissance de la conduite que nous avions tenue à son égard. Elle nous a quittés avec mille expressions de gratitude, et nous sommes heureux d'avoir obligé quelqu'un d'aussi méritant.

L'un de nos Anjouannais a été surpris, volant du maïs; puis un autre, quand j'ai eu payé le premier vol. Le chef a été prié par moi de ne pas faire trop de bruit à ce propos, car j'étais confus de voir mes gens voler. Il a répondu que je n'avais rien à craindre; qu'il m'avait aimé dès le premier abord, et qu'il ferait tout son possible pour m'éviter la moindre peine.

Un cipahi est alors venu avec un homme auquel il avait fait porter son fusil et qui réclamait le prix du portage. Cette habitude de faire porter leurs armes, en promettant un salaire de ma part, est une source de désagréments; je l'ai défendu. « Pourquoi avez-vous promis quelque chose en mon nom? » ai-je dit à celui-ci. Il a cru s'excuser en me répondant : « C'était si peu loin! »

30 juin. — Tchiméséia m'a recommandé de ne laisser rien prendre où nous allons et de ne pas y avoir de traînards, parce que le vol et le meurtre y sont communs. Le même cipahi, celui d'hier, s'est présenté de nouveau, le regard fixe et tout tremblant; ce qui avait pour but de me faire croire à une extrême faiblesse; mais comme je venais précisément de le voir marcher d'un pas très-vif, je lui ordonnai de rester auprès de l'âne qui portait les bagages de l'havildar, et de ne s'éloigner de la caravane sous aucun prétexte. Peu de temps après, il a dit à l'havildar qu'il allait se reposer une minute; probablement il s'est endormi; toujours est-il que, ce soir, il est arrrivé nu comme la main.

Vu une autre femme attachée à un arbre, où elle était morte; affreuse chose à rencontrer, quel que soit le motif du crime.

Il y a sur le chemin tant de fourches à esclaves gisant çà et là, que je soupçonne les gens des environs de libérer les captifs abandonnés et de les recueillir pour les revendre.

Le maïs est largement cultivé autour du village de Tchimesaka, où nous sommes arrivés aujourd'hui; nous en avons fait provision; et nous trouvant chez des voleurs, il m'a paru plus sage d'aller passer la nuit à Mtarika. Au moment de partir, nous avons découvert que la bouilloire, la marmite, une fourchette et un sac de plomb avaient disparu. J'ai observé que les voleurs jouent de préférence leurs mauvais tours à Chouma et à Vouékétani, et profitent du moment où ce dernier baye aux corneilles pour le débarrasser des objets dont il a la charge. Je me suis plaint au chef de l'endroit, qui m'a tout fait restituer, moins le sac de plomb.

Une grande partie des vols qui se commettent dans le pays,

sinon leur totalité, est le résultat du commerce d'esclaves : les traitants achètent tout ce qu'on leur apporte; et dans une région couverte de forêts, comme celle-ci, le vol et le rapt ne sont pas difficiles. Où la traite n'existe pas, les gens sont honnêtes et ont le sentiment de la justice.

1ᵉʳ *juillet.* — A mesure que nous approchons de la résidence de Mtarika, le pays devient plus montagneux; et sur une largeur de plus d'un mille au sud de la Rovouma, vers laquelle il s'incline, il nourrit une population nombreuse.

Des gens abattent des arbres pour faire de nouveaux jardins, et empilent les branches afin de les brûler. D'autres ont serré leurs récoltes et vont s'établir ailleurs; mais ils sont tous si bien approvisionnés de calicot (mérikani) qu'ils ne veulent pas même regarder le nôtre; la place est littéralement encombrée de cotonnade par les traitants de Quiloa.

Nous avons demandé aux gens d'ici quel était le motif qui faisait attacher des esclaves par le cou à des arbres, tels que nous en avions rencontré; ils nous ont répondu comme les autres : que les Arabes faisaient cela parce qu'ils étaient furieux de perdre leur argent, quand l'esclave ne pouvait plus marcher.

Le sentier est couvert de fourches; bien que les habitants s'en défendent, je les soupçonne de suivre les caravanes, et de couper les liens des traînards; ils revendent ensuite ces malheureux : d'où leur richesse en cotonnade. Quelques-uns nous demandent des étoffes à ramage que nous n'avons pas; les gens de l'intérieur préfèrent généralement la solidité à l'éclat, et nous nous sommes approvisionnés en conséquence.

Ici, la Rovouma est d'une largeur d'environ cent yards; elle offre toujours le même aspect, celui d'un cours d'eau rapide, renfermant des bancs de sable et des îles, qui en général sont habitées.

2 *juillet.* — Fait halte à l'ancienne résidence de Mtarika, où nous obtenons assez de vivres pour faire un repas par jour; mais il faut les payer chèrement, de notre plus belle étoffe de couleur. Au même prix, nous pourrions donner accidentellement deux épis de maïs à chacun de nos hommes. Quand mes Hindous peuvent faire main basse sur la ration des camarades, ils la dévorent sans honte.

Nous avons à supporter beaucoup de regards; les habitants,

qui sont des Aïahous[1], se montrent fort curieux, parfois jusqu'à la grossièreté. Ils ont entendu parler de notre désir d'arrêter le commerce d'esclaves, et éprouvent un certain étonnement quand je leur dis que les vendeurs des assassinés, dont on voit les cadavres sur les chemins, sont de moitié dans ces meurtres. Il en est qui restent confondus quand on leur démontre qu'aux yeux du Créateur ils participent à la destruction de la vie humaine qui, sur terre et sur mer, accompagne ce trafic. S'ils ne vendaient pas, les Arabes ne pourraient pas acheter. Chouma et Vouékétani rendent tout cela très-éloquemment en tchïahou, et sont compris de tout le monde, la grande majorité de la réunion étant composée de leur tribu. Tchiméséia, Tchimesaka, Mtarika, Mtenndé, Makandjéla, Mataka, tous les chefs et leurs sujets que nous trouverons d'ici au lac sont aïahous.

Sur la pente méridionale qui descend à la rivière se trouvent des sources nombreuses, et beaucoup d'endroits humides où l'on a récolté du riz. Les terres adjacentes ont donné de belles récoltes de sorgho, de fèves et de citrouilles.

De véritables foules sont venues successivement nous regarder. Mon aspect et mes actes font souvent éclater de rire; quand je me lève tout à coup, femmes et enfants prennent la fuite. Pour empêcher de voir dans ma case, j'en ai fait boucher les moindres ouvertures, et comme l'obscurité y est complète, j'écris sous la véranda. Le bufflion, le seul de mes ânes qui vive encore, et Tchitané, mon caniche, excitent la même curiosité et provoquent les mêmes commentaires et les mêmes rires que ma personne.

A la chute du jour, on entend des décharges de mousqueterie partant des villages qui bordent la rivière. C'est en imitation des salves du soir. Tous copient les Arabes, non-seulement dans leur costume, mais dans leurs habitudes, et mâchent du tabac avec de la chaux pour remplacer le bétel. Leur chaux, qu'ils appellent *nora*, est faite en calcinant des coquilles fluviales.

---

[1] *Vouaïahous*, ou *Vouaïahos*; la prononciation la plus générale au bord du Nyassa est Aïahous. Nous avons choisi cette dernière variété du nom parce qu'elle se rapproche davantage du mot Ajahouas qu'a employé Livingstone, dans sa relation de la découverte du lac, pour désigner la même peuplade.
(*Note du traducteur.*)

Les femmes sont robustes et bien bâties; elles ont les membres forts, la tête à peu près ronde. Leur bague de lèvre est petite, et leur tatouage, un mélange de ceux des Makoas et des Aïahous. De jolies perles bleues et noires sont à la mode, ainsi que des bracelets formés de plusieurs tours d'un gros fil de laiton. Des peignes, très-finement incrustés, sont portés dans les cheveux; l'incrustation est obtenue au moyen d'une gomme tirée de la racine d'un orchis appelé *nanngazou*.

3 *juillet*. — Une brève étape nous a conduits à la nouvelle résidence de Mtarika. Celui-ci n'a fait son apparition qu'après avoir recueilli sur nous tous les renseignements possibles.

La population est énorme; les habitants font de nouveaux jardins; la terre est divisée par de grandes lignes, d'un pied de large, taillées à la houe, parfaitement droit; et l'on peut faire des milles sans sortir de champs ainsi arpentés.

A la fin, Mtarika est venu; c'est un gros homme très-laid, avec une grande bouche et le front fuyant. Il a demandé à voir toutes nos curiosités : la montre, le sextant, le revolver, le fusil se chargeant par la culasse. Je lui ai fait un sermon sur le mal qu'il y a à vendre son peuple; il m'a prié de dire la même chose à ses voisins.

L'idée qu'on puisse les traiter de criminels, pour avoir vendu tant de gens qui sont morts en allant à la côte, leur déplaît.

5 *juillet*. — Mtarika, dont nous avons eu hier une longue visite, nous a donné de la farine et de la viande de cochon sauvage, avec une salade de feuilles de fèves.

Un Arabe du Sahouahil, dans une extrême misère, tout rhumatisé, est venu demander un secours, et a reçu une brasse de calicot. Ils m'affirment tous qu'ils n'achètent que de l'ivoire.

Partis aujourd'hui pour le village de Mtenndé; après cela, nous aurons huit grands jours de marche pour arriver chez Mataka, et sans rencontrer de chefs. J'aurais pu aller chez Kanndoulo, qui demeure près de la Rovouma, et qui est plus au nord; mais de ce côté-là, ils sont tous si bien approvisionnés par les traitants, qu'on ne peut rien leur acheter. D'autre part, chez Mataka, il y a abondance de vivres.

Trouvé sur la route les os calcinés d'un homme qui fut accusé d'avoir mangé de la chair humaine. Pour cela, il a été condamné à boire le poison d'épreuve (est-ce le mouavi?); ensuite on l'a brûlé. Ses vêtements sont accrochés aux arbres qui bordent le chemin pour avertir les autres et leur servir d'exemple.

Le pays est couvert de bois; mais la forêt est rabougrie, et le sol tellement ondulé qu'on a fréquemment un large horizon de la crête des vagues de terre. De grandes montagnes apparaissent au sud et au sud-ouest. Le ciel est souvent nuageux et l'on a froid.

6 *juillet*. — Pris des observations lunaires; après cela, dîné chez Mtenndé, qui nous a fait manger un potage au riz, assaisonné de feuilles de fèves. Il nous a dit qu'un grand nombre d'Arabes passaient chez lui et que beaucoup d'entre eux mouraient dans leurs voyages. Ce chef ne connaît pas de sourd-muet dans la contrée. Il égorge tous les animaux qui doivent être consommés et ne touche pas à la chair du lion, ni à celle de l'hyène.

7 *juillet*. — Mtenndé nous a fourni des porteurs et des guides. Il a demandé une brasse d'étoffe en échange de la garantie qu'il nous donnait de la fidélité de ses hommes; c'est la seule réclamation ayant quelque rapport avec le tribut qui nous ait été faite dans ce voyage. J'ai donné deux yards d'étoffe, valant cinq schellings et six pence (six francs quatre-vingt-cinq centimes).

La végétation des hautes terres prédomine; çà et là des arbres se voient parmi les buissons, qui ont une hauteur de cinq pieds; et de belles fleurs bleues et jaunes sont communes. Les crêtes et les vallées se succèdent comme dans le Lonnda; chaque vallée a son cours d'eau. L'épilobe est en pleine fleurs, ainsi qu'une espèce de sauge dont les feuilles florales sont panachées.

Lorsque Périm eut jeté sur la route la majeure partie du thé qui formait sa charge, je lui fis seulement des reproches, et le menaçai d'une correction la première fois que j'aurais à me plaindre de lui. Depuis lors, sa conduite n'est pas meilleure; il est toujours en arrière, et fait porter son mousquet par un indigène qu'il met à ma solde; un de ses camarades agit de même. Il a fallu les attendre pendant deux heures; et comme l'havildar m'a dit qu'ils ne voulaient pas lui obéir, je les ai cinglés tous les deux avec une baguette ; mais j'ai senti que je me dégradais, et je suis résolu à ne plus fouetter les gens moi-même.

8 *juillet*. — Marche fatigante dans un pays dépeuplé. Une herbe épaisse et des arbres de la grosseur des rames à houblon. Le sol, légèrement sableux, est ailleurs formé de cette terre argileuse et rougeâtre où les indigènes font de si belles récoltes. La roche supérieure est souvent un conglomérat ferrugineux, reposant sur le granite. Ici l'arbre à copal, appelé *mtchennga*, n'est simplement qu'un arbrisseau ; on n'en recherche pas la gomme ; il en donne néanmoins quand il est blessé, et de son écorce on fait de l'étoffe et des cordes.

Nous sommes entourés de montagnes, et avons passé la nuit au mont Linata.

9 *juillet*. — Le fruit que les Batokas nomment *masouko* abonde ici, où il est appelé de même. Il y a également deux espèces de rhododendron, toutes les deux à fleurs blanches.

Campé dans un endroit sauvage près du mont Léziro ; beaucoup de lions rugissaient aux alentours ; un de ces compères à voix rauque nous a donné une longue sérénade, et tout s'est borné là. On dit que le gibier est abondant[1] ; mais nous n'en voyons pas ; si ce n'est par hasard une plongeuse (*Antilope mergens*) qui, d'un bond, se jette dans le fourré.

Quelques ruisseaux fuient au nord-ouest et rejoignent le Lismyanndo, qui va au nord tomber dans la Rovouma ; d'autres se dirigent au sud-est pour gagner le Loenndi.

10 *et* 11 *juillet*. — Rien d'intéressant ; toujours la même fatigue et les denrées tellement rares que c'est à peine si la ration est d'une poignée de grain par jour. Le masouko n'est pas mûr ; il ne le sera guère qu'au moment des pluies. Très-peu d'oiseaux, bien que pour eux la nourriture abonde et qu'il y ait un ruisseau dans chaque pli de terrain.

Un mort gisait dans une case, bâtie au bord du sentier ; le pauvre homme avait fait un jardin, probablement dans l'espoir de vivre assez longtemps — environ deux mois — pour récolter son maïs.

---

1. La quantité de lions en est la preuve. (*Note du traducteur.*)

12 juillet. — Brouillard, accompagné de bruine, qui s'est déployé pendant la nuit et a continué ce matin. Nous sommes partis avant le jour, laissant des vivres pour les cipahis qui n'étaient pas encore levés. Les cours d'eau sont maintenant de bonne grandeur.

Trouvé dans un village, appelé Msapa, une bouteille cassée ayant appartenu à un Arabe, et où il y avait eu de l'eau-de-vie.

Nous avons marché le plus vite possible pour gagner le Louatizé, notre dernière étape avant d'arriver chez Mataka. C'est un cours d'eau rapide, d'une largeur d'environ quarante yards, et tapissé de podostémon; nous y avons eu de l'eau jusqu'à la ceinture.

Le pays est de plus en plus ondulé, et couvert de massifs de feuillage, surtout de bouquets de masoukos, dont la feuille est large et coriace. En aval, le Louatizé, qui va rejoindre le Loenndi, héberge des hippopotames.

13 juillet. — Beaucoup de traînards; mais nous marchons pour avoir des vivres et leur en envoyer. J'ai partagé hier le peu de riz qui me restait; quelques-uns n'ont rien eu.

Le sol est composé d'une argile rougeâtre, tellement durcie que beaucoup d'entre nous ont les pieds déchirés. Marche à la fois longue et pénible — montées et descentes perpétuelles. J'ai compté quinze ruisseaux en un jour : autant de vallées que séparaient des crêtes.

Arrivés au sommet d'une rampe où nous n'étions plus qu'à une heure des premiers jardins de Mataka, il nous a été impossible d'aller plus loin, et nous y sommes restés. Des hommes partiront demain au point du jour pour acheter des vivres; la fatigue est si grande qu'il faut les presser d'accomplir cette mission.

14 juillet. — A huit heures, mes gens n'étant pas revenus, je suis parti pour en savoir la cause. Après une heure de marche, comme je descendais la pente rapide qui domine les premiers champs, je vis mes hommes bondir à mon apparition; ils étaient tranquillement à se faire de la bouillie ! j'expédiai de la nourriture aux autres par des gens de Mataka, et poursuivis ma route.

Un Arabe, Sef Roupia ou Roubea, chef d'une caravane nom-

« Je vis mes hommes que mon apparition fit bondir. »

breuse qui retourne à la côte, vint au devant moi, et me fît présent d'un bœuf, d'un sac de farine et d'un morceau de viande cuite; présent fort agréable en toute circonstance, mais surtout bien accueilli par des affamés.

Sef avait entendu parler d'un corps de cipahis : « et qu'est-ce que le chef anglais de cette bande pouvait se proposer, sinon de mettre un terme au commerce d'esclaves? » S'il avait pu voir notre misérable escorte, toutes ses craintes se seraient évanouies d'elles-mêmes. La caravane qui est sous ses ordres, compte onze divisions, ayant chacune leurs commandants; et il ne s'y trouve pas moins de soixante ou soixante-dix traitants : des Arabes du Sahouahil, gens d'une teinte foncée. Les sous-chefs ont à leur tour des subalternes, qui, au moment où je les vis, étaient en train de faire les parcs entourés de branchages, dans lesquels les esclaves et eux-mêmes vont dormir.

Sef m'introduisit dans la ville avec les salves d'usage. Il partira demain; je lui ai fait présent de trois brasses d'étoffe, en le priant de vouloir bien donner des vivres aux cipahis, s'il les rencontrait; il me l'a promis généreusement.

La ville de Mataka, appelée Mocmmbé, est située dans une haute vallée entourée de montagnes. Elle compte au moins mille habitations, et beaucoup de villages se voient aux alentours. Les gens qui l'ont construite demeuraient il y a peu de temps à l'ouest de cette localité; assiégés par les Mazitous, ils se sont défendus pendant quatre jours, ont battu les assaillants et sont venus s'établir ici.

Mataka nous a fait attendre sous la véranda de sa grande maison carrée; puis il est arrivé en souriant; c'est un homme d'une soixantaine d'années, habillé à la mode arabe, ayant une bonne figure et l'humeur plaisante, à en juger par les rires dont ses propos étaient accueillis. Jamais il n'avait vu d'homme à peau blanche. Il m'a donné pour logement une maison quadrangulaire; à vrai dire la plupart des maisons de la ville ont cette forme, car les Arabes sont imités en toute chose. Ils ont introduit les petits pois dans le pays, et nous avons vu avec plaisir de grands espaces couverts de ce légume en plein rapport.

Les nombreux ruisseaux qui viennent de différents endroits

sont tous utilisés, et servent à l'irrigation méthodique des champs; tandis que les fonds trop humides sont assainis par un drainage. Le manioc est cultivé sur des crêtes de terre, élevées régulièrement le long des rues, ce qui donne à la ville un aspect soigné.

Parmi les cultures soumises à l'irrigation, les pois et le tabac jouent le principal rôle; mais la patate et le maïs sont communs. Si on l'introduisait dans le pays, le froment y réussirait.

Nous sommes ici à deux mille sept cents pieds environ (huit cent vingt mètres) au-dessus du niveau de la mer. Dans cette saison, l'air est d'une grande fraîcheur et beaucoup de gens sont enrhumés.

Mataka m'a envoyé tout de suite un bon plat de bœuf et de bouillie. Il a beaucoup de vaches et de moutons, et j'ai déjà reçu une grande quantité de lait.

La curiosité est vive à mon égard; je la supporte sans m'émouvoir, bien qu'elle soit souvent accompagnée de remarques peu flatteuses. Les gens se figurent que je ne les comprends pas; et il est probable que je fais souvent de fausses interprétations; les Aïahous me semblent mâcher leurs paroles; ils me font l'effet de bredouiller; et de mon côté, lorsque je parle, Mataka suppose que je n'articule rien.

Moemmbé, 15 *juillet*. — Sef est parti ce matin avec tout son monde; il m'a dit qu'une centaine de traitants de Quiloa étaient morts cette année. Ainsi, de même que la philanthropie, l'odieux trafic a ses victimes; nous avons vu sept de leurs tombeaux; les autres sont morts plus loin.

Il y a deux routes pour aller d'ici au Nyassa; l'une conduit à Losséhoua qui est couchant, et en face de Kotakota; l'autre, plus méridionale, se rend à Makatou. La première est de cinq jours de marche, principalement en lieux déserts; la seconde de sept jours, mais tous en pays habité et chez des gens où règne l'abondance.

Un certain nombre de sujets de Mataka sont allés au lac à l'insu de celui-ci, et ont fait une razzia dans laquelle ils ont pris du bétail et des hommes. A leur retour, ils ont reçu l'ordre du chef de renvoyer bêtes et gens d'où ils venaient.

J'ai eu presque aussitôt la visite de Mataka et lui ai dit que cette mesure était la meilleure nouvelle que j'eusse apprise dans le pays.

Évidemment satisfait de mon approbation, il se tourna vers les gens de sa suite, leur demanda s'ils avaient entendu ce que j'avais dit, et répéta mes paroles. « Vous pensiez, poursuivit-il, que j'avais eu tort de renvoyer les captifs, imbéciles que vous êtes ! mais tous les hommes sensés m'approuveront. » Et il les tança vertement.

Par hasard j'ai vu les libérés. Comme je sortais de la ville, je trouvai un marché où l'on vendait de la viande que des gens payaient avec de la farine et du maïs. A mes questions il fut répondu que c'étaient les Vouanyassa, qui avaient tué un bœuf et qui l'échangeaient contre les provisions dont ils avaient besoin pour leur voyage. Les femmes et les enfants étaient au nombre de cinquante-quatre; il y avait en outre une douzaine de jeunes garçons, qui, pour le moment, trayaient les vaches. A cette capture s'ajoutaient de vingt-cinq à trente têtes de gros bétail.

J'ai donné à Mataka un bibelot qu'il puisse garder en souvenir de cette libération; il m'a dit qu'il agirait toujours de même. La chose est d'autant plus méritoire, qu'il l'a faite spontanément.

Excepté les quelques tourterelles, les quelques pintades qui ont pu être abattues, et la volaille que m'a donnée Mtenndé, nous n'avons pas eu de viande depuis notre départ de Matahouatahoua. La rareté des oiseaux a été remarquable dans la dernière partie de la course; si bien que, pendant huit jours, nous n'avons eu qu'un peu de riz ou d'autre grain cuit à l'eau, sans rien pour lui donner du goût. Le changement de régime a rendu malade plusieurs personnes de notre bande.

Si je ne me débarrasse pas des cipahis ils nous feront mourir de faim. Les plus actifs ont mis quatorze jours, et les autres vingt-deux, pour faire le trajet qui nous en a demandé huit. Ils sont constamment en arrière, ramassant les fruits sauvages, ou se couchant sur la route. A force de le frapper sur la tête, ils ont fait mourir l'âne que j'avais laissé à leur chef pour porter ses bagages, et ont profité de l'absence de leur havildar pour manger le bufflion, disant ensuite qu'un tigre l'avait dévoré : ils l'avaient vu. « Même les rayures de la robe? demandai-je. — Distinctement » — tous le déclarèrent. Cela donne la mesure de leur véracité; car il n'y a pas de tigre rayé en Afrique. Ils attirent à eux tous ceux qui font mal; leur conversation plaît aux mauvais sujets; leur tenue, leur physionomie sont ignobles, j'en ai honte; ils semblent traînés malgré eux où le devoir les appelle; c'est tellement visible, que j'ai mainte fois entendu les gens du pays faire cette remarque : « Ce sont les esclaves de la bande. » Ni cœur, ni dignité, comparativement aux indigènes; si l'un d'eux aperçoit un village en dehors du chemin, il va y mendier de la façon la plus abjecte. Dorment-ils sur la route, leur excuse est un mal de jambe. J'avais permis à quelques-uns de coucher dans ma case, auprès du feu; ils commencèrent par voler tout ce qu'ils pouvaient vendre : habits, cartouches, aliments; ce fut un pillage; il fallut les chasser. Un de ces misérables a dit à mon interprète qu'il le tuerait dès qu'il serait loin de ma présence; comme cela a été dit trois fois, et que je soupçonne pareille menace d'empêcher l'havildar d'exercer son autorité, je me délivre, et les renvoie tous à la côte. Il est probable que des sympathiseurs prendront leur défense; mais j'ai fait tout ce que j'ai pu pour les utiliser[1]. Qu'ils aient eu des privations, je le reconnais; mais toute la bande a souffert de même; et si une chose plus qu'une autre peut montrer leur mauvais vouloir, c'est la vivacité de leurs allures quand ils ont su qu'ils partaient. Bref, j'ai remis quarante-huit yards de calicot à Mataka pour qu'il les nourrisse jusqu'à l'arrivée de Soliman, un homme respectable, qui doit bientôt arriver et qui les emmènera; je leur ai donné à eux-mêmes dix-huit mètres d'étoffe. L'havildar a demandé à venir avec moi; j'y ai consenti, bien que ce soit un embarras; mais en cas de difficulté, il ferait nombre.

Abraham a reconnu un de ses oncles parmi les curieux qui

---

1. Cette préoccupation des sympathiseurs, communs en Angleterre, est évidente; elle explique l'insistance de Livingstone à exposer ses griefs, et la place que ceux-ci tiennent dans son journal; on sent qu'il veut se justifier d'une mesure qui paraîtra contestable aux avocats des sujets britanniques, et dont le blâme, qui pourra être retentissant, l'inquiète.   (*Note du traducteur.*)

viennent nous voir. Il a appris de la sorte que sa mère et ses deux sœurs ont été vendues aux Arabes depuis son départ pour l'esclavage. Son oncle le pressait de rester; Mataka et un deuxième oncle ont joint leurs instances aux paroles de l'autre. J'ai ajouté ma voix, et lui aurais donné assez d'étoffe pour le mettre à flot pendant les premiers temps; mais il n'a cessé de répondre : « Comment pourrais-je m'arrêter où je n'ai plus ni mère, ni sœurs. » L'affection paraît aller ici du côté maternel. J'ai insinué qu'il pourrait revenir quand il aurait pris femme; mais je crains bien qu'à moins de l'établissement d'un homme de race blanche dans la contrée, pas un des Nassickais ne veuille rentrer au pays. Décidément, il vaudrait mieux qu'on leur eût appris l'agriculture sous la forme la plus simple, comme aux Hindous. Mataka aurait aimé à employer ses bœufs pour le labour; mais Abraham ne pourrait lui être, à cet égard, d'aucun service : il est forgeron, ou plutôt il n'est rien; car à moins de recueillir le minerai et de le fondre, il ne trouverait pas de fer ici.

16-28 juillet. — Dans l'une des visites que je lui ai faites, Mataka m'a demandé, au cas où il irait à Bombay, ce qu'il faudrait qu'il y portât pour se faire de l'argent. Il est entouré d'une foule d'oisifs qui saluent toutes ses paroles de rires approbateurs, comme s'il ne disait que des bons mots; je répondis qu'il faudrait porter de l'ivoire. « Des esclaves ne seraient-ils pas une bonne affaire? reprit-il. Vendre un homme à Bombay, répliquai-je, vous ferait mettre en prison. » L'idée du grand Mataka en *tchokie* le révolta; et cette fois les rieurs ne furent pas de son côté.

Il me dit ensuite : « Les marchands qui viennent ici en foule, ne me doivent-ils pas quelque chose de très-beau en échange de la nourriture que je leur donne; car je pourvois à tous leurs besoins. » Je lui répondis que si, au lieu d'envoyer les naturels à Quiloa, il repeuplait les terres si bien arrosées que l'on traverse pour venir chez lui, terres fécondes où nous avions manqué de mourir de faim, il rendrait à ses visiteurs un bien autre service; et je lui indiquai ce que feraient les gens de ma race dans un pays aussi fertile. Cela me conduisit à lui parler de chemins de fer, de vaisseaux, de charrues traînées par les bœufs. Cette dernière idée le frappa, comme étant pour lui une chose praticable. « J'aurais aimé, lui dis-je alors, vous laisser plusieurs de mes Nassickais pour vous apprendre ce genre de labourage et beaucoup d'autres choses; mais pas un ne veut rester dans la crainte d'être revendu. » Les hommes qui étaient là n'avaient jamais entendu protester contre la vente de leurs semblables. La criminalité de cette vente ne leur apparaissait que d'une façon douteuse; mais les rapports des meurtres nombreux dont nous avons trouvé les victimes, et auxquels avaient participé les vendeurs de ces assassinés, frappa vivement leur esprit.

Mataka voit maintenant où conduit la chasse à l'esclave et cherche à l'arrêter; mais lui-même y a pris une part très-grande, et l'impulsion qu'il lui a donnée a été fatale. Les Aïahous sont encore les agents les plus actifs des traitants. Ceux-ci arrivent dans leurs villages, où ils déploient leurs marchandises. Les anciens les accueillent et les engagent à séjourner. Pour avoir les objets apportés, il faut des esclaves; une razzia s'organise alors chez les Mânnganyas qui n'ont pas de fusils, dont les Aïahous sont largement pourvus par leurs hôtes; de vils Arabes, des métis qui ne diffèrent en rien des Aïahous, prennent part à l'expédition et travaillent pour leur propre compte; c'est ainsi que les caravanes s'approvisionnement d'esclaves.

Makanndjéla, qui demeure entre Mtenndé et Mataka, s'est aliéné tous ses voisins parce qu'il leur vole leurs sujets, pour les vendre; par contre, ses gens à lui ne peuvent pas s'aventurer du côté du lac sans être considérés comme de bonne prise et livrés au premier traitant qui passe. Je n'ai pas pu trouver d'homme qui voulût porter des vivres à mes traînards jusqu'au Louatizé. Envoyer les Nassickais à des gens qui les avaient menacés de mort, n'était pas possible; et les Anjouannais, que les cipahis avaient appelés Kafirs, c'est-à-dire infidèles, refusaient la mission : « Nous sommes prêts, disaient-ils, à faire pour vous toute chose, mais rien pour ces Hindis. » J'eus recours à un des leurs, auquel je remis les denrées; il s'établit dans le premier village, mangea toutes les provisions et revint ensuite.

Au nord-est de la demeure de Mataka, il y a au moins cinquante milles de terres fécondes, aujourd'hui désertes, et où l'on trouve les vestiges d'une population prodigieusement nombreuse qui fondait le fer et cultivait le sol. Partout s'y rencontrent les tuyaux d'argile (fréquemment vitrifiés) des soufflets de forge; et les billons sur lesquels étaient plantés le maïs, le sorgho, les fèves et le manioc, témoignent du travail des anciens habitants. La nature argileuse du terrain a permis à ces doubles talus, faits dans un but de drainage, de résister aux influences atmosphériques; ils sont tellement réguliers et près les uns des autres, que, dans les sentiers qui les traversent, le pied pose alternativement sur la crête et au fond du sillon; et vous franchissez de la sorte une distance considérable.

Des vases brisés, décorés sur les bords d'imitations de vannerie, montrent que les potières de ce temps-là ont suivi l'exemple de leurs aïeules; les ornements sont primitifs, mais

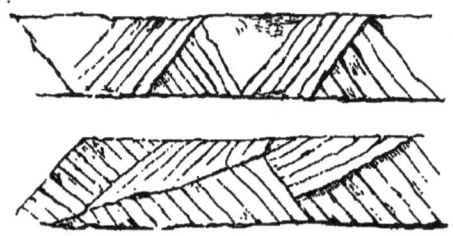

Poterie décorée d'une imitation de vannerie.

d'un meilleur dessin que je ne peux le faire en les reproduisant de mémoire.

Ce n'est pas, comme plus au sud, le manque d'eau qui a fait partir la population; chaque pli de terrain a son eau vive ou son marais; et c'est une série perpétuelle de crêtes et de vallons, dont les pentes sont plus raides et plus voisines à mesure que l'on approche de Moemmbé. J'ai compté quinze ruisseaux dans une marche de six heures; et comme le pays est montueux, leur courant était rapide, et avait une grande force. En juillet, les simples torrents sont desséchés; mais ces ruisseaux continuaient à rouler avec fracas une eau trop froide, $+16°$ centigrades, pour que nous pussions nous y baigner, nos pores étant ouverts par le climat débilitant de la zone maritime. Le bruit si peu africain de l'eau tumultueuse, se brisant sur le roc, a eu pour nous un son tout familier.

A l'ouest de la ville de Mataka, le pays, dont l'altitude est de trois mille quatre cents pieds (mille trente-quatre mètres) au-dessus du niveau de la mer, s'empare d'une grande portion de l'humidité qu'apportent les vents d'est. Beaucoup d'arbres y sont couverts de lichens.

Depuis notre arrivée à Moemmbé, nous avons de froides brises du sud; et tous les jours, après dix heures du matin, le ciel est tellement couvert qu'il n'y a pas moyen de faire d'observations astronomiques; la latitude elle-même, 12° 53', n'a rien de certain et peut donner un écart de plusieurs milles.

Ici, les vaches sont d'une race plutôt petite; elles ont une bosse, la robe brune, ou tachetée de noir et de blanc; et donnent du lait, pour lequel les gens du pays n'ont qu'une médiocre estime. Les moutons sont de l'espèce à large queue et généralement noirs. Après cela, nous ne voyons pas d'autres animaux domestiques que des pigeons et des poules, et les misérables chiens de village que notre barbet pourchasse avec délices.

Les Aïahous sont loin d'être beaux; mais ce ne sont pas les prognathes de la côte occidentale. Ils ont la tête ronde, le front peu fuyant, le nez épaté, les lèvres fortes, décorées chez les femmes d'un petit pélélé, juste assez grand pour ajouter à leur épaisseur. Le genre de beauté de ces Aïahous est exactement celui qui était à la mode à l'époque où ont été faites les divinités des grottes d'Éléphanta et de Kénora, près de Bombay.

Quant à la coiffure, une manière de disposer les cheveux par petites houppes est en grande faveur; et plus encore dans quelques tribus que dans celle-ci.

Avec leur pélélé minuscule, les femmes auraient la bouche moins hideuse, si elles ne se limaient pas les dents en pointe; mais elles sont généralement robustes, et capables de faire le travail qui leur incombe. Les hommes, d'une forte charpente, résistent bien à la fatigue. Ils subissent l'opération du rit juif à l'âge de puberté, et alors prennent un nouveau nom. Cette coutume n'a pas été introduite par les Arabes, dont la venue est récente; les indigènes parlent de l'époque antérieure à celle où ils furent inondés de marchandises européennes, en échange d'esclaves, comme étant de mémoire d'homme.

Le jeune Mataka m'a donné un plat de petits pois; il m'apporte habituellement quelque chose à chacune de ses visites. Cela paraît être un fort gentil garçon; le père me disait l'autre jour à propos de lecture, qu'il était trop vieux pour s'en mêler; mais que son fils et les camarades de celui-ci pourraient fort bien apprendre.

Le pays doit être d'une grande fertilité; car les patates y deviennent très-grosses; et nous en avons plus d'un quintal pour trois coudées de calicot et deux aiguilles. Le maïs est également de grande dimension; j'ai compté seize cents grains dans un épi. La richesse du sol, l'abondance de l'eau, l'aptitude des habitants à bâtir des maisons carrées, la fraîcheur du climat font de cet endroit une résidence presqu'aussi désirable que celle de Magoméro; mais, hélas! au lieu de trois semaines de navigation facile, sur le Zambèze et le Chiré, il nous a fallu, pour arriver ici, quatre mois d'une marche pénible. Je ne cesserai jamais de déplorer l'abandon de la mission de Magoméro[1].

Gémir paraît être pour certains individus un moyen favori de passer le temps. Un Nassickais ayant la dyssenterie, je l'avais fait coucher dans ma maison afin qu'il eût plus chaud. J'étais plus malade que lui, assurément, et ne gémissais pas; tandis qu'il jouait de la plainte aussi longtemps qu'il était éveillé. Je lui fis cette observation : que l'on ne geignait que lorsqu'on était trop malade pour en avoir conscience. Dès lors il resta silencieux, bien que son état devînt plus grave.

Trois cipahis couchaient devant ma porte et se plaignaient vigoureusement, sans avoir pour cela aucun motif, si ce n'est peut-être la fatigue, que nous éprouvions tous; comme ils m'empêchaient de dormir, je leur dis poliment que, si leurs souffrances ne leur permettaient pas de s'empêcher de geindre, je les priais de s'éloigner, parce que j'avais besoin de sommeil. Ils tenaient à rester sous ma véranda; et leurs gémissements cessèrent.

---

1. Voy. au sujet de cette mission : *Explorations du Zambèze et de ses affluents*, par David et Charles Livingstone. Paris, Hachette, 1866, p. 336, 380, 528.
(*Note du traducteur.*)

L'abondance de grain et d'autres provisions de bouche est accompagnée d'un grand nombre de rats ou de grosses souris, qui, pendant la nuit, jouent toutes sortes de mauvais tours. Les fourmis blanches sont également fort à craindre. Celui qui trouverait le moyen de les éconduire rendrait un immense service. Leur frein naturel est une fourmi, qui elle-même est un fléau pour la maison qu'elle visite; mais qui la débarrasse des autres.

CHAPITRE IV.

Géologie et description du pays des Aïahous. — Départ de Moemmbé. — Le nyoumbo. — Fonderies indigènes. — Forgerons. — En marche pour le lac Nyassa. — Joie de revoir le lac. — Les Mânnganyas. — Traversée des bandes arabes. — Pas moyen d'avoir de barques. — Moucherons comestibles. — Crainte inspirée aux traitants par l'Anglais. — Rivage du lac. — Encre bleue. — Changement de couleur de Tchitané. — Le nsaka. — Procédé pour répartir la bière dans l'estomac. — Le sandjika. — Rivières lacustres. — Chez Mâkaté. — Le lac Pamalommbé. — Chez Mponnda. — Une bande d'esclaves. — Vouékétani découvre ses parents et reste avec eux.

28 *juillet* 1866. — Nous nous proposions de partir aujourd'hui ; mais Mataka nous a dit : « Je ne suis pas prêt; le grain n'est pas moulu et je ne vous ai pas donné de viande. » Presque tous les jours il nous a envoyé des aliments cuits, et en abondance. Ce matin, il m'a fait demander si je voulais emmener le bœuf qu'il me destinait, ou le tuer ici; j'ai préféré qu'on le tuât immédiatement. Mataka est venu ensuite avec des guides pour nous conduire au Nyassa et une bonne provision de farine qu'il a fait moudre à notre intention. Il nous a dit que son territoire s'appelait Moemmbé et s'étendait jusqu'au lac. Il ne veut pas nous envoyer à Losséhoua, parce que le village a été récemment pillé et livré aux flammes. En général les chefs se montrent fort soucieux d'assurer notre sécurité.

Le pays n'est que montagnes. En quittant la ville, nous nous sommes beaucoup élevés, et, à la fin de la marche, près de la demeure de Magola, le baromètre indiqua environ trois mille quatre cents pieds au-dessus du niveau de la mer ; c'est la plus grande altitude que nous ayons encore atteinte.

Partout des villages, qui, pour la plupart, ont cent maisons et plus. Tous les ruisseaux sont utilisés, tous les points humides assainis, et les eaux du drainage employées pour l'irrigation des terrains inférieurs. La majeure partie des sources révèlent la présence du fer par la rouille dont elles sont chargées.

Beaucoup de champs de pois sont en pleins rapports, et en même temps fleuris. Pas de grands arbres, excepté dans les fonds ; beaucoup d'herbe et de fleurs sur les points élevés et près des cours d'eau. Les cimes des montagnes peuvent être à deux ou trois mille pieds au-dessus des versants que gravit notre petite caravane, escaladant et descendant sans cesse les pentes abruptes dont le pays est formé.

Si nous jetons un regard sur la géologie de la région précédente, nous voyons que les plateaux qui s'élèvent de chaque côté de la Rovouma surmontent des masses de grès de couleur grise, coiffées d'un conglomérat ferrugineux, selon toute apparence, déposé par les eaux. Quand on a remonté la rivière sur un espace d'environ soixante milles, on trouve à la surface du sol, au pied des pentes qui surgissent des plateaux, de nombreuses pièces de bois silicifiées. C'est, en Afrique, l'indice certain de la présence de la houille. Nous n'avons pas vu affleurer cette dernière ; mais les plateaux sont déchirés en différents sens par des ouadis bien garnis de bois et d'herbe, et dont le sol profond est quelque peu sableux ; au confluent des deux branches, les hautes terres apparaissent dans le lointain, et les morceaux de houille sont tout à fait communs dans le sable du Loenndi[1].

Avant d'atteindre la jonction des deux rivières, à quatre-vingt-dix milles environ de la côte, les plateaux sont remplacés par une contrée plus basse et plus unie, portant des masses granitiques de cinq cents à sept cents pieds d'élévation. Le grès du plateau a d'abord été durci, puis complétement métamorphosé en un schiste d'une nuance chocolat. Ainsi qu'au mont Tchilolé, on a des roches de formation plutonique, ayant l'apparence de trapp, et couronnées de masses de belle dolomite blanche. A mesure que l'on avance au couchant, on

---

[1]. Lorsque le *Pioneer* remonta le Chiré pour la première fois, des fragments de houille furent mis sous les yeux d'un groupe d'indigènes, composé de membres de beaucoup de tribus diverses; tous ceux qui étaient présents les reconnurent sans hésiter pour du *makala*, c'est-à-dire pour du charbon. (WALLER.)

gagne en altitude et l'on arrive à de longs espaces de gneiss mêlé d'hornblende. Ce gneiss est fréquemment strié ; toutes les stries ont la même direction : quelquefois nord et sud, ailleurs de l'est à l'ouest. On dirait que ces roches, d'abord stratifiées, ont été presque fondues, et que les strates ont fusionné par suite de la chaleur. De ces roches cannelées, ont surgi de grands mamelons de granite, ou de syénite, dont les flancs unis et les coupoles, où se voient à peine quelques arbres, atteignent probablement de trois à quatre mille pieds au-dessus de niveau de la mer. Les plaines élevées qui séparent ces mamelons offrent de grandes étendues d'un conglomérat ferrugineux, qui, dans les endroits où il est brisé, a l'aspect d'une hématite jaune, avec des trous de madrépores ; cette roche a donné au sol une teinte rouge.

Sur la ligne de partage, nous avons toujours les mamelons granitiques dominant la plaine, si toutefois on peut appeler ainsi les intervalles qui les séparent ; intervalles fortement accidentés, et sillonnés de filets d'eau sans nombre qui constituent les sources de la Rovouma et du Loenndi. Le rocher le plus élevé que nous ayons vu avait une hauteur de trois mille quatre cent quarante pieds ; il contenait du micaschiste. Ce pays montueux prédomine à partir de la ligne de faîte et s'étend jusqu'au lac vers lequel il descend pendant une quarantaine de milles ; la descente est jonchée de petits fragments de quartz, qui rendent la marche excessivement pénible.

Près du lac, sur la rive orientale, on a du micaschiste et du gneiss foliacé, avec beaucoup de hornblende ; mais le trait le plus remarquable de ces roches est d'avoir été soulevées, dressées sur la tranche, ou légèrement inclinées vers le Nyassa. L'agent qui a produit cet effet n'est pas visible. Il semblerait qu'un déchirement soudain s'est opéré, et a eu pour résultat la formation du lac et le redressement de ces roches. A l'est de la partie inférieure du Nyassa, nous avons deux rangs de montagnes, évidemment composées de granite ; les plus voisines sont couvertes de petits arbres et plus basses que les autres ; ces dernières sont nues et déchiquetées, ou de formes granitiques. Mais dans tout le pays, à l'exception du grès de couleur grise dont il a été parlé au début de cette note, on ne voit pas de roches fossilifères ; celles que l'on rencontre sont généralement de formation cristalline primitive.

Un bel arbre à tige élevée et droite, croissant dans les fonds, m'a paru être un figuier ; le fruit était noué, seulement beaucoup trop haut pour que l'on pût en reconnaître l'espèce. Les indigènes ne le mangent pas, mais font pâture des grosses larves qui en sortent. L'arbre a des feuilles de quinze pouces de long sur cinq de large ; il est nommé dans le pays : *oungouenngo*.

29 juillet. — *Village de Magola.* Nous sommes délivrés des cipahis, mais non des habitudes de paresse qu'ils ont introduites dans la bande.

Des rafales venant du sud apportent beaucoup d'humidité ; le vent est si fort dans les hautes régions qu'il doit y avoir une tempête sur la côte. Nous n'avons le matin que 12° de chaleur.

30 juillet. — Une brève étape nous a conduits au village de Pézimeba, où l'on compte deux cents habitations : maisons et simples huttes. Il est très-joliment situé, sur une éminence placée entre deux ruisseaux, qui servent, comme ailleurs, à l'irrigation des champs de pois.

Devant nous, se déroule un grand espace désert ; si nous partons maintenant, dit le chef, nous aurons deux nuits à passer dans la jungle avant d'atteindre Mbannga. C'est pourquoi nous restons.

A la nouvelle de notre approche, un parti arabe a fait un détour pour éviter notre rencontre.

En venant chez Pézimeba, nous avons commencé à descendre vers le lac, et nous sommes actuellement à trois cents pieds au-dessous de Magola. Beaucoup de ruisselets ont été passés, en outre le Lotchési qui est une rivière assez large. La ligne de faîte envoie différents cours d'eau à la Rovouma, d'autres au Loenndi. Il y a décidément pénurie d'arbres. Un grand nombre de collines sont tapissées d'herbe ou de plantes diverses ; c'est un plaisir de les voir déboisées. On rencontre des fougères, des rhododendrons et un arbre feuillu qui, de loin, ressemble au sapin argenté.

Le manndaré s'appelle ici nyoumbo. Cette racine a une légère amertume que n'enlève pas la cuisson, mais que la culture peut faire disparaître.

Sur la ligne de partage, quelques hauteurs étaient couronnées de micaschiste; ensuite est venu le gneiss; et maintenant, descendant toujours, nous avons des roches ignées d'éruption plus récente : du porphyre et du gneiss avec hornblende. Un conglomérat ferrugineux, percé de trous, revêt beaucoup d'endroits. Quand on le brise, il ressemble à de l'hématite jaune, et les trous sont tapissés de noir. C'est probablement de ce minerai que faisaient usage les anciens forgerons, dont nous voyons ici plus de traces que dans l'est.

31 *juillet.* — Donné à Pézimeba deux mètres de calicot; de telle sorte qu'hier au soir il a cuisiné pour nous très-largement, et que ce matin il m'a prié d'attendre qu'on eût fait un peu plus de farine, parce qu'il n'en avait pas assez pour me l'offrir; nous avons attendu, et reçu un don généreux.

Il fait ici plus doux que chez Mataka, et le ciel est pur.

Passé ce matin devant les dernières habitations, traversé un pays fertile et bien arrosé, et campé au bord du Msapo, à côté d'une montagne appelée Mtéouiré. Une grande caravane bivaquait près de la nôtre; je désirais parler aux Arabes qui la conduisent, mais notre arrivée l'a fait partir[1].

1er *août.* — Vu le campement d'une autre bande arabe; on y comptait dix parcs, dont chacun, d'après le nombre des feux, devait renfermer de quatre-vingts à cent esclaves. Les indigènes prétendaient, qu'en se déroulant, cette bande couvrirait le sentier d'ici chez Mataka; mais tous les renseignements que j'ai pu recueillir me font penser que le chiffre ordinaire des caravanes de ce genre varie de trois cents à huit cents têtes. Cette nouvelle bande a déguerpi ce matin de bonne heure, et, comme les autres, elle s'est jetée en dehors de la route. Nous avons vu les bâtonnets à feu qu'emportaient les esclaves. La crainte éprouvée par ces Arabes est due tout entière au nom anglais, car nous n'avons rien fait pour la motiver.

2 *août.* — Il y a pour moi quelque chose de réjouissant dans la vue de notre bivac au milieu de cette herbe jaune, parsemée d'arbres comme dans le pays des Bétchouanas. Les

---

1. Plus tard Livingstone apprit chez Casembé que ces Arabes, pour éviter sa rencontre, avaient quitté la route et marché six jours en pays désert

oiseaux chantent gaiement, animés qu'ils sont par la fraîcheur de l'air : + 8° 3/9, et par le voisinage d'un certain nombre d'hommes.

Des traces de forgerons se voient en abondance ; de hauts fournaux sont encore debout. Il y a eu des cultures étendues où sont maintenant des jungles.

Nous sommes arrivés à Mbannga, village entouré d'arbres, surtout d'euphorbes que l'on voit si communément plus au sud, chez les Mânnganyas. Le chef, appelé Kanndoulo, est allé boire de la bière dans une autre bourgade, mais il a envoyé l'ordre de nous donner une case et de faire de la cuisine pour nous. Il y aura séjour ; nous nous reposerons demain.

Pris des observations lunaires.

Nous voilà sortis du pays dépeuplé que nous avons franchi dans sa partie la plus étroite, et qui, autrefois couvert d'un nombre prodigieux d'habitants, n'est plus qu'une solitude d'une étendue de cent milles, dont environ soixante-dix au nord-est de Mataka. Les naturels assignent différentes causes à cette dépopulation : d'après les uns, ce serait la chasse à l'esclave ; et ils affirment que les Makoas des environs de Mozambique y ont pris une part importante. Les autres disent que c'est la famine ; d'autres enfin prétendent que les gens sont partis pour aller s'établir au bord du Nyassa et de l'autre côté du lac[1]. A voir les débris de vases de terre dont le pays est jonché, et les billons sans nombre sur lesquels étaient plantés le sorgho, le maïs, les fèves, le manioc, il est certain que la population était énorme. Les Aïahous qui, maintenant habitent le pays, sont venus de la rive gauche de la Rovouma, et probablement ont supplanté les Mânnganyas, opération que nous voyons se poursuivre.

4 août. — Une marche d'une heure et demie nous conduit à Mioulé, village qui est au même niveau que Mbannga. Le chef nous a fait observer qu'en partant demain matin, nous n'avions qu'une nuit à passer dans la jungle ; et cette observation nous a fait rester. Je lui ai demandé la cause du dé-

---

1. La plupart ont été chassés, par la guerre et la famine, dans le pays des Mânnganyas, où ils ont grossi les bandes d'esclaves des Portugais, dont les agents venaient de Tété et de Senna pour se les procurer. (WALLER.)

peuplement de la contrée précédente ; il m'a répondu qu'une partie des habitants étaient morts de faim, et que les autres avaient émigré à l'ouest du Nyassa. La famine, sur cette terre féconde, est le résultat de la chasse à l'esclave, et produit une mortalité encore plus grande que celle qui résulte du voyage des captifs.

Jamais notre chef n'a entendu parler d'aucune tradition relative à l'emploi des haches, des lances ou de pointes de flèches en pierre, ni entendu dire que les femmes aient ajouté un caillou à leur instrument de labour.

Les Makônndés font usage de lances en bois dans les localités où il y a pénurie de fer. J'ai vu se servir de houes en bois chez les Batokas et les Bétchouanas, mais jamais de houes en pierre. En 1841, dans la Colonie du Cap, j'ai rencontré une

Bâton à fouiller le sol.

femme de Bushman qui avait à la main une pierre ronde perforée au centre ; elle m'en montra l'emploi en insérant dans le trou son bâton à fouiller le sol, et en arrachant une racine. La pierre est là pour augmenter la force du levier.

Beaucoup de forgerons africains ont simplement des pierres pour enclumes et pour marteaux ; considéré à leur point de vue, c'est plus sensé que de se charger des masses pesantes dont nous nous servons. Ils ne connaissent pas la cémentation, qui, appliquée à certaines parties de nos enclumes, donne à celles-ci leur utilité, et sans laquelle elles ne vaudraient pas un bloc de pierre dure. Sur la côte, où ils peuvent être à poste fixe, ils emploient volontiers n'importe quelle masse de fer ; mais nulle part, dans l'intérieur, ils n'ont la certitude de rester longtemps au même endroit.

5 *août*. — Partis de Mioulé, commencé notre marche vers le Nyassa, et campé au bord du dernier affluent du Loenndi. Dans le voisinage de Mataka, vers le nord-est, il y a un véritable fouillis de cours d'eau allant se jeter dans cette rivière; l'un d'eux forme un lac avant d'y arriver. Les sources de la Rovouma sont dans la même région. Après avoir quitté Mataka, nous avons franchi un cours d'eau de bonne largeur qui se rendait au Loenndi, et le lendemain, en sortant de chez Pézimeba, nous en avons traversé un autre qui allait s'unir au Tchirinnga ou Lotchirinnga, tributaire de la Rovouma.

6 *août*. — Passé ce matin près de deux cairns situés au commencement de la pente très-sensible qui mène au lac, et juste à l'endroit où apparaissent d'une manière distincte les eaux bleues du Nyassa. Ces monuments sont très-communs dans les passes des montagnes de toute l'Afrique méridionale, où ils marquent la limite des territoires, et indiquent peut-être des tombeaux; mais les Aïahous qui nous accompagnaient pensaient que les deux cairns dont nous parlons étaient de simples tas de pierres ramassés lors de la création d'un jardin.

Nous avons ensuite rencontré le Misinndjé, affluent du lac que nous avons franchi cinq fois : à peu près vingt mètres de large et de l'eau jusqu'aux genoux.

Depuis notre arrivée au plateau inférieur nous ne faisons que de brèves étapes; les gens sont dans l'abondance, et nous donnent des vivres en quantité pour que nous restions. Un homme m'a apporté quatre poulets, trois grands paniers de maïs, des citrouilles et de la graisse d'élan, en me suppliant de ne pas partir, afin qu'il pût voir mes curiosités, ainsi qu'ont fait les autres. Il m'a dit qu'à une journée de marche vers le sud on trouvait toute sorte d'animaux, tels qu'éléphants, buffles, hippopotames et antilopes.

8 *août*. — Gagné le lac à l'embouchure du Misinndjé, et me sens plein de gratitude pour Celui dont la main nous a soutenus jusqu'ici. Il me semble être revenu à une ancienne demeure que je n'espérais plus revoir. C'est une joie de se plonger de nouveau dans cette eau délicieuse, d'entendre le bruit des vagues et de lutter contre leur remous et leurs chocs. Température de l'eau à huit heures du matin : $21°,6$, tandis que celle de l'air est à $18°,3$. Je me sens tout joyeux.

Mokalaosé, le chef de l'endroit, est un vrai Mânnganya, d'une couleur plus foncée que les habitants de la contrée précédente, comme le sont tous les gens de sa race; ce qui tient à la chaleur humide du climat. Son accueil a été très-cordial; il nous a donné de l'éleusine, de la cassave, de la bouillie, de la viande cuite d'hippopotame; il a quelques vaches de la même espèce que celles de Mataka, et m'a demandé si j'aimais le laitage.

Des sandjikas m'ont été vendus par les habitants. Ce poisson, le meilleur du lac, a été fumé, ce qui lui a fait perdre sa délicatesse; mais il est très-estimé dans l'intérieur des terres, et on le boucane pour le rendre transportable. A l'état frais, il a exactement le goût des harengs de premier choix; du moins il m'a paru tel; mais les voyageurs ont si bon appétit, qu'en matière de goût, leur verdict peut manquer de justesse[1]. Cinquante sandjikas m'ont été cédés pour une brasse de calicot.

10 août. — J'ai envoyé la lettre du sultan de Zanzibar à Djoumbé; mais le messager a rencontré des Arabes de la côte au bord de la Loanngoua, qui peut être à sept milles d'ici, et il est revenu avec eux. Ces Arabes ont longuement débattu le prix du passage, puis sont partis en disant qu'ils amèneraient la daou. Ne les voyant pas venir, j'ai dépêché Mousa; il m'a rapporté que la barque avait été conduite à Djoumbé, qui est à Kotakota, ou, suivant leur prononciation, Ngotagota. Peu des Arabes de la côte savent lire; ce sont des gens très-polis, serviables en paroles, mais pour qui la vérité est peu de chose.

Ma bande et moi nous nous reposons; je mets mon journal au courant, je relève mes observations, calcule les altitudes; toutefois, je repartirai bientôt soit pour le midi, soit pour aller trouver les Arabes qui sont au nord.

La crainte que Mokalaosé a des Aïahous lui fera bien accueillir Djoumbé; celui-ci en profitera; et un beau jour, il trouvera l'occasion de disperser les sujets de son hôte, comme il a fait des gens de Kotakota. Lorsque Mataka chassait dans les villages du Losséhoua pour en ehlever les habitants, Djoumbé s'emparait des provisions de grain; il s'est rendu de la sorte le terrain trop brûlant, et aujourd'hui il n'a plus de station

---

1. Voy. au sujet de ce poisson, *Explorations du Zambèse*, p. 347, D. et Ch. Livingstone. Paris, Hachette, 1866. (*Note du traducteur.*)

dans la contrée. Les Arabes de la Loanngoua font un récit effroyable de ses meurtres et de ses captures, récit qu'il ne faut pas prendre à la lettre; mais en mettant les choses au mieux, il y a encore beaucoup de mal. C'est comme cela qu'ils font tous. Ils ne peuvent pas créer un royaume indépendant; la servitude et la traite sont des obstacles insurmontables à ce que rien de permanent soit fondé dans le pays : l'esclave y a trop de moyens d'évasion. Tout ce que peuvent faire les Arabes est de gagner de bric et de broc le plus d'argent possible et de retourner chez eux.

Remarqué ici un oiseau que les indigènes appellent name-tammboué, et qui le soir, à la nuit close, chante très-agréablement et d'une voix sonore.

11 août. — Deux chefs de villages où nous avons passé la nuit sont venus nous apporter des vivres, et savoir comment nous étions traités. Ils nous conseillent d'aller au sud, chez Makaté où le lac a très-peu de largeur.

12-14 août. — Fait une carte; mais les cipahis ont mis mes forces à de si rudes épreuves, que généralement, quand la journée s'achève, je n'en peux plus.

Des gens d'ici reviennent de chez Mataka; ils rapportent qu'un Anglais est arrivé, qu'il m'amène des vaches et a des yeux derrière la tête, ainsi qu'au visage; la nouvelle est suffisante.

Mokalaosé me parlait de ses chagrins. Une de ses femmes a pris la fuite. « Combien en avez-vous? lui demandai-je. — Il m'en reste dix-neuf. — C'est encore dix-huit de trop, répondis-je. » Il a répliqué par l'objection suivante : « Chez vous, qui est-ce qui fait la cuisine pour les étrangers, si vous n'en avez qu'une? »

On voit sur le lac des nuées de *Koungous*, sorte de moucherons; ici on ne les mange pas. Un voyageur peu charitable, venant à l'embouchure du Misinndjé, et entendant les indigènes affirmer qu'ils ne savent ni prendre ces moucherons ni les employer, pourrait écrire que j'ai été fantaisiste en disant que j'avais vu faire, sur le Nyassa, des gâteaux de ces insectes[1]. Interrogé par moi à cet égard, un homme m'a répondu :

---

1. Voy. *Explorations du Zambèze* p. 347.

« Dans le nord du lac ils savent en faire usage; mais ici nous ne savons pas les arranger. »

Impossible d'avoir une daou; Mokalaosé pense que les Arabes ont peur que je ne prenne leurs barques pour aller dans le nord. Ainsi que les autres chefs, il croit que le meilleur parti serait de me rendre dans le sud, chez Makaté. Tous les Arabes me fuient; le nom anglais est pour eux inséparable de la confiscation des esclaves : ils ne peuvent pas concevoir que j'aie en vue d'autre objet; le firman du saïd ne leur dit rien, puisqu'ils ne savent pas lire.

21 *août*. — Partis pour la Loanngoua de ce côté-ci du lac. Marche d'environ sept milles en pays montueux. En approchant du rivage, la Loanngoua peut avoir une largeur de vingt yards (dix-huit mètres); le Misinndjé en a quarante; l'un et l'autre ont formé à leur embouchure un amas d'alluvion et entrent dans le Nyassa près de l'extrémité de ce promontoire.

Un Aïahou m'a loué sa maison, bâtie à quarante pieds au-dessus du lac, et dans une position charmante; mais impossible d'y fermer l'œil, par suite des manœuvres d'une légion de petites fourmis dont cette maison est infestée. Ces petits bourreaux gazouillent distinctement, et n'ont permis à aucun de mes hommes de dormir, bien qu'ils fussent très-fatigués par la route.

22 *août*. — Nous avons passé de l'autre côté de la rivière, où les petites fourmis n'existent pas.

23 *août*. — Proposé au chef aïahou d'expédier quelqu'un à Djoumbé; car je ne crois pas aux assertions du métis arabe que celui-ci m'a adressé. Tous les Aïahous sont obligeants pour moi; et pourquoi ne le seraient-ils pas? Ma proposition a plu au chef; mais il m'a prié d'attendre le retour d'un homme qu'il a envoyé à Losséhoua.

24 *août*. — Un léopard a pris un chien dans une maison voisine de la nôtre. Quelque temps avant, il avait mordu un homme; mais pas d'une façon mortelle.

29 *août*. — Le bruit court que les deux daous ont été conduites à Losséhoua ou Losséfa. On dit que les Mazitous ont chassé Djoumbé, qu'il s'est réfugié dans les montagnes; si l'on disait qu'il a fui dans une île, je pourrais le croire.

30 *août*. — La terreur qu'inspire le nom anglais aux Arabes est un inconvénient; tous me fuient comme si j'avais la peste; d'où il résulte que je ne peux ni envoyer mes lettres, ni traverser le lac. Ils semblent croire que si j'obtiens une daou, elle sera brûlée. Comme les deux barques de cette espèce qui font le transit du Nyassa ne servent qu'à la traite de l'homme, les propriétaires n'espèrent pas que je les respecterai. Donc, après avoir écouté les mensonges qui me sont donnés pour excuses, je me décide à prendre au sud pour faire ma traversée à l'endroit où le Chiré sort du lac.

Pris plusieurs observations des deux côtés de la lune, et fait une dépêche pour lord Clarendon, en surplus d'une quantité de lettres particulières.

3 *septembre*. — Descendu à l'embouchure du Misinndjé, et trouvé les moucherons comestibles en grand nombre; on les prend d'un coup de main rapide, la main tenant un panier, dont on se sert comme d'un filet. Ces moucherons produisent le bourdonnement d'un essaim d'abeilles; ils sont probablement l'état parfait d'un insecte du lac. Plus loin, on nous a donné un gâteau de ces bestioles.

J'ai observé deux rivages du Nyassa; l'un est à quinze pieds au-dessus de la ligne d'eau actuelle la plus élevée; l'autre à quarante pieds plus haut; mais entre les deux, la désagrégation qui, dans ces contrées, résulte du passage subit de la chaleur du jour au froid nocturne, et réciproquement[1], a été si active qu'il est rare de trouver un galet qui soit rond et bien poli. La plage inférieure est très-distincte.

Les grandes masses de gneiss foliacé que nous avons vues ont une direction parallèle au grand axe du lac; et toutes sont dressées sur la tranche. Quelques-unes s'inclinent un peu vers le Nyassa, comme si elles penchaient vers l'ouest; mais d'autres ont une inclinaison beaucoup plus forte dans le sens opposé, ou même sont tordues.

J'ai fait de très-bonne encre bleue avec le jus d'une baie, qui provient d'une liane; quand on l'exprime, ce jus est de la couleur du vin de Porto; il suffit d'y mettre un peu d'ammoniaque ferro-carbonaté.

---

1. Voy. à ce sujet *Explorations du Zambèze et de ses affluents*, p. 457, D. et Ch. Livingstone. Paris, Hachette, 1866. (*Note du traducteur.*)

Tchitané change rapidement de couleur : sur les flancs et sur le cou, tous ses poils deviennent rouges; la majorité des chiens du pays ont la robe de cette nuance.

Les **Mânnganyas** ou **Vouanyassa** ont une masse énorme de cheveux, et la mâchoire peu saillante, souvent même pas du tout. C'est une race aborigène. Le corps et les membres sont bien faits; le visage est souvent très-agréable; je parle des hommes. Les femmes sont à la fois massives et très-laides, mais excessivement laborieuses; elles travaillent dans leurs jardins depuis le lever du soleil jusqu'à onze heures, et depuis trois heures jusqu'à la nuit; ou bien elles pilent le grain et le réduisent en farine. Pendant le jour, les hommes fabriquent de la corde ou des filets; le soir ils vont à la pêche qui dure souvent jusqu'au matin. Ce sont eux qui construisent les huttes, dont le crépissage est fait par les femmes.

Un poisson noir, appelé *nsaka*, fait un trou à bords saillants, terrier de 15 à 18 pouces de profondeur sur 2 ou 3 pieds de large, et d'où on le retire. Les indigènes appellent ce trou sa maison; le couple y demeure jusqu'au moment de la ponte; l'opération terminée, la maison s'abandonne.

J'avais donné à Mokalaosé des graines de pois et de citrouilles. Il m'emmena chez lui et m'offrit de la bière; j'en bus deux ou trois gorgées. Voyant que je refusais d'en prendre davantage, il me demanda si je voulais une servante pour *pata mimeba*. Ne sachant pas ce qu'il voulait dire, je passai la calebasse à la jeune fille en lui disant de boire. Mais ce n'était pas l'intention du chef; après m'avoir demandé si je n'en voulais plus, ce dernier prit l'écuelle, et tandis qu'il buvait, la servante opéra sur lui le *pata mimeba*, lui appliquant les mains autour de la taille qu'elle pressa, et les ramenant peu à peu sur le ventre. Il fit plusieurs libations prolongées; et, à chaque fois, la jeune fille exécuta la même manœuvre, comme pour répartir également le liquide dans l'estomac. Nos buveurs ne semblent pas avoir besoin de ce procédé.

5 septembre. — Nous suivons le rivage, et nous dirigeons vers le cap Ngommbo, qui approche tellement de Sennga ou Tsennga, situé sur l'autre bord, que le lac en est réduit à une largeur de seize ou dix-huit milles. Le Ngommbo est une pointe sableuse et basse, frangée au nord-ouest d'une ceinture de papyrus et de roseaux qui se retrouve au sud dans une section de la lisière. Le milieu du cap est boisé.

Une partie de la côte présente de grandes dunes, formées par le vent du midi, qui vient frapper là à angle droit. Ce vent soufflait avec force contre nous, qui marchions au sud-est, et nous a été fort pénible.

Arrivés chez Pannt'hounda, nous avons eu à traverser le Lilolé, près duquel le village est bâti. Avant, nous avions passé le Libésa. Ces ruisseaux constituent les retraites favorites où viennent frayer le sandjika et le mpasa, les deux meilleurs poissons du lac. Le sandjika ressemble au hareng par la taille, la forme et le goût; le mpasa est de plus grande dimension; tous les deux font leur nourriture de l'herbe verte qui pousse au fond du Nyassa et de ses affluents.

7 septembre. — Le village de Tchiroummba se trouvant à l'extrémité d'une lagune, nous avons préféré coucher sur la terre ferme; bien que les habitants nous aient offert leurs pirogues avariées pour passer l'eau. Cette lagune porte le nom de Pannsagnoua.

8 septembre. — En longeant le bord méridional du cap Ngommbo, nous allons au levant; après cela nous tournons au sud, et nous avons à notre gauche, une double rangée de hautes montagnes qui ont la forme granitique. Les plus voisines sont généralement plus basses que les autres, et couvertes d'arbres chétifs. Celles du second rang, ou plus orientales, s'élèvent à quelque six mille pieds (dix huit cents mètres) au-dessus de la mer; elles sont nues, rocailleuses, et lancent à de grandes hauteurs leurs pics déchiquetés. C'est probablement la chaîne la moins ancienne.

Les plus vieilles gens du pays n'ont jamais senti de tremblement de terre; mais quelques-uns disent avoir entendu parler de cela à leurs aînés.

Passé devant beaucoup de sites d'anciens villages, dont l'emplacement est facile à reconnaître au figuier sacré qui en ombrageait la place, et aux grands euphorbes, doublés d'ombellifères, qui constituaient l'enceinte. Ici, une espèce de figuier, au lieu de jeter de ses rameaux des brins qui descendent et reprennent racine, comme le fait ordinairement le figuier des tropiques, émet des arcs-boutants à la façon des mangliers.

Les pierres à broyer le grain, celles des foyers et des banquettes d'argile, dont l'incendie a fait de la brique, complètent le témoignage des arbres.

Nul instrument de pierre ne se découvre; ils n'échapperaient pas à la vue s'il en existait, puisque pour éviter les obstacles du sentier, on a les yeux constamment dirigés vers le sol. Dans quelques parties du monde, les instruments de pierre sont tellement communs qu'ils sembleraient avoir été abandonnés à l'instant même où ils venaient d'être faits, peut-être par suite de la découverte d'un meilleur outillage, si toutefois, leur fabrication n'est pas aussi moderne que celle de la trouvaille de M. Waller. Passant dans la Cité, où l'on ouvrait les tranchées nécessaires aux fondations d'une bâtisse, ce dernier remarqua sur le bord de la fosse un vase de forme antique, revêtu de l'argile humide dont on venait de le sortir; il en donna dix schellings; et plus tard, à l'aide d'une brosse et d'une certaine quantité d'eau, il mit à découvert ces hiéroglyphes :

Copeland, late Spode, sous le fond du vase[1].

Ici la destruction est récente, et a eu pour auteur des riverains du Misinndjé qui nous ont reçu d'une manière très-généreuse. C'est l'œuvre des Masininegas, tribu aïahoue, dont une portion est soumise à une femme appelée Oulendjélendjé, ou simplement Njélendjé, et qui a pris une part active à l'affaire. Pour fournir aux demandes des Arabes, ils ont presque entièrement dépeuplé, sur un espace de trois à quatre milles, la bande féconde qui se déroule entre le lac et les montagnes, et que nous suivons maintenant. Il est douloureux de voir des crânes et des ossements épars; on voudrait n'y pas faire attention; mais leur vue est si frappante, qu'il est impossible de ne pas les remarquer.

9 septembre. — Passé le dimanche au village de Kanndanngo. Mes gens ont tué un hippopotame qui dormait sur le rivage, une femelle adulte : dix pieds neuf pouces de l'extrémité du mufle à la naissance de la queue; et quatre pieds quatre pouces de hauteur au garrot (un mètre vingt-neuf).

Le fond du lac est maintenant vaseux. On prend beaucoup

---

1. *Copeland* (nom du pays de fabrique), *Spode prédécesseur.*

de *siluris glanis*, dont la longueur est celle d'un saumon de onze à douze livres ; mais la tête en forme une grande partie. Embroché sur un bâton fiché en terre devant un feu doux, et rôti lentement, ce silure m'a paru beaucoup plus savoureux que je ne l'avais trouvé jusqu'ici. Avec la vase, nous avons beaucoup de coquillages; au nord du Ngommbo, où le fond est sableux ou rocheux, c'est à peine si l'on en voit un.

10 *septembre*. — Dans notre marche au sud, nous en sommes venus à toucher la montagne; le lac se déploie immédiatement au pied de la chaîne, mais nous n'avons pas pu noter les baies qu'il forme. Deux torrents de soixante à quatre-vingts mètres de large, et où l'on n'a maintenant d'eau que jusqu'à la cheville, ont été franchis. A l'époque des crues, ces torrents charrient des arbres énormes, qui, dans leur course, se heurtent contre les rochers et se mutilent; entraînés par l'inondation, ils se répandent dans la plaine, qui devient alors impraticable.

Après avoir passé la nuit au village d'un chef plein de douceur et de bonté, nous avons traversé un autre de ces torrents, auxquels donne naissance chacune des masses élevées de la montagne.

Rien d'intéressant pendant cette course.

Un chef très-pauvre, appelé Pamahouahoua, m'a donné, au lieu de farine et de viande, un pain de sel qui m'a été fort agréable ; il y avait déjà quelque temps que j'étais privé de ce luxe.

12 *septembre*. — Nous avons passé le Ngouéna, simple rivulette ; puis un autre ruisseau nommé Panntosa-Panngoni, et qui baigne un gros village portant le même nom. Le chef du bourg a mal aux yeux depuis quatre mois ; il m'a prié avec instances de m'arrêter et de lui donner un médicament; ce que j'ai fait.

13 *septembre*. — Traversé un grand ruisseau appelé Nkoré. Mon objet, en mentionnant les cours d'eau qui ruissellent à l'époque où nous sommes, époque voisine de la fin de la saison sèche, est de donner un aperçu des sources qui suppléent à l'évaporation du lac. Sur la rive orientale, au nord du point où nous avons abordé le Nyassa, les gens du pays en énumèrent quatorze, dont voici la liste. La croix

indique les ruisseaux les plus forts ; les autres sont marqués d'un tiret :

Le Misinndjé † (a des pirogues),
La Loanngoua —.
La Lesséfa —.
La Liloula—.
Le Nchamandjé —.
Le Masoumba †.
Le Fouboué †.
Le Tchia—.
Le Kisannga †.
La Bouéka —.
Le Tchifouméro † (a des pirogues).
La Loanngoua —.
Le Mokoho —.
Le Manngouélo —, à l'extrémité nord du lac.

Au total, vingt ou vingt-quatre cours d'eau permanents alimentent le Nyassa pendant la saison sèche. A l'époque des pluies, il s'y ajoute une quantité de ruisseaux torrentiels, coulant encore à présent, mais dont l'embouchure est fermée par des barres sableuses, qui ne laissent passer l'eau que par infiltration. Dans la saison humide, le lac s'élève de quatre pieds au moins ; il reçoit toute l'année assez d'eau pour alimenter le Chiré.

Aujourd'hui, le mont Gomé nous a repoussés contre le rivage ; et, n'étant plus qu'à moins de trois milles de l'extrémité du lac, nous avons pu voir se déployer la nappe tout entière. C'est là que, pour la première fois, nous avons vu sortir le Chiré, et fixé notre premier regard sur les eaux du Nyassa.

Dans cette région, que d'espoirs trompés ! Là-bas, sur la rive droite du Zambèze, est la poussière de celle dont la mort a changé tout mon avenir ; et sur ce lac, où les bateaux d'un commerce légitime devaient faire cesser la traite de l'homme, ce sont les négriers qui prospèrent !

Hier des Arabes, conduisant une bande d'esclaves, ont pris la fuite à la nouvelle de notre approche. Il est impossible de ne pas regretter la perte du bon évêque Mackenzie, qui dort sur la rive du Chiré inférieur, et avec lui toute espérance de voir l'Évangile introduit dans l'Afrique centrale. Je déplorerai toujours amèrement le fol abandon qu'a fait le successeur de l'évêque, de tous les avantages de la route du Chiré. Certes une époque viendra où tout ira bien; mais je ne vivrai pas assez pour prendre part à la joie, pas même pour voir le commencement des temps meilleurs[1].

Nous avons atteint dans la soirée le village de Tchirîkalonngoua, situé au bord du Pammtchololo et où nous avons reçu un joyeux accueil, largement arrosé de bière. Le chef prétend que Mâkaté, Kabinnga et Mponndo sont les seuls qui, maintenant, fassent des razzias d'esclaves parmi les Mânnganyas; ils vont, en outre, chez les Maravis, qui appauvris par les Mazitous, se vendent les uns les autres.

14 *septembre*. — Tchirikalonngoua, chez lequel nous sommes et qui a une maladie de peau, venant, d'après lui, de ce qu'il a mangé des tortues d'eau douce, nous a prié de séjourner afin qu'il puisse nous voir. Il a beaucoup entendu parler de nous, a descendu le Chiré, est allé jusqu'à Mozambique, mais n'a jamais eu d'Anglais dans son village. La chaleur étant très-grande, nous avons accepté avec plaisir, contents de nous reposer et d'avoir de la bière, dont nous sommes libéralement fournis.

Vu la robe d'un *phenembe*, sorte de lézard qui dévore les poulets, et qui porte ici le nom de *salka*. On l'a dépouillé en lui faisant une fente sur le dos; dimension du corps : un pied; diamètre de l'abdomen : dix pouces.

Après avoir presque abandonné la recherche de l'endroit où le Dr Roscher a atteint le lac, personne (ni Arabe ni indigène) n'ayant la moindre idée de Noussihoua ou Makahoua, nom qui

---

1. On sait que la belle rivière du Chiré porte le trop plein du Nyassa au Zambèze, qu'il rejoint près du mont Morâmmbala, à quatre-vingt-dix milles environ de la mer. C'est par cette grande voie fluviale que Livingstone espérait accéder aisément au centre de l'Afrique. Les seuls obstacles que l'on y rencontre sont la politique insensée des Portugais, qui ferment l'embouchure du Zambèze par les droits qu'ils imposent, et, sur le Chiré, une suite de cataractes qui interrompent la navigation sur un espace de soixante-dix milles. Le premier de ces empêchements peut être détruit par des vues plus libérales de la cour de Lisbonne; le second peut être neutralisé par un double service de bateaux institué en amont et en aval des chutes, avec adjonction d'un portage au long des cascades. Si Livingstone eût vécu, il aurait eu la joie d'apprendre que déjà plusieurs projets sont formés pour établir des missionnaires dans le voisinage du Nyassa, et que l'on peut avoir confiance dans la résurrection de l'entreprise dont il déplore si amèrement l'abandon. L'évêque Steere est bien résolu à réoccuper le district où

avait été donné de la place en question, j'ai découvert que c'était au Lesséfa. Ce dernier mot, comme étymologie de Noussihoua, embarrasserait un philologue allemand ; mais les Aïahous le prononcent Losséhoua, les Arabes Lousséhoua, et le serviteur de Roscher a transformé l'*L* initial en *N*, et l'*é* du milieu en *i*, ce qui a fait Noussihoua[1]. En confirmation de cette rivière, qui a bien son embouchure en face de Kotakota, l'un des chefs cités dans le rapport est un appelé Mangkaka ou Makahoua, et la confusion étant grande à l'égard des noms de chefs, cela peut être Mataka, dont le territoire et la ville s'appellent Moemmbé ; cette dernière, Pamoemmbé, équivaut à Mammemba[1].

Je suis satisfait de Kinegomânngo, vérifiant ainsi l'endroit où le docteur a découvert le Nyassa, deux mois après que je l'avais découvert moi-même. Cette double découverte a été connue dans le monde civilisé, où elle a éveillé un vif intérêt ; mais le Dr Rocher est venu ici comme Arabe ; et pas un indigène n'a soupçonné qu'il fût autre chose. Il a eu le mérite de gagner le lac par une route nouvelle ; toutefois on ne peut le louer que d'avoir su garder l'incognito à partir de Quiloa. C'est peut-être avec Burckardt, le seul Européen qui ait complétement réussi à se faire prendre pour un Arabe. Lorsque M. Palgrave atteignit Mascate ou une autre ville de l'Oman, résidence du colonel Desborough, notre agent politique, il fut présenté à ce fonctionnaire sous le nom d'Hadji Ali. « Vous n'êtes pas du tout Hadji Ali, répondit le colonel, vous êtes Gifford Palgrave, mon ancien condisciple à l'école des Char-

---

ont succombé l'évêque Mackenzie et d'autres membres de la Mission des Universités[*]. (WALLER.)

[*]. Voy. pour cette mission, et pour les cataractes du Chiré : *Explorations du Zambèze et de ses affluents*, p. 75, 323, 329, 372, 380, 420, 528, D. et Ch. Livingstone. Paris, Hachette, 1866. (*Note du traducteur.*)

1. Le Dr Roscher avait été chargé par le roi de Bavière d'une mission scientifique dans l'Afrique orientale. Il quitta Zanzibar au mois de juin 1859, se rendit à Quiloa, d'où il partit le 24 août, et gagna le lac Nyassa le 19 novembre, deux mois après le Dr Livingstone, mais par une autre route. Ce fut à *Noussihoua*, en face de Kotakota, dit le rapport du colonel Rigby, alors consul d'Angleterre à Zanzibar, que le Dr Roscher atteignit le lac. Il y resta quatre mois, partit le 16 mars pour la Rovouma, et fut assassiné à trois journées du Nyassa, le 19 mars 1860. D'après le même rapport, Kinegomânngo, chef de Noussihoua, et ami du docteur allemand, était resté dépositaire du matériel de celui-ci
(*Note du traducteur.*)

tes. » Il avait reconnu immédiatement le voyageur à une façon particulière qu'a ce dernier de tenir la tête. Palgrave le pria avec instance de ne pas trahir son déguisement, qu'avait accepté son entourage. Je tiens le fait de M. Dawes, lieutenant de vaisseau de la marine de l'Inde, qui accompagna le colonel Pelly dans sa visite au Nedjed, à Riad, etc.

Tagnaré est ici le nom d'une fève dont l'aspect est plutôt séduisant, et qui est un poison. Pour lui enlever ses propriétés vénéneuses, on la fait bouillir et on la décortique; remise dans de l'eau fraîche, elle subit une seconde, puis une troisième ébullition. On la réduit alors en farine; celle-ci est portée à la rivière dans une espèce de sac que l'eau traverse, et qui est plongé à diverses reprises de manière à recevoir plusieurs lavages. Deux décoctions ne détruisent pas le principe vénéneux; mais alors il n'est plus mortel. Il est étrange que les indigènes ne s'en servent pas comme poison d'épreuve.

Planté près d'un arbre, le tagnaré le couvre entièrement et donne une récolte abondante. La gousse est veloutée comme celle de nos fèves de marais.

Une autre fève, appelée ici gouinngouidza, et qui est marquée d'une jolie tache blanche, se cultive largement; elle est d'un apprêt facile et de bonne qualité.

15 septembre. — Nous étions à peu de distance de l'extrémité sud du lac, et nous aurions pu aller traverser le Chiré au village de Mosaouka ou Pasaouka, ainsi qu'on l'appelle quelquefois; mais j'ai pensé qu'une visite à Makaté, chef aïahou qui demeure plus au midi, serait d'un bon effet. Mponnda, Kabinega et lui sont les seuls qui, à l'instigation des Arabes, continuent à chasser l'esclave chez les Mânnganyas. Ils font, en outre des razzias périodiques chez les Maravis (appelés ici Malolas) pour approvisionner d'esclaves les traitants de Quiloa.

Après avoir marché au sud pendant trois heures, nous avons gravi les collines de la chaîne qui flanque toute la partie inférieure du lac.

L'altitude de la ville est d'environ huit cents pieds au-dessus du Nyassa. Près de la résidence du chef, la population est nombreuse, et toutes les hauteurs, à perte de vue, sont couronnées de villages. Une distance de quelques milles sépare les deux chaînes, qui, toutes deux, sont couvertes d'arbres : la seconde aussi bien que la première. Le nom de la masse la plus voisine est Magnotché.

Ici, les gens vivent dans l'abondance. Tous les chefs visités par des Arabes ont pour demeure des maisons carrées, solidement bâties. Mâkaté n'avait jamais vu d'Européen, et tout ce qui nous concerne est d'un immense intérêt pour lui et pour son peuple. Il nous fait de longues visites et cherche à provoquer le rire par chacune de ses remarques. Il est d'une couleur plus foncée que la plupart des Aïahous; sa barbe est épaisse et arrangée sur le menton à la mode arabe, ainsi qu'on le voit chez tous les gens des alentours. La demeure de ses femmes occupe un large espace que notre maison ferme d'un côté. J'ai voulu sortir par là et me suis perdu. Une de ces dames m'a envoyé une servante pour me conduire, et nous avons trouvé un passage en traversant des maisons où il y a deux portes.

16 *septembre*. — Toujours chez Mâkaté.

Le livre de prières ne donne aux indigènes nulle idée de l'Être invisible auquel on s'adresse; il leur semble que c'est au livre même que nous parlons. Se mettre à genoux, et prier les yeux fermés, vaut mieux que notre manière habituelle de dire l'office.

17 *septembre*. — J'ai eu avec Mâkaté une longue discussion à propos de la traite. Certains Arabes lui ont dit qu'en saisissant les daous, nous avions pour objet de nous emparer des esclaves et de les convertir. Les maux qui ont frappé nos regards, les crânes, les cadavres, les ruines de villages, le nombre d'hommes qui périssent d'ici à la côte, les meurtres commis en masse, le pays dépeuplé par les Aïahous, pour que les Arabes fassent bâtir leurs maisons et cultiver leurs champs : tout cela, Mâkaté a essayé d'en rire. Mais nos paroles sont tombées dans le cœur de beaucoup d'autres. Ce matin, pendant la marche, et spontanément, notre guide en transmettait la substance aux gens des villages que nous trouvions sur la route. Un chef, il y a quelques jours, en me faisant la conduite, m'avait déjà dit à l'oreille : « Parlez à Mâkaté pour qu'il renonce aux razzias. »

Nous ne pouvons que bien peu de chose; mais nous semons

dans les cœurs une protestation qui, avec le temps, germera. Leur grand argument est celui-ci : « Que ferions-nous sans l'étoffe des Arabes? — Ce que vous faisiez avant que les Arabes vinssent chez vous; » telle est ma réponse. Au train dont va la dépopulation, toute la contrée sera bientôt déserte.

Il y a eu ici, l'année dernière, un tremblement de terre, le commencement ou la fin de ce qui s'est passé dans la Grande-Comore : vers cette époque, le volcan de cette île a fumé pendant trois mois. Ici, les maisons, ainsi que tout le reste, ont été secouées; mais on n'a pas observé d'autre effet. Les habitants ne connaissent pas de source chaude.

De chez Mâkaté, nous nous sommes rendus au petit lac Pamalommbé, que nous avons gagné au milieu de la rive orientale. Mâkaté n'a pas de sujets ayant des canots près de l'endroit où l'on passe d'ordinaire, et il a envoyé de ses gens pour voir si nous étions bien servis.

Le chef mânnganya a fini par m'avouer qu'il y avait eu un tremblement de terre ; ceux des autres chefs à qui j'en ai parlé ont nié le fait; je ne sais pas pourquoi. Des vieillards m'ont dit l'avoir senti à deux reprises différentes : l'une au moment où le soleil allait se coucher, l'autre pendant la nuit. Les secousses furent accompagnées de grondements ; elles firent trembler toute chose et glousser toutes les poules. Aucun effet n'a été remarqué sur le lac[1].

Jamais les riverains du Nyassa n'ont entendu dire que celui-ci ait eu un niveau plus élevé que de nos jours. Leurs traditions rapportent que, dans l'origine, ils sont venus du couchant ou de l'ouest-nord-ouest, qu'ils appellent *Maravi*, et que leurs ancêtres leur ont appris à faire des filets et à tuer le poisson. Il n'y a chez eux aucun vestige d'un état supérieur; ni inscriptions ni sculptures sur les rochers ; et jamais, jus-

---

1. Les tremblements de terre ne sont pas très-rares dans le pays. Une légère secousse fut ressentie à Magoméro en 1861. On demanda aux indigènes s'ils savaient la cause de ce phénomène; ils répondirent : qu'après un ébranlement d'une telle violence que les rochers furent précipités des montagnes, les sages de la contrée s'assemblèrent pour parler de l'événement, et en vinrent à cette conclusion qu'une étoile était tombée dans la mer et que le bouillonnement avait fait vaciller toute la terre. L'effet produit était le même, disaient-ils, que si on avait jeté une pierre brûlante dans un vase rempli d'eau. (WALLER.)

qu'ici, ils n'avaient entendu parler d'un livre. Leurs ancêtres ne leur ont jamais dit qu'après leur mort ils iraient auprès de Dieu ; mais d'un homme qui avait cessé de vivre, ils ont entendu dire : « Dieu l'a pris. »

18 *septembre*. — Toute la bande a été embarquée dans huit canots, et nous avons remonté le lac jusqu'à l'endroit où il rejoint le prolongement sud-oriental du Nyassa, endroit qui s'appelle Massanngano, c'est-à-dire rencontre ; pour cela il nous a fallu deux heures. Des gens qui faisaient une grande pêche se sont enfuis à notre approche, bien que nous ayons crié : *olenndo*, ce qui signifie : bande voyageuse.

Les envoyés de Mâkaté nous ayant quittés là, je me rendis au village des fugitifs avec un de mes hommes. La défiance des villageois était si grande, qu'ils ne voulurent rien faire pour nous ; leur chef, disaient-ils, un nommé Pima, était absent ; ils ne pouvaient pas nous loger et nous envoyaient chez Mponnda. Sur leur refus de nous donner une case, nous nous sommes fait un hangar. Ce matin, nous leur avons demandé un guide ; pas un n'a voulu venir.

Du village de Pima, on a une belle vue du Pamalommbé, ainsi que des montagnes qui le bordent au couchant, et de celles qui flanquent la partie inférieure du Nyassa ; l'écartement qui les sépare laisse voir la bande de terrain bas qui se déroule au midi, le long du Chiré, et derrière laquelle sont le lac Chiroua, les monts Tchikala et Zommba, presque directement à notre sud. On dit que les hippopotames viennent du lac Chiroua dans le Nyassa[1].

Le Pamalommbé renferme une végétation considérable : lentilles d'eau et roseaux gigantesques ; au fond se trouve un

---

1. Le Chiré, beaucoup moins large que le Zambèze, a plus de profondeur et offre moins d'obstacles à la navigation. La vallée qu'il arrose est basse et d'une fertilité excessive ; elle se déploie entre deux chaînes de montagnes boisées qui lui laissent une largeur de quinze à vingt milles. A la lisière de cette vallée, du côté du levant, se trouve le lac Chiroua, découvert par Livingstone le 18 avril 1859. Cette nappe d'eau, légèrement saumâtre, peut avoir, dit le docteur, de soixante à quatre-vingts milles de long sur vingt milles de large. A l'ouest s'élève le mont Tchikala, qui semble se réunir au massif du Zommba, dont la hauteur est d'environ sept mille pieds (2130 mètres) au-dessus de la mer, et l'étendue de vingt milles. Voy. *Explorations du Zambèze et de ses affluents*, p. 78, par David et Charles Livingstone. Paris, Hachette, 1866. — (*Note du traducteur.*)

tapis d'herbes aquatiques; une plante visqueuse et translucide est rejetée en abondance sur le rivage. Le poisson que nourrissent ces prairies lacustres devient extrêmement gras. J'ai beaucoup mangé de l'un d'eux qui est très-charnu, et qui s'appelle kadiakola.

Il est probable que les riverains du Tanganika, ceux du Nyassa, du Chiré et du Zambèze, sont tous de la même race ; car les idiômes de ces peuplades diffèrent très-peu [1]. J'ai pris des notes à cet égard.

Un parti arabe, entendant parler de nous, a décampé.

19 *septembre*. — Ce matin, après avoir fait un mille, nous avons rencontré une bande de trois à quatre cents personnes qui extrayaient du sel de la plaine : la terre en est imprégnée. Ils lixiviaient cette terre, filtraient la lessive à travers un bouquet d'herbe, implanté dans le fond du vase, et faisaient ensuite bouillir la saumure jusqu'à complète évaporation.

Ayant suivi la plaine, nous avons gagné la résidence de Mponnda, grand village situé au bord d'une eau courante. Ses environs sont très-fertiles et portent beaucoup de grands arbres.

Le bétail de Mponnda ressemble aux bêtes engraissées de Madagascar ; elles ont une bosse qui doit être du poids de cent livres [2]. Le corps est d'une telle dimension que les jambes, ainsi que mes hommes en ont fait la remarque, paraissent toutes petites.

Mponnda est une espèce de butor, mais que tous les produits européens intéressent énormément Il voudrait venir avec moi, son absence dût-elle se prolonger pendant dix ans. Comme je lui faisais observer qu'il pourrait mourir durant le voyage : « Je mourrai aussi bien ici qu'ailleurs, répondit-il ; et au moins j'aurai vu toutes les merveilles de votre pays. » Il me connaissait déjà, étant venu incognito visiter mon embarcation, lors de ma course sur le Nyassa.

Nous avons trouvé chez lui une caravane d'esclaves que je

---

1. Le langage des Aïahous, d'une acquisition très-difficile, est au contraire tout différent de celui des Vouanyassa; il se parle depuis la côte jusqu'au lac; à l'ouest de celui-ci, le nyassa est en usage sur une vaste étendue. (WALLER.)

2. Nous verrons que, plus au nord, la bosse disparaît.

suis allé voir. Mponnda en prit l'alarme, craignant de notre part un acte de violence qui eût troublé le village ; mais je lui fis comprendre que je voulais seulement regarder. Quatre-vingt-cinq captifs étaient dans un parc formé de tiges de sorgho. La majeure partie de la bande se composait de petits garçons de huit à dix ans ; pour le reste, des hommes et des femmes. Presque tous avaient la fourche au cou ; quelques-uns des plus jeunes étaient liés par des courroies qui, de même, les prenaient à la gorge. Plusieurs pots de fèves et de doura étaient sur le feu. Beaucoup de villageois nous avaient accompagné, s'attendant à une scène ; mais j'allai m'asseoir et m'enquis tout simplement de la route.

Les traitants, au nombre de cinq ou six, — des Arabes de la côte, — se rendaient à Zanzibar, d'où ils étaient venus. Je leur demandai la permission de regarder leurs esclaves ; ils me désignèrent eux-mêmes ceux de races diverses, et me dirent qu'après les avoir nourris, et défalcation faite des pertes qu'il y avait à subir dans le trajet, ils retiraient fort peu de bénéfice de leur voyage. Le gain, à ce que je présume, est pour les traitants qui embarquent la noire marchandise et qui la vendent dans les ports d'Arabie ; car à Zanzibar, la plupart des jeunes esclaves que j'ai vus au marché ne se vendaient qu'environ sept dollars par tête. J'ai dit ce matin à mes traitants, qu'en somme, ils faisaient une mauvaise affaire ; ce soir ils m'ont donné des volailles.

20 *septembre*. — Mponnda a tellement insisté pour me garder un jour de plus que j'ai cédé à sa demande. Il m'a en outre prié de donner un médicament à un enfant malade, me promettant des vivres en abondance ; comme preuve de sa sincérité, il m'envoya d'abord une énorme quantité de bière. La drogue a soulagé l'enfant, et j'ai reçu de Mponnda plus de provisions que je ne voulais en prendre.

Ici, la classe agricole n'a rien de servile ; tout le monde cultive la terre et le travail est en honneur. A notre arrivée, le chef était occupé dans son jardin. Il est probable que les esclaves font la grosse besogne ; mais chacun y prend part et se montre fier de son habileté dans ce genre d'ouvrage. On voit ici une grande quantité de grain ; chose remarquable, en ce sens que la population est presque entièrement composée de Matchinngas ou Aïahous, qui, jusqu'à ces derniers temps, vivaient de maraude et n'avaient pas de résidence fixe. Les vaches de grande taille et à grosse bosse qu'ils possèdent aujourd'hui appartenaient aux Mânnganyas, qui savaient les traire, ce que ne font jamais les Aïahous; et ces bêtes, qui

Femmes mânnganyas et matchinngas.

autrefois se comptaient ici par milliers, n'y sont plus qu'en petit nombre[1].

Un lion a tué une femme hier matin et en a dévoré la majeure partie sans être inquiété.

Il fait extrêmement chaud; après-midi, le soleil brûle les pieds nus, ce qui nous oblige à faire de courtes étapes, et dans les premières heures du jour.

[1]. Le dégoût témoigné par ces tribus, à la seule idée de boire du lait, paraît d'autant plus singulier qu'elles ont, au sud, les nations cafres, et, au nord, des peuplades qui vivent principalement de laitage. Un jeune Aïahou se laissera punir plutôt que de vouloir traire une chèvre. Les œufs sont l'objet de la même répugnance. (WALLER.)

Vouékétani, le protégé de l'évêque Mackenzie[1], a rencontré un de ses frères ; il a appris que l'aîné de tous était chez Kabinega, ainsi qu'une de ses sœurs, peut-être même toutes les deux ; enfin, que son père, qui l'avait vendu, était mort, et il désire retourner dans sa famille. Ce serait une bonne chose : bien qu'il n'ait pas beaucoup à dire, ce qu'il avancera contre la vente de l'homme aura son poids ; et cela préparera le chemin à des temps meilleurs.

Le frère aîné a été prévenu ; mais il n'était pas arrivé lorsqu'il a fallu nous remettre en marche. J'ai donné à Vouékétani de la cotonnade, du papier à écrire, de la poudre, un fusil à pierre, en échange du fusil à percussion dont il était porteur, et l'ai recommandé aux soins de Mponnda jusqu'à l'arrivée de ses parents. Il a fait preuve dans ces derniers temps de beaucoup de légèreté ; peut-être vaut-il mieux pour lui qu'il soit aux prises avec les réalités de ce monde.

Ici, comme au bord de la Rovouma, le tatouage sert d'ornement ; la plupart des femmes ont recours à cette parure ; c'est une sorte de blason qui a beaucoup de rapports avec les tartans des Écossais.

---

1. Nous rappellerons que Chouma et Vouékétani furent libérés en 1861 par le Dr Livingstone et par l'évêque Mackenzie. A cette époque, ils faisaient partie d'une bande d'esclaves et n'étaient alors que des enfants. (WALLFR.)

CHAPITRE V.

Traversée du cap Maclear. — Terreur de Mousa. — Arrivée chez Marennga. — Éponges : formation marécageuse. — Description de la ville de Marennga. — Rumeurs au sujet des Mazitous. — Départ des Anjouannais. — Chez Kimmsousa. — Présent d'un bélier. — Chouma retrouve une parente. — Obligeance de Kimmsousa et de ses femmes. — Une autre ancienne connaissance. — Pays à l'ouest du lac et ses habitants. — Les Kannt'houndas. — Kaouma. — Fonte du fer. — Chef ressemblant à sir Colin Campbell. — Milanndos.

21 septembre. — Nous marchons à l'ouest et avons traversé la base du cap Maclear. Deux hommes, qui nous servaient à la fois de guides et de porteurs, ont grommelé tout le temps : ce genre de travail blessait leur dignité. « Pensez un peu ! des Aïahous, chargés comme des esclaves ! » Après un court trajet, ils ont profité de ce que j'étais en avant pour jeter leurs ballots, ont ouvert celui qui renfermait de l'étoffe, — l'autre se composait de la literie et de la batterie de cuisine de l'havildar, — se sont payés et ont repris le chemin de leur village. L'honnête havildar s'est assis et les a regardés faire. Il ne nous a jamais rendu le moindre service. Dernièrement il s'est plaint d'avoir mal au pied, un mal mystérieux que n'accompagnait ni gonflement, ni rougeur ; arrivé chez Pima, il a soupé d'une volaille entière, d'un plat de poisson, n'a fait qu'un somme jusqu'au matin, et en s'éveillant a commencé à geindre hautement : « Son pied était si malade ! » Je lui dis qu'ordinairement la plainte s'échappait quand on n'en avait pas conscience, et qu'il avait dormi du sommeil le plus paisible. Cette remarque le fit bouder ; il traîna jusqu'au soir ; et, quand il arriva, son mal avait passé du pied dans l'abdomen. Je lui avais, dans tous les cas, envoyé un porteur auquel il avait remis son ceinturon et sa cartouchière ; mais c'était pour me donner le change, car il avait vendu toutes ses munitions : mesure préparatoire de son retour à la côte avec quelque traitant. Rien n'égale la facilité avec laquelle un cipahi tombe de l'arrogance la plus hautaine à la mendicité la plus abjecte. Mon homme est resté en arrière.

22 septembre. — Traversé des montagnes qui dominent le lac d'environ sept cent pieds et sont généralement couvertes d'arbres. Pas vu d'habitants. Campé au bord du Sikotché. Des roches de grès durci reposaient sur du micaschiste, revêtu d'une efflorescence d'alun ; au-dessus du grès était de la dolomite, dont les collines étaient souvent coiffées, ce qui leur donnait une apparence de neige ; à la dolomite se joignait du spath.

Aujourd'hui nous étions accompagnés de six femmes aïahoues, parées avec élégance et portant d'énormes pots de bière à leurs maris, qui nous ont généreusement offert d'en prendre notre part.

Sept heures de forte marche nous ont conduits à un village situé au bord d'un torrent nommé l'Ousanngazi, et près d'une montagne remarquable qui s'appelle Namasi ; nous passerons là notre dimanche, c'est-à-dire la journée de demain.

Le chef qui est borgne, me paraît timide ; il est venu nous voir incognito. Soupçonnant sa présence, j'ai demandé si le chef était une vieille femme à qui les étrangers faisaient peur, et qui n'osait pas leur souhaiter la bienvenue.

Tout le monde a éclaté de rire en le regardant ; il a fait comme les autres, et m'a demandé quel était le genre de nourriture que je préférais.

Chouma a répondu d'un ton délibéré : « Il mange tout ce que mangent les Aïahous. »

Cette tribu, ou plutôt les Matchinngas, remplacent maintenant les Mânnganyas. Le chemin nous a fait passer près d'un village de ceux-ci, misérable groupe à demi ruiné ; tandis que les bourgs des Aïahous sont propres et bien construits, avec de belles palissades en chaume ou en roseau autour des huttes.

24 septembre. — Nous n'avions à faire que deux milles et demi pour gagner le très-gros village de Marennga, situé à la pointe orientale de la base du lac. Le chef a une maladie dégoûtante qui lui vient directement des Arabes. Des plaques de croûtes en relief, d'une forme circulaire, le défigurent et lui couvrent tout le corps. Il est actuellement dans un village voisin; on a été le chercher; mais il est trop malade pour venir. Son frère, atteint de la même affection, m'a prié de lui donner quelque drogue.

Ici les gens sont d'origine babisa. Beaucoup d'entre eux sont allés à la côte en qualité de marchands; ils en ont rapporté des fusils, ont participé aux razzias des Aïahous chez les Mânnganyas, et, profitant d'une occasion, se sont déclarés indépendants. Leurs femmes ne portent pas le pélélé, bien que la plupart d'entre elles soient des Aïahoues.

Ces Babisa cultivent largement la terre, et vivent dans l'abondance; ils ont des vaches, mais n'en prennent pas le lait.

Les marais, ou éponges terreuses, remplissent dans cette région un rôle des plus importants, et qui, sans doute, explique les débordements annuels de la plupart des rivières. Dans tous les endroits où une plaine s'incline vers une étroite ouverture des montagnes, ou vers un terrain plus élevé, se trouvent les conditions requises pour la formation d'une de ces éponges. Les plantes de la localité n'appartenant pas au genre de celles qui forment la tourbe, se décomposent et donnent lieu à une couche de terreau noir des plus fertiles. En maint endroit, cette couche, de deux à trois pieds d'épaisseur, repose sur un lit de sable de rivière absolument pur, ainsi que le font voir les crabes et autres animaux aquatiques en ramenant ce gravier à la surface. Pendant la saison sèche, le terreau se fendille dans tous les sens : les fissures, très-profondes, ont souvent trois pouces de large. Quand revient la pluie, les premières averses sont presque entièrement absorbées par le sable; puis le terreau s'imbibe et flotte sur la couche sableuse. Les fentes étroites qui le divisent l'empêchent de s'ébouler; et du suintement de chacune d'elles se forme un ruisseau. Tous les étangs situés dans la partie inférieure de ce cours d'eau sont remplis par les premières ondées, qui arrivent lorsque le soleil est verticalement au-dessus de chaque endroit. A la seconde saison, celle des grandes averses, qui se produisent quand le soleil repasse au nord, tous les marais étant saturés, tous les bassins, tous les cours d'eau comblés, le surplus s'échappe et l'inondation commence.

C'est là ce qui arrive pour le Chiré et pour le Zambèze ; et, en tenant compte de la différence des saisons dans l'autre hémisphère, cela peut expliquer le débordement du Nil.

25 septembre. — La ville de Marennga, sur la côte méridionale du lac, est très-grande, et les habitants sont venus en foule regarder l'étranger. L'occasion m'a paru favorable pour les entretenir de la Bible et pour leur parler de la vie future. Jamais leurs pères ne leur avaient rien dit au sujet de l'âme ; et ils pensaient que l'homme mourait et pourrissait tout entier. Mes paroles leur furent transmises par un orateur qui m'avait offert spontanément son concours, et qui semblait fort éloquent, à en juger par la façon dont il captiva l'auditoire, surtout quand il en vint à dire que le Père qui est dans les cieux nous aime tous, et qu'il écoute les prières qui lui sont adressées.

Marennga vint ensuite, drapé dans un châle de soie à dessins rouges, et suivi de dix beautés de la cour qui déroulèrent une natte, la couvrirent d'étoffe, et vinrent s'y asseoir comme pour soutenir le chef, auquel cette natte devait servir de siége. Il me pria de l'examiner, ce que je fis dans l'intérieur d'une case, où il m'exhiba son affreuse maladie. Plus noir que ses femmes, et avec toutes les pustules dont il est couvert, Marennga m'a paru très-laid. Il pense que le mal dont il est affligé n'existait pas chez eux avant l'arrivée des Arabes, qui, en outre, leur ont apporté la petite vérole.

26 septembre. — Un Arabe nous a croisés hier sur le sentier ; ses esclaves traversaient le cap Maclear par un autre chemin. Il a dit à Mousa que tout le pays vers lequel nous nous dirigions était plein de Mazitous, que ceux-ci avaient tué quarante-quatre Arabes et leurs serviteurs ; bref, que le massacre avait eu lieu à Kasoungou, et que lui seul y avait échappé. Sur ce, mes Anjouannais ont déclaré qu'ils n'iraient pas plus loin. « C'est un mauvais pays, s'est écrié Mousa, et je désire revoir mon père, ma mère et mon fils. » Je l'ai conduit à Marennga, que j'ai questionné au sujet de l'affaire ; il m'a répondu qu'elle venait des Mânnganyas qui ne voulaient pas permettre à de nouveaux Arabes de s'introduire dans le pays, attendu qu'ils en étaient les victimes et que leur nation allait être détruite. « Quant aux Mazitous, il n'y en a pas dans l'endroit où vous allez », ajouta le chef. Mais Mousa, dont la terreur faisait sortir les yeux de la tête, n'en voulut rien croire; et ce matin, au moment de se mettre en route, tous les Anjouannais ont laissé les bagages par terre et nous ont quittés. Le vol est chez eux tellement invétéré que je ne les regrette pas. Je ne pouvais ni leur confier des munitions, — pas même laisser de pierres à leurs fusils, — ni leur permettre d'être à l'arrière-garde, ce qu'ils ne faisaient que dans le but de piller leurs ballots. Je dois ajouter que leurs vols n'étaient pas motivés par la faim; car ceux-ci ne furent jamais plus nombreux qu'au moment où nous étions dans l'abondance; et leurs détournements ne laissaient pas d'être considérables. L'un d'eux prit une fois quinze livres de poudre, un autre en déroba sept, un troisième enleva, de son ballot, dix-huit tapis de table sur vingt-quatre; un quatrième acheta du poisson avec nos perles; et Mousa était de connivence [1].

28 septembre. — Suivi en pirogue le talon du Nyassa; couché dans les roseaux, et le lendemain matin débarqué à Msanngoua, presque en face du village de Kimmsousa ou Katosa, ainsi que l'appelaient les Makololos [2]. Soulevée par un vent d'est, qui jetait les vagues dans nos pirogues, l'eau était boueuse; tous nos bagages ont été mouillés.

Un homme avait bu trop de bière; il est descendu au bord de l'eau pour se rafraîchir, s'y est couché, et dans la nuit il a été pris par un crocodile. Les lamentations des femmes sont pénibles à entendre; elles retentissent si douloureusement.

Aujourd'hui, nous avons gagné la résidence de Kimmsousa, située au pied du mont Meuloundi de la chaîne de Kirk. Le chef est absent; mais on l'a fait prévenir de notre arrivée. La ville s'est beaucoup agrandie depuis ma dernière visite.

---

1. Ce sont ces Anjouannais qui, pour couvrir leur désertion et palper la somme qu'ils auraient dû toucher s'ils avaient été fidèles, ont rapporté à Zanzibar la fausse nouvelle de la mort de Livingstone. Mister Edward Young, officier de la marine royale, fut alors envoyé d'Angleterre pour s'assurer du fait; il remonta le Zambèze et le Chiré, atteignit le village de Mponnda, où il reçut très-bon accueil, et rapporta en Europe la certitude que le meurtre de Livingstone, par les Mazitous, n'était qu'une invention des Anjouannais. La promptitude avec laquelle cette mission fut remplie fit le plus grand honneur à mister Young. (WALLER.)

2. Relativement aux relations du docteur avec Katosa, lors de sa première visite, voyez *Explorations du Zambèze et de ses affluents*, p 459, 518.

(*Note du traducteur.*)

29 septembre. — Un autre Arabe, qui a passé hier au soir, a dit que tous ses esclaves lui avaient été enlevés par les Mazitous. Il est beaucoup plus honorable d'être volé par ces derniers que par les Mânnganyas, qui sont très-méprisés dans ce pays-ci, où ils ne comptent pour rien. Je me propose d'aller au couchant en prenant la route qui passe chez les Maravis, et de la suivre jusqu'à ce que nous soyons au delà du territoire où le repos est troublé soit par les Mazitous, soit par les Mânnganyas.

30 septembre. — Halte du dimanche. Nous sommes comblés de nourriture par la femme de Kimmsousa. Ce dernier m'a fait dire d'aller le rejoindre, laissant ici mes hommes; il est en orgie de bière, et voudrait me faire partager son plaisir; mais l'invitation n'est pas de mon goût.

1er octobre. — Kimmsousa, ou Mtchousa, est revenu ce matin et a paru très-content de revoir son vieil ami. Il a aussitôt envoyé chercher un énorme bélier, qui a tué un indigène, ou tout au moins l'a grièvement blessé. L'animal est arrivé, attaché à une longue perche et porté par un groupe d'individus. Il est prodigieusement gras[1]; un énorme panier de pombé lui était adjoint; c'est la manière africaine de prouver son affection : beaucoup de graisse et de bière. Il y avait en outre un panier de *nsima*, espèce de potage, un pot de viande cuite et un grand panier de maïs. Tant de vivres nous sont offerts, que nous sommes obligés de dire que nous ne pouvons pas les emporter.

Kimmsousa dit avoir ressenti des secousses de tremblement de terre à l'endroit que Mponnda occupe actuellement; mais il n'en a éprouvé aucune depuis qu'il est ici. Il me confirme la tradition que les Mânnganyas viennent du couchant ou de l'ouest-nord-ouest, et parle plus rationnellement de la Divinité que ne le font d'autres chefs. C'est, dit-il, parce qu'il a suivi le conseil que je lui ai donné de ne plus vendre ses sujets, que son village a triplé d'étendue. Il en a un second; celui où il se trouvait lors de notre arrivée; c'était pour me le faire

---

1. Les moutons du pays sont de l'espèce à large queue, variété à poil noir. Un bélier qui nous vint d'un chef aïahou, appelé Nounkadjohoua, et qui, dans le trajet, diminua sa réserve de graisse, avait une queue de onze livres; au départ elle devait en peser treize ou quatorze. (WALLER.)

connaître qu'il m'avait prié de venir : mais j'aurai la visite des habitants.

2 *octobre*. — Kimmsousa est venu me voir ce matin escorté d'un panier de bière, un véritable seau : dix-huit pouces de hauteur, sur quinze de diamètre. Il nous en a servi pendant quelque temps; buvant lui-même à longs traits ; et, par suite, est devenu d'une extrême loquacité. Après ces libations, il nous a conduits dans un épais fourré situé derrière la ville, au milieu d'une quantité de grands arbres, parmi lesquels s'en trouvaient beaucoup que je n'avais rencontrés nulle part. Celui sous lequel il nous a fait asseoir porte un fruit comestible, disposé par grappes et appelé *mbidoua*. Une portion du fourré a été éclaircie de manière à former une salle de verdure ; et c'est à cette place ombreuse que nous nous étions rendus, comme à un endroit où sont traitées les affaires secrètes, affaires d'État. De nouvelle bière y fut apportée par les femmes du chef; ce qui était fort inutile, car mon hôte parla continuellement, et les questions importantes ne furent pas abordées.

3 *octobre*. — Aujourd'hui, quand il est venu, Kimmsousa était à jeun; je l'ai raillé de sa loquacité d'hier, et lui ai dit que c'était le matin que les affaires devaient se traiter. Il a pris la chose en bonne part, et l'une de ses femmes a joint ses railleries aux miennes. Celle-ci est l'*épouse*, la mère des fils préférés, de ceux qui font sa joie et qui lui succéderont. Je lui ai proposé d'envoyer quelques-uns de ses gens avec nous, chez les Babisa, où je leur donnerais un salaire dont ils achèteraient de l'ivoire qu'ils lui rapporteraient, et avec lequel il se procurerait de l'étoffe sans être obligé de vendre des hommes. Il m'a répondu que ses gens ne rapporteraient rien, que que lorsqu'il avait besoin d'ivoire, il en remettait le prix à des Arabes ou à des Babisa, qui faisaient l'achat pour lui et conduisaient l'affaire honnêtement; mais que l'on ne pouvait pas se fier aux Mânnganyas. C'est un trait de défiance remarquable ; et, d'après ce que j'ai entendu dire, le motif en serait réel.

Des Arabes sont allés dernièrement chez les Maravis, à l'ouest des montagnes de Kirk, pour acheter des esclaves. Les Maravis les ont attaqués et chassés avec perte d'hommes; ce qui fait que les gens de Kimmsousa n'osent pas se hasarder à franchir les monts; eux-mêmes ont eu maille à partir avec les Maravis, et il n'y a plus de relations entre les deux peuples.

Un sentier plus méridional a été pris tout récemment par Mponnda, qui, de ce côté, a souffert de grands dommages; il ne serait pas prudent de suivre ses traces. Kimmsousa m'a dit qu'il me donnerait des porteurs pour gagner le plateau ; seulement qu'il faudrait les payer d'avance, j'y ai consenti ; mais il n'a pu décider aucun de ses villageois à venir avec nous; et il craint, s'il les y oblige, que ses gens ne nous quittent sur la route ou ne s'enfuient à la première alarme. Dès lors il a envoyé chercher un vieux Mbisa, chef d'un village qui reconnaît son autorité, et qui, dit-il, nous sera fidèle. En attendant, Kimmsousa nous accable de bière et de nourriture.

4 octobre. — Le Mbisa est arrivé; mais il a une telle ignorance de son propre pays, ne sachant comment s'appelle ni la ville principale ni aucune des rivières, que j'ai refusé de l'avoir pour guide. Il ne serait pour nous qu'un embarras; et, à chaque village, nous pourrons nous informer tout aussi bien que lui du chemin que nous aurons à suivre.

Une femme s'est présentée ce matin et a persuadé à Chouma qu'elle était sa tante. Celui-ci a éprouvé immédiatement le besoin de lui donner une brasse de calicot et des grains de verre, qu'il est venu me demander à valoir sur ses gages. Je lui ai persuadé à mon tour qu'il suffisait de quelques perles, et n'ai pas livré l'étoffe. Mais le pauvre garçon a donné sa cuiller et d'autres valeurs à sa prétendue parente, bien que celle-ci, avant de le lui avoir demandé, ignorât le nom du père et de la tribu de ce cher neveu.

Cela montre chez ces jeunes Africains une grande tendance à l'oubli des injures, de faire ainsi des cadeaux à des gens qui, s'ils ne les trompent pas et sont bien de leurs proches, les ont tout au moins vendus. Mais ceux qui ont été pris dans leur enfance, n'ont pas le sentiment des maux de l'esclavage, et n'y croient pas. Ainsi Chouma est persuadé qu'il a été capturé et vendu par les Mânnganyas, et non par ses propres Aïahous. Il affirme, en toute conscience, que jamais un de ces derniers n'a trafiqué de son enfant. Quand on lui rappelle que Vouékétani a été vendu par son père, il dit que c'est une erreur. Si on ajoute que le père de Tchimouala, un autre des Nassickais, n'a pas seulement livré son fils, mais sa femme et sa fille, il répond que c'est un Matchinnga, toujours un Aïahou, mais d'une tribu différente, ce qui prouve qu'il veut à tout prix justifier ses compatriotes. Je mentionne le fait parce que malgré les avantages que ces enfants, libérés par la mission d'Oxford et de Cambridge, retirent de l'instruction qu'ils reçoivent, ils ne s'en doutent pas; ils oublient les maux dont on les a rachetés, et sont prêts à nier que leur délivrance ait été un bienfait. Chouma ne le dit pas ouvertement, mais il laisse parfois supposer qu'il retomberait sans peine dans son premier état.

5 *octobre*. — Kimmsousa est venu ce matin de bonne heure, et, comme toujours, avec un énorme panier de bière. Nous étions prêts à partir, il n'en fut pas content. Je lui dis que ses sujets, la chose est évidente, faisaient peu de cas de son autorité, qu'il n'y avait pas à compter sur eux, et que je ne pouvais plus attendre. Cette flânerie et ces flots de bière produisent sur mes gens le plus mauvais effet. Simon, par exemple a saisi au vol deux mots qu'il a compris : Mazitous, et lipouloulou, qui signifie désert; or, de ces deux mots il a évoqué l'image effrayante d'ennemis sortant de la jungle, et nous exterminant tous, sans nous laisser le temps de dire une parole.

Puis viennent les informations : Khammbouiri, chez lequel nous devons passer, est un méchant homme, etc. : « Qu'en savez-vous? » Simon ne connaît pas la langue, mais il a entendu les deux mots ci-dessus, et il croit devoir m'avertir. Ce sont des poltrons fieffés.

Le chef en somme m'a dit d'attendre jusqu'à demain, et qu'il viendrait avec nous, lui et ses femmes, que j'étais son ami et qu'il ne me laisserait pas dans l'embarras.

Il prétend que chez les Maravis, nous trouverons du monde pour porter nos bagages. Les Arabes de Khammbouiri sont venus probablement en qualité de maraudeurs, ce qui les a fait chasser.

6 *octobre*. — Une marche de sept milles vers le nord nous a conduits à un village situé en face de la passe de Tapiri, et au bord d'un ruisseau appelé Godedza.

Chouma et sa tante.

Il faisait une chaleur excessive. Kimmsousa s'est conduit comme un roi; ses femmes, bien découplées, se sont mises en devoir de me servir de porteurs. Cela a fait honte aux hommes; beaucoup de jeunes gens sont venus et ont pris les ballots; il est évident qu'ils craignent d'être attaqués s'ils s'aventurent à franchir la passe.

L'une des femmes était chargée de bière, une autre de farine ; et dès qu'on fût arrivé, la cuisine commença : un potage et un rôti de chèvre; le repas fut convenable.

En route, Kimmsousa m'avait donné du *tokou*, préparation farineuse qui met en relief toute la matière saccharine du grain, et qui est très rafraichissante. Voyant que je l'aimais, il m'en a fait préparer ce soir plein une calebasse; c'est pour lui un bonheur de montrer à son peuple qu'il est mon ami. Si j'avais pu boire de son pombé, il aurait remis un peu de graisse sur mes os; beaucoup de chefs et leurs femmes en vivent presque entièrement; mais cette bière exige de grandes forces digestives. Il faut un peu de viande pour corriger l'acidité qu'elle produit; aussi les naturels conservent-ils avec soin toute celle qu'ils peuvent avoir, n'importe à quel degré d'avancement; le séchage à petit feu l'empêche de se putréfier tout à fait.

Je trouvais nos visiteurs si désagréables, que j'ai été enchanté de partir. C'étaient des Aïahous d'une extrême impudence, entrant dans ma case sans y être invités, demandant de la médecine à fusil qui les rendît bons tireurs, et n'acceptant pas de refus. Probablement les Arabes leur vendent de ce talisman de chasse, qui s'introduit dans des incisions faites à l'avant-bras et au-dessus du pouce. L'arrogance de ces Aïahous montre qu'ils se sentent la race dominatrice. Les Mânnganyas sont beaucoup plus doux et plus polis ; ils n'ont toujours pour se défendre que leurs arcs et leurs flèches. L'un d'eux, qui autrefois m'avait donné tout le produit de son coup de filet, est venu m'apporter quatre volailles; quelques-uns se font réellement un plaisir de se montrer généreux et bons [1].

---

1. La différence que présentent entre elles ces deux grandes races est très remarquable, et nul doute que, plus tard, Livingstone n'en eût parlé avec plus de détail. En thèse générale, les Mânnganyas sont très-habiles dans tout ce qui a rapport aux arts et à l'industrie des peuples primitifs. Ils fabriquent une coton-

Lorsque nous approchâmes de l'extrémité de la passe de Tapiri, les gens de Kimmsousa protestèrent hautement contre son désir d'aller plus loin. Il les écouta, puis se remit en marche; les cris redoublèrent, il s'arrêta de nouveau, et repartit une seconde fois. Comme il nous avait procuré des porteurs, je pensais qu'il valait mieux le remercier; mais il persista à nous suivre.

En trois heures et quart, nous atteignîmes à deux mille deux cents pieds au-dessus du lac. Les premiers individus que nous rencontrâmes furent deux hommes et un enfant qui chassaient avec un chien et un panier en forme de nasse. Le piége se couche dans la passée de quelque petit animal; le chien poursuit la bête, et la ramène; elle entre alors dans le panier, qui est fait d'éclats de bambous, et renferme des pointes tournées vers l'intérieur, ce qui empêche l'animal de sortir. Il y a également des piéges à souris faits sur le même modèle. Je soupçonnai le plus jeune des deux chasseurs d'avoir un autre gibier en vue, et de chercher l'occasion d'envoyer une flèche à un homme qui lui avait pris sa femme pour la vendre. Nous n'avions pas gagné le haut de la passe, qu'il m'avait dit que quelques Aïahous s'étaient rendus dans un village séparé du sien par un petit vallon, avaient cherché querelle aux habitants, puis étaient venus dans sa bourgade à lui, et avaient saisi la femme et l'enfant d'un homme trop pauvre pour payer sa part des prétendues offenses.

9 *octobre*. — Au premier village, nous avons vu que les gens d'en haut et ceux d'en bas étaient réciproquement effrayés les uns des autres. Kimmsousa est venu jusqu'au fond

---

nade d'un tissu très-fort et très-solide; leurs armes et leurs outils en fer témoignent d'une aptitude pour le dessin à un degré que n'atteignent pas les tribus voisines, et ils excellent dans tout ce qui concerne l'agriculture; mais dans la lutte, ils manquent de courage et d'audace. Les Aïahous, au contraire, se distinguent, par leur tête ronde, des pauvres Mânnganyas à tête longue et bien faite; ils sont gais, d'humeur joviale, adonnés aux voyages et hardis à la guerre. Ces qualités leur ont permis de chasser l'esclave avec succès, de réussir dans les querelles intestines et de s'emparer des territoires qui étaient à leur convenance; mais ils n'ont pas le cerveau des M'nnganyas; et le talent qui marque dans toutes les branches de l'activité humaine, où la réflexion est nécessaire, leur fait défaut*. (WALLER.)

* Voy. dans *Explorations du Zambèze et de ses affluents*, p. 425, les procédés agricoles des Mânnganyas; et, p. 460, 487, ceux des Ajahouas (Aïahous) relativement à la traite. (*Note du traducteur.*)

de la chaîne et, pour dernier acte, m'a donné un pot de bière et une calebasse de tokou. J'ai accepté celle-ci et payé ses femmes, qui se sont parfaitement conduites ; non-seulement portant nos ballots, mais faisant la cuisine, et, à chaque village où nous nous arrêtions, battant des mains et chantant nos louanges jusqu'après minuit, moment où je leur conseillais d'aller dormir. Les porteurs que Kimmsousa a fini par nous procurer sont très-fidèles et faciles à contenter.

Nous avons trouvé le chef de Mpalapala, un appelé Kahoua, d'humeur très-hospitalière : en surplus du souper qui est d'usage, il a pour coutume de donner à déjeuner avant le départ.

Ayant perdu notre repos du dimanche, nous avons fait halte hier, qui était lundi, 8 octobre. Repartis ce matin, nous nous sommes vus bien vite arrêtés par Gommboua, dont le village, appelé Tamiala, est sur une autre rampe. Ce chef, un homme d'un bon naturel, aimant à rire, me dit qu'il avait envoyé chercher tous ses gens pour me regarder, et que je devais coucher à Tamiala afin de leur donner le temps de voir un homme dont ils n'avaient jamais rencontré le semblable. Ayant l'intention de poursuivre ma route, je lui expliquai en toute hâte quelques-uns des objets de mon voyage et lui conseillai d'empêcher ses sujets de se vendre les uns les autres, ce qui amenait la guerre et la dépopulation. Il me répondit finement : « Eh ! bien, couchez ici ; tous nos sujets viendront et ils entendront vos paroles de paix. » Je répliquai que mes porteurs se feraient payer une étape, bien qu'ils eussent très-peu marché. « Qu'ils retournent chez eux, reprit Gommboua, ils reviendront demain, et cela ne comptera que pour un jour. » Je n'eus plus rien à dire et fus ainsi contraint de rester.

Le baromètre et l'eau bouillante indiquent, l'un et l'autre, une altitude de plus de quatre mille pieds (plus de douze cents mètres) au-dessus du niveau de la mer. Nous sommes dans le mois le plus chaud de l'année ; mais l'air est délicieux, d'une pureté, d'une transparence indicibles. Le pays est très-beau : de longues pentes et un cercle de montagnes dominant la plaine d'une hauteur de deux ou trois mille pieds. Presque toutes sont rocailleuses et dentelées, non pas arrondies comme celles des environs de Mataka. Il y a très-peu d'arbres sur les pentes où les cultures, souvent en carré, sont tellement étendues qu'il faut peu d'efforts d'imagination pour se croire au milieu des champs d'Angleterre; seulement les haies n'existent pas. Les arbres sont en bouquets à la cime des montagnes, ou près des villages et des lieux de sépulture. Voilà le moment où les feuilles se déploient; elles ne sont pas encore vertes. Sous un certain jour, elles paraissent brunes; mais, quand on les voit de près, ou traversées par la lumière, le rouge domine. Parmi les plus nouvelles, on en trouve d'un vert jaunâtre, d'un rouge orangé ou de couleur de rose.

Le sol est fertile; mais, en général, l'herbe est courte; elle n'est excessive que par endroits. Pour l'agriculture, les gens ouvrent des tranchées qui mettent à nu la couche de terrain où se fait le labour; celui-ci est profond. Ils pratiquent également l'écobuage : l'herbe est disposée en tas aplatis; on la couvre de terre et on y met le feu; la combustion est lente et la plupart de ses produits, retenus dans le monceau, engraissent le sol; les récoltes sont belles. Hommes, femmes et enfants se livrent à la culture; mais actuellement beaucoup d'hommes s'occupent de filer le coton et le bouazé, fibres tirées des racines d'un arbuste, le *securidaca à longs pédoncules*, avec lequel se fabrique une étoffe grossière, ressemblant à celle d'une sangle; ce tissu, d'une extrême solidité, paraît être à l'usage exclusif des femmes. Les hommes sont vêtus de peaux de chèvre, et peu confortablement.

Il ne paraît pas y avoir, dans le pays, d'animaux sauvages; de fait, la population est tellement nombreuse, que les pauvres bêtes auraient une vie fort troublée. A chaque détour, nous voyons des villages, ou bien nous rencontrons des gens, tous armés d'arcs et de flèches. L'arc est d'une grandeur inusitée; j'en ai mesuré un dont la corde avait six pieds quatre pouces (un mètre quatre-vingt-treize centimètres). Beaucoup d'hommes ont de grands couteaux d'un excellent fer, qui abonde dans la contrée.

Les jeunes gens des deux sexes portent les cheveux longs. Une masse de petites mèches frisées, tombant sur les épaules, leur donne l'aspect des anciens Égyptiens. Souvent la frisure

« Nous rencontrons des gens armés d'arcs et de flèches. »

ne pend que d'un côté; chez quelques-uns, les cheveux sont nattés de manière à former un bonnet solide. Peu de femmes se décorent du pélélé, effet de l'exemple des Aïahous ; mais il en est, parmi elles, qui ont les bras revêtus de lignes en relief, se croisant en losange et dont la production a dû coûter de vives douleurs. Il y a aussi de petites raies qui parfois couvrent tout le corps.

On peut dire qu'ici les Maravis ou Mânnganyas ont conservé leur état primitif. Nous les trouvons prodigues de leur denrées ; pour la brasse de cotonnade que je donne au chef du village où nous passons la nuit, je reçois une chèvre ou tout au moins un potage, et des poulets matin et soir.

Dans l'après-midi, Gommboua m'a prié de répéter à ses su-

 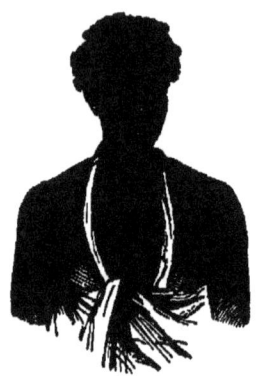

Tatouages.

jets ce que je lui avais dit dans la matinée. Il désigna un jeune garçon pour me répondre, ce qui est considéré comme une politesse, bien que le répondant ne s'acquittât de sa mission que par un hem! assez bourru, jeté à la fin de chacune de mes phrases. Notre discours roula, en thèse générale, sur les liens de parenté qui nous unissent au Père céleste, sur l'amour qu'il nous porte, sur le crime que l'on commet par la vente de l'un de ses enfants, quel qu'il soit, et sur les conséquences de cette vente qui fait naître la guerre et qui l'entretient; car ils n'aiment pas à livrer ceux qui les touchent : il faut dès lors prendre les gens des autres villages, et c'est une suite de représailles. Attirés par cet odieux commerce, les Arabes et les Aïahous fomentent les querelles, prennent part à la guerre, et la contrée se dépeuple. Je leur ai parlé de la Bible, de la vie future, de la prière; conseillé l'union qui permettrait de repousser l'ennemi : ces gens qui viennent d'abord acheter des esclaves et ne laissent derrière eux que la solitude, à moins qu'ils ne s'emparent du territoire.

A propos d'union, je leur ai montré qu'ils auraient dû faire rendre justice à l'homme dont on avait, à leurs portes même, volé la femme et l'enfant. Cette absence de solidarité est le fléau des Mânnganyas. Si le mal ne les atteint pas, ils s'inquiètent peu de la victime. Gommboua dit à l'appui de ce fait que lorsqu'il fut attaqué par les gens de Khammbouiri, ses voisins au lieu de venir à son aide prirent la fuite.

Beaucoup des habitants de cette localité, à ce que j'entends dire, sont des fugitifs des bords du lac.

10 *octobre*. — Ce matin, Kahoua et ses gens sont arrivés de très-bonne heure; nous sommes partis avec eux de Tamiala. Il fait un temps charmant et la scènerie, bien que teintée de jaune par l'herbe sèche, peut être qualifiée de superbe. Ce brillant soleil et cet air délicieux nous réjouissent. Nous avons passé le Lévizé, jolie petite rivière qui va se jeter dans le lac, et beaucoup de ruisselets d'une limpidité et d'une fraîcheur parfaites.

Pendant la halte, qui eut lieu près d'un bois sépulcral d'un vert sombre, un arbre, que je n'ai encore vu nulle part, attira mon attention; il se nomme *bokonnto*, et son fruit est dit-on comestible. Beaucoup de belles fleurs étaient épanouies.

Après quatre heures de marche, nous nous sommes arrêtés à Tchitimmba, village de Kagnômmba, auquel nous avons été présentés par Kahoua, qui est venu jusqu'ici dans cette intention.

11 *octobre*. — Matinée très-froide; un grand banc de nuages noirs se voit du côté de l'est, d'où vient le vent. Température : dehors, 15° centigrades; dans la hutte, 20°5,9. Les cases sont bien bâties; et le soin avec lequel elles sont couvertes, la manière dont elles sont closes et crépies à l'intérieur, annoncent que l'hiver est froid.

Au moment de partir, le déjeuner n'était pas prêt. Mes gens ont alors résolu de m'arrêter et de me faire passer un jour dans une bourgade voisine appartenant à Koulou, subordonné de

Kaouma, chez lequel nous irons ensuite. Le complot a réussi et me voilà retenu jusqu'à demain. Il y a dans ma hutte un siége curieusement sculpté, fait chez les Mkouisas, dont la demeure est au sud-ouest. Ce tabouret est d'un seul morceau : taillé dans un bloc; toutes les bandes indiquées sont en relief, et les espaces qu'elles renferment, naturellement en creux; il a un pied et demi de haut sur deux et demi de longueur.

12 *octobre*. — Marche au sud-ouest.

Koulou m'a donné une chèvre et a fait largement cuisiner pour nous tous. Il devait venir avec nous chez Kaouma; nous sommes partis ensemble; mais à peine avions-nous fait deux milles que, passant à l'arrière-garde, il a pris la fuite. Quelques-uns sont naturellement vils, et d'autres naturellement

Tabouret.

nobles; les premiers, pas plus que les seconds, ne peuvent s'empêcher de montrer leur nature; mais les nobles cœurs doivent être plus heureux. Koulou a reçu de moi une brasse de calicot et nous a rendu au moins l'équivalent; toutefois il croyait avoir eu plus qu'il n'avait offert, et en ne venant pas chez Kaouma, auquel il était convenu qu'il me présenterait, il nous a bel et bien joué. Je prie ordinairement le chef du village où nous nous arrêtons de venir avec nous; il témoigne en notre faveur, ne serait-ce que pour son propre crédit : personne n'aime à donner son appui qu'à des gens respectables; et les paroles coûtent si peu.

Nous avons longé, pendant la marche, la base de plusieurs montagnes à peu près carrées, dont les flancs sont perpendiculaires. L'un de ces monts, appelé *Oulazo pa Maloungo*, sert de grenier d'abondance aux villages qui l'entourent. Sur la plate-forme qui le surmonte sont établis de grands magasins renfermant des vivres pour les temps de guerre. Une grosse vache est nourrie sur ce plateau; elle passe pour savoir quand la guerre doit éclater et pour en avertir les gens qui la possèdent[1]. Un sentier conduit au sommet de la montagne; mais nous n'avons pas pu le découvrir.

Ici tous les habitants sont des Kânnt'houndas (mot qui signifie grimpeurs) et non des Maravis. Kimmsousa m'avait dit qu'il était le seul chef de ces derniers et j'avais pris cela pour une fanfaronnade inspirée par la bière; mais ici, les indigènes me confirment le fait et assurent qu'ils ne sont pas des Maravis, que l'on reconnaît aux marques qui leur descendent de chaque côté de la face.

C'est dans un village kânnt'hounda, bâti sur la pente occidentale du P'hounzé[2], que nous avons passé la nuit. Beaucoup de hameaux entourent la base de cette montagne; et devant nous, c'est-à-dire au couchant, se déroule une plaine où les villages sont en grand nombre. La plupart ne se trouvent pas à huit cents mètres les uns des autres, et il y en a peu qui soient à un mille du voisin. Chacune de ces bourgades est entourée d'un bouquet d'arbres, en partie pour avoir de l'ombre, en partie comme retraite : par motif de décence. La chaleur du soleil dessèche promptement; et il est rare que ces bosquets blessent l'odorat.

Dans tous les endroits qui ne sont pas cultivés, la plaine est couverte d'herbe, dont les tiges porte-graine ne vous arrivent qu'au genou. Le terrain est mollement ondulé; entre ses vagues, qui sont basses et orientées nord-est et sud-ouest, se trouve ordinairement un fond marécageux ou un cours d'eau, qui parfois n'est qu'un chapelet de mares reliées entre elles par un filet d'eau vive. Actuellement, tous les indigènes sont occupés à faire des buttes de six ou huit pieds carrés, sur deux ou trois de hauteur; pour cela, des plaques de gazon, détachées, à la pioche, du sol non cultivé, sont mises en tas, l'herbe en dessous; quand ces tas ont séché, on les sou-

---

1. Plusieurs superstitions de cette nature semblent être un vestige de l'ancien rituel païen et du culte des dieux qui avaient leurs autels au sommet des montagnes.

2. L'*h* est aspirée, dit le texte, et probablement aussi dans Kanthounda, où il est plus aisé de le faire sentir; c'est pourquoi nous avons écrit *Kânnt'hounda*, *P'hounzé* avec une apostrophe. (*Note du traducteur.*)

met à une combustion lente qui gagne une partie du sol. L'incinération achevée, on prend la terre qui entoure le monceau, et qui a été découverte par l'enlèvement du gazon ; chaque poignée de cette terre vierge passe de la houe dans la main gauche, qui la pulvérise et la répand, nette de mauvaises herbes, sur le tas incinéré. Des trous d'un pied de diamètre et de quelques pouces de profondeur sont pratiqués çà et là sur le tertre, et reçoivent chacun de huit à dix graines, que l'on arrose avec des calebasses jusqu'à l'arrivée des pluies. Un grand nombre de ces buttes portent déjà du maïs et des fèves de quatre pouces de hauteur, dont l'arrosement assure la récolte.

13 *octobre*. — Après avoir quitté le P'hounzé, nous avons passé le Lévigné, petite rivière qui fuit vers le nord, d'où elle se jette dans le Nyassa. Les molles ondulations du terrain suivent la même pente. Des collines surgissent de la plaine ; après les montagnes que nous laissons derrière nous, elles produisent l'effet de simples éminences. Nous sommes à plus de trois mille pieds (plus de neuf cents mètres) au dessus de l'Océan, et l'air est d'une pureté délicieuse ; mais nous traversons fréquemment des endroits couverts d'une plante des terrains marécageux et dont la forte odeur rappelle que cette localité n'est pas toujours aussi agréable. Le fait même de la plantation du maïs sur des buttes est une preuve de l'humidité du climat.

Kaouma, un bel homme à tête chauve et aux manières engageantes, m'a dit que quelques-uns de ses sujets revenaient du pays des Babisa, où ils étaient allés acheter de l'ivoire, et qu'ils me renseigneraient à l'égard de la route. Sur ces entrefaites, la couverture de l'un de mes Nassickais lui donna dans l'œil ; il offrit, en échange, un morceau d'étoffe indigène, beaucoup plus grand que la couverture, et un mouton par-dessus le marché ; mais le Nassickais ne voulut pas se séparer dudit article, et Kaouma n'a pas fait prévenir les voyageurs ; il m'en donne pour raison qu'un de mes hommes refuse de trafiquer avec lui. C'est de l'enfantillage. Toutefois son hospitalité n'en est pas moins très-généreuse.

D'après Kaouma, il n'est jamais venu d'Arabes de ce côté, ni de marchands portugais. Lorsque je lui ai conseillé de repousser les premières tentatives qui seraient faites chez lui, au sujet de la traite de l'homme, qui a pour résultat la guerre et le dépeuplement, il m'a répondu qu'il était décidé à s'unir à ses voisins contre les Aïahous de Mponndé, en cas de razzia de la part de celui-ci. Mais c'est un sable mouvant; nulle cohésion entre eux; presque chaque village est indépendant, et ils se méfient les uns des autres.

14 octobre. — Passé le dimanche chez Kaouma. Il me dit que ses sujets sont en partie des Kânnt'houndas, en partie des Tchipétas. Les premiers sont des montagnards, les seconds habitent la plaine. Ceux-ci ont pour marque distinctive une grande quantité de lignes. Les uns et les autres ne sont que des divisions de la grande tribu des Mânnganyas; et leur dialecte diffère très-légèrement de celui qu'on parle sur les rives du Chiré.

La population est très-nombreuse. Ce sont des gens cérémonieux; quand nous rencontrons l'un des habitants, il se détourne et s'assied; nous appuyons notre main sur la poitrine, en disant: *ri péta, ri péta* (nous passons, ou laissez-nous passer), et l'homme répond en frappant dans ses mains, ce qui dans le pays est une marque de respect. Lorsqu'un individu est appelé de quelque distance, il bat deux fois des mains avec force pour exprimer son assentiment. On fait de même en prenant congé d'un supérieur; c'est alors une sorte d'adieu.

Il faut d'abord m'informer des chefs que l'on rencontre dans la direction que nous voulons prendre, et savoir ce qu'ils sont; je me déciderai en conséquence. Zommba m'a été désigné comme demeurant à l'ouest, sur une chaîne de montagnes; au delà de sa demeure, est situé Oundi M'sennga. Il faudra probablement choisir cette route, mes gens ayant une idée très-vive du danger qu'il y aurait à prendre au nord, ce qui les rapprocherait des Mazitous. Nous avons incliné vers le sud plus que je n'aurais voulu.

A un jour de marche de Zommba, à l'O. S. O., est le Tchinedânndo, où les Portugais allaient autrefois chercher de l'or. Comme ils n'auraient eu ici ni poudre d'or ni dents d'éléphant, ils ne semblent pas avoir trouvé qu'il valût la peine d'y venir. Le pays est trop peuplé pour que les bêtes sauvages y aient leurs coudées franches; même les animaux les plus petits y sont traqués avec des chiens et des filets.

Nous nous sommes reposés à Patchoma; le chef nous a offert une chèvre et de la bière. Désirant gagner Molommba, j'ai décliné ses offres. Comme nous allions nous remettre en route, les porteurs que m'avait donnés Kaouma nous ont quittés, parce qu'une femme de chez eux est morte ce matin, au moment où nous sortions du village. Ils m'ont affirmé que si le décès avait eu lieu avant notre départ, aucun des leurs ne serait venu. Cela prouve un grand respect pour les morts; car cette femme n'était nullement leur parente.

Le chef de Molommba est très-pauvre, mais d'une grande libéralité; outre le repas du soir qui est d'usage, il nous a donné une chèvre. Celui d'une bourgade voisine, un vieillard de belle humeur, appelé Tchikala, nous a apporté ce matin de la bière et une volaille. Je lui ai demandé de venir avec nous à Mironnga; c'est pour nous une chose importante d'être accompagnés d'un homme de sa qualité, et il a consenti.

Le mont Ngala nous a apparu dans le lointain, comme un grand pain de sucre jeté dans l'air. Quand nous sommes allés à Kasoungou, en 1863, nous avons passé au nord de cette montagne.

16 *octobre*. — Traversé le Tchikouyo, rivulette se dirigeant au nord pour gagner le lac. Mironnga n'étant qu'à une heure et demie de ce point, nous avons poussé jusqu'à Tchipannga, véritable forme du nom, qui, au bord du Zambèze, s'est corrompu en Choupannga. Le chef, un malheureux fumeur de chanvre couvert de lèpre, a tout d'abord pris la fuite; et l'on nous a offert une misérable case, que nous avons refusée. Pendant ce temps-là, notre vieux compagnon battait le village pour en trouver une meilleure, qu'il a fini par découvrir.

Il n'est pas dans la nature de notre hôte d'être libéral. Malgré tous ses efforts, Tchikala n'a pas pu le décider à se montrer généreux, et en retour du cadeau que nous lui avons fait, il nous a proposé de nous vendre une chèvre. Nous avons toutefois soupé convenablement.

La chaîne de collines où est la demeure de Zommba est à notre couchant, et s'appelle Dzala Nyama. Pour se rendre chez Casemmbé, les Portugais suivent toujours une route plus occidentale que celle-ci.

Trouvé une forge sur notre passage, et regardé travailler le fondeur qui enlevait les scories du fond de son fourneau. Il brisait le laitier avec un instrument en fer, inséré au bout d'une perche; la fonte coula ensuite par le petit trou laissé au bas du fourneau à cette intention. Le minerai, probablement de l'oxyde noir, était pareil à du sable, et se mettait dans la cuve mélangé avec du charbon de bois; un soufflet, formé d'une peau de chèvre, était seul en mouvement, et la quantité d'air insufflée était fort minime. Beaucoup de ces hauts fourneaux, ou leurs ruines, se rencontrent sur des éminences. Ceux qui maintenant sont en activité ont pour abri une cabane d'une hauteur particulière.

Sur la rive occidentale d'une vallée courant du nord au sud, vallée qu'arrose le Diampoué et que la chaîne du Dzala Nyama flanque du côté de l'ouest, se trouvent deux villages, ombragés par de beaux spécimens de *ficus elastica*. L'un des deux a pour chef un nommé T'hérésa; c'est là que nous avons couché. Nous faisons de très-courtes étapes, car le soleil est dévorant, et le terrain, absolument cuit, déchire les pieds. Toutefois, nous ne manquons pas d'eau; il s'en trouve à chaque intervalle d'un ou deux milles.

Les habitants ont l'air très-pauvre, n'ayant pas de grains de verre ou en ayant fort peu. Ils font leurs tissus avec du bouazé plutôt qu'avec du coton; je n'ai vu que deux cotonneraies. Les femmes sont décidément laides; mais ce sont elles qui portent l'étoffe; elles la monopolisent.

T'hérésa a été fort généreux; et comme Zommba, d'après ce qu'il nous a dit, demeure assez loin et n'est pas le plus grand chef de ces parages, nous nous évitons de gravir ses montagnes, et nous virons au nord pour gagner la résidence de Tchisômmpi qui est le chef dominant.

22 octobre. — Traversé un village entouré de grands arbres et dont le chef est un bel échantillon des Kânnt'houndas : grand et bien fait, un beau front et le nez assyrien. Il nous a invité à passer la nuit dans sa bourgade; malheureusement j'ai refusé.

Après avoir quitté ce gentleman, qui s'appelle Kavéta et nous a conduits sur la route pendant un mille, nous avons gagné un bourg de forgerons, où la même invitation nous a été faite et a éprouvé le même refus. Une sorte d'opiniâtreté nous poussait en avant. A la fin, au bout d'une longue marche brûlante, nous sommes arrivés chez le grand Tchisômmpi, le fac-simile en noir de sir Colin Campbell : le nez, la bouche, les rides nombreuses dont le visage est couvert, identiques chez l'un et chez l'autre; mais la ressemblance ne va pas plus loin. Deux hommes nous ont précédés pour annoncer notre venue; nous les avons suivis de près et j'ai trouvé le plus sale village, sale et misérable, n'ayant de bien que les arbres qui l'entourent. Tchisômmpi m'invita à aller coucher dans une bourgade située à huit ou neuf cents mètres de sa résidence : son fils lui cherchait querelle à propos de quelque affaire domestique, et il me suppliait de m'en aller. Le lendemain, il est venu de bonne heure, a tout disposé pour notre départ, sans rien m'offrir, et, selon toute probabilité, ne désirait pas du tout nous voir. Je le soupçonne, bien qu'il soit chef suzerain, d'être faible d'esprit et d'avoir perdu toute influence; mais, pour son peuple, c'est toujours un grand chef.

Plusieurs de mes gens menaçant de tomber malades, je me suis enquis d'un endroit où, loin de ce chef important, nous pourrions nous reposer le samedi et le dimanche. Un homme a offert de nous conduire à un village situé du côté de l'ouest, et nous sommes partis. En passant devant un bosquet sépulcral, notre guide a fait cette remarque : « Les ancêtres de Tchisômmpi dorment là. » C'est la première fois que j'entends, dans cette région, le mot de sommeil appliqué à la mort. Les arbres de ces bosquets funèbres, de même que ceux qui entourent les villages, sont très-gros et montrent ce que deviendrait le pays, s'il était dépeuplé.

Nous avons traversé l'Adiammpoué ou Diammpoué, petite rivière abondante, même actuellement, et d'une largeur qui varie de six à quinze yards ; elle prend sa source dans les montagnes de Ndomo, et va au nord rejoindre le Linntipé, pour se jeter avec lui dans le Nyassa. Le charmant village de Tchitokola, nommé Paritala, est bâti sur la côte orientale de la vallée de l'Adiammpoué. Cette vallée nourrit un grand nombre d'éléphants et d'autres animaux, et l'on y trouve le hopo[1] des Bétchouanas, que nous n'avions pas revu depuis bien des années.

L'ammbarré, autrement dit le nyoumbo, a une fleur jaune papillionacée, d'un parfum délicat ; il paraît croître sans culture aucune, tout à fait en plante sauvage.

Le tchaola est le poison à flèche des Maravis ; il cause, dit-on, la mortification des chairs.

Un des faits étonnants que l'on raconte de nous est que nous dormons sans feu, chose insolite sur ces hauteurs. Avec leur couverture, les Nassickais ont assez chaud, alors même que le thermomètre descend à quinze ou seize degrés ; mais les autres ne sont pas assez couverts.

Des huttes que l'on est en train de construire montrent que la charpente, avant d'être revêtue de son chaume d'herbe, reçoit une couche épaisse de mortier : pas une fissure qui ne soit parfaitement close.

Lors de notre arrivée, Tchitikola était absent pour cause de *milanndo*, cas judiciaire. Si un indigène empiète sur les droits d'un autre, s'il cause à l'un des membres de la commune un tort quelconque, il y a milanndo, et les chefs des villages voisins sont appelés en qualité de juges. Pour eux, c'est la grande affaire de la vie ; les femmes sont une source féconde de milanndo. Quelques épis de maïs ayant été volés, Tchitikola a été mandé à un jour de marche pour régler l'affaire. Il a administré le *mouavé* (poison d'épreuve), et l'accusé, l'ayant vomi, a été déclaré non coupable.

Tchitikola est revenu le soir, accablé de fatigue et les pieds déchirés ; il ne nous en a pas moins donné de la bière immédiatement. Cette mention incessante du boire et du manger est naturelle ; c'est le point important de nos relations avec les chefs. Jusqu'à l'arrivée de Tchitikola, nous n'avons rien

---

1. Le hopo consiste en deux haies se rapprochant l'une de l'autre comme pour former un V. Au lieu de se rejoindre complètement au sommet de l'angle qu'elles produisent, ces palissades se prolongent en droite ligne de manière à constituer une allée d'environ cinquante pas, aboutissant à une fosse qui peut avoir quatre ou cinq yards carrés et six ou huit pieds de profondeur. Les chasseurs dirigent par leurs cris les animaux qu'ils entourent, et les font arriver au sommet du hopo d'où la bande effarée, n'ayant pas d'autre issue, tombe dans le piége qui lui est ouvert. Voy. *Explorations dans l'Afrique australe*, par le Dr Livingstone. Paris, Hachette, 1859, p. 30. (*Note du traducteur.*)

eu, au contraire : la reine nous a fait demander un peu de viande pour son enfant qui vient d'avoir la petite vérole, et, comme il n'y a pas boutique dans le pays, nous n'avons pas mangé de la journée. J'ai pris des observations pour établir la longitude, et tué le temps en calculant des relèvements antérieurs.

Ce matin, le chef nous a donné une chèvre cuite et une grande quantité de potage. Lui également a le type assyrien.

CHAPITRE VI.

Marche au nord. — Une forêt africaine. — Ravages des Mazitous. — Saluts des indigènes. — Un chef désagréable. — Sur la ligne de partage entre le lac et la Loanngoua. — Extension de l'industrie du fer. — Un vieux Nemrod. — La Boua. — Charmante scénerie. — Difficulté du transport des bagages. — Tchilobé. — Une pythonisse africaine. — Engagement de deux porteurs aïahous. — Malade. — Fève tchitella. — Début de la saison pluvieuse. — Arrivée au bord de la Loanngoua.

Partis avec Tchitikola pour guide. Il nous a menés d'abord au couchant, nous a fait passer le Lilonngoué, puis nous a dirigés vers le nord jusqu'à Machoumba, dont le chef, le seul qui nous ait demandé autre chose que des drogues, a, par cela même, reçu de nous moins que nous n'avons coutume d'offrir.

Je donne habituellement une brasse de calicot écru, ce qui, vu la rareté de l'étoffe, est considéré comme de la munificence.

Nous avons à notre gauche les monts Zalanyama. La direction générale de notre course est au nord; mais il nous faut gagner les villages qui sont en bons termes avec ceux qui nous mènent; et il est rare que nous fassions beaucoup de chemin, nos guides s'étudiant à faire les étapes aussi brèves que possible.

Tchitokou, le chef du dernier village, nous a conduits à une bourgade de forgerons, où quatre hauts-fourneaux et une forge étaient en activité. Nous avons passé le Tchiniammbo, forte rivière venant du Zalanyama, et qui débouche dans le Mironngoué, tributaire du Linntipé.

A mesure qu'on approche des montagnes, le pays est de plus en plus couvert d'arbres; ce sont principalement des masoukos motchenngas (arbres à copal), des arbres dont l'écorce est employée comme étoffe, et des rhododendrons.

CHAPITRE VI.

La bruyère, appelée *rhinoster bosch* par les colons du Cap, se rencontre fréquemment, et nous voyons de temps à autre des acacias épineux. L'herbe est courte, mais abondante.

24 octobre. — Pour gagner le village de Tchimouna, Mponnda, qui nous servait de guide, voulant prendre le plus court, nous a fait traverser la forêt. Nous y avons trouvé une bande de quinze éléphants et vu une quantité d'arbres abattus par ces animaux; ils paraissent aimer les racines de quelques espèces et consacrent beaucoup de temps à les arracher; ils mâchent des racines ligneuses et des brins de la grosseur d'un manche de bêche. Un grand nombre de buffles pâturent dans cette forêt, et nous sommes tombés sur une troupe d'élans qui ne s'éloigna que d'une portée de flèche. Une horde de caamas (*antilope bubalis*) se tenait à deux cents pas; l'un de ceux-ci fut tué.

Pendant que nous nous réjouissions d'avoir de la viande, les gens d'un gros village, tous en pleine fuite, nous dirent que les Mazitous faisaient une razzia. Laissant cuire le rôti, nous nous mîmes en route, Mponnda et moi, pour aller demander à Tchimouna des hommes afin d'emporter le reste de la bête; mais nous fûmes bientôt rappelés. Une seconde foule traversait le bois; ces fugitifs qui s'ouvraient un chemin dans la forêt, courant sans regarder à leurs pieds, se dirigeaient vers la montagne; ils venaient d'échapper aux Mazitous, « ils les avaient vus. » Les gens de Mponnda voulaient partir pour aller veiller sur leur bourgade; mais je leur intimai, sous peine de milanndo, de nous conduire au plus prochain village, qui était au bas du Zalanyama proprement dit, et nous suivîmes la trace des fugitifs. L'herbe, dont les tiges étaient de la grosseur d'un tuyau de plume, a dû leur faire aux pieds de cruelles blessures : mais qu'est-ce que c'est en comparaison de la vie?

Notre intention était de nous établir sur la montagne, d'y défendre nos bagages en cas d'attaque, et de protéger les fugitifs qui gravissaient en foule les pentes rocheuses, lorsque nous apprîmes que l'ennemi avait tourné au sud. Si nous avions continué notre marche à l'ouest, pour aller demander les hommes qui nous étaient nécessaires, nous nous serions trouvés face à face avec les Mazitous; les gens de la seconde bande, qui avaient gardé leur village jusqu'au dernier moment, nous dirent que nous l'avions échappé belle.

25 *octobre*. — Marché au nord et atteint la résidence de Tchimouna, grande ville du Tchipéta avec beaucoup de villages autour. La route traversait la forêt ; lorsque nous avons débûché dans le vallon où les bourgades sont bâties, nous avons vu les grandes fourmilières couvertes d'hommes qui faisaient le guet dans la crainte des Mazitous.

Une longue file de villageois arrivait du sud, et l'on voyait, dans cette direction, des collines basses d'où s'élevait la fumée d'établissements en flammes.

Les femmes et les enfants, ainsi que le chef, étaient partis pour une montagne appelée Pammbé ; il n'y avait là que des hommes, tous armés en guerre, avec leurs grands arcs, dont les uns étaient d'une courbe aplatie, les autres de forme ronde. Beaucoup de ces guerriers avaient le carquois sur l'épaule, et, dans les cheveux, un bouquet de plumes pareil à celui du shako de nos lanciers. Mais leur intention n'était pas de se battre ; ils ne voulaient que protéger leurs maisons et leurs greniers contre les voleurs de leur propre canton.

Un messager fut immédiatement expédié au chef pour l'avertir de notre présence, et l'on nous donna une bonne hutte. Tchimouna arriva dans la soirée ; il nous supplia de passer un jour dans son village, attendu qu'il est le plus grand homme du Tchipéta. Je lui répondis que tous les chefs m'adressaient la même prière, que si je les écoutais nous n'avancerions pas, et que la saison pluvieuse était prochaine ; que cependant nous nous arrêterions chez lui.

26 *octobre*. — Tout le monde a quitté la montagne pour venir voir les étrangers, et les habitants se pressent en foule autour de nous. Il savent fort peu de chose en dehors de leurs propres affaires ; mais celles-ci exigent d'assez grandes connaissances, et nous serions fort embarrassés, nous autres Européens, s'il nous fallait vivre ici sans recourir à leur travail.

Un patriarche, qui n'a plus de dents, avait entendu parler de parapluies et de livres, mais il n'en avait pas vu. Le plus vieux du canton n'a jamais voyagé et s'est à peine écarté de son village ; il n'en connaît pas moins les différentes natures du sol, est habile agriculteur, sait bâtir une case, fabriquer des paniers, de la poterie, du feutre d'écorce, préparer les peaux de bête pour vêtements, faire de la corde, des filets et des piéges.

Les fourneaux pour la fonte du fer ont ici trois pieds de large, sept de hauteur et un peu la forme d'une bouteille.

Tchimouna, dont la physionomie est des plus disgracieuses, s'est cependant bien conduit. Il a été très-reconnaissant d'un vésicatoire que je lui ai mis sur les reins pour le soulager d'une douleur rhumatismale, et, au moment de notre départ, il m'a donné un énorme panier de potage avec une volaille; puis il m'a prié de tirer un coup de fusil pour faire entendre aux Mazitous qu'il y avait là des gens bien armés. D'après les dires de tous les indigènes, ces maraudeurs fuient devant les armes à feu, ce qui me fait croire que ce ne sont pas des Zoulous.

En allant chez Mapouhio, nous avons passé devant plusieurs gros villages, entourés chacun de la haie d'euphorbe qu'ils ont ordinairement, et, de plus, ayant de grands arbres qu'on y a plantés pour avoir de l'ombre. Le pays est mollement onduleux et plutôt déboisé. A la jonction des vagues de cette mer terrestre se trouve toujours une fondrière; souvent même la pente est marécageuse. Il y a beaucoup de buissons, et de même espèce que les arbres qui ont été coupés. L'hématite jaune est très-abondante; mais c'est à peine si les autres roches apparaissent dans le lointain. Nous avons des montagnes à l'est et à l'ouest.

Lors de notre arrivée, Mapouhio, chose assez commune, était invisible; néanmoins, sans perdre de temps, il nous envoya une calebasse de bière qui, nouvellement brassée, est très-rafraîchissante, et promit de nous faire de la cuisine pour le soir.

Cinq ou six porteurs nous sont indispensables, et ce sont eux qui règlent la longueur de l'étape. Ceux du village de Tchimouna ont été mécontents de la coudée de calicot que je leur ai donnée pour salaire; mais quelques perles leur ont fait plaisir et nous nous sommes quittés bons amis. Il est probable que je n'aurai jamais l'occasion de les revoir; je n'en tiens pas moins à les satisfaire, parce que c'est juste. N'est-ce pas ce qu'Il a voulu dire par ces paroles : « Béni est celui qui considère le pauvre. » Il y a beaucoup de bon chez ces pauvres gens. En cas de milanndo, ils comptent, pour venir plaider leur cause, sur des parents dont la demeure est souvent à de grandes distances ; et il est rare que leur attente soit trompée, bien que dans certaine saison, actuellement, par exemple, le temps soit regardé par eux tous comme une chose précieuse : on ne rencontre pas un homme qui n'ait la pioche ou la cognée sur l'épaule, et ils ne s'asseyent que pour nous voir passer.

Beaucoup d'entre eux ont le lobe des oreilles largement fendu, et tous sont tatoués de la marque distinctive de la tribu. Les femmes, plus que les hommes, s'accordent ce luxe douloureux du tatouage, sans doute parce qu'elles ont peu d'ornements, et elles s'évident le tranchant des incisives médianes.

Incisives supérieures de femmes månnganyas.

Un grand nombre de gens du pays ont l'angle facial tout à fait grec. Mapouhio a la jambe fine, ainsi que le visage entièrement européen. Les traits et les membres délicats se voient communément, et les talons projetés en arrière ne sont pas moins rares ici qu'en Europe. Règle générale, les extrémités sont petites.

Battre des mains de façons diverses est la manière polie de dire : « Excusez-moi ; — veuillez me laissez passer ; — permettez ; — mille pardons ; — mille grâces. » C'est, en outre, une forme respectueuse de salut pour l'arrivée et le départ, un équivalent de notre : « Écoutez ! écoutez ! » et une formule d'acquiescement. Quand un inférieur est appelé, il frappe vivement deux fois dans ses mains, ce qui signifie : « J'arrive. »

Tous sont entre eux d'une étiquette pointilleuse ; mais il n'y a pas dans le pays de signe honorifique ; un large bracelet d'ivoire, porté par le chef, est le seul indice d'un rang supérieur.

28 *octobre*. — Causé longuement avec Mapouhio, chez qui nous avons passé le dimanche. Son canton est dans un pauvre état par suite des incursions continuelles des Mazitous.

29 *octobre*. — Nous avons pris à l'ouest pour atteindre le village de Makosa, où nous nous sommes arrêtés ; la prochaine étape sera longue et en pays à peu près désert.

Celle d'aujourd'hui a été charmante : une matinée délicieuse; toute la campagne inondée de soleil, et pas un souffle d'air ne troublant la fumée qui s'élevait lentement des tas de mauvaises herbes, brûlées sagement par les agriculteurs. Tout le monde était dehors; presque tous piochaient la terre au frais du matin. Dans un village, un vieillard s'était fait du reste de sa chevelure une petite queue bien pommadée de graisse, l'avait repliée sur elle-même et se l'appliquait sur le haut du crâne. Le voisin parait soigneusement un bâton pour remuer la bouillie, et d'autres jouissaient de l'ombre des figuiers qui se trouvent dans chaque bourgade. Ainsi que dans l'Inde, c'est en Afrique un arbre sacré, et les jeunes pousses qui descendent des rameaux vers la terre, pour y prendre racine, sont regardées comme un remède souverain, une panacée universelle. Serait-ce une tradition de sa parité avec l'arbre de vie, qui, d'après les conjectures de l'archevêque Whateley, aurait été employé dans le Paradis terrestre pour rendre l'homme immortel?

Le suc d'une espèce de figuier sert de glu aux indigènes, et l'on voit fréquemment cet arbre couvert d'entailles qui ont été faites pour obtenir la séve; l'écorce de ce même figuier est transformée en étoffe. J'aime autant regarder les hommes tisser, filer ou se reposer sous le dais de cette feuille splendide, que de voir nos civilisés couchés sur leurs divans.

La première pluie de la saison, une pluie d'orage, est tombée cette après-midi. Thermomètre à l'ombre, avant la pluie : 33° 7/9; la boule étant mouillée, 10° de moins. A midi, au soleil, température du sol, 60°, peut-être davantage; car j'ai craint de briser le thermomètre, qui n'avait presque plus de vide. La pluie est arrivée lorsque le soleil, dans sa marche vers le sud, s'est trouvé à notre zénith. Cette chute d'eau, qui n'a été que d'un quart de pouce, a eu pour effet de nous enlever la chance d'obtenir des porteurs; ils sont tous dans les jardins à confier le grain précieux à la terre. Nous en avons décidé trois, mais impossible d'en avoir d'autres; c'est un jour de halte forcée.

30 *octobre*. — Les noirs marchands de Tété viennent ici acheter des esclaves, et nous y retrouvons les punaises, dont

nous étions délivrés depuis que nous avons dépassé le parcours des Arabes.

31 *octobre*. — Marche au couchant, et un peu au sud, à travers une contrée couverte d'arbres en forêt, plantés dru, mais de petite espèce : généralement, l'arbre à étoffe, l'arbre à copal, le masouko, des rhododendrons et quelques acacias. A un endroit, nous avons vu une troupe de dix cochons sauvages, mais aucun autre animal, bien que les empreintes d'éléphant, de buffles et d'autres bêtes, formées à l'époque des pluies, soient très-nombreuses.

L'eau a été plus rare que d'habitude pendant les premiers milles; puis nous sommes arrivés au Lioué, jolie petite rivière de vingt à trente mètres de large, où il y avait beaucoup d'eau mêlée au sable, et qui, d'après les indigènes, va au couchant rejoindre la Loanngoua.

1ᵉʳ *novembre*. — Une étape du soir nous a conduits au Tchigoumokiré, beau ruisseau, près duquel nous avons passé la nuit; et ce matin nous nous sommes rendus au village de Kagnéné, qui est sur un groupe de montagnes; pour y arriver il nous a fallu prendre plus au sud que je n'aurais voulu. Notre apparition sur la pente de la colline a causé une certaine alarme, et on nous a priés d'attendre, avant d'aller plus loin, que notre orateur ait expliqué le phénomène insolite d'un homme à peau blanche.

Cela nous a fait rester en plein soleil parmi des rocs brûlants. Le chef, dont le physique est celui d'un grand vilain tavernier, s'en est excusé en disant que son frère a été tué par les Mazitous, et qu'il avait craint que nous ne fussions de la tribu de ces maraudeurs. Nous lui avons demandé si les Mazitous avaient des vêtements pareils aux nôtres; il a répondu par quelques mensonges, et a commencé — chose qui n'est pas ordinaire — à demander de la poudre et différents objets. Je lui ai dit comment les autres chefs nous avaient traités; ce qui lui a fait honte. Il représente le pays qui est au nord-ouest comme absolument infranchissable, en raison du manque de vivres : les Mazitous l'ont complétement pillé; la population ne vit que des fruits sauvages qu'elle peut recueillir.

2 *novembre*. — Kagnéné est naturellement très-désagréable,

CHAPITRE VI.

et la nécessité d'obtenir des porteurs nous met en son pouvoir. Peut-être sommes-nous injustes ; il nous est difficile de comprendre les sentiments d'un peuple livré au pillage. De même que les Écossais des douzième et treizième siècles, alors que le pays était ravagé d'un côté par les Celtes des Highlands, de l'autre par les Anglais de la frontière, et retenu ainsi à l'arrière-garde de la civilisation, les gens de ce pays n'ont aucun repos. Ils remplissent leurs greniers, mais, dès que la récolte sera finie, les Mazitous viendront, et, saisissant tous ceux qui en ont la force, les obligeront à porter ce grain chez eux. Cela s'est fait parmi nous jusqu'au moment où il y a eu sécurité pour les biens et les personnes. Mais les Écossais changeaient de pays avec l'indifférence des Romains de l'ancien temps, et devenaient les élèves de nations plus heureuses ; ils étaient bien accueillis en France, soit en qualité de pèlerins ou d'écoliers, soit comme marchands ou comme soldats. Il n'en est pas de même pour l'Africain ; son genre de vie, tant qu'on ne le trouble pas, lui donne assez de jouissances ; il aime l'agriculture, et, partout, la terre est à prendre. Il ne sait rien des autres pays, mais il en a reçu l'idée de la propriété de l'homme par l'homme, idée dont il s'est imbu. Kagnéné voulait me donner un esclave pour garder mes chèvres ; je crois qu'il lui en coûterait plus de me donner une chèvre qu'un homme.

Simon a été malade, ce qui nous a retenus chez ce vilain chef pendant quatre jours. J'avais demandé cinq porteurs qui m'avaient été promis, mais, au moment du départ, le salaire réclamé et voulu d'avance était si énorme que, le 7 novembre, prenant une partie de nos bagages, nous nous sommes remis en marche sans porteurs indigènes. L'étape s'est faite en pays plat et inhabité, généralement couvert d'arbres à basse tige ; nous y avons campé, et le lendemain, laissant deux hommes au dépôt, nous sommes revenus prendre les cinq charges qui restaient.

Kagnéné a été désagréable jusqu'au bout. Il m'a demandé à quel endroit nous avions passé la nuit ; sur ma réponse que c'était aux environs de la colline de Tchimebimebé, il m'a fait son compliment d'avoir été jusque-là, et m'a offert trois porteurs ; mais, puisqu'il ne voulait pas m'en donner cinq, j'ai mieux aimé ne prendre personne que d'avoir des gens qui auraient été nos espions.

Tout cela nous a retardés. Le chef avait d'abord promis le nombre voulu. Après nous avoir retenus pendant des heures, il a amené une couple d'hommes dont l'un était pris de bière, et a dit qu'il avait peur d'être tué par nous; je lui ai demandé combien de gens nous avions déjà tués et je suis parti. Kagnéné est un homme puéril, aimant à faire la cuisine, à broyer le grain : la besogne des femmes ; et en pareil cas, les sujets tiennent du maître. Ici, les chefs n'ont pour ainsi dire aucun pouvoir, à moins qu'ils ne soient très-énergiques; ce sont eux qui courtisent leurs sujets plutôt qu'ils n'en sont courtisés.

Il nous a fallu rebrousser chemin plus que nous n'aurions voulu, et revenir du côté de Mapouhio. Notre marche ressemble à celle d'un vaisseau battu par des vents contraires. Cela tient à la difficulté de se procurer des vivres. On ne peut pas non plus se renseigner sur le pays; même les forgerons, qui, par métier, sont ambulants, n'en savent pas plus que les autres. Ils approvisionnent de houes et de couteaux les villages des alentours, joignent les travaux agricoles à ceux de leur état, et ne connaissent rien en dehors de leur cercle habituel. L'un d'eux, que nous avons pris pour guide au mont Tchimebimebé, un homme intelligent, n'a pas pu nous dire comment s'appelait une chaîne de montagnes située à une vingtaine de milles : « c'était trop loin pour qu'il en sût le nom. »

9 novembre. — Le pays est élevé; pays plat, où sont disséminées des montagnes qui lui donnent, sur la carte, l'aspect d'une région montueuse. Nous sommes sur la ligne de faîte, qui, selon toute apparence, déverse les eaux, à l'est dans le Nyassa, et au couchant dans la Loanngoua, affluent du Zambèze. D'après les indigènes, le Lioué ou Leouia se jette dans la Loanngoua; le Tchigoumokiré, dont la source est au nord-nord-ouest du point où nous sommes, à l'est de l'Irongoué (montagnes où Kagnéné se réfugie pour échapper aux Mazitous), se jette dans le Lioué; et plus au nord se trouve le Manndo, ruisseau tributaire de la Boua, affluent du lac. Les petites rivières qui se dirigent à l'ouest coulent dans de profonds défilés, et l'altitude de la plaine que nous traversons met hors de doute que pas un ruisseau ne peut venir des terres basses du couchant.

Il paraît que les Portugais, en allant chez Casemmbé, ne se sont pas enquis de l'endroit où débouchaient les cours d'eau qu'ils avaient à franchir; car ils sont souvent dans l'erreur à ce sujet, et indiquent seulement la direction dans laquelle fuyaient ces cours d'eau à la place où ils les ont traversés. Les naturels ont généralement une idée juste des rivières auxquelles vont s'unir les ruisseaux, bien qu'ils soient fort ignorants de la condition des tribus qui en habitent les bords.

Quelques-unes des questions portugaises ont dû avoir pour interprètes des esclaves qui ne voulaient pas montrer d'hésitation dans leurs réponses. Maxinega ou Matchinega, par exemple, ne signifie que montagnes; et, dans la relation des Portugais, nous rencontrons une ou deux fois *Saxa de Maxinga*, *Machinga* ou *Mcanga*, ce qui veut dire rochers de montagnes ou montagnes de rochers.

10 *novembre*. — Les gens que nous trouvons au bord du Manndo sont des Tchahouas ou Ajahouas, mais non de la race des Aïahous : ce sont des Mânnganyas; leur village est une bourgade de forgerons. Le bruit incessant des marteaux annonce un travail très-actif. A l'industrie du fer les habitants joignent l'agriculture et la chasse avec des filets. J'ai décidé promptement cinq d'entre eux à aller chercher les ballots que nous avons laissés derrière nous.

Des buffles sont venus près du village; j'en ai tué un, ce qui m'a donné de la viande pour nous tous et pour les indigènes.

Le marteau que nous entendons depuis l'aurore jusqu'à la chute du jour est une grosse pierre enlacée d'une courroie faite avec une écorce très-solide, et qui, de chaque côté, forme une boucle par laquelle la pierre est saisie. Deux morceaux d'écorce représentent la pince, et un bloc de pierre, enfoncé dans le sol, constitue l'enclume. Le soufflet consiste en deux peaux de chèvre, ayant, au bout fermé, un tuyau d'argile, et manœuvrées chacune au moyen d'un bâton fixé du côté de l'ouverture. Avec cet outillage l'ouvrier fait plusieurs houes par jour. Le fer, extrait d'une hématite jaune qui abonde dans le pays, est de très-bonne qualité.

13 *novembre.* — Un lion est venu la nuit dernière, et a poussé un ou deux grognements quand il a vu qu'il ne pouvait pas s'emparer de notre viande; elle était protégée, ainsi que nous-mêmes, contre les intrus de ce genre, par un filet qu'on nous avait prêté. Les gens du village ont ensuite crié pendant des heures afin de tenir le lion à distance.

Nous aurions pu partir; mais j'ai le talon écorché par des souliers neufs.

Quand elles sont bien mûres, les figues sauvages ne manquent pas de délicatesse.

14 *novembre.* — Marché vers le nord, en doublant la colline de Tchisia, et passé la nuit dans un autre village de forgerons ou plutôt de fondeurs. Les deux métiers, du reste, sont toujours unis, et les jeunes gens habitués aux travaux de la forge, en Europe ou dans l'Inde, seraient ici complétement inutiles, s'ils étaient incapables de fondre le minerai.

Presque tous les arbres ont été abattus pour faire du charbon, et ceux qu'on voit maintenant sont petits. On n'a conservé que les espèces qui donnent des fruits comestibles. Les pentes allongées des ondulations du sol, revêtues du nouveau feuillage, sont d'un fort bel aspect. Des bouquets de jeune bois alternent avec de grandes plaques d'herbe jaune qu'on n'a pas encore incendiée, et les collines sont couvertes de taillis verdoyants où çà et là, comme partout, s'élèvent de grands arbres.

Le village de Kalommbi, situé entre deux ruisselets dont l'un est le Manndo, et où nous avons passé quatre jours, était naguère entouré d'une estacade de figuiers et d'euphorbes; mais cette enceinte, qui lui avait permis de soutenir un siége contre les Mazitous et de le faire avec succès, a été détruite par les éléphants et les buffles pendant une absence de toute la population; les débris de l'estacade sont encore aux alentours. Des lions entrent quelquefois dans les huttes, en passant à travers la couverture, ce que font aussi les éléphants; nous avons vu un toit défait par un de ces animaux. En pareil cas, la seule chance de salut qu'aient les habitants de la hutte

Forgerons månnganyas.

est d'enfoncer une lance dans le ventre de la bête qui leur arrive de la sorte.

Un homme, qui est venu aujourd'hui, a rapporté que les Mazitous occupaient le village de Tchanyânndoula, où nous nous rendons. Le chef nous a conseillé de rester ici jusqu'à ce que nous sachions de quel côté iront les pillards.

Il a fait partir les femmes ; mais les hommes n'ont pas cessé leur travail. Deux d'entre eux sont allés construire un fourneau sur une termitière, où cet édicule s'établit presque toujours : ils font le guet tout en travaillant.

Nous sommes sous la protection d'une Providence universelle, et Celui dont la sollicitude pour son peuple dépasse tout ce que l'amour de soi peut atteindre chez l'homme, nous servira de bouclier et rendra notre chemin facile.

16 novembre. — Cette nuit, un éléphant est venu crier près de nous, puis il a passé : averti, peut-être, par les clameurs des villageois de ne pas s'occuper des hommes.

Aucun Mazitou n'ayant paru, nous nous sommes mis en marche et avons traversé la Boua : huit mètres de large et de l'eau jusqu'au genou. Elle prend sa source dans les collines septentrionales, un peu au-dessus du village de Kanyinndoula, tourne les montagnes de celui-ci et se dirige vers l'est. La scènerie est charmante : des collines revêtues d'un épais manteau de verdure, avec çà et là des plaques rouges, jaunes ou grises ; les premières, indiquant où l'herbe a été récemment brûlée, ce qui a mis à nu l'argile ferrugineuse ; les autres, formées par l'herbe non détruite ou par le roc. Les grands arbres sont un peu plus nombreux, et varient agréablement les contours des vallées et le sommet des collines ; beaucoup d'entre eux ont encore la teinte rouge des feuilles nouvelles.

Avant d'atteindre le village de Kanyinndoula, qu'on appelle Kanyendjé, la Boua fut traversée de nouveau.

Il faut que l'industrie du fer soit, dans le pays, excessivement ancienne ; on ne fait pas un quart de mille sans trouver des scories, des tuyaux calcinés, des fragments de fourneaux cuits par le feu et devenus de la brique. Chose curieuse, que la grosse pierre avec laquelle le fer est battu ne soit pas nommée pierre-marteau, et qu'elle ait pour désignation le mot simple de *kama*, un terme spécial ; le marteau de fer s'appelle *nyoundo*.

Lors de notre arrivée, Kanyinndoula était absent : en train de recueillir du charbon pour ses fonderies. Il m'envoya une députation chargée de savoir si je resterais le lendemain. Parmi les envoyés se trouvait un vieillard, d'une physionomie peu intelligente, mais qui avait au bras vingt-sept anneaux, taillés dans la peau d'autant d'éléphants tués par lui seul, et avec une simple lance. Il a renoncé à la chasse depuis les incursions des Mazitous. Ceux-ci, à ce que nous avons entendu dire, sont allés au sud-est de Kanyendjé, prenant toutes les récoltes de l'année dernière. Le tueur d'éléphants nous a donné quelques provisions, d'autant plus acceptables que nous n'avons rien eu dans les deux derniers villages. Kanyinndoula est revenu dans la soirée : un homme actif, au visage sévère, mais avec lequel nous nous sommes fort bien entendu.

Les habitants disent que c'est Tchiseummpi (l'Être suprême) qui leur a enseigné à fondre le fer, et que dans l'origine ils habitaient les bords du Nyassa. A l'égard de la poterie, ils sont bien inférieurs aux Mânnganyas du lac ; tous les anciens débris que l'on trouve, ainsi que leurs vases modernes, sont très-grossiers, n'ayant pas d'ornements, ou que des points pour toute décoration.

Jamais ces Mânnganyas n'ont entendu parler d'aérolithes ; mais ils connaissent la grêle.

Je remarque ici que le mfou, ou mo, dont les feuilles ont un si doux parfum, porte des fruits comestibles, réunis en grappes. On mange également le fruit du boua-boua ; celui-ci a les feuilles palmées.

Le mbéou, qui est une liane arborescente, donne un fruit très-agréable, ayant les pépins très-menus et la saveur des groseilles à maquereau.

18 et 19 novembre. — Hier, la pluie a tombé d'une manière continue dans l'après-midi ; et, ce matin, les nuages sont très-menaçants. Nous restons pour nous faire une tente de calicot.

20 novembre. — Kanyinndoula est venu, dans la matinée, avec trois porteurs au lieu de cinq, et s'est joint à eux pour demander qu'on les payât d'avance. Il est naturel qu'il se soit mis de leur côté, car ils sont plus forts que lui; tous les chefs, dans ces parages, courtisent leurs sujets; et au fond, Kanyinndoula avait plus d'intérêt à plaire à ses gens qu'à prendre le parti d'un étranger qu'il ne reverra plus. Laissant alors deux des nôtres pour garder les bagages, nous sommes partis sans ses porteurs.

A peu près à quatre milles en amont de la vallée, nous avons trouvé, à la source même de la Boua, un village appelé Kanyandjéré Mponnda. M'arrêtant dans cette bourgade, où de bonnes huttes nous ont abrités contre un orage qui nous a décidés à y passer la nuit, j'ai envoyé chercher nos ballots.

La vallée est d'un charme suprême : de chaque côté, des montagnes doucement arrondies, et comme toujours couvertes de feuillages, excepté aux endroits où le sol rougeâtre est mis à nu par l'incendie annuel. Des masses de quartz percent la terre, et beaucoup de débris de cette roche sont portés dans les fonds par les eaux des torrents. Creusés dans une argile compacte, ces noullahs ont un faible pouvoir d'érosion, et, par cela même, peu de largeur; mais ils sont profonds. Des fragments de minerai ferrugineux titanifère, avec hématite magnétique, transformée par la chaleur, se rencontrent dans le noullah, qui est au nord du village.

Ainsi que la plupart des cours d'eau africains dont j'ai vu les sources, la Boua s'échappe d'un marais. Un autre ruisseau nommé le Temmboué, prend naissance à la même place, et va, au nord-est, se jeter dans la Loanngoua. Nous avons vu dans son lit des raphias, que les indigènes appellent chouarés.

21 novembre. — Quitté la source de la Boua, qui est par 13° 40′ de latitude méridionale; peu de temps après nous sommes arrivés à Mokatoba, village avec estacade, et dont les gens ont refusé de nous admettre jusqu'à l'arrivée du chef. Bien qu'ils soient à court de vivres, ils nous ont cédé un peu de farine. Depuis quelque temps nous sommes à la portion congrue, et cette vente a rendu notre détention fort agréable.

Tout d'abord, la marche de ce matin nous a fait gagner un peu en altitude; puis, bien que toujours dans la même vallée, nous avons opéré une petite descente vers le nord-nord-ouest. Des vents élevés se précipitaient sur la chaîne orientale, qu'on appelle Mtchinedjé, poussant devant eux de grands amas de nuages, qui sont les donneurs de pluie. Ces grandes nuées semblent venir du sud-est.

La scènerie est toujours d'un charme et d'une richesse indescriptibles ; l'herbe nouvelle commence à paraître ; la jeune feuillée, lustrée par la dernière averse, est d'une teinte ravissante, l'air délicieusement frais ; les oiseaux chantent gaiement ; l'un d'eux qui s'appelle mzié, est un chanteur habile, avec une voie forte et mélodieuse. La grosse bête abonde ; mais nous ne la voyons pas.

Nous nous dirigeons vers le nord, où il y a, dit-on, beaucoup de vivres ; toutefois nous marchons lentement. J'ai réparti environ cinquante livres de poudre entre les gens de ma suite, pour qu'ils puissent tirer, si l'occasion s'en présente, et se procurer des chèvres s'ils en trouvent, ou bien autre chose. Cela réduit nos bagages à trois ballots extra, quatre pour le moment, Simon étant malade. Il s'est frotté une plaie avec de la graisse de chèvre, et il en est résulté une éruption pustuleuse.

Mémento. — Pour l'affirmation, les indigènes relèvent la tête au lieu de l'abaisser, comme nous faisons en pareil cas ; on dit que les sourds-muets affirment de cette manière.

22 *novembre.* — Quittant le village de Mokatoba et descendant la vallée, qui, au nord, semble être fermée par une montagne appelée Kokoué, nous avons traversé le Kasammba à deux milles environ de l'estacade ; et bien que si rappoché de son origine, nous lui avons trouvé une largeur de quatre yards, et de l'eau montant jusqu'au genou. La source est à peu près à un mille au-dessus de Mokatoba, dans la même vallée que celle de la Boua et du Temmboué.

On nous annonça qu'il y avait des éléphants dans le voisinage ; nous vîmes, en effet, la place où ils avaient été une heure avant ; mais il nous fut impossible de les découvrir. Un vieillard, que nous avons trouvé dans une gorge profonde, entre le Kokoué et l'Yasika, nous dit, en montrant du doigt cette dernière montagne : « Les éléphants ! mais ils sont là ; les dents sur pied n'y manquent jamais. » Bien que nous fussions avides de viande, nous ne pouvions pas croire à ses paroles ; et nous avons descendu la gorge, qui donne naissance à une rivière nommée le Sanndili. Où nous avons traversé ce cours d'eau, dans le défilé même, ce n'était qu'un simple ruisselet, ayant de grands arbres sur les deux bords; on dit cependant qu'il va rejoindre la Loanngoua de Zoumbo au nord-ouest ou au nord-nord-ouest. Nous étions alors, en effet, sur la pente qui incline vers cette rivière, et l'altitude diminuait rapidement.

De là, nous avons gagné le village de Siloubi, qui est à la base d'une colline détachée et rocailleuse. Pas de vivres : les Mazitous n'avaient rien laissé; le pauvre chef n'a pu me donner que des fruits de masouko. Les naturels ont découvert qu'ils pouvaient tenir les Mazitous à distance en montant sur une colline rocheuse, et en envoyant aux envahisseurs une grêle de pierres et de flèches. Ils peuvent également se défendre au moyen d'estacades, et celles-ci deviennent générales.

Après avoir quitté Siloubi, nous avons atteint une chaîne de collines; cette chaîne traversée, nous nous sommes trouvés, au nord, dans un pays comparativement plat. Vu à distance, on l'aurait dit bien boisé : le terrain se composait de longues arêtes verdoyantes, couvertes de feuillage; mais les bouquets de grands arbres, à l'endroit où des cases avaient été groupées, ou sont toujours, montraient que les supports de toute cette feuillée n'étaient pas plus grands que de simples rames à houblon. Au total, toute cette région élevée peut être appelée forestière, si nous considérons que, dans les endroits où la population est compacte et n'a pas été troublée depuis longtemps, les arbres sont coupés à la hauteur d'un buisson à basse tige. De grands districts n'ont pas d'autre bois que des taillis de la grosseur d'une perche, taillis portés par des têtards, à trois ou quatre pieds du sol, et entretenus dans cet état par les charbonniers qui, en même temps, sont toujours forgerons.

En arrivant chez Zioré, qui demeure au bord du Lokouzhoua, nous avons trouvé son village défendu par une estacade, et entouré de pièces d'eau stagnante sur trois de ses côtés. Les Mazitous sont venus, ont pillé tous les bourgs des environs, et sont partis sans attaquer la forteresse. Par conséquent les gens de Zioré ont des vivres. Ce sont toujours des Mânnganyas; mais ils s'appellent eux-mêmes Etchéhouas, et leur tatouage diffère de celui des Ateumboka. Les hommes portent leurs cheveux dressés, comme si des crins de queue d'éléphant leur avaient été plantés autour de la tête. Les femmes sont ornées d'un petit pélélé et ont la lèvre inférieure décorée d'un brin de chaume ou de bois, qui se balance et descend jusqu'au bas du menton.

Dans l'enceinte, comme dans tous les villages à estacade, il y a encombrement de huttes; les enfants ont bien peu de place pour jouer.

25 *novembre.* — Passé le dimanche chez Zioré. Les habitants s'imaginent que nous prions pour avoir de la pluie, dont on a grand besoin. Il n'est pas encore tombé assez d'eau pour que la terre, en se gonflant, ait fermé les déchirures qu'elle doit à la sécheresse. J'ai désabusé leur esprit à l'égard de cette faculté de faire pleuvoir, qu'ils attribuent aux docteurs. Le chef est intelligent.

Je n'avais pas l'intention de prendre note du Lokouzhoua, ruisselet méprisable, qui même actuellement n'a pas d'eau; mais en allant chez Mpanndé, dont le village est le premier que nous ayons atteint après celui de Zioré, nous avons traversé plusieurs fois ce ruisselet, qui va au nord rejoindre la Loanngoua.

Le sol de la vallée est une terre grasse et fertile, d'un rouge sombre, et tellement couverte de liliacées du genre amaryllis, qu'on n'en voit pas la couleur. Dans les endroits où il y a eu défrichement et labour, c'est un tapis d'un blanc pur. En suivant cette vallée qui nous conduit à la Loanngoua, nous baissons de niveau. On dit ici que la Loanngoua prend sa source à Nommbé-Roumé; je l'avais déjà entendu dire.

27 *novembre.* — Les sujets de Zioré n'ont pas voulu venir avec nous sans être payés d'avance; dès lors, comme à l'ordinaire, nous avons laissé les ballots que mes gens ne pouvaient pas emporter; je les ai ensuite envoyé chercher par trois de mes hommes. Ces derniers ne sont revenus que ce matin; deux d'entre eux ont eu la fièvre. Je maugrée intérieurement, et ne sais comment faire pour que tout notre matériel soit réduit à neuf ballots. C'est parce que je savais que nous serions détenus par deux ou trois mois de fortes pluies que je me suis attaché à ce système, comme étant plus économique.

Les indigènes profitent des courbes de trois quarts de cercle, formées par le Lokouzhoua, pour y établir leurs villages avec estacade. C'est le fait de celui de Zioré; et comme l'eau est stagnante, la maladie en résulte.

Il y a dans le pays, où il abonde, un pois vivace à jolie fleur d'un bleu clair, dont les naturels se servent pour relever leur potage. Actuellement ce sont les fleurs qui, seules, sont cueillies et que l'on fait bouillir. Quand j'ai demandé le nom de cette plante, l'homme à qui je m'adressais, et qui m'a dit qu'elle s'appelait *tchilobé*, m'a demandé à son tour si elle n'existait pas dans mon pays natal; sur ma réponse négative, il m'a regardé d'un air de compassion. Tous les assistants firent de même et s'écrièrent : « Quel malheureux pays! n'avoir pas de tchilobé! » On ne trouve cette plante que sur les hautes terres où nous sommes maintenant; nous ne l'avons jamais vue ailleurs. Une autre espèce, le *tchilobé ouéza*, qui a des fleurs rouges, est employé de la même façon; mais, relativement, il est peu répandu.

Chose digne de remarque : jamais la bouillie de sorgho ou de maïs n'est offerte sans légumes, telles que des fèves, des feuilles de fève, des pois ou des fleurs; ils semblent en éprouver le besoin, les graines de légumineuses étant plus azotées que leurs farines.

La nuit dernière, de vigoureux battements de mains, exécutés par des hommes, furent suivis des cris d'une femme; ces cris à demi-étouffés avaient quelque chose de fantastique : l'effort d'une poitrine oppressée et râlante. Vinrent ensuite, de la part de cette femme, des groupes de mots proférés comme en extase, et auxquels un homme répondait : « *Moio, moio.* » Autant que je pus les saisir, les paroles de la femme se composaient de cinq syllabes, jetées brusquement et d'une façon laborieuse. Je voudrais savoir si cette éjaculation sibylline a été conservée comme étant la forme sous laquelle les vrais prophètes émettaient les oracles dont ils avaient la charge. Un membre de phrase qui revenait fréquemment vers la fin de l'effusion était : *Linyama outa* (chair de l'arc), montrant que la pythonisse aimait le gibier. Les assistants applaudissaient et attendaient pleins d'espoir, je le suppose, que la pluie répondît aux efforts de la sibylle. Le lendemain, celle-ci fut dûment honorée par des tambourinades et par des danses [1].

Des idées dominantes semblent persister dans certaines tribus et leur appartenir en propre. L'étrange conception du droit de posséder un homme, qui permet à celui qui l'accepte de vendre son semblable, existe chez les Mânnganyas, les Makoas, les Aïahous, mais non chez les Cafres et les Bétchouanas. Sur la côte orientale, si nous excluons les Arabes, deux seules familles d'Africains sont esclavagistes.

30 novembre. — Nous nous rendons chez Emmbora ou Tchilounda, qui demeure également sur le Lokouzhoua, devenu maintenant un lit de sable d'une largeur de vingt yards, et contenant des mares. Sa direction est presque nord ou nord-nord-ouest.

Ici, nous nous trouvons près du Loanngoua, pays couvert d'une épaisse forêt d'arbres nains, et dont les habitants sont réunis dans de fortes enceintes.

Le village d'Emmbora est situé sur une langue de terre placée entre le Lokouzhoua et une autre petite rivière paresseuse, position qui a été choisie comme moyen de défense. Tout à côté, s'élève une colline appelée Tchipemmba; et, à l'horizon, des chaînes de petites montagnes se déploient au levant et au couchant.

Emmbora est venu nous voir aussitôt notre arrivée; c'est un homme de grande taille, avec une figure d'Yankie. Je l'ai beaucoup amusé en lui demandant s'il n'était pas un Moteumboka : lui, d'une tribu si inférieure! Après avoir bien ri de cette idée, il m'a répondu fièrement qu'il appartenait aux Etchéhouas, dont tout le pays où je me rendais était peuplé, et qui généralement sont forgerons. Une loupe de fer venait justement de lui être apportée de quelque fonderie du dehors.

---

1. Des mots proférés par cette femme, Chouma se rappelle les suivants :

> *Kohoué! kohoué! n'aneddâmmbouï,*
> *M'voula lérou, korolé ko okoué,*
> *Ouaïe, ona, kordi, mvoula!*

Ces paroles, étant du pur mânnganya, n'ont pu être littéralement traduites par Chouma, excepté la première ligne, qui fait allusion à un petit oiseau chanteur ayant une fort belle voix; le tout n'est que la répétition, en d'autres termes, de cette phrase : « La pluie viendra certainement aujourd'hui. »   (WALLER.)

On en fait des houes, que les gens d'ici vendent aux riverains de la Loanngoua pour de l'étoffe de fabrique indigène.

3 décembre. — Marché à travers un pays montueux, couvert d'une forêt naine, et arrivé chez Kanndé, toujours au bord du Lokouzhoua. Nous avons incliné à l'ouest. Le village est entouré d'une haie très-serrée, composée de bambous et d'une espèce de figuier buissonnant, qui aime le bord des eaux : on ne le trouve que dans les endroits où l'humidité est permanente.

Kanndé est un homme de grande taille, un beau forgeron. Je lui ai demandé s'il connaissait ses antécédents. Il m'a dit qu'il avait été acheté par des Babisa à Tchipéta, et laissé au village de Tchilounda, ce pourquoi il n'appartenait à personne.

Deux Aïahous se trouvaient chez lui; ils ont offert de nous suivre. Comme ils assuraient que leurs maîtres étaient morts, tués par les Mazitous, et que le chef semblait confirmer leurs paroles, j'ai accepté leurs services. En général, les esclaves marrons sont de pauvres sujets; mais ces deux hommes ont l'air de braves gens, et ils compléteront ma bande. Un autre s'est également proposé; je l'ai pris pour conduire mes chèvres.

Ici, un tape-tape continuel annonce que l'on fabrique de l'étoffe. Aussitôt qu'on l'a détachée de l'arbre, l'écorce avec laquelle on fait cette espèce de feutre est mise dans l'eau, ou dans un trou vaseux, et y reste jusqu'au moment où la partie extérieure du liber peut se séparer de la suivante; commence alors le battage qui a pour objet de diviser les fibres et de les amollir. Le maillet employé pour cela est

Maillet.

de forme conique et souvent en ébène; il porte à la base de petits sillons qui permettent d'assouplir les fibres sans les rompre.

4 décembre. — Fait route au couchant, toujours en pays montueux couvert d'une forêt basse. A mesure que nous avancions, les arbres grandissaient; mais la contrée est déserte.

Passé une misérable nuit à Katetté, mouillés jusqu'aux os par une averse qui avait duré longtemps.

5 *décembre*. — Matinée étouffante, ciel couvert de nuages, et le tonnerre roulant dans le lointain. Nous marchons pendant trois heures, accompagnés de ses roulements, et, chose surprenante, sans avoir d'eau. Notre direction, principalement à l'ouest, nous fait retrouver le Lokouzhoua; tous les habitants sont groupés sur ses bords.

6 *décembre*. — Trop malade pour marcher.

7 *décembre*. — Remis en route. Passé la résidence de Méseumbé, qui est aussi protégée par des bambous, et atteint la colline de Mparahoué, dont un village, accroché à sa base du côté du nord, gravit les flancs à une assez grande hauteur.

Les Babisa, à l'instar des Mazitous, commencent à assaillir et à piller les Mânnganyas. Le frère de Mouasi, qui a subi leur attaque, ne pense plus qu'à attaquer les autres.

Dans différents villages nous avons remarqué des huttes minuscules — deux pieds de hauteur, — couvertes et recrépies avec le plus grand soin. Ici, nous les comptons par douzaines. A nos questions, il est répondu que quand un enfant ou un parent vient à mourir, une de ces maisonnettes est bâtie; et lorsqu'on fait un bon plat ou qu'on a brassé de la bière, on en met un peu dans la petite case pour le défunt, qui s'en régale.

Le Lokouzhoua, près duquel nous sommes maintenant, a environ cinquante mètres de large, et de l'eau courante. De grands trous circulaires et nombreux, creusés dans le schiste finement grenu de son lit, montrent qu'il a reçu beaucoup d'eau.

8 *décembre*. — On mange ici une espèce de fève nommée *tchitetta*; c'est une ancienne connaissance du pays des Bétchouanas, où on l'appelle *mositsané*; là-bas, c'est une herbe; ici, elle devient un arbre de quinze à vingt pieds de haut. La racine est employée pour le tannage des cuirs. Quant à la fève, après l'avoir broyée, on la met sur un tamis d'écorce pour en extraire, par plusieurs lavages, la matière excessivement astringente qu'elle renferme. Où les gens ont de l'eau en abondance, comme ici, elle est très-employée, et de différentes façons; dans le pays des Bétchouanas, elle est rare, et la plupart de ses usages sont inconnus. Sa gousse acquiert

de quinze à dix-huit pouces de longueur sur un pouce de large.

9 décembre. — Un pauvre enfant dont la mère était morte n'avait plus à manger; personne, pas même un parent, ne veut nourrir l'enfant d'un autre. Le pauvre petit appelait sa mère par son nom; et les voisines, comme les servantes du poëte Cowper dans son enfance, lui disaient: « Elle va venir. » Je lui ai donné un morceau de pain; mais il était épuisé, et le pauvre innocent est mort aujourd'hui.

Ce matin, le bruit de l'arrivée des Mazitous a envoyé tout le village au sommet du Mparahoué. Il ne s'agissait que de la chasse d'une hyène; mais ces gens-là ne rêvent que Mazitous. Dans son ardeur à former une bande, afin de les poursuivre, Mouasi a rappelé l'homme que, sur l'invitation du chef, il nous avait donné pour nous conduire. Nous sommes donc partis sans guide, et avons pris directement au nord.

11 décembre. — Nous voilà arrêtés par une pluie continue dans un endroit qui se nomme Tchonndé-Forêt. Il pleut tous les jours, ordinairement dans l'après-midi; mais la terre n'est imbibée que lorsque les grandes pluies de la saison commencent; alors elle ferme ses crevasses, et toutes les plantes surgissent avec une rapidité prodigieuse.

Après le schiste finement granulé, nous avons trouvé un granite renfermant de larges feuillets de talc. La forêt est composée d'arbres de belle dimension, principalement de bauhinias. Les oiseaux font beaucoup de bruit; les uns chantent, les autres crient ou babillent, tous construisent leur nid avec ardeur.

12 décembre. — Traversé un pays ondulé et couvert de bois; marche toujours au nord. Nous avons obtenu d'un homme qu'il nous montrât le chemin, si toutefois on peut appeler ainsi le passage à travers une forêt qui n'a pas de sentier.

Une piste d'animaux a d'abord été suivie; nous l'avons quittée lorsqu'elle a changé de direction, et nous nous sommes reposés sous un baobab où il y avait un nid de marabout : simple amas de baguettes sur une branche. Aussitôt, les parents accoururent, et les jeunes poussèrent des *tcheuk, tcheuk* d'une voix rude. Un souimanga à plastron et à gorge écarlates avait sa couvée sur une autre branche; le nid était fait comme celui du tisserin, mais sans tube. J'ai vu la mère cueillir les insectes sur les feuilles et sur l'écorce du baobab, sans se poser autrement que sur ses ailes; l'espèce est donc insectivore en même temps que mellisuge.

Beaucoup de traces d'élans, de gnous, de bubales, d'antilopes de roseau, de buffles, de pallahs, de zèbres, et la tsétsé, leur parasite.

13 *décembre.* — Gagné le Tokossousi, qui, dit-on, prend sa source à Nommbé-Roumé. Largeur d'à peu près vingt yards; de l'eau jusqu'aux genoux. Les pluies le font déborder; il a laissé sur ses rives une couche de fange noire et tenace. J'ai tué là une antilope à pieds noirs et cueilli une plante singulière, appelée *katenndé:* un verticille de soixante-douze fleurs, sortant d'une racine plate et ronde; — mais cela ne peut pas se décrire.

Notre guide aurait voulu passer le Tokossousi et atteindre la Loanngoua de Zoumbo, que le Tokossousi va rejoindre au nord-ouest; mais toujours, dès qu'une difficulté se présente, nos paresseux se font voir.

Nous n'avons pas de grain, et trois de mes gens sont restés en arrière, mettant quatre heures pour accomplir ce que nous avions fait en vingt minutes. Le guide s'est fatigué d'attendre et nous a quittés, non toutefois sans nous en procurer un autre; mais celui-ci refuse de nous conduire au nord; — pas un n'aime à sortir de son pays; — il ne veut aller que chez Marannda, dont la demeure est au couchant.

Hier au soir est tombée une pluie torrentielle, et ce matin il a fallu marcher dans la bourbe, sous des arbres qui nous envoyaient des gouttes d'eau beaucoup plus larges que celles des averses. De profonds noullahs, tous allant se jeter au nord ou au nord-ouest dans la Loanngoua, ont été franchis. L'eau ruisselait dans les chemins; et, à la sortie de la forêt de bauhinias, nous nous sommes trouvés dans une plaine détrempée, dont la boue était excessivement tenace. Marannda a sa forteresse dans cette plaine, sur la rive gauche de la Loanngoua, qui est ici une rivière de bonne grandeur. Notre arrivée a jeté l'alarme dans le village, où, à notre grande déception, il y a fort peu de vivres : les Mazitous sont venus trois fois; et, bien qu'ils aient toujours été repoussés, la frayeur qu'ils inspirent est si grande qu'elle a empêché les habitants de s'occuper d'agriculture.

Mémento. Pour les opérations chirurgicales, les indigènes emploient souvent un éclat de roseau, celui-ci ayant le bord plus tranchant que leurs couteaux de fer.

CHAPITRE VII.

Passage de la Loanngoua. — Marche désespérante. — Le martin-chasseur. — Famine. — Remise forcée du repas de Noël. — Perte des chèvres. — Chasseurs de miel. — Soupé enfin! — Les Babisa. — Encore les Mazitous. — Au village de Tchitemmbo. — Fin de 1866. — Le premier de l'an. — Bord septentrional de la grande vallée de la Loanngoua. — Plus de farine. — Vers le Chambèze. — Mort de Tchitané. — Manque de nourriture. — Perte désastreuse. — Plus de médicaments. — Verroterie, monnaie courante. — Babisa. — Le Chambèze. — Arrivée à la résidence de Tchitapanngoua. — Marchands arabes de Zanzibar. — Envoi de dépêches. — Tchitapanngoua et son peuple. — Complications.

16 *décembre* 1866. — Cherché hier à nous procurer des vivres; pas eu moyen d'en obtenir à aucun prix. Nous avons donc traversé la Loanngoua qui nous a semblé avoir une largeur de quatre-vingts à cent yards; actuellement elle est profonde, et doit toujours l'être; car des Ateumboka se soumirent aux Mazitous et les passèrent, aller et retour, ce qui annonce que la rivière n'était pas guéable. On dit qu'elle prend sa source dans le nord; ses rives, formées d'alluvion, sont couvertes d'arbres de haute futaie; elle coule sur un fond sableux; et, ainsi que le Zambèze, elle renferme de grands bancs de sable.

Aucun indigène n'a voulu nous conduire; et nous sommes partis sans guide. Les paresseux de la bande ont saisi cette occasion pour rester en arrière, disant qu'ils s'étaient perdus, bien que tous les chemins fussent marqués [1].

Ce soir, nous avons pris la latitude par 12° 40′ 48″, ce qui met notre lieu de passage de la Loanngoua à peu près à 12° 45′.

---

1. Il est d'usage qu'en arrivant à des bifurcations de la route, le guide marque d'un trait de sa lance tous les sentiers latéraux, les impasses, les faux détours, ou casse une branche et la pose en travers des pistes à éviter, afin que ceux qui viennent ensuite choisissent la bonne voie. (WALLER.)

Lors de la traversée, les nuages ont empêché les observations, ainsi qu'il arrive ordinairement dans la saison pluvieuse.

17 décembre. — Marché à travers un pays buissonneux, n'ayant pas de chemins, et gagné le Pamazi, rivière d'une largeur de soixante yards, aux berges escarpées, dont elle couvre maintenant les bords. Poursuivi notre route comme nous avons pu, au milieu de grandes difficultés, et contraints par la rivière de prendre au nord-ouest.

Le gibier était abondant, mais farouche; nous avons tué là deux pokous (*eleotragus verdonii; tséboulas* des indigènes). Aux coups de feu, est venu un chasseur qui a consenti, moyennant salaire dont une part de viande, à nous montrer l'endroit où la rivière est guéable. Il nous a dit qu'elle prenait sa source dans une chaîne de montagnes que nous voyons actuellement; depuis une quinzaine, en général, nous n'avions pas vu de hauteurs. Dans le Pamazi, d'un côté, l'eau nous a monté jusqu'à la cuisse; de l'autre, jusqu'à la poitrine.

Marché au nord; fait seulement trois milles, et trouvé peu d'obligeance sur la rive gauche : on n'a pas voulu nous prêter de hutte. Nous avons aussitôt dressé une tente avec des branches et de l'étoffe imperméable.

18 décembre. — Comme les épines des bois non frayés que nous traversions perçaient les pieds de mes gens, qui en murmuraient, j'étais fort désireux de me procurer un guide; mais celui que j'ai fini par obtenir ne veut aller que chez Molennga; il a fallu se soumettre, bien qu'au lieu de prendre au nord cela nous conduise au levant. A notre arrivée, ne nous voyant pas d'ivoire ni d'esclaves, on nous a demandé ce que nous voulions. J'ai répondu que c'était à contre-cœur que nous avions pris cette route, mais que, d'après notre guide, il n'y avait pas d'autre chemin pour se rendre à Casemmbé, notre prochaine étape. Pour se débarrasser de nous, les gens nous ont donné un conducteur; et nous nous sommes dirigés vers le nord.

La forêt de bauhinias est sur un terrain complétement de niveau, de sorte que les eaux pluviales y forment des étangs; toutefois elle est à sec la majeure partie de l'année. Les arbres qui la composent sont de haute futaie, et ont entre eux des espaces de vingt à trente yards ; leur partie inférieure est dépourvue de branches : d'où il résulte que l'on voit le gibier et qu'on en est vu de très-loin. J'ai tué un gnou, qui m'avait éloigné de la bande ; il a fallu revenir ; je me suis perdu et n'ai rejoint mes hommes qu'à la tombée de la nuit. En maint endroit de la plaine sont de petites buttes de la hauteur d'un chapeau (l'œuvre des crabes probablement), et qui, maintenant durcies, rendent la marche très-pénible. Sous les arbres, ces buttes n'existent pas. Le bauhinia fournit le *pao ferro* (le bois de fer des Portugais).

Cette forêt est charmante à voir et à traverser dans les premières heures du jour ; mais, quand le soleil est élevé sur l'horizon, les feuilles deviennent perpendiculaires et ne donnent plus d'ombre ; le terrain, qui est argileux, cuit dans cette fournaise, ce qui le rend extrêmement dur.

J'ai observé que les indigènes ont des greniers sur les différents points de la forêt, et qu'ils en ont soigneusement effacé la route ; ce sont des réserves en cas de visite des Mazitous.

Ici, le martin-chasseur (un *dacélo*) est très-commun, et fait retentir l'air de sa voix stridente ; cela commence par un tchip très-aigu, suivi d'un chapelet de notes, que l'on dirait produites par un sifflet dans lequel on aurait mis un pois[1]. Un oiseau d'un autre genre se fait aussi remarquer par son activité babillarde. Le nid de ce dernier consiste en un paquet de brins d'herbes fines, suspendu à l'extrémité d'une branche ; à l'extérieur, le bout des tigelles ne reçoit aucun arrangement ; et rien n'est fait pour cacher l'édifice.

Beaucoup d'autres oiseaux travaillent à la construction de leurs nids ; et tant de voix nouvelles se font entendre que, selon toute apparence, l'ornithologie de cette région est plus riche que celle du Zambèze. La pintade et le francolin abondent, ainsi du reste que le gibier à poil : zèbres, pallahs, gnous et autres antilopes.

19 décembre. — J'ai tué un coudou, un beau mâle (*antilope*

---

1. Ce parent du martin-pêcheur, une fois posé, bat des ailes, essaye de chanter, et le fait d'une manière grotesque. « C'est un oiseau d'une boutique de joujoux », a dit un observateur, en lui voyant exécuter sa musique ; et jamais il n'a été mieux décrit. (WALLER.)

strepsicère). Nous n'avons pas de grain et ne vivons que de viande; mais j'ai en outre un peu de lait de chèvre; et, sous ce rapport, je suis mieux partagé que mes hommes. Notre coudou avait cinq pieds six pouces de hauteur, et des cornes de trois pieds, en ligne droite.

20 *décembre*. — Atteint Casemmbé[1], misérable hameau de quelques huttes, et une population défiante, ne voulant rien faire sans être payée d'avance. Nous n'avons pas pu avoir de grain, pas même les herbes du pays, bien que nous soyons restés un jour pour tâcher d'en obtenir.

Un court trajet, et nous sommes arrivés au Nyamazi, autre ruisseau considérable, qui vient du nord et qui va se jeter dans la Loanngoua. Il présente les mêmes caractères que le Pamazi, a les mêmes berges escarpées et alluviales, à peu près la même largeur, — de cinquante à soixante yards, — mais est beaucoup moins profond; nous n'y avons eu d'eau que jusqu'à la hanche, bien qu'il fût un peu gonflé. Ensuite nous atteignîmes des collines basses, d'un grès quartzeux et grossier, desquelles, en jetant un regard en arrière, j'ai pu voir que le pays où nous marchions depuis longtemps est une vallée revêtue d'une forêt, et sans nulle inclinaison : à partir d'environ dix-huit cents pieds au-dessus de la mer, les baromètres n'ont pas indiqué la moindre différence de niveau. Nous avons commencé à descendre dans cette large vallée au moment où nous avons quitté la source de la Boua; et les collines que nous venons d'atteindre, collines appelées Ngala ou Ngaola, bien que n'ayant pas plus d'une centaine de pieds au-dessus de la dépression, formaient le rivage d'un ancien lac, qui probablement s'est vidé à l'époque où a eu lieu la déchirure du Kébra-basa que traverse le Zambèze; car nous trouvons sur ces collines des bancs immenses de cailloux roulés et bien arrondis; on pourrait même les appeler des monticules de galets, tous formés d'un schiste siliceux très-dur, et contenant parmi eux quelques morceaux de bois fossiles. Les noullahs révèlent une strate de ces cailloux arrondis, reposant sur un grès tendre et verdâtre, gisant lui-

---

1. Rien de commun avec le grand chef du même nom qui demeure près du lac Moéro.

même sur le grès à texture grossière, premièrement observé. Cette formation est identique à celle que j'ai remarquée autrefois en aval des chutes de Victoria.

Nous avons toujours des montagnes au nord et au nord-ouest; on les appelle monts de Bisa ou Babisa; le Nyamazi en descend, tandis que le Pamazi tourne l'extrémité (ou ce qui paraît l'être) de la portion la plus haute.

22 *décembre.* — Tué un boshbok (*antilope sylvatica*) et bivaqué sur la rive gauche du Nyamazi.

23 *décembre.* — La faim nous pousse en avant; car ne manger que de la viande est bien loin de suffire; nous sommes tous affaiblis par ce régime, et la marche nous fatigue très-vite; cependant aujourd'hui nous avons fait un effort pour arriver chez Kavimeba, qui a chassé les maraudeurs. Avant d'entrer dans le village, nous nous sommes reposés; on nous a vus; et tous les guerriers ont fait une sortie, croyant que nous étions des Mazitous; mais, quand nous nous sommes levés, on s'est aperçu de la méprise et les flèches sont rentrées dans le carquois. Il y a dans ma hutte quatre boucliers pris aux Mazitous et qui montrent que ceux-ci ne font pas toujours ce qu'ils veulent; ce sont de pauvres imitations des boucliers zoulous, faites en cuir de waterbok et d'élan, et très-mal cousues.

24 *décembre*. — En retour de mes présents, Kavimeba nous a donné fort peu de chose; et nous n'avons rien pu acheter qu'à des prix de famine. Toute la journée s'est passée en discours pour obtenir du grain. Une chemise a fait envie au chef, qui a envoyé sa femme pour la marchander; l'épouse a débuté par une série de jurons et d'insultes; j'ai enduré cela, et n'ai reçu de l'objet qu'un très-bas prix. Nous fêterons la Noël un autre jour, dans un meilleur endroit. Ici, les femmes paraissent fort peu disciplinées; le frère de Kavimeba s'est disputé avec la sienne, et chaque bordée d'injures se terminait des deux côtés par un appel au poison d'épreuve : « Apportez le mouavé! apportez le mouavé! »

25 décembre. *Jour de Christmas*, 1866. — Personne n'a voulu nous servir de guide; j'ai insinué à Kavimeba que, si nous rencontrions un rhinocéros, je tuerais la bête. Il est alors venu lui-même, et nous a conduits à l'endroit où il espérait

trouver ces animaux; mais nous n'avons vu que leurs empreintes.

26 *décembre.* — J'ai perdu mes quatre chèvres; elles ont été prises ou se sont égarées dans les bois; — je ne sais pas lequel des deux. Cette perte m'est extrêmement sensible : quel que fût le genre de nourriture que je pusse avoir, un peu de lait le faisait passer, et je me sentais fort et bien portant; mais sans cela une alimentation grossière et difficile à digérer me condamne à de rudes épreuves. On a cherché mes bêtes toute la journée, les recherches ont été vaines.

Kavimeba était suivi d'un jeune garçon portant deux énormes lances, avec lesquelles le chef attaque l'éléphant à lui tout seul. Nous nous sommes quittés bons amis, du moins à ce que je pensais; mais un homme qui s'est offert à nous, en qualité de guide, l'a ensuite rencontré dans la forêt, et a reçu de lui le conseil de nous planter là, parce que nous ne le payerions pas. Sa rencontre dans le voisinage après notre séparation me fait soupçonner Kavimeba d'avoir pris les chèvres; mais je n'ai pas de certitude. Cette perte m'afflige plus que je ne l'aurais imaginé. Une sorte de potage à l'eau, très-indigeste, est maintenant tout mon régime; cela me fait rêver d'une meilleure chère.

27 *décembre.* — Notre guide nous a demandé en route le calicot qu'il devait recevoir plus tard; il le demandait à cause de l'humidité, son vêtement d'écorce n'étant pas suffisant. J'ai consenti, et presque aussitôt il a pris la fuite. La forêt est si épaisse qu'il fut immédiatement hors d'atteinte. Kavimeba le lui avait conseillé; j'aurais dû m'y attendre. Nous avons alors suivi les traces d'une bande de Babisa; mais l'herbe couvre les sentiers, et la piste fut bientôt perdue. Dans ces parages, où la pluie a commencé de bonne heure, l'herbe est déjà à graine.

Atteint, dans l'après-midi, les collines qui se voyaient au nord, et où le Nyamazi prend sa source. Nous avons remonté pendant quelque temps le lit d'une petite rivière, gravi ensuite la côte de la vallée. Au bas du versant et dans la rivulette, la couche de galets atteignait parfois cinquante pieds d'épaisseur. Puis, montant toujours, nous avons rencontré le micachiste dressé sur la tranche; après cela du gneiss gris; enfin, parmi des roches de quartz, un trapp pyrogène renfermant beaucoup de talc et de mica.

Tandis que nous nous reposions en haut de la première pente, deux chasseurs d'abeilles se sont approchés de nous; ils suivaient l'indicateur; l'oiseau, les voyant se détourner, vint les rejoindre et attendit tranquillement, pendant une demi-heure, qu'ils eussent fini leur pipe et leur causette; puis il repartit avec eux[1].

Les tsetsés, fort nombreuses au pied de la chaîne, gravirent la pente avec nous; mais, lorsque l'altitude s'augmenta de quelque trois cents mètres, elles s'éloignèrent peu à peu et nous quittèrent. Dans la soirée, il n'en restait qu'une seule, et qui semblait hors d'elle-même.

Quand le soleil fut près de se coucher, nous nous arrêtâmes au bord de l'eau, sur la froide hauteur, et nous fîmes des cabanes avec des branches feuillues. La mienne fut rendue parfaite, grâce à l'inappréciable étoffe brevetée du docteur Stenhouse, dont le waterproof est bien supérieur au mackintosh; il ne faut vraiment pas nommer le caoutchouc en même temps que l'autre.

28 *décembre.* — Trois chasseurs d'abeilles sont venus auprès de nous, comme nous allions partir, et nous ont assuré que le village de Moéroua n'était pas loin.

Les premiers nous avaient dit la même chose. Il nous est arrivé si souvent d'avoir à franchir de longues distances pour atteindre ce que l'on nous disait être *pafoupi* (voisin), lorsque réellement c'était *patari* (éloigné), que nous commençons à croire que le premier veut dire : « Je souhaite que vous alliez là, » et le second, tout le contraire. Dans le cas actuel, *près* signifiait une marche d'une heure trois-quarts.

De la hauteur que nous avons atteinte, si l'on regarde en arrière, on voit une grande plaine, drapée d'une forêt d'un vert sombre, et que traverse une ligne jaunâtre, formée par de l'herbe, probablement à la place où est le cours de la Loanngoua. Cette plaine, à l'est et au sud-est, est bornée, à

---

1. Cet oiseau extraordinaire vole devant le chasseur, allant d'un arbre à l'autre, en faisant entendre un bruyant ramage, et n'est satisfait que lorsqu'il arrive à l'endroit où est la ruche. Il se pose alors et attend que le miel soit récolté; puis il mange les débris des gâteaux de cire qui constituent sa part.

l'extrémité du champ de notre vision, par une falaise d'un bleu foncé, composée de montagnes qui doivent être à une distance de quarante ou cinquante milles.

La Loanngoua prend, dit-on, sa source dans le Tchibalé, directement au nord du Malâmmboué (district dans lequel est situé le village de Moéroua), et coule au sud-est, puis se détourne au couchant, où nous l'avons passée.

J'ai eu la visite de Moéroua, qui est venu me voir dans ma case; c'est un homme à peu près stupide, bien qu'il ait le front largement développé et d'une bonne forme; il a essayé, par tous les petits moyens habituels, de nous faire acheter ce qu'il nous fallait à des prix exorbitants : « Pas une âme devant nous; la famine sur la route; nous devons faire ici de grandes provisions, et les emporter pour vivre, etc. » Il a d'abord refusé de nous apprendre les noms des chefs que nous allons rencontrer, et ne s'est exécuté que lorsque je lui ai dit d'essayer de tenir le langage d'un homme. D'après ce qu'il m'a répondu, le premier chef lobemmba que nous devons trouver est Motouna; celui d'après se nomme Tchafounga.

Nous n'avions pas vu de gibier depuis quelques jours, et la faim se supportait mal. Deux brasses d'étoffe de grande largeur ont décidé Moéroua à nous faire cuire un plat d'éleusine et un estomac d'éléphant. Il est si bon de faire un repas complet que j'ai été sur le point de donner à Moéroua une seconde brasse de même étoffe, d'autant plus que ledit repas était accompagné de la promesse de nous envoyer le lendemain, c'est-à-dire aujourd'hui, encore plus de nourriture. Mais ce soir, le festin promis n'arrivant pas, je m'informe et j'apprends qu'on n'a rien fait cuire; le messager a menti, dit Moéroua; lui-même est enclin au mensonge; — mauvais spécimen de chef.

Les Babisa ont la tête ronde comme une boule, le nez camard, souvent les pommettes saillantes, les yeux fendus obliquement et relevés à l'extérieur; on dirait qu'ils ont dans les veines une grande quantité du sang des Bushmen; beaucoup d'entre eux seraient pris pour ces derniers ou pour des Hottentots. Aïahous et Babisa peuvent tenir de cette race, ce qui expliquerait leurs habitudes vagabondes. Leurs femmes ne portent pas le pélelé, mais elles se liment les dents en pointe;

elles ont les cheveux séparés et réunis en chignon derrière la tête, comme pour être mis dans un filet. Quant au costume, il est de mode chez elles d'avoir de chaque côté de la taille de gros plis d'une étoffe très-raide, dont un morceau pend par derrière en laissant à nu le haut du postérieur.

La manière de saluer, pour les hommes, est de se renverser presque de façon à se coucher sur le dos, en battant des mains et en produisant avec les lèvres un bruit assez inélégant : sorte de demi-baiser.

29 *décembre.* — Passé un jour à Malâmmboué et rien pu obtenir qu'un peu d'éleusine, qui grince sous la dent et gratte l'estomac[1]. Pour empêcher les Mazitous de les faire mourir de faim, les habitants cultivent de petites pièces de terre rondes, placées, à de grands intervalles, dans la forêt dont le pays est couvert. Le défrichement, d'une largeur de quelque dix mètres ou un peu plus, est amendé avec de la cendre; on y plante des citrouilles et l'on y sème de l'éleusine coracana, afin que, si les Mazitous se présentent, ils ne puissent pas emporter les giraumons, ni récolter l'éleusine, dont la graine est très-menue. Ils n'ont pas plus de bravoure que les autres; mais ils sont plus rusés et plus adonnés au mensonge. Les seules réponses qu'ils aient faites à nos questions les plus ordinaires étaient inexactes; mais cela peut venir de ce que nous étions en défaveur auprès d'eux, ne voulant pas échanger nos marchandises pour leur ivoire.

30 *décembre.* — Tchitemmba, n'ayant pas fui devant les Mazitous, doit avoir des vivres; et nous avons pris le chemin de son village. Tandis que nous nous reposions, Moéroua, qui allait chasser l'éléphant, vint à passer avec tout son monde, hommes, femmes et chiens. Ceux-ci ont pour emploi d'absorber l'attention du colosse pendant que les hommes

---

1. « On ne cultive cette graminée que dans les endroits où le sol est trop humide pour donner quelque chose de meilleur, dit Schweinfurth. Le grain en est petit, et recouvert d'une enveloppe à la fois épaisse et coriace; sa farine, d'un goût désagréable, ne fait qu'une mauvaise bouillie. » Et dans un autre chapitre : « Il fallait, dit-il, se contenter de cette petite graine noire à l'écorce sèche et amère, que, d'après Speke, on ne sème dans l'Ougannda que parce que les oiseaux n'y touchent jamais. » Baker va plus loin; il traite l'éleusine de pourriture, et la déclare immangeable, même en temps de famine.

(*Note du traducteur.*)

s'en approchent et le frappent à coups de lance. Les femmes préparent les repas et font les huttes. Un forgeron accompagne la bande, pour remettre en état les lances qui peuvent être brisées.

Nous traversons des plateaux unis, sur lesquels les routes sont sagement placées, et ne nous apercevons pas que nous voyageons dans un pays de montagnes. Il est entièrement couvert d'une épaisse forêt, dont, en beaucoup d'endroits, les arbres ayant été coupés pour faire de l'étoffe, ou pour les besoins de la chasse, ne sont que des têtards. Les fruits du masouko abondent. C'est avec l'écorce des cisalpiniées et celle de l'arbre à copal que se font les vêtements.

Nous avons maintenant de larges amas d'hématite, souvent ferrugineuse[1]. Des cailloux de quartz y étant mêlés en grand nombre, il y a là aussi conglomérat. On dirait qu'à l'époque où, dans les fonds, existaient des lacs, il s'échappait des hauteurs une énorme quantité d'eau émanant de fontaines chalybées, et qui a déposé ce minerai de fer. Cette hématite repose sur du granite de couleur grise, ou du gneiss, ou bien du quartz renfermant du talc.

La forêt retentit du chant des oiseaux; ils sont tous ardemment occupés de leurs nids. Les francolins abondent, mais ils sont farouches. Le *whip-poor-will*[2], engoulevent criard (*caprimulgus vociferus*), fait entendre, ainsi qu'un autre dont la voix est plus travaillée, la triple note : un oh! oh! oh! plus musical. Des fleurs, aux vives corolles, s'épanouissent inaperçues; mais tout ce qui est mangeable attire les indigènes, qui savent fort bien le reconnaître. J'ai examiné le panier d'une femme qui rapportait des feuilles pour le repas du soir; il y en avait de huit ou dix espèces; en outre, des champignons et des fleurs d'orchidées.

Aujourd'hui, série d'averses venant du nord-est et de l'est-nord-est.

---

1. *Which is often ferruginous.* Donné la traduction littérale, bien que l'hématite soit nécessairement ferrugineuse, puisque c'est un peroxyde de fer.
(*Note du traducteur.*)

2. Le nom de whip-poor-will, qui est américain, est donné aux Etats-Unis à cet oiseau « parce qu'on s'imagine, dit Audubon, que ces trois syllabes ont de la ressemblance avec les notes qu'il profère. ».
(*Note du traducteur.*)

Jamais nous n'avons la certitude de gagner un village à la fin de l'étape, les Babisa ne voulant pas dire où l'on en trouve. Hier au soir, nous nous sommes arrêtés près d'un ruisseau, et nous avons construit des cabanes; mais il y avait si peu à manger que, toute la nuit, j'ai rêvé des anciens repas et de celui qui m'eût été nécessaire.

J'aurai fait mieux connaître ce beau pays, chose essentielle qui avancera le moment où il deviendra pour tous un agréable séjour. Il est impossible de décrire sa richesse; et tout cela est perdu, par suite de la traite de l'homme et des guerres intestines.

31. *décembre.* — Ce matin, au départ, — après la pluie, — l'herbe et les arbres étaient ruisselants. Un lion rugissait; mais nous ne l'avons pas vu.

Une femme venue de très-loin construisait avec un soin extrême une case en miniature; elle la faisait à la place où avait été la maison maternelle, brûlée par les chasseurs d'esclaves. Sa mère était morte; la maisonnette achevée, elle y déposa une offrande d'aliments. Nul doute que cet acte de piété filiale n'ait soulagé son pauvre cœur.

Atteint le village de Tchitemmbo, que nous avons trouvé désert; la plupart des cases n'avaient même plus de chaume. Dans cette saison, les Babisa en emportent la couverture dans leurs champs, où ils demeurent jusqu'après la récolte. Cette mise à nu de la charpente détruit beaucoup d'insectes; mais, comme nous l'avons remarqué, les traitants — Babisa ou Arabes — sèment la punaise domestique dans tous les endroits où ils passent. Ce ne serait rien, s'ils ne faisaient pas d'autre mal.

Lors de notre arrivée, Tchitemmbo travaillait dans son jardin; on l'appela; il revint immédiatement, et nous donna à choisir parmi les huttes qui étaient complètes. C'est un vieillard beaucoup plus franc et plus honnête que notre dernier chef. Tchitapânnga est, nous dit-il, le souverain de tous les Abemmba.

Trois ou quatre femmes que nous avons vues, chez Moéroua, exécuter une danse pour obtenir de la pluie, se livraient ici à la même pratique. Elles avaient la figure enfarinée, brandissaient des haches, et imitaient de leur mieux la voix des hommes.

Obtenu un peu d'éleusine et une volaille.

L'année est finie. Elle n'a pas été aussi fructueuse, aussi utile que je l'avais espéré. J'essaierai de faire mieux en 1867, d'être meilleur, plus doux, plus aimant. Veuille le Tout-Puissant, auquel je remets ma voie, exaucer mes vœux et me faire réussir! Que toutes les fautes de 1866 soient effacées, pour l'amour de Jésus!

. . . .

1ᵉʳ *janvier* 1867. — Puisse celui qui est toute grâce et toute vérité me faire participer à ces dons! La grâce, douceur et bienveillance, empressement à être utile; la vérité : franchise, fidélité et honneur!

Nous passons la journée à Mbouloukouta, district de Tchitemmbo; les Nassickais en avaient le désir; j'ai consenti, parce que c'est le premier de l'an, et ensuite parce qu'on peut avoir des vivres.

2 *et* 3 *janvier*. — La menace d'une pluie durable nous arrête. Acheté un sennzé (*aulacode swinderianus*); cet animal ressemble à un rat; mais j'ai été content de me procurer n'importe quoi, sous forme de viande.

4 *janvier*. — Pluie continue.

D'après l'eau bouillante, 3565 pieds d'altitude; suivant le baromètre, 3983.

Bien que je n'aie pu obtenir qu'un peu d'éleusine, j'aime mieux rester à couvert que d'être mouillés jusqu'aux os et de faire gâter nos valeurs. Nous n'avons rien de soluble; mais la poudre et l'étoffe s'endommagent facilement.

Toutefois la chère est mauvaise et trop courte. J'ai toujours faim; et, au lieu de dormir, je rêve d'une meilleure nourriture. Même dans le jour, les viandes savoureuses me reviennent à l'esprit. C'est d'autant plus bizarre que, d'habitude, je ne rêve jamais; il faut, pour rêver, que je sois malade, ou à la veille de l'être[1].

Nous sommes à la rive nord, ou plutôt nord-ouest, de la grande vallée de la Loanngoua que nous avons traversée dernière-

---

1. Ajoutons que Livingstone pouvait dormir à volonté, et sur-le-champ. Une natte sous un arbre où il pût se coucher, et, à n'importe quelle heure du jour, il dormait du meilleur sommeil. Nul doute que cette faculté n'ait été pour beaucoup dans sa force de résistance. (WALLER.)

ment. La pluie, venant de l'est, frappe de ce côté, et l'eau se dépose en haut et en bas de la rampe, tandis qu'une grande partie du val n'est pas encore trempée. Ici, toutes les herbes sont à graine, bien que leur tige n'ait guère que deux pieds de hauteur. Elles forment d'excellents pâturages.

Les villageois profitent de ces pluies continues pour chasser l'éléphant; celui-ci enfonce de quinze à dix-huit pouces dans le sol détrempé, et, malgré sa force, il lui est difficile de fuir.

5 *janvier*. — Encore retenus par le temps. Nous partirons au premier beau jour, quand ces grandes pluies auront cessé.

6 *janvier*. — Après l'office, deux indigènes sont venus me dire qu'ils allaient dans le Lobemmba, et qu'ils nous conduiraient chez Motouna. Un autre m'avait fait la même proposition hier ou avant-hier; mais il avait une si mauvaise figure, que nous l'avons repoussé. Les derniers avaient l'air honnête et nous ont plu; mais ils n'étaient pas ce que nous croyions; ils nous ont égarés du côté de l'ouest, où il n'y avait pas de sentiers; et il tombait une pluie fine, qui nous a empêché de les quitter pour prendre à travers bois.

Pas d'habitants, si ce n'est de loin en loin, et pas de gibier.

Dans l'après-midi, nous avons atteint une gorge profonde pleine de bambous et d'arbres gigantesques; il s'y trouvait une rivière appelée Mavotché. Par suite de la pluie, tous les arbres sont couverts de lichens, et le terrain est bourbeux. La côte abrupte du ravin était si glissante, que deux des Nassickais sont tombés, l'un même deux fois: celui qui portait les chronomètres. Ce fut un malheur; car les montres sont dérangées, ainsi que je l'ai vu le soir, en les comparant entre elles.

Rien au village de Motouna: pas de vivres, et le chef a voulu m'extorquer deux brasses de calicot, sous prétexte qu'il est propriétaire du sol. J'ai offert d'aller camper sur la terre de Dieu, c'est-à-dire à une place inculte, et l'on m'a prié de rester.

De ce village, une très-haute montagne nommé Tchikokoué apparaît à l'ouest-sud-ouest; les gens qui l'habitent sont des Matoumbas. Ici, la contrée se nomme Lokeumbi; mais, quel qu'en soit le nom, tous les habitants, qui sont des Babisa, dépendants des Babemmba, l'ont réduite, par leur chasse à l'esclave, à l'état misérable d'une jungle. On y mange beaucoup de fruits sauvages, de racines et de feuilles. Toutefois les habitants sont généralement gras. A ce menu primitif ils ajoutent l'éleusine. Leur instrument de labour est une houe en bois, ayant un peu la forme d'un V. Cette houe est faite d'une branche, de laquelle en sort une autre, et qui, vers la pointe, a environ un pouce de diamètre. Avec cela, ils égratignent le sol, après y avoir semé la graine. Ce matin, quand nous avons passé, une douzaine de jeunes gens se livraient à ce grattage dans les petites clairières que j'ai notées plus haut.

Pays boisé à l'excès. De tous côtés on ne voit que feuillage; aussi loin que le regard puisse s'étendre, il n'aperçoit qu'un manteau ondulé : masses de verdure, qui dans le lointain sont d'un bleu sombre. Près de nous, il y a une quantité de fleurs et des teintes les plus variées : gingembres bleus ou jaunes, orchidées rouges, orangées, ou d'un bleu pur ; de pâles lobélies ; çà et là des martagons, et beaucoup d'autres ; mais cela n'altère pas la verdure générale.

Sur le plateau, des herbes, dont les graines ont pour enveloppes des étuis roses ou d'un brun rougeâtre, forment, dans les clairières, des tapis qu'elles colorent de leurs nuances diverses, et qui charment la vue.

Nous nous sommes arrêtés de bonne heure pour éviter la pluie ; de vieux abris de Babisa nous ont servi de refuge. Quand la bande est une caravane négrière, ces abris sont disposés de façon à constituer un cercle n'ayant qu'une ouverture. C'est un long couloir, sans division intérieure, et ayant la forme d'un toit.

9 *janvier*. — Escaladé une chaîne de grès durci. Deux hommes qui accompagnaient notre guide appelaient à chaque instant l'oiseau du miel ; mais l'indicateur ne vint pas. Un waterbock, antilope aquatique [1], avait été tué sur le lieu même. Le sol portait les traces d'une lutte sérieuse ; mais pour nous, aucun gibier n'apparut. Des buffles et des éléphants viennent ici à certaines époques ; actuellement ils ont émigré.

Les vallées sont charmantes ; une herbe courte et fine en ta-

---

1. *Egoceros ellipsiprymnus.*

pisse le fond et leur donne l'aspect des vallonnements d'un parc bien tenu; mais cette herbe revêt d'immenses éponges; et il faut beaucoup d'attention pour ne pas tomber dans les trous pleins d'eau qu'y ont faits les éléphants et les buffles. En général, l'eau monte à moitié du soulier; et nous allons, — floc, floc, floc — barbottant sur ces pelouses. Ces charmantes vallées sont désertes; aujourd'hui cependant, nous y avons trouvé des scories provenant d'anciennes forges, et des buttes faites autrefois pour y planter du maïs.

Bien que, chez lui, notre guide soit habitué à manger des feuilles, il a paru blessé de ne pas recevoir de grain et de viande; nous n'aurions pu lui en fournir qu'en lui donnant ma part. Aujourd'hui je n'avais plus de farine; Simon m'a donné un peu de la sienne. Ce n'est pas d'avoir une nourriture désagréable qui me tourmente, c'est de n'être jamais rassasié; je prends sur moi d'avaler ce qu'il y a de plus mauvais, et je n'y pense plus; mais cette éleusine engendre une faim qui vous torture nuit et jour.

10 *janvier*. — Traversé le Mouasi qui roule avec force du côté du levant, pour atteindre la Loanngoua.

Il y a eu dans l'après-midi un orage excessif; on a été trempé avant d'avoir eu le temps de faire une cabane. Deux de mes gens s'étaient égarés et n'arrivèrent que plus tard; deux autres n'étaient pas revenus le soir; la pluie avait effacé nos traces, et ils n'avaient pas pu nous rejoindre; nous étions dans un fond, ce qui empêchait nos coups de fusil d'être entendus; ils ne l'ont été que ce matin, lorsque nous eûmes gravi la côte. Je suis heureux du retour de mes hommes; car ici on pourrait vaguer longtemps avant de gagner un village.

Simon m'a donné aujourd'hui encore un peu de farine; c'était le reste; et lui n'en a pas eu. J'ai serré ma ceinture de trois trous pour avoir moins faim. En route, nous avons trouvé des fruits sauvages, fruits misérables, pareils à ceux que, dans l'Inde, on appelle djambos; et à midi nous atteignions le village de Tchafounga. La famine y règne comme ailleurs; mais un éléphant a été tué et l'on nous en a offert. Cette viande est très-avancée; d'un prix non moins haut que le fumet; et pour l'avoir, nous avons donné ce que nous avions de plus beau en fait d'étoffe.

CHAPITRE VII.

12 *janvier*. — Ce matin, m'asseyant près d'un arbre, j'ai eu la tête à moins de trois pieds d'un cobra de belle taille, qui était lové dans les rejets de l'arbre voisin; mais le froid l'avait engourdi. Une très-jolie petite vipère inflata gisait dans le sentier, engourdie également. Il est rare que ces reptiles, si dangereux dans l'Inde, fassent ici aucun mal.

J'ai acheté toutes les provisions que j'ai pu me procurer; mais cela ne nous mènera pas jusqu'au Chambèze, où, d'après ce que l'on rapporte, les vivres abondent; c'est pourquoi nous avons marché le dimanche. Les prières avaient été dites avant de partir; je n'en sens pas moins que c'est une faute; cela amoindrit chez mes hommes le sentiment du devoir dominical; mais je ne pouvais pas faire autrement.

Une petite rivière a été suivie jusqu'à son embouchure dans un petit lac d'environ cinq milles de longueur, sur un et demi de large, et qu'on appelle Tchimeboué ou Mapâmmpa. Ce petit lac renferme des hippopotames, et le pokou (eleotragus de Vardon) pâture sur ses rives.

15 *janvier*. — Il a fallu traverser le Tchimeboué; nous l'avons fait à son extrémité orientale où il a encore une largeur d'un mille (seize cents mètres). Le guide n'avait pas voulu nous montrer la place où, en amont de l'embouchure, se trouve un gué plus étroit; et passant le premier, j'oubliai de donner des ordres à l'égard de Tchitané, mon pauvre petit caniche. De l'eau jusqu'à la ceinture, le fond tourbeux avec de grands trous, et le côté nord infesté de sangsues : nous étions tous — les autres comme moi — trop occupés de garder l'équilibre pour songer au vaillant petit animal. Il aura nagé courageusement, jusqu'à bout de force; puis il a sombré.

Pauvre Tchitané! il nous était si utile en défendant nos huttes contre les roquets du pays; aucun n'osait approcher et nous rien prendre; et lui n'a jamais rien volé. Il partageait avec son maître l'étonnement des naturels. Pendant la marche, il se chargeait de toute la bande, courant à l'avant-garde, puis revenant en arrière pour voir si tout allait bien. Il devenait d'un roux-jaunâtre, couleur des chiens indigènes. Et, pauvre petit être! il est mort dans ce que les Nassickais appellent aujourd'hui l'Eau de Tchitané.

16 *janvier*. — Marche au milieu des montagnes dont la ro-

che est une belle dolomite rose et blanche, maigrement couverte d'arbres et de plantes des hautes-terres. La pluie, comme toujours, nous a arrêtés de bonne heure, et les fruits sauvages nous ont fait rester.

En route, nous avons trouvé un parti d'indigènes vivant des fruits du masouko et faisant des nattes avec les pétioles des frondes du raphia, palmier qu'ils appellent chouaré. Pour nous aussi les temps sont durs : rien qu'un peu d'éleusine en potage et en galette. Nous en avons fait torréfier quelques grains, puis bouillir pour nous faire croire que c'était du café.

Le guide, un homme maussade, toujours grognant, nous a quittés parce qu'il ne mangeait pas mieux que chez lui, et parce qu'il savait bien que, sans son entêtement, nous n'aurions pas perdu notre caniche.

Il est inutile de répéter que sur les pentes septentrionales des montagnes ce n'est que forêt : une clairière, et le bois pendant des milles.

Tout le pays, maintenant, est bourbeux ; les marais sont pleins et débordent ; on a toujours les pieds dans l'eau. Les petites rivières coulent avec force, et, bien que débordées, ont une eau limpide ; on peut deviner quels sont les cours d'eau permanents et ceux qui, purement torrentiels, tarissent pendant la sécheresse ; ils vont au nord et à l'ouest pour s'unir au Chambèze.

17 *janvier*. — Retenus jusqu'à midi, dans un vieux campement de traitants babisas, par une pluie continue ; repartis sous l'averse, et arrivés à des collines formées de dolomite, ayant tous leurs rochers couverts de lichens blancs ou plutôt d'un gris de cendre. Puis le chemin nous a fait longer une crête qui sépare le Lotiri, dont le cours est à l'ouest, du Lobo qui va au nord. A la fin, nous avons gagné celui-ci, qui peut avoir quatre ou cinq mètres de large, mais qui maintenant couvre ses rives d'une eau transparente, comme l'est d'ailleurs celle de toutes ces petites rivières, dont les berges, protégées par la végétation, ne se dégradent pas. Ces rivulettes sont profondes et ne peuvent être franchies qu'au moyen d'un arbre que l'on abat sur la rive, et que l'on fait tomber en travers. Nous avons suivi le Lobo jusqu'à un village appelé Lisounga.

J'ai observé que l'ibis brun, qui est un oiseau criard, a soin de garder le silence quand on le fait partir de l'arbre où il a sa couvée, et ne reprend son ha-ha-ha sonore que lorsqu'il en est à un quart de mille.

18 janvier. — Tchaokila, le chef de Lisounga, a pris notre cadeau et n'a rien donné en échange. Est venu ensuite un envoyé de Tchitapanngoua; ce dernier nous demandait un présent plus considérable que celui des autres chefs, attendu qu'il est un plus grand personnage, et nous faisait dire que, s'il recevait deux brasses de calicot, il donnerait l'ordre de nous apporter beaucoup de vivres, non-seulement ici, mais jusqu'à sa propre demeure, qui est celle du grand chef de tout le Lobemmba. J'ai demandé, à mon tour, qu'il commençât par ordonner à Tchaokila de m'offrir quelque chose en reconnaissance de mon présent. Ceci a eu pour résultat de faire remettre à l'envoyé l'étoffe qu'avait reçue Tchaokila; j'ai vu alors que tous ces meurent-de-faim, qui habitent au sud du Chambèze, sont dépendants des Babemmba, ou plutôt leurs esclaves, et ne font peu de culture — seulement dans les petites clairières ci-dessus mentionnées, — que pour empêcher leurs vainqueurs de leur prendre davantage. Les sujets sont des Babisa, tribu engagée dans le commerce de l'homme; ce qui a dépeuplé le pays, semé la défiance entre les villages, livré par suite les habitants aux voisins, et fait de ces vaincus un misérable groupe de serfs menteurs.

19 janvier. — Pluie battante presque toute la journée.

Calculé la longitude de la station de la montagne appelée, dit-on, Mpini; mais il vaut mieux la nommer Tchitané; car je n'ai pas pu en arracher le nom du maussade personnage qui nous conduisait; il est probable qu'il ne le savait pas.

Latitude de cette station.	11° 9′ 2″
Longitude est.	29° 41′ 30″.
Altitude au-dessus de la mer (baromètre)	3353 pieds.
. . . . (eau bouillante)	5385 —
Différence :	32 pieds.
Sommet de la montagne (baromètre) . .	6638 pieds[1].

Rien que la famine, et des prix en conséquence. Les habi-

---

1. En chiffres ronds, 2018 mètres.

tants vivent de feuilles et de champignons; de ces derniers, je remarque qu'ils prennent cinq ou six espèces et qu'ils en rejettent dix. L'un des comestibles, qui est d'un blanc pur avec un nuage brun au milieu, acquiert la dimension d'une assiette et s'appelle motennta; grillé il est très-bon. Il y a ensuite le moféta, le boséfoué, le nakabaousa, et le tchisimebé, dont le chapeau à lobules est vert en dessus[1], charnu et couleur de rose à l'intérieur; on le fait cuire avec les autres en qualité de condiment. De tristes expériences ont dû être faites pour arriver à distinguer les bonnes espèces des nuisibles.

Nous avons obtenu un peu de viande d'éléphant, mais bien autrement que faisandée. C'est très-amer; nous nous en servons néanmoins pour relever notre bouillie d'éleusine. Rien de la bête n'est perdu; le cuir est soigneusement coupé et se vend comme le reste. On n'y toucherait pas du bout des doigts si l'on avait autre chose; car le bouillon qu'on fait avec cela est comme une décoction d'aloès; mais il prévient les aigreurs que donne l'éleusine quand on la mange seule. J'ai pris des champignons et les ai fait bouillir, pour remplacer la viande; celle-ci, toutefois, n'est jamais refusée, lorsqu'on peut en avoir; elle semble diminuer la fatigue que fait naître ce régime de fruits sauvages et de farine détestable. L'appétit dans cette région est toujours très-vif, et rend le jeûne plus dur à supporter; il est probable que le manque de sel aggrave cette sensation dévorante.

20 janvier. — Les deux Aïahous qui nous accompagnaient depuis le 3 décembre ont déserté. Jusqu'alors, ils avaient été fidèles et avaient pris notre parti dans toutes nos discussions avec les indigènes. Connaissant bien la langue, ils nous rendaient les plus grands services. Ils avaient perdu leurs maîtres, c'étaient des hommes libres; cela et leur bonne conduite, qui ne s'était pas démentie un seul jour, nous avaient fait mettre en eux plus de confiance que nous n'en aurions accordé à des esclaves.

Ils nous ont quittés dans la forêt, et la pluie étant venue a

---

1. Nous rappellerons que la couleur verte fait exception dans cette famille, où toutes les autres nuances sont plus ou moins communes. (*Note du traducteur.*)

effacé tout vestige de leurs pas. C'est d'autant plus douloureux qu'ils emportent la boîte de médicaments, pour nous, la chose la plus précieuse, et qu'ils jetteront quand ils en auront vu le contenu. Cette caisse était portée par Baraka; on la lui avait remise parce qu'il est très-soigneux; et il y prenait d'autant plus garde que, dans le ballot, se trouvaient ses vêtements et ses grains de verre auxquels il tenait beaucoup. Ce matin, l'un de ceux qui voulaient déserter lui a offert de porter sa charge, seulement pendant une étape, et de lui donner la sienne qui était beaucoup moins lourde; il a consenti. La forêt est tellement épaisse qu'on n'a pas vu partir les fugitifs qui s'en allaient avec tous les plats, une grande boîte de poudre, un sac de cartouches, deux armes à feu, des outils, et la farine achetée si cher, farine qui devait nous conduire au Chambèze. Mais c'est la perte des médicaments qui est la plus grave. J'en suis troublé comme d'une sentence de mort — condamné ainsi que le pauvre évêque. Tous les autres articles avaient été divisés, en cas de malheur ou de désertion; leur perte ou leur avarie était prévue; elle faisait partie de ce courant de mésaventures qui traverse même la vie la plus calme, et ne vaut pas qu'on en gémisse. Mais celle-ci m'est affreusement pénible. Rien n'arrive cependant sans la permission de Celui qui veille sur nous avec la plus tendre sollicitude; et ce fait peut tourner à notre avantage en m'enlevant ce qui serait devenu une cause de suspicion chez des gens plus craintifs des sortiléges que ceux d'ici. Je veux croire que c'est un bien pour nous tous et pour les indigènes.

Nous sommes revenus à Lisounga, et j'ai envoyé deux hommes au village de Tchafounga pour y arrêter les fugitifs, si par hasard ils s'y rendaient; mais on ne les retrouvera pas; ayant de la farine, ils éviteront les villages et prendront les chemins les plus éloignés du nôtre. Il est difficile de dire de bon cœur: que ta volonté soit faite; cependant j'essaierai. Ces Afahous n'avaient pas conscience du mal: vendus en bas âge, ils ont été à la plus mauvaise de toutes les écoles pour apprendre à être honnêtes. Ils se sont bien conduits pendant longtemps; mais depuis que nous sommes dans le Lobisa, que n'ont-ils pas souffert! Mauvaise nourriture et de si courtes rations; marcher dans l'eau, dans la vase, à travers des forêts toutes ruisselantes; se fatiguer dans le jour, être affamés la nuit : leur patience devait être épuisée. Ils n'ont pas, comme nous, le sentiment de l'honneur, ou du moins aussi développé; et ils ont cédé à la tentation que nous-mêmes leur avons offerte. Nous avons rencontré dans ce voyage des individus qui, par nature, sont essentiellement vils — un grand malheur pour eux-mêmes et pour ceux qui ont affaire à eux; — mais on ne peut pas leur infliger le même blâme qu'aux hommes qui naturellement n'avaient pas de tendance à la bassesse et dont l'éducation était faite pour leur en inspirer l'horreur. — Tout cela est vrai; mais ne plus avoir de médicaments n'en est pas moins terrible[1].

22 janvier. — Hier, il a plu presque toute la journée; nous sommes restés à Lisounga, où j'ai acheté toute l'élcusine que le chef a voulu me vendre. Aujourd'hui il a fallu partir et gagner le plus prochain village pour y faire des provisions. La pluie et le manque de nourriture sont maintenant ce qui nous cause le plus d'obstacles. Il tombe ici plus d'eau qu'ailleurs; des nuées orageuses accourent du nord, fondent en averses diluviennes sur cette pente septentrionale des hautes-terres, et noient le pays qui est au sud de l'arête du plateau. Les nuages qui donnent la pluie arrivent principalement de l'ouest.

23 janvier. — Une marche de cinq heures trois quarts nous a conduits à l'estacade de Tchibannda, où comme à l'ordinaire il n'y avait pas de denrées. Le Mapámmpa, large d'une dizaine de mètres et qui se précipite au levant, fut traversé; tout le reste du chemin s'est fait dans un bois obscur. J'ai

---

1. On ne saurait trop déplorer cette perte dont les résultats devaient être si désastreux. Nul doute que la gravité des maladies qui, plus tard, frappèrent Livingstone, n'en fût la conséquence; et il est permis de croire, qu'à dater de cette époque, la constitution du docteur fut minée par la fièvre que le manque de quinine l'empêchait de combattre. Il en avait été de même pour l'évêque Mackenzie, auquel Livingstone fait allusion; le canot qui portait la boîte pharmaceutique ayant chaviré, tous les médicaments furent perdus; et bientôt l'évêque était victime de la malaria, sans avoir pu essayer d'en atténuer les effets. On ne pourrait donc trop recommander aux explorateurs de diviser leurs principaux médicaments de telle sorte qu'une perte complète soit à peu près impossible. Trois ou quatre boîtes d'étain contenant du calomel, de la poudre de Dover, de la coloquinte, et par-dessus tout une provision de quinine, peuvent être distribuées dans différents ballots; et si, par désertion ou par toute autre cause, l'un de ceux-ci est perdu, le malheur au moins n'est pas sans remède. (WALLER.)

envoyé les Nassickais chez Mouasi pour acheter des vivres ; s'ils réussissent, nous nous dirigerons demain vers le Chambèze[1] ; on dit que sur la rive droite il est facile d'avoir du grain. Nous sommes tous affaiblis, aisément fatigués ; une faim perpétuelle nous tourmente ; il n'est pas étonnant que les affaires d'estomac occupent tant de place dans ce journal. Ce n'est pas gourmandise, simple désir de bonnes choses, mais la faim avec ses morsures et ses défaillances.

24 *janvier*. — Quatre heures de marche à travers une forêt sombre et ininterrompue nous ont fait gagner le Movouchi, qui, à cette place, est un cours d'eau paresseux, remplissant de ses détours une vallée marécageuse d'un mille de large. Il vient du sud-est, et va tomber dans le Chambèze à environ deux milles géographiques au nord de notre campement. Le village de Moaba est sur la côte orientale de la vallée du Movouchi, et d'un accès très-difficile, l'eau, en plusieurs endroits, vous arrivant jusqu'au menton. Je me suis décidé à camper du côté de l'ouest, et à envoyer chercher des vivres, dont, grâce à la Providence qui veille sur nous, mes gens ont rapporté une bonne provision, sous forme d'éleusine et de quelques arachides. Mais dans toute cette région highlandaise les arbres qui fournissent l'écorce à vêtement sont en si grand nombre que toute la population est bien vêtue et n'estime guère notre étoffe. Heureusement que la mode est non-seulement aux perles roses, mais aux perles rouges, et que nous en avons de cette dernière couleur[2].

---

1. La véritable orthographe du nom serait *Tchambèdzé* ; mais comme l'erreur qui a fait prendre cette rivière pour le haut *Dzambédzi*, que nous appelons Zambèze, est due à la parité des deux noms, et que cette erreur joue un grand rôle dans les recherches de Livingstone, nous avons cru devoir conserver l'orthographe du texte, et non la traduire, afin que la ressemblance demeurât complète.   (*Note du traducteur.*)

2. Presque tous les grains de verre qui, en Afrique, servent de monnaie courante, sont fabriqués à Venise. Le plus grand soin doit présider à leur choix ; sans cela le voyageur, ignorant quelle espèce est à la mode dans le pays qu'il veut explorer, se trouve en possession d'un amas de verroterie n'ayant pas plus de valeur, qu'en pays civilisé, des billets retirés de la circulation. Grâce à l'obligeance de MM. Levin et Cie, de Bevis Marks, E. C., qui ont autorisé Chouma et Souzi à faire un choix dans leurs magasins, nous avons pu avoir un aperçu des grains de verre les plus estimés dans la région qui nous occupe. Les Afahous préfèrent les très-petites perles de la dimension d'un grain de sénevé, et de couleurs diverses, mais opaques ; celles d'un blanc de chaux, appelées catchokolos, sont estimées entre toutes, ainsi que les noires dites bouboulous, et les roses

25 janvier. — Restés pour faire moudre notre éleusine. Moaba a des vaches, des moutons et des chèvres. De l'autre côté du Chambèze, l'abondance est encore plus grande ; nous allons pouvoir recouvrer la chair que nous avons perdue. Il y a des buffles dans ce canton, mais pas un ne s'est fait entrevoir. Si l'on avait vu du gibier, je l'aurais poursuivi ; malheureusement la chasse au hopo domine ; nous avons trouvé des milles et des milles couverts de haies par lesquelles ont dû périr énormément d'animaux. On est surpris, en traversant la forêt, de ne voir que de vieilles pistes ; le hopo explique le fait.

Quand les palissades ont été brûlées, on plante à la place qu'elles occupaient, et qui se trouve amendée par les cendres, des citrouilles et des calebasses.

Au village de Tchibannda, j'ai vu quelques champignons verts, qui, sous la pelure, avaient une chair épaisse et rose ; on les nomme tchisimeba. Les femmes ne mettent qu'un ou deux de ces champignons dans le mortier où elles pilent les autres ; c'est seulement pour donner du goût à la masse. Je n'ai pas pu m'assurer de l'effet produit par le tchisimeba quand il est mangé seul ; mais d'après notre expérience, un menu de champignons n'a d'autre résultat que de faire rêver du rosbif des anciens jours. La salive coule de la bouche pendant ces rêves, et, le matin, l'oreiller en est tout humide.

---

nommées sékoundéretché ou lie de bière. Une perle rouge à centre blanc, et de différents volumes, est toujours valable dans toutes les parties de l'Afrique ; les gens du Sahouahil, ou gens de la côte, l'appellent samé-samé ; les Aïahous, tchitakaraka ; les Vouanyassa, manngazi, mot qui veut dire sang. Elle fut trouvée en faveur même chez les Manyémas, sous le nom de masokânntoussi ou œil d'oiseau. Nous ferons remarquer à ce sujet qu'une perle de forme allongée et particulière, qui n'est envoyée que sur la côte occidentale d'Afrique, *jamais* dans l'est, est commune chez les Manyémas. Cette perle nous étant désignée par Chouma comme ayant été rencontrée à l'extrême limite du pays exploré par Livingstone, montre que celui-ci a touché l'un des points de l'Afrique centrale atteints, du côté de l'ouest, par les marchands des possessions portugaises. Le matchoua kannga ou œil de pintade est une autre variété favorite, et le moyommpio ou cœur novice, une grande perle d'un bleu pâle, est très en vogue chez les Babisa. Mais la plus précieuse de toutes est une petite perle oblongue, ressemblant aux nœuds des racines de la canne à sucre, et qui, pour cette raison, est appelée salani, c'est-à-dire canne. Au bord de la partie méridionale du Tanganika, une livre de perles de cette espèce, d'après Souzi, paye une dent d'éléphant assez grosse pour qu'un homme très-fort ne puisse pas la porter pendant plus de deux heures. (WALLER.)

Pas d'hommes plus défiants que ces Babisa; ils font tout payer d'avance; et faire un présent à leurs chefs est seulement les mettre en devoir de nous refuser à souper. Entre eux, ils ne se donnent rien pour rien; si tel est, sur l'esprit, l'effet du commerce, je me recommande aux Africains non négociants.

Le poisson apparaît maintenant dans les petites rivières. Les hauteurs n'ont que du fretin qui ne vaut pas la peine d'être pris.

Soir et matin, de bonne heure, les bois retentissent des accents d'un hibou, cris formés d'une double note initiale, jetée avec force, et suivie d'une série de notes plus basses et descendantes. Un autre nouvel oiseau, du moins nouveau pour moi, fait vibrer la forêt.

Quand les vautours nous voient dresser notre bivac, ils en concluent que nous avons tué quelque animal; mais après nous avoir guettés un instant, n'apercevant pas de viande, ils s'éloignent. Ceci confirme, ce qui est appuyé sur différentes preuves, que ces rapaces ne sont guidés que par la vue[1].

A l'égard de la coiffure des indigènes : le nkola, qui paraît être du camwood (*ptérolobe santalinoïde*), est mis sur les cheveux comme ornement; on en frotte aussi le feutre d'écorce pour lui donner meilleur aspect. L'arbre est abattu, puis soumis à l'action du feu pour en développer la couleur; lorsque celle-ci est assez vive, le bois est retiré du foyer et réduit en poudre.

Les arbres à copal répandent maintenant leur gomme de tous les endroits où ils sont blessés; on voit par terre des amas de cette gomme précieuse.

26 *janvier*. — Marché au nord, en suivant le Movouchi, jusque dans le voisinage de sa jonction avec le Chambèze, et

---

[1]. L'expérience de tous les sportsmen qui ont chassé en Afrique tend à la même conclusion. Les vautours occupent dans les airs des stations hors d'atteinte de la vue la plus perçante. De cette altitude, ils embrassent un champ immense d'où ils épient le gibier. Dès qu'ils aperçoivent dans ses mouvements un trouble quelconque ils se rapprochent; on les voit décrire des orbes à une grande hauteur au-dessus de l'endroit où l'animal est poursuivi. A peine est-il tombé que les vautours descendent; tous les arbres voisins en sont remplis; mais si le chasseur couvre la proie avec des branches ou des roseaux, l'animal, caché à la vue, disparaît pour les vautours. L'idée que ces rapaces sont attirés par l'odeur est complétement fausse. (WALLER.)

campé dans une bourgade qu'on avait élevée là provisoirement, et qui était déserte. Le soir, j'ai tué un tséboula ou pokou (*éléotragus de Vardon*), un beau mâle : cinq pieds trois pouces des lèvres à la naissance de la queue, trois pieds de hauteur au garrot ; cinq pieds de tour ; longueur de la face neuf pouces et demi, jusqu'à l'insertion des cornes ; celles-ci, mesurées sur la courbe : seize pouces de long ; douze anneaux sur chacune ; l'un d'eux a en arrière une crête de deux pouces et demi de large, sur un pouce et demi de haut, et qui se termine en pointe, détail probablement accidentel. Robe jaune rougeâtre, avec des points foncés sur le devant du pied et sur les oreilles ; ventre presque blanc. La balle a frappé derrière l'épaule, traversé jusqu'à la rate, fait explosion de l'autre côté ; et la bête n'en a pas moins prolongé sa course d'une centaine de mètres. Je suis très-reconnaissant au Dispensateur de tous les biens de m'avoir procuré cette venaison.

27 janvier. — Pluie tous les matins ; mais cette fois, ayant de la viande, nous sommes restés confortablement dans nos vieilles huttes.

Aujourd'hui, en changeant de linge, j'ai été effrayé de ma maigreur.

28 janvier. — Fait cinq milles, d'abord en longeant le Movouchi, ensuite le Chambèze, pour éviter trois rivières qui débouchent de l'autre côté, et qui ne peuvent être franchies qu'avec des canots que nous n'avons pas. Nous sommes par 10° 34′ de latitude méridionale.

Le Chambèze est débordé ; mais à la place où nous l'avons atteint, les rangées d'arbres touffus que portaient ses berges montraient que celles-ci n'ont pas entre elles plus de quarante yards. Beaucoup de vie animale sur ses bords, et dans ses eaux, qui, malgré l'inondation, étaient limpides, et qui serpentaient vers le couchant.

Très-soupçonneux, le passeur a voulu être payé d'avance ; la chose accordée, il a exigé un morceau d'étoffe de plus ; et bien que je lui eusse promis solde complète, dès que nous serions tous sur l'autre rive, il a gardé un de mes hommes comme otage. Il voulait d'abord son lambeau de cotonnade ; je le lui ai donné et il a pris la fuite. Ces gens-là, entre eux, doivent se duper d'une manière affligeante.

Marché après cela vers le nord pendant deux milles, à travers des plaines inondées, où un siluroïde, le *clarias capensis*, vient chercher pâture. Nous avions à notre droite le Likinedazi, cours d'eau herbeux qui renferme des hippopotames, et nous avons campé dans la forêt sans avoir vu personne.

Rencontré ce matin une bande d'indigènes qui avaient quitté leurs demeures pour nous regarder; mais ces curieux n'avaient à nous donner que l'espoir de trouver l'abondance au village de Tchitapanngoua, village qui est entouré d'une estacade et précédé d'un marais herbeux d'une largeur de huit cents mètres. Nous sommes maintenant dans le Lobemmba. Je remarque que les habitants ont grand' peur des animaux nocturnes; ils ferment soigneusement les portes, même celles des villages temporaires. A Molemmba, résidence du chef, un lion a tué deux hommes; et le canotier qui nous a fait passer le Chambèze, voyant un des nôtres laver au bord de la rivière, manifesta une grande frayeur des crocodiles. Le pays est giboyeux; les traces d'éléphant, de buffles et d'antilopes, sont nombreuses; mais nous n'avons pas vu un seul de ces animaux.

29 *janvier*. — Vers la fin de l'étape, on nous a montré un endroit où le tonnerre est tombé. La foudre a descendu le long d'un arbre à copal, sans l'endommager; elle a couru ensuite horizontalement sur un espace de dix mètres, s'est divisée en deux branches et a escaladé une termitière. L'herbe flétrie désignait clairement la route qu'avait suivie le feu du ciel. Plus loin, sur la rive du Maboula, nous avons vu un arbre que la foudre avait également frappé; il ne restait qu'une partie du tronc : de grands éclats avaient été lancés, d'un côté, à trente yards de la tige; d'un autre, à soixante; et des traînées d'herbe sèche indiquaient la passée du tonnerre.

30 *janvier*. — Marche au nord, à travers des bois ruisselants, n'ayant presque pas de sentiers, et au milieu de fondrières remplies d'eau.

31 *janvier*. — Toujours dans la forêt; mais des jardins plus grands que ceux du Lobisa commencent à paraître. L'acacia à feuilles raides et le mohemmpi abondent. Dans les vallées à

fond marécageux, est une sorte d'herbe dont la graine, de couleur jaune, est portée par des tiges roses ; c'est très-joli. Un homme m'a présenté une barre de cuivre d'un pied trois pouces de long, et d'un fort diamètre, qu'il voulait me vendre.

Vers le milieu du jour, nous avons gagné le Lopiri, au bord duquel est située la résidence de Tchitapanngoua; peu de temps après, le village déployait devant nous sa triple enceinte, dont l'estacade intérieure est défendue par un large fossé et par une haie de solanée épineuse. Il a deux cents mètres de long sur une largeur de cinq cents ; les cases n'y sont pas trop serrées.

Tous les cours d'eau que nous avions trouvés sur la route se dirigeaient vers le Chambèze. On n'y voyait que de très-petits poissons, probablement du frai. De l'autre côté, c'est-à-dire à l'ouest de la rampe près de laquelle est situé Malemmba, le poisson d'une taille à mériter d'être pris est abondant.

Tchitapanngoua ou Motoka, ainsi qu'on l'appelle souvent, m'a fait demander si je voulais une audience. « Vous devrez avoir quelque chose dans les mains la première fois que vous paraîtrez devant un si grand homme, » m'a dit le messager. Étant fatigué de la marche, j'ai répondu que j'attendrais le soir, et vers cinq heures j'ai fait annoncer ma visite.

Après avoir franchi la dernière estacade, nous avons trouvé de grandes cases, dont une énorme, devant laquelle nous attendait Tchipanngoua; il était assis. Près du chef, se voyaient une douzaine d'individus assis également, mais sur leurs talons. Trois autres portaient des tambours ; et une dizaine, peut-être davantage, avaient un grelot à chaque main. Les premiers tambourinaient avec furie ; les seconds agitaient leurs grelots avec non moins de fougue et sur le même rhythme que les tambours. Deux de ces sonneurs, avançant et reculant, profondément courbés, secouaient leurs instruments près du sol, comme pour rendre hommage au chef; ils conservaient la même mesure. Je refusai de m'asseoir par terre, et l'on m'apporta une énorme dent d'éléphant en guise de siége.

Le chef me salua courtoisement; il a la figure rebondie et joviale, et les jambes chargées d'anneaux de cuivre et de

Réception du docteur par **Tchitapanngoua**.

laiton. Je lui ai dit la perte que nous a fait subir la désertion des Afahous; mais son autorité est purement nominale, et il ne peut rien à cet égard. Après avoir parlé de choses et d'autres, il me conduisit à un troupeau de vaches, et me désigna une de ces bêtes, en me disant : « Elle est à vous. » De même pour la défense qui m'a servi de tabouret : on l'a portée dans ma case comme étant à moi, parce que je m'y étais assis. Pour me montrer qu'il acceptait mes dons, Tchitapanngoua s'est couvert immédiatement de la pièce d'étoffe que je lui ai offerte; il m'a envoyé, ce soir, deux grands paniers de sorgho.

1er février. — Voulant reconnaître la générosité de mon hôte, je suis allé le trouver ce matin et lui ai porté une de mes plus belles étoffes; mais quand j'ai voulu faire abattre ma vache, un homme s'y est opposé, et m'en a désigné une plus petite. J'ai demandé si c'était par ordre du chef; celui-ci a désavoué son homme; toutefois j'ai refusé la bête, n'en voulant pas, si elle m'était donnée à contre-cœur.

Nous avons trouvé ici une petite bande d'Arabes de la côte — des traitants de Bagamoyo. Leur chef, un appelé Magarou Mafoupi, est venu me voir et m'a dit qu'il partait demain; mais en le payant, je l'ai fait rester un jour de plus; et j'ai passé toute ma journée à écrire des lettres.

3 février. — Magarou Mafoupi est parti ce matin avec mes dépêches; il lui sera remis, pour le port, dix roupies (vingt-cinq francs) à son arrivée à Zanzibar[1].

Ces traitants sont venus par une voie beaucoup moins longue que celle que nous avons prise, marchant presque droit à l'ouest ou au sud-ouest; mais nous n'en avions pas connaissance; personne dans l'île ne nous en a parlé. Bagamoyo n'est qu'à six heures, vers le nord, du havre de Kourdari. Il est possible, après tout, que cette route ne fût pas connue des Zanzibarites; c'est la première fois que les gens de la côte la suivent aussi loin. Le chemin est couvert de villages où il y a des chèvres en grand nombre, par conséquent à bas prix; et dans deux mois, ces Arabes seront à Bagamoyo. Ils m'ont énuméré quinze stations, ou résidences de sultans,

---

1. Les lettres sont parvenues à leur adresse en temps voulu.

comme ils appellent tous les chefs; à savoir, en partant d'ici :

Tchasa,	Zammbi,	Sommbogo,
Lommbé,	Lioti,	Souré,
Outchéré,	Mériré,	Lomolasennga,
Nyamiro,	Kirânngabana,	Kapass *et*
Zonnda,	Nkonngozi.	Tchannzé.

On est alors dans le pays qui touche à Bagamoyo. Quelques-uns de ces endroits sont à deux ou trois jours des autres.

La bande a trouvé sur sa route trois grandes rivières : l'Ouemmbo, le Louaha et le Louvo ; je n'ai pas eu le temps de prendre d'autres informations.

Il y avait avec ces Arabes un appelé Djandjé ou Djandja, qui a accompagné Speke au Tanganika, et qui imite la trompette en soufflant dans le creux de sa main.

J'ai demandé un nouvel approvisionnement d'étoffe et de grains de verre, ainsi que du café, du sucre, de la bougie, des conserves de viande françaises, un fromage en boite, six bouteilles de vin de Porto, du jalap, de la quinine, du calomel, que je me fais adresser à Oujiji.

N'ayant pas ma vache, j'ai parlé de me rendre un peu à l'est pour me procurer des chèvres; grande colère de Tchitapanngoua, qui s'est écrié que je n'étais venu que pour montrer mes affaires et ne rien lui acheter. Puis il a changé de ton, m'a dit de prendre la vache qu'il m'avait d'abord offerte et de donner ce que je voudrais. Nous avons tous besoin de viande et j'ai consenti; mais c'était un piège. Tchitapanngoua a renvoyé les quatre brasses d'étoffe que j'ajoutais aux précédentes, et m'a demandé une couverture. Les Nassickais en ont chacun une ; et voilà tout. J'ai répondu que mes gens n'étaient pas des esclaves et que je ne pouvais pas leur reprendre ce que je leur avais donné. Il est pénible d'être exploité de la sorte; mais il y avait six semaines, et plus, que nous n'avions fait gras.

6 février. — Tchitapanngoua est venu avec sa femme pour voir mes instruments, dont je lui ai expliqué l'usage comme j'ai pu. Je lui ai ensuite montré mes quelques volumes, entre autres le Livre des livres ; il a répondu à tous mes dires par des observations fort intelligentes. Les Nassickais ont de lui

Tchitapanngoua et sa femme.

une frayeur déplorable; quand Abraham a peur de transmettre mes paroles, il me dit : « je ne sais pas les mots qu'il faudrait; » et si je me sers d'un autre, il les trouve à l'instant. Lui et Simon pensent que de parler au chef d'une voix humble et d'un air rampant est le moyen de s'en faire bien venir. Je leur ai permis d'en essayer avec un de ses mandataires; cette humilité a eu pour résultat de le faire prendre de très-haut par le ministre, qui a traité mes garçons en êtres serviles et a donné libre cours à toutes ses exigences, voulant prendre les bagages, au moins les ouvrir, et tenant mes gens éveillés une partie de la nuit; si bien qu'Abraham est accouru : « Monsieur, comment faire? Ils ne veulent pas me laisser dormir. — Vous avez fait ce que vous avez voulu, arrangez-vous. » Ce matin, il m'a amené ses persécuteurs; il a été congédié avec ceux qui l'accompagnaient.

7 février. — J'ai fait demander à Tchitapanngoua soit de venir me trouver, soit de m'indiquer l'heure où je pourrais le voir, afin de nous entendre. Il a répondu qu'il viendrait quand il serait rasé; puis il m'a dépêché quelqu'un pour savoir ce que j'avais à lui dire; j'ai refusé l'explication; et quand la pluie eut cessé je suis allé trouver mon homme. A peine entré dans sa case, j'ai établi que je lui avais donné quatre fois la valeur de sa vache; que s'il pensait différemment, il n'avait qu'à me rendre l'étoffe, que je la porterais à son frère Moammba, et que si ce dernier jugeait la quantité insuffisante, j'achèterais une vache que je lui enverrais, à lui, Tchitapanngoua, pour ne rien lui devoir. Cet arrangement ne lui allait pas du tout : « Oh! grand Anglais! pourquoi soumettre notre dispute à un inférieur? Je suis le grand chef de tout le pays. Inglezé mokoulou, vous regrettez d'avoir payé si cher le bœuf que vous avez mangé; mais vous n'avez pas voulu d'un petit; et c'est pour gratifier votre cœur que je vous ai donné la grosse bête; pourquoi à votre tour ne pas me gratifier en me donnant assez d'étoffe pour me couvrir et pour me plaire. »

Je lui ai répondu que mon étoffe couvrirait non-seulement toute sa personne, mais encore la plus grosse de ses femmes; ma réponse l'a fait rire, mais non changer d'avis; et comme nous avons des courges, du maïs et de la viande, je me suis retiré. C'est lui maintenant qui m'accuse d'avarice. Il est difficile de se mettre au point de vue des autres; je n'ai pas ses idées, et ne vois pas avec ses yeux; je ne peux pas entrer dans son ignorance, dans ses préjugés, dans ses erreurs; il est donc impossible que le jugement soit équitable; un homme sans esprit ne. peut pas comprendre celui qui en a; c'est la même chose.

8 *février*. — Même quand il ne pleut pas, le temps est si couvert que je n'ai pu relever notre latitude qu'hier au soir : 10°, 14′, 6″. Aujourd'hui, fait des observations lunaires. Longitude : 29°, 26′, 45″. Au-dessus de l'Océan : quatre mille sept cents pieds (1429 mètres), chiffre obtenu à la fois par le baromètre et par l'eau bouillante.

Tchitapanngoua persiste à demander la couverture, et veut en outre une de mes caisses. Je lui explique de nouveau que les couvertures ne sont pas à moi, et que mes gens n'étant pas des esclaves, je ne peux pas disposer de ce qui leur appartient; quant à la caisse, elle m'est indispensable; un jour de pluie en gâterait le contenu si je l'en retirais. Il déclare, me dit-on, qu'il nous renverra jusqu'à la Loanngoua, qu'il fera la guerre, nous privera d'aliments, etc. Mes Nassickais sont terrifiés.

Le chef pense que nous avons un intérêt personnel à traverser son pays, et que conséquemment il doit avoir une part dans les bénéfices. Quand je lui ai dit que c'était pour le bien public, il a tiré, en l'abaissant, la paupière inférieure de son œil droit en signe d'incrédulité. Rien ne lui ôtera de l'esprit que ce voyage ne sera pas pour moi d'un profit matériel.

Peut-être n'y a-t-il là qu'une simple coïncidence; mais nous n'avons pas eu plutôt rencontré l'un des hommes qui ont accompagné Speke et Burton, que nous avons vu poindre le tribut. Je ne mets pas en doute que ce Djandjé n'ait dit ici comment ses premiers maîtres payaient tout ce qui leur était demandé pour droit de passage.

10 *février*. — Officié en plein air; beaucoup de spectateurs; parlé ensuite au chef; mais il ne veut croire que ce qui lui a été dit par l'homme de Speke et de Burton. Il nous a fait un présent de sorgho et d'arachides, assure qu'il n'a pas défendu

à son peuple de nous vendre du grain; et nous engage à rester pour manger du maïs vert.

Tchitapanngoua est venu me trouver après l'office du soir; je lui ai expliqué un peu de la prière, et lui ai montré des gravures du Dictionnaire de la Bible, qu'il a promptement comprises.

11 *février*. — Reçu du chef un panier de viande d'hippopotame du Chambèze, et une grande corbeille de maïs.

Les trois brasses d'étoffe que je lui ai données sont, dit-il, toujours à moi; mais il lui faut une couverture et une caisse, surtout celle-ci, une caisse en fer-blanc. Tous les matins il va dans ses champs pour éviter ma rencontre. Il est néanmoins d'un très-bon caractère, et nos entrevues sont joyeuses: des rires continuels; mais les Nassickais révèlent leurs terreurs par leur son de voix et enlèvent toute force à mes paroles.

Les lavandières sont ici d'une familiarité remarquable, les deux espèces: la noire et blanche et celle d'un brun grisâtre. Elles vont et viennent parmi les cases, font leurs nids autour des habitations, entrent même dans les huttes; il est vrai que personne ne les inquiète. Dans la contrée des Bétchouanas, le père de famille dont le garçon tue un de ces oiseaux est frappé d'une amende. Pourquoi cela? On n'a jamais pu me le dire. Les Nassickais prétendent qu'on les respecte parce qu'on ne les mange pas! N'est-ce pas plutôt parce qu'elles sont si confiantes?

13 *février*. — A la fin, j'ai donné la caisse à Tchitapanngoua, qui m'en a offert une autre; un coffre arabe, lourde machine en bois que j'ai refusée, ayant cédé la mienne en partie pour diminuer notre charge. Abraham m'a dit, sans y penser, qu'il n'avait pas rendu exactement les paroles du chef à propos de la vache: « Prenez et mangez celle que vous voudrez et donnez-moi une couverture, » disait Tchitapanngoua; ce qui me fut traduit par: mangez-la et donnez ce que vous voudrez. J'ai envoyé de l'étoffe; le chef, qui tenait à sa couverture, l'a réclamée, trouvant que je manquais à mes engagements, tandis que je l'accusais d'exaction. Il est difficile d'obliger les Nassickais à transmettre fidèlement les paroles que je prononce; soit présomption énorme, soit frayeur, ils changent mes phrases, altèrent, suppriment, me font dire

autre chose et me rendent de fausses réponses ; c'est la grande difficulté de mes relations avec les chefs.

J'étais prêt à partir, lorsque Tchitapanngoua est arrivé avec ses soldats, et, en très-grand courroux, s'écriant que je m'en allais malgré lui, bien qu'il désirât arranger les affaires, et se séparer de moi en bons termes. Il ne veut pas admettre que je n'ai point de couvertures. Se voir retenir ainsi est pénible ; mais c'est peut-être pour le mieux ; les faits les plus contraires en apparence ont toujours bien tourné ; et j'ai foi en Celui auquel je remets toutes mes inquiétudes. Le Seigneur voit tout cela et me protége. Malgré la présence de mes neuf garçons, je me sens tout à fait seul.

J'ai donné au chef quelques graines, entre autres des pois et des fèves, dont il a paru reconnaissant ; il m'a envoyé en retour de petits cadeaux de nourriture et fréquemment de la bière. Celle-ci, faite avec de l'éleusine, contient le grain germé, a la consistance d'un potage épais, est très-forte, très-amère et porte à la tête ; il faut un puissant estomac pour en venir à bout.

14 *février*. — Un de mes Nassickais veut bien se défaire de sa couverture, moyennant deux de mes brasses de cotonnade ; chacune d'elles est plus large que son objet ; nous avons montré ladite couverture au chef ; mais celui-ci n'en veut pas, parce qu'elle est vieille et que nous en avons de neuves. Je l'ai invité, puisqu'il ne voulait pas nous croire, à regarder dans nos ballots, et, s'il y trouvait une seule couverture, à nous frapper d'une amende ; il a consenti, et a répondu en riant qu'il nous donnerait un bœuf si nous avions dit vrai. Toutes nos relations personnelles ont été agréables. C'est l'entremise de nos interprètes et de deux ou trois hommes, qui nous sont donnés comme protecteurs, ou plutôt comme espions, qui sème la discorde. J'ai défendu aux Nassickais de m'amener ces gens-là.

15 *février*. — Tchitapanngoua est venu de bonne heure ; je lui ai montré que je n'avais pas de couverture ; il a pris la vieille, et c'est une affaire faite : lui-même l'a déclaré. Tout ce malentendu n'aurait pas eu lieu si Abraham m'avait transmis de prime abord les conditions de l'échange.

16 *février*. — Le chef m'a offert une vache pour une pièce

de serge rouge. Après de longs débats, Tchitapanngoua ayant juré que c'était la dernière demande, le marché a été conclu : j'ai livré l'étoffe et quelques perles en retour d'une belle vache grasse. La serge — un coupon de deux brasses — est une partie de celle que m'avait donnée miss Coutts à mon départ d'Angleterre, en 1858.

Tchitapanngoua est moins difficultueux que mes gens ne sont lâches. Ils prennent en lui parlant un ton pleurard et lui débitent d'un air suppliant ce qu'avec leur nature rampante, ils s'imaginent plus convenable de lui dire que les paroles que je prononce. Pas un d'eux ne se rappelle que j'ai blanchi au milieu de ces peuplades, et que je sais comment les prendre. C'est une énorme suffisance chez des jeunes gens que de s'égaler à moi. La difficulté qu'ils me créent est d'autant plus grande, que quand je leur demande leur opinion, ils me répondent : « C'est comme il vous plaira, monsieur. » Il est probable qu'il se lèvera des hommes énergiques qui sauront les conduire ; des gens tels que moi, feraient peu pour les civiliser.

17 *février*. — Pas d'office ; je suis trop malade d'une fièvre rhumatismale ; c'est la première fois que j'en suis attaqué ; et pas de médicaments ! Mais j'ai confiance dans le Seigneur qui guérit son peuple.

18 *février*. — La vache a été abattue sur-le-champ. On l'a détaillée, on l'a fait cuire ; et tous les soirs nous avons un bon repas.

Dans cette région élevée, le boumm retentissant de l'eau frappant contre le roc s'entend de loin, et nous arrive de la plupart des torrents ; ici, jamais le silence n'est complet.

Les roches sont formées d'un schiste argilacé, blanc et rouge : le *keel* des Écossais.

19 *février*. — Tchitapanngoua m'a prié de rester un jour de plus, afin qu'un des Nassickais puisse lui raccommoder sa couverture, qui en a grand besoin : elle a servi constamment depuis dix mois ; et me trouvant d'une grande faiblesse, j'ai consenti.

Journée magnifique après une nuit pluvieuse. Il est rare que nous soyons vingt-quatre heures sans pluie ; et jamais la moitié de cette période ne se passe sans tonnerre.

Le camwood (?), appelé ici molommboua est extrêmement abondant. Les gens du pays en prennent l'écorce, la font bouillir et la pulvérisent avec soin ; ils ont alors une poudre fine d'un cramoisi splendide, qu'ils mettent en grosses boules et qui porte le nom de mkola. Simplement décoratif, ce produit est largement employé ; on en saupoudre les vêtements d'écorce et l'on en barbouille la coiffure. Le molommboua a des feuilles pennées, alternes et lancéolées ; il arrive à quarante ou cinquante pieds de hauteur sur un diamètre de quinze à dix-huit pouces, a le bois finement veiné dans la partie supérieure où les veines sont pressées, et plus largement dans la partie basse.

J'apprends, par Abraham, que le nyoumbo (noumbo ou moumbo) se propage aisément de bouture, ou par des tranches de la racine. On met en nourrice un fagot de ses tiges, qui sont plantées l'année suivante et dont on enlève de petits morceaux qui reprennent facilement. Le nyoumbo a la fleur d'une papillonacée ; mais je n'en ai jamais vu la graine. Il est ici bien meilleur que dans tous les endroits où je l'ai trouvé jusqu'à présent ; et James nous dit, que dans son pays natal, où la chair en est tout à fait blanche, il est encore supérieur. Celui que j'ai vu est d'une teinte verdâtre quand on l'a fait bouillir[1].

---

1. Parmi les objets qu'ils ont rapportés à la côte, les serviteurs de Livingstone ont eu grand soin de ne pas perdre les graines qui se trouvaient dans les caisses du maître. Ces semences ont été mises entre les mains des autorités de Kew, et nous avons l'espoir que quelques-unes d'entre elles auront conservé leur vitalité. Quel dommage que dans les établissements européens de la côte orientale d'Afrique, il y ait si peu d'esprit d'entreprise ! S'il en était différemment, un commerce considérable de bois précieux et d'autres produits indigènes se développerait bientôt. L'ébène et le gaïac abondent dans cette région ; Livingstone n'employait presque pas d'autre combustible pour chauffer le *Ma-Robert*, ensuite le *Pioneer* ; aucun bois ne donnait autant de chaleur. On peut y recueillir du caoutchouc ; nous avons vu les naturels faire usage de différents bois de teinture ; on y trouve l'élaïs, qui donne l'huile de palme ; l'indigo y croît partout comme herbe sauvage, et le café y est indigène. (WALLER.)

CHAPITRE VIII.

Adieux de Tchitapanngoua.. — Exposé de la route du Tanganîka. — Village de Moammba. — Une autre ligne de faîte. — Les Babemmba. — Malade de la fièvre. — Attitude menaçante des gens de Tchiboué. — Atteint les rochers qui bordent le Liemmba. — Scènerie d'une extrême beauté. — Dangereux état. — Livingstone s'éloigne du lac. — Coton de Fernambouc. — Bruits de guerre entre Nsama et les Arabes. — Village de Tchitimeba. — Présentation de la lettre du sultan à Hamis, le principal Arabe. — Guerre dans l'Itahoua. — Géographie des Arabes. — Marchands d'ivoire et marchands d'esclaves. — Appel au Coran. — Informations sur les Vouasonngo et sur leur chef Miréré — Hamis contre Nsama. — Séjour ennuyeux. — Départ pour Ponnda. — Ventouses des indigènes.

20 *février* 1867. — Au moment de partir, j'ai dit à Tchitapanngoua que mon cœur saignait parce que notre séparation n'était pas aussi cordiale que je l'aurais désiré. Il commanda sur-le-champ à des hommes de nous servir d'escorte, et me donna, en souvenir de lui, un couteau d'airain à étui d'ivoire, qu'il avait porté pendant longtemps. Il m'a ensuite expliqué que nous devions aller au nord; que si nous prenions au levant, nous serions plus tard obligés de tourner à l'ouest, et que toute notre cotonnade serait dépensée avant que nous eussions gagné le Tanganîka. Ayant dit ces mots, il a pris un peu de l'argile du terrain qui nous portait, s'en est frotté la langue en serment de la vérité de ses paroles; puis il est venu avec nous pour voir si tout allait bien; et nous nous sommes quittés.

Nous avons alors gravi le flanc du plateau qui entoure le village et qui borde le Molemmba. Les cochons sauvages étaient en grand nombre; et des traces d'anciennes cultures se faisaient remarquer. Une brève étape nous conduisit à un marais entouré de palissades, de piéges, de trappes à gibier, et près duquel nous avons passé la nuit, faible et raidi que j'étais, ce qui m'empêchait d'aller plus loin.

Rochers nombreux du même genre de dolomite que sur la crête plus méridionale qui est entre la Loanngoua et le Chambèze, et, de même que ceux-ci, couverts de lichens, d'euphorbes, d'orchidées et de la végétation des hautes terres : acacias à feuilles dures, rhododendrons, masoukos, etc.

L'arbre à copal, taraudé par une larve, exsude, de branches qui ne sont pas plus grosses que le bras, des masses de gomme d'un jaune brunâtre ou d'un gris clair, d'un aspect gluant, peu consistantes, et en assez grande quantité pour emplir une assiette à soupe. L'émission ne paraît avoir lieu que pendant la saison pluvieuse; actuellement, tous les arbres sont pleins de séve et de gomme.

21 *février*. — Nuit d'orage; le tonnerre bruyant et voisin, et une pluie diluvienne qui a traversé les abris des Nassickais. Des chemins fangeux ou ruisselants, des marais pleins d'eau, des rivières débordées. Çà et là, apparaît la dolomite, dont la roche sort de terre. Remarqué un arbuste de six pieds de hauteur et d'un pied de diamètre, qui ressemble au nard indien[1].

Le sentier nous conduit à l'ouest malgré moi. J'en ai trouvé un qui allait au nord; mais les Nassickais ont prétendu qu'ils n'avaient pas vu ma trace; et ils ont pris l'autre, évidemment parce qu'ils avaient peur de fâcher Moammba en le laissant de côté. Je les ai retrouvés dans une vieille case et j'ai fait contre fortune bon cœur, en ne disant rien.

22 *février*. — Gagné une petite rivière permanente, qui se dirige vers le nord et qui s'appelle Méroungou. Trouvé à cette place des gens de Moammba, qui voulaient nous emmener au village; mais nous avons refusé : les huttes sont désagréables; elles renferment souvent de la vermine; et l'on y est exposé aux regards d'une foule qui se presse à la porte excessivement petite, et qui vous ôte le jour et vous étouffe. Il y a, dans le nombre, des impudents qui jettent leurs remar-

---

1. *Spikenard-looking shrub.* Le nard est une graminée, et peut-être le mot d'arbuste n'est-il pas très-exact. Dans tous les cas la cépée en question doit avoir l'aspect d'une touffe de chaume.

(*Note du traducteur.*)

ques peu bienveillantes, soulèvent des éclats de rire et prennent la fuite.

Nous nous sommes donc établis dans la forêt, sur la rive droite du Méroungou, et l'avons fait dire à Moammba. Le chef nous a envoyé une députation, d'abord de tous ses jeunes gens, pour nous inviter à venir chez lui; puis des vieillards; enfin il est venu lui-même, avec une suite d'environ cinquante hommes. Je lui ai dit que j'étais malade pour avoir habité une case à Molemmba; que je me trouvais mieux en plein air, et que mon intention, d'ailleurs, était de repartir le plus tôt possible. Il renouvela ses instances, me donna une chèvre avec son chevreau, une grande calebasse de bière, me pria de lui faire au moins une visite, ce que j'ai promis, et ce que je ferai demain.

23 *février*. — La résidence de Moammba située à un mille de notre bivac, est sur la rive gauche du Mérenngé, cours d'eau plus large que le Méroungou, et qui se dirige également vers le nord, entre des rives et des marais couverts de grands beaux arbres à tige droite et à feuilles persistantes. Une estacade défend le village, qui, de plus, est entouré d'un fossé de quinze à vingt pieds de large et d'autant de profondeur. Quant à Moammba, c'est un gros homme, à forte charpente, — l'air d'un tavernier, louchant un peu en dehors de l'œil gauche; mais intelligent et cordial. Nous avons eu ensemble un long entretien; je lui ai fait présent d'une brasse d'étoffe; il m'a rendu en échange autant d'éleusine moulue qu'un homme en peut porter, et un grand panier d'arachides. Après avoir causé de choses et d'autres, je lui ai montré quelques gravures du *Bible Dictionary* de Smith, dont il a promptement saisi l'explication, et lui ai parlé de la Bible. Il m'a demandé de revenir le lendemain pour l'entretenir de nos prières; ce qui était naturel après avoir entendu dire que nous prions le Seigneur.

Il est très-anxieux de savoir pourquoi nous allons au Tanganika, ce que nous allons faire là-bas, si nous y avons de la famille ou des amis? Il me montra alors de belles dents d'éléphant de huit pieds six pouces : « Et que voulez-vous acheter, sinon de l'ivoire ou des esclaves? » Je lui répondis que la seule chose qui me parût digne d'achat, c'était un beau chef, aussi gras que lui, comme échantillon de sa race, et la femme qui le nourrissait d'autant de bière. Cette réponse l'amusa : « Quand nous serons dans votre pays, me dit-il, vous me mettrez de beaux habits ; » ce qui nous amena à parler de notre climat et de la production de la laine.

24 *février*. — Je suis allé au village après l'office ; mais assez tard : retenu par des menaces de pluie diluvienne. Il y avait audience ; les plaidoiries commençaient ; un vieillard parla pendant une heure, restant debout ; et le chef ne cessa pas d'écouter avec la gravité d'un juge ; puis Moammba fit connaître sa décision, dont le prononcé dura cinq minutes ; après quoi la partie gagnante s'éloigna en poussant des cris de joie.

Avant d'adresser la parole au chef on lui tourne le dos et l'on se couche par terre en battant des mains, ce qui est la forme habituelle du salut. Un autre mode de salutation en usage dans cette province (le Lobemmba) consiste à frapper avec une ou plusieurs flèches sur l'arc dont chacun est armé.

Quand le procès fut fini, l'heure était avancée, et l'entretien ne put durer qu'un instant. Je fus alors prié par Moammba de venir passer une nuit au bord du Mérenngé ; vous partirez ensuite, me dit-il. Le lendemain matin nous nous sommes établis près du village. On fait ici une grande quantité de fil de cuivre ; pour cela, entre autres choses, les étireurs se servent d'un câble de sept pouces. Leur fil est très-fin et s'emploie principalement en anneaux de jambe et de cheville. Les femmes du chef sont tellement chargées de cette parure que le poids du métal les oblige à marcher avec une lenteur majestueuse. Le cuivre est tiré de Katannga.

26 *février*. — Moammba désire acheter une brasse d'étoffe au prix de deux chèvres ; mais ses hommes tardent beaucoup à nous amener les deux bêtes. Simon a la fièvre ; ce qui m'engage à rester, bien que le changement de place soit l'unique remède que nous possédions.

Avec le chef, tout est facile ; avec ses gens, tout va mal. Ceux-ci demandaient que notre passage du Loombé, passage en canots, fût payé d'avance ; refus de notre part ; mais lorsque Moammba nous l'eut exposée, la requête n'eut plus rien de déraisonnable, puisqu'il nous donnait un homme pour nous aplanir la voie, nous procurer des canots ou tout autre chose dont nous avions besoin, d'ici au village de Tchiboué. Après cette explication, je lui remis une brasse d'étoffe; il m'envoya alors une chèvre, une lance ornée de fil de cuivre, une énorme quantité de farine, de bière, de noumbos, et nous nous sommes quittés bons amis; ses présents étaient de même valeur que les miens.

Marchant au nord-ouest, nous rencontrâmes le Tchikocho, rivière qui va au couchant; de là nous nous rendîmes au Likommbé par une crête élevée appelée Lossaousoua, et qui pendant longtemps court à l'ouest. C'est probablement une ligne de partage entre les eaux qui vont rejoindre le Chambèze et celles qui gagnent les rivières du nord.

Nous avons le Locopa, le Loommbé, le Nikélénegé; puis le Lofoubou ou Lovou; celui-ci coule au nord pour se jeter dans le Liemmbi; toutefois, les renseignements sont très-confus.

Le Chambèze prend sa source dans le Mammbiré, qui est au nord-est et à peu de distance de Moammba.

Passé dans une forêt très-épaisse, mais rabougrie : des arbres malingres; et, pour tout drainage, celui des marais. Sur le terrain argileux que forme le schiste, la pluie s'écoule promptement, les arbres acquièrent une grande hauteur, et les chemins ne sont pas détrempés, ainsi qu'il arrive dans les endroits où l'écoulement ne se fait que par infiltration. A présent, toutes les pentes ayant un sol limoneux ou sableux sont des marais où l'eau déborde; il leur faut beaucoup de temps pour décharger leur contenu.

Pris dans son ensemble, le pays est une forêt.

6 mars. — Après une brève étape, gagné un village situé sur le Molilannga, tributaire du Loommbé qu'il va rejoindre au levant. Nous avons trouvé là des bananes pour la première fois; ainsi que dans le Lonnda, on les appelle nkonndés. Quelques trophées, pris aux Mazitous, sont exposés dans le bourg. Vingt-quatre tête de ces bandits ornent l'estacade de Tchitapanngoua. Décidément les Babemmba sont plus belliqueux que les tribus qui sont au sud; leurs villages ont de fortes enceintes, qui, elles-mêmes, sont entourées de larges fossés d'une grande profondeur. Il est probable que Motchimebé sera repoussé chez eux avec pertes, et contraint d'appliquer ses forces à autre chose qu'au pillage.

L'homme que nous avait donné Moammba a refusé d'aller plus loin; et, mis par le chef dans une fausse direction, nous avons eu à franchir trois marais de huit cents mètres de large chacun. Au premier village que nous avons atteint, on nous a fermé la porte; puis les habitants ont couru après nous, voulant nous ramener; — c'est une manière à eux de montrer leur indépendance. Nous avons résisté au rappel et fait nos cabanes sur une hauteur, en dépit de leurs protestations. C'étaient, disaient-ils, des enfants qui nous avaient fermé la porte; mais quand j'ai désigné le coupable, ce dernier a répondu que s'il l'avait fait, c'était par ordre du chef.

8 *mars*. — Arrivés au bord du Loommbé, où nous trouvons tout l'opposé du fait précédent; le village est non-seulement ouvert, mais complétement vide : tous les gens sont dans leurs fermes. Paraît la femme du chef qui met à notre disposition toutes les cases, où nous nous abritons avec plaisir contre une pluie battante.

Les jeunes pâtres qui gardaient les chèvres n'ont pas bougé quand nous avons descendu la côte qui mène à la rivière. Vue de loin, celle-ci paraît avoir une marche très-lente. Le chef nous a dit que nous étions les bienvenus et qu'il nous montrerait le lendemain où était le pont; en attendant, il nous a fait faire à souper.

Guidés par notre hôte, nous avons suivi le Loommbé dans la direction de l'ouest, jusqu'à la passerelle : une affaire peu solide qui, à l'époque où la rivière est basse, peut être employée comme écluse. Le cours principal du Loommbé a soixante-six pieds de large, six de profondeur; et, au delà, deux cents pieds au moins d'inondation. Bien que débordée, l'eau est transparente; sur le pont elle nous a monté aux genoux, et dans la partie inondée, où le courant est rapide, nous en avons eu jusqu'à la taille.

Tous les villageois sont maintenant occupés de la transplantation du tabac, que chacun fait venir autour de sa case, sous le grand bord de la toiture; il paraît que le jeune plant ne supporterait pas les fortes chaleurs. On transplante également une espèce de lirannda qui vient dans la froide saison.

Je croyais conférer un véritable bienfait en donnant de la graine de pois ; mais ce légume est déjà répandu dans tout le pays, où on le cultive aussi dans la saison fraîche.

Longé le Diola ; trouvé au bord une vieille hutte où nous avons fait du feu ; puis gagné un autre ruisseau nommé Loenndahoué : six pieds de large et neuf pieds de profondeur.

10 *mars*. — Depuis mon départ de chez Moammba j'ai toujours eu la fièvre ; chaque pas me retentit dans la poitrine et me la déchire ; je suis très-faible, pouvant à peine suivre la bande, moi qui étais toujours le premier, et qui devais me ralentir pour ne pas laisser mes gens en arrière. J'ai dans les oreilles un bourdonnement continu qui m'empêche d'entendre le tic-tac du chronomètre. L'appétit est bon ; mais je n'ai pas d'aliments convenables : de l'éleusine, des fèves, des arachides, rarement une volaille. La contrée est couverte de hopos ; et le gibier, traqué partout, ne se voit nulle part.

11 *mars*. — Pluie constante, qui nous a empêché de partir.

Trouvé, sur des roches de dolomite, la preuve que des forgerons du Lonnda sont venus là autrefois se livrer au travail du fer : un ancien haut fourneau et des monceaux d'hématite, qui parait être le minerai employé partout.

12 *mars*. — Gagné Tchiboué, village avec estacade. Ainsi que tous les autres, il est au bord d'un cours d'eau. Un bouquet de bois touffu l'ombrage du côté de la rivière ; les arbres qui composent ce bouquet, espèces de mangliers, ont le bois mou et les feuilles épaisses ; les racines, entrelacées dans la vase, y forment un réseau dont il est nécessaire de chercher les brins ; si par mégarde on pose le pied entre les mailles, on enfonce jusqu'à la cuisse.

Dans un village, tous les habitants nous regardent comme leur propriété et se pressent autour de nous d'une façon inconvenante ; mais au dehors, où nous campons généralement, il n'en est plus de même : nous sommes chez nous, sur le même pied qu'eux dans leur enceinte ; ils nous respectent.

Les Baloungou ont pour marque distinctive trois ou quatre boutons sur les tempes, et en outre le lobe de l'oreille distendu par un morceau de bois orné de perles. Des bandeaux de verroterie sont posés en travers du front et tiennent les cheveux dressés.

Le village de Tchiboué est à la source du Lokouéna, qui se dirige au nord et au nord-est. Nous avons de même, au nord-est, une chaîne de collines d'une faible hauteur, qui sont les Mammboués ou une partie de ces monts. Le Chambèze y prend naissance, mais plus au sud. Quant au Lokouéna, dont ce matin au départ nous avons tourné la source pour ne pas nous mouiller les pieds, il se rend, ainsi que les autres cours d'eau qui sont au nord et à l'ouest de cet endroit, au Lofou ou Lobou, tributaire du Liemmba. Ceux qui viennent des montagnes que nous avons à notre droite vont au levant rejoindre le Loannzou, pour se jeter avec lui dans le lac.

15 *mars*. — Nous nous dirigeons maintenant vers la demeure de Kasonnzo, le chef du lac, et d'un très-grand territoire autour de celui-ci. Passé le Lotchenndjé : cinq mètres de large et de l'eau jusqu'aux genoux; puis gagné le Tchañoumba. Tous ont maintenant un cours rapide et sont débordés avec une eau transparente.

On ne rencontre pas un homme qui n'ait une cognée, comme si tous ces gens-là étaient constamment en guerre avec la forêt. Ma trop longue fièvre me dispose mal à jouir de ce magnifique paysage. Nous sommes évidemment sur la crête; mais les indigènes n'ont pas une idée précise de la direction des rivières.

19 *mars*. — Une bande de jeunes gens du village voisin de l'endroit où nous étions campés est venue pour nous mettre à l'amende, parce que nous n'entrions pas chez eux : « Le fils d'un grand chef doit être reconnu, etc. » Ils avaient l'arc à la main, et tout prêt à décocher. J'ai répondu que nous étions restés là, parce qu'on nous avait dit que nous ne pouvions pas atteindre Kasonnzo le jour même; et que leur chef ne nous avait rien donné. Après beaucoup de paroles et de menaces pour le lendemain, ils sont partis; et grâce au Tout-Puissant, ils n'ont rien fait.

Nous avons pris au nord-ouest, en pleine forêt, ayant à notre droite de longues pentes couvertes d'arbres, et nous sommes arrivés chez Kasonnzo, qui est dans une vallée charmante. De grandes vallées remplies de verdure s'ouvrent maintenant, et beaucoup d'entre elles portent leurs eaux dans le Lovou, ainsi que le Kakannza.

CHAPITRE VIII.

20 *mars*. — Les mêmes traits prédominent. Impossible réellement de compter les cours d'eau qui se dirigent au nord-ouest.

Nous avons trouvé Kasonnzo au confluent de deux rivières. Il nous a serré la main pendant longtemps et paraît être un homme plein de franchise.

Une averse a mis en mouvement les fourmis, et deux heures après notre arrivée nous en étions envahis. On les appelle ici *Kalanndou* ou *Nkalannda*. Décrire leur attaque est littéralement impossible. Je m'éveillai couvert de ces furies; mes cheveux en étaient pleins. Chacune d'elles taille dans votre chair; et plus on veut les chasser, plus elles s'acharnent à leurs morsures, leur insolence n'a plus de bornes. Je sortis de ma case; mais elles fourmillaient partout; elles me saisirent les jambes et mordirent avec fureur; ce n'est que quand elles sont lasses qu'elles vous quittent.

Un bon trait des Baloungou d'ici : quand ils voient apporter des aliments à quelqu'un, ils se retirent. Ni les Makoas, ni les Babisa n'ont cette délicatesse. Les Babemmba également sont très-polis.

Nous avons considérablement descendu pour gagner cette grande vallée du lac, et il y fait beaucoup plus chaud que sur les hautes-terres.

Ici, l'étoffe a plus de valeur, attendu que le vêtement d'écorce est rare. La peau de bique et celle des animaux sauvages sont employées comme draperie, et le jupon des femmes est des plus minimes.

22 *mars*. Traversé le Loéla : trente pieds de large, un de profondeur. Rencontré la tsétsé, que je n'avais pas aperçue depuis que nous avions quitté Tchitapanngoua. Vu du manioc; mais en petite quantité.

Kasonnzo nous a fait une grande réception, à laquelle assistaient des hommes du Tanganîka.

28 *mars*. — Pluie continue; Chouma a la fièvre.

Il y a ici des cotonniers de très-grande taille et de la même espèce que dans l'Amérique du Sud.

Après avoir couché dans différents villages et passé de nombreux cours d'eau, nous sommes arrivés chez Mommbo, dont la résidence est voisine de la rampe qui domine le lac.

31 mars et 1er avril. — Hier j'étais trop malade pour me mettre en marche. J'ai voulu partir; le fils de Kasonnzo, qui se trouvait là, s'y est opposé.

Ce matin nous avons gravi une petite chaîne de collines à l'endroit le moins élevé; et dès que le sommet eut été franchi, l'eau bleue apparut à travers les arbres. J'étais en arrière; mais j'entendis la salve des garçons qui, arrivant au bord de la rampe où rien ne masque la vue, déchargeaient leurs mousquets. C'est l'extrémité sud-est du Liemmba ou du Tanganîka, ainsi qu'on le nomme parfois.

Il nous a fallu descendre au moins de deux mille pieds avant d'être au niveau du lac. Celui-ci paraît avoir dix-huit ou vingt milles de large; et, du nord, le regard embrasse une étendue d'environ trente milles. Quatre rivières considérables débouchent dans cet espace. Une falaise d'à peu près deux mille pieds de hauteur, brisée en différents endroits, règne partout; et, dans cette énorme cuve, repose le lac au sein de rochers couverts de feuillage.

Je n'ai jamais rien vu de si calme, de si paisible que cette nappe d'eau pendant toute la matinée. Vers midi s'élève une brise qui fait prendre aux vagues une teinte bleuâtre. Des îlots rocheux surgissent à l'extrémité orientale, et ont pour habitants des pêcheurs qui prennent, en quantité, de beaux poissons dont ils énumèrent vingt-quatre espèces. Au nord, le bassin paraît se rétrécir comme en un portail; mais les indigènes sont misérablement dénués de connaissances géographiques et n'ont rien pu me dire à cet égard. Peut-être n'ont-ils pas voulu; ils nous tiennent pour suspects; et nous ne pouvons avoir aucune information, il est même difficile d'obtenir autre chose.

Je suis profondément reconnaissant d'être venu jusqu'ici. Ma faiblesse est extrême, je ne marche qu'en chancelant; j'ai dans la tête des bourdonnements continuels; mais le Très-Haut me conduira plus loin.

Latitude de l'endroit où nous avons touché le lac : 8° 46′ 54″; longitude 29° 37′; mais je n'ai calculé qu'une série d'observations, — ma tête n'y est pas.

Hauteur au-dessus du niveau de la mer, par l'eau bouillante et par le baromètre : deux mille huit cents pieds.

Les indigènes ne me permettent pas de faire usage de la sonde.

16 avril. — Après une contemplation d'une quinzaine, ce lac me paraît toujours d'une beauté surprenante; son repos est remarquable; on dit pourtant que, parfois, la tempête le fouette et l'irrite. Il se déploie dans un bassin profond, dont les bords, presque perpendiculaires, ont un manteau de verdure; les rochers qui apparaissent (schiste argileux) sont d'un rouge vif, les arbres d'un vert splendide. De ces rochers, tombent de belles cascades; et des éléphants, des buffles, des antilopes, vaguent sur les plates-formes où ils cherchent pâture et où, la nuit, rugissent des lions. La plage n'est pas à deux milles de la falaise.

Pâmmbété, bourgade où nous avons touché le lac pour la première fois, est entouré de palmiers oléifères, non pas les rabougris du lac Nyassa, mais les élaïs de la côte occidentale, dont la grappe de fruits mûrs exige deux hommes pour être portée. Matin et soir, d'énormes crocodiles se dirigent tranquillement vers leurs terrains de pâture[1], et à la nuit close, ainsi que le matin de bonne heure, ronfle l'hippopotame.

Il y a quelques jours, j'eus un évanouissement qui montre où en arrive la fièvre quand on n'a rien pour la combattre. Je me trouvai m'agitant hors de ma hutte et incapable d'y rentrer. Tombé sur le dos, j'essayai de me relever en saisissant deux piliers qui étaient devant la porte; mais au moment où j'étais presque debout, je lâchai mes appuis et retombai lourdement en arrière, la tête sur un coffre. On me remit dans la hutte, et les Nassikais tendirent une couverture afin que personne de l'endroit ne vît ma faiblesse. Des heures s'écoulèrent avant que j'eusse repris connaissance.

Quant aux Baloungous, ainsi qu'on les appelle, ne comprenant pas le but de notre voyage, ils s'effraient de nos intentions, ce qui les éloigne; ils promettent tout, et ne

---

1. *Their feeding grounds.* Il serait plus juste de dire vers leurs *garde-manger*. Le crocodile ne dévore jamais sa proie immédiatement; il la fait toujours attendre; et plus elle est faisandée, plus il en est satisfait; pour cela, il la dépose dans des trous profonds, où il va la retrouver quand elle est à point, et où il la mange par petites bouchées; l'avalant en sortant la tête de l'eau.

(*Note du traducteur.*)

donnent rien. Sans mon extrême faiblesse, nous serions partis; mais il faut que les forces me reviennent.

La population a été très-réduite par les Mazitous, qui ont enlevé un grand nombre de femmes et d'enfants. Depuis lors, on aime ici à voir les jeunes gens s'équiper à la façon de l'ennemi et en prendre les manières; on ferait mieux de les conserver à l'agriculture. Ils sont tous excesssivement polis.

Les battements de mains, en cas de rencontre, n'en finissent pas; et l'enfilade de saluts qui les accompagne charmerait le Français le plus difficile. Ils ne se bornent point à de vaines formules, leur politesse est réelle : s'ils marchent avec vous, ils écartent les branches, vous avertissent des pierres et des racines qui vous feraient buter. Mais je ne peux pas les décider à me prêter des porteurs pour explorer les bords du lac, ou à me vendre des chèvres, qu'ils ont, à vrai dire, en fort petit nombre et qu'ils gardent dans un îlot.

Le Liemmba se décharge au nord-ouest ou au nord-nord-ouest. J'ai vu des herbes flotter dans cette direction; et le Lonnzoua, le Kohoué, le Kapata, le Louazé, le Kalammboué, débouchant vers l'extrémité orientale, et le Lovou, Lofoubou ou Lofou, au sud-ouest, il doit y avoir une issue pour le déversement de tant d'eau. Toutes ces rivières prennent leur source dans le Mammboué ou dans ses environs, par 10 degrés de latitude méridionale; c'est de là également que vient le Chambèze. On dit qu'en allant au nord-ouest, nous trouverons au Liemmba la même étendue qu'ici; nous verrons bien.

Des éléphants sont venus près de nous; l'un a cassé les arbres qui nous entourent. Je l'ai tiré à l'oreille; mais je suis trop faible pour tenir le fusil d'une main ferme.

30 *avril.* — Commencé notre retour du Liemmba. Passé la nuit au bord du lac et le lendemain à Pâmmbété où nous avons touché le rivage pour la première fois. Je remarque qu'ici, avant de broyer les feuilles de tabac, on leur fait subir un commencement de fermentation, en les exposant au soleil; quand on les a pilées et mis la pâte en masse, on expose de nouveau celle-ci à la chaleur du jour pour la faire sécher.

Le palmier oléifère ne se trouve pas plus à l'est que Pâmm-

Village sur le lac Liemmba (Tanganika).

bété ; on nous donne pour raison que, là-bas, le terrain est pierreux ; et l'explication paraît valable, car ce palmier aime les prairies dont le sol est riche.

1ᵉʳ *mai*. — Je voulais aller au nord-ouest pour voir si le lac se rétrécit ou non ; ils assurent tous qu'il conserve la même étendue jusqu'au delà de Pemmba : ils ne sont pas allés plus loin. Mais, comme nous allions partir, le chef et sa femme nous ont affirmé si solennellement qu'il y avait de ce côté une bande de Mazitous, aux mains de laquelle ce serait nous remettre, que j'ai différé le départ. L'assertion était vraie, — j'en ai eu la preuve ; — elle nous a sauvés du pillage.

Ces bandits ont changé de tactique : ils demandent tant d'individus, tant d'étoffe, et s'éloignent. Comme ils l'avaient annoncé, le village de Mommbo devait être le théâtre de leur prochaine exaction ; ils ont pris douze personnes, quatre esclaves, beaucoup d'étoffe et sont rentrés dans leurs montagnes, situées vers le sud. Notre chef et tous ses hommes guettent avec soin leurs mouvements ; et à leur approche, ils se jetteront dans le fourré qui est à l'ouest du village.

Kasonnzo, je le tiens de bonne source, était en chemin pour venir nous voir, quand il reçut la nouvelle de la mort de son fils. Il nous a envoyé de la bière et des provisions ; mais sont arrivés les Mazitous, qui les ont prises.

Ceux-ci ayant quitté la contrée, nous nous sommes mis en marche et avons passé la nuit à mi-côte de la chaîne. J'ai eu hier au soir un nouvel évanouissement. Les reins n'ont plus de force ; le bourdonnement d'oreilles est continu, et je suis incapable de faire le moindre calcul.

Traversé l'Aïzé, qui forme la cataracte ; quinze mètres de large ; de l'eau jusqu'aux genoux. Les cours d'eau de ce genre sont innombrables.

Village de Mommbo. — Obtenir des informations précises sur le lac et les rivières est d'une difficulté désespérante ; les gens n'ont dans l'esprit aucune exactitude.

Mommbo nous apprend que deux Arabes sont venus chez lui pendant que nous étions au bas de la chaîne, et se sont informés de nous ; mais il a nié notre présence, pensant nous éviter ainsi de l'embarras, et peut-être du mal.

C'est le coton de Fernambouc que l'on cultive ; l'arbuste a

de sept à huit pieds de hauteur. Beaucoup d'étoffe se fabriquait dans ces parages, avant les razzias des Mazitous; elle était rayée de noir et de blanc; on voit encore aujourd'hui beaucoup de châles de ce tissu. Il est curieux que cette espèce de coton ne se trouve qu'au centre du pays.

Dans la direction de l'ouest, sur les hautes-terres, le sol est de niveau et, comme d'habitude, couvert d'une forêt d'arbres rabougris. De longues rangées de collines basses, ou plutôt des rampes de dénudation, placées à notre levant, courent nord et sud. La contrée s'appelle pays de Moami; elle est pleine d'éléphants; mais on en tue fort peu; ils ravagent les cultures, mangent le sorgho; tout cela impunément.

11 *mai*. — Une brève étape nous a conduits à un village — toujours chez Moami; et, pour ne pas être le dimanche dans la forêt, nous y sommes restés.

Les éléphants sont entrés dans le bourg, qu'ils ont parcouru dans tous les sens; pour les empêcher d'ouvrir les récipients où est le grain, on a barbouillé ceux-ci avec de la fiente d'éléphant. Un procédé analogue est employé à Kolobeng pour les vaches qui ne veulent pas se laisser traire; en pareil cas, on enduit les trayons avec de la bouse; le dégoût qu'il en éprouve empêche le veau de téter; la vache s'enfuit jusqu'à ce qu'elle soit torturée par son lait; elle revient alors et consent à ce que le vacher la soulage.

12 *et* 13 *mai*. — On rapporte que Nsama et les Arabes se sont battus; cela nous a fait prendre au nord, en côtoyant le Liemmba, et nous diriger vers la résidence de Mokammbola, qui est au pied de la falaise dont le lac est dominé. Beaucoup de raphias croissent dans le cours d'eau qui arrose le village.

Comme nous commencions la descente, nous avons vu le Lofou venir du couchant et entrer dans le Liemmba. Un bras du lac vient à sa rencontre; au-dessus de l'embouchure, celui-ci va droit au nord, suivant les uns, au nord-ouest, selon les autres: ce qui fait que probablement la direction est nord-nord-ouest.

Arrivé à Karammbo, village situé à deux milles géographiques environ du confluent, et dont le chef est affable et généreux. Derrière la bourgade, se trouve une prairie de quatre milles de large, où des buffles prennent leurs ébats; mais ils sont très-farouches et enfouis dans une herbe gigantesque.

Voandzéia, arachides et sorgho luxuriants.

Le Lofou a ici une largeur d'un quart de mille; en amont, il n'a que trois cents yards.

Tous les soirs le temps est couvert au-dessus de la vallée, d'où il résulte que je ne peux faire d'observations que le matin, lorsque le froid a dissipé les nuages.

Deux de mes gens sont boiteux; nous sommes tous fatigués par une descente de plus de six cents mètres; le chef nous a envoyé du poisson : tout cela nous fait rester. Ce brave homme insiste vivement pour que nous ne descendions pas le lac. Tous les Arabes, dit-il, qui prennent ce chemin, sont tués par Kapoma, le fils de Nsama, pour venger ce que les gens de cette race ont fait à son père, et je pourrais être confondu avec eux. Un Arabe du Sahouahil, venu dans la soirée, a confirmé en partie l'assertion du chef; ce qui me décide à retourner au village de Tchitimeba, où sont réunis les principaux Arabes, qui m'en apprendront certainement plus à cet égard.

Le dernier renseignement recueilli sur le Liemmba est que, très-loin d'ici, au nord-ouest, il est resserré par des rochers, et forme une grande cascade. Jusque-là, dit-on, il garde une certaine largeur, qui, d'après les rapports obtenus, serait de deux milles.

18 mai. — Revenus chez Mokammbola, et repartis pour la demeure de Tchitimeba. Baraka est resté au village; James est allé le rejoindre, et a déposé sur la route son ballot, qui renfermait trois chronomètres. J'ai envoyé chercher mes deux garçons; James est revenu dans la soirée, n'ayant pas d'excuse. Ils croient tous les deux qu'il leur serait facile de regagner leur pays en mendiant, bien qu'ils n'aient pas su me le désigner, alors que nous en étions voisins.

19 mai. — Où nous nous sommes arrêtés, il faisait tellement froid (+ 12° 7/9), qu'après l'office nous avons repris notre marche vers le sud, puis au sud-ouest.

20 mai. — Le village de Tchitimeba était voisin, et fut bientôt gagné. Nous y avons trouvé un grand parti d'Arabes, presque tous des Arabes noirs de la côte. Ils occupaient une portion considérable du village; et lorsque j'eus franchi l'estacade, ils me conduisirent poliment à un vaste hangar, où ils ont l'habitude de se réunir.

Après avoir expliqué d'où je venais, je leur montrai la lettre du sultan. Hamis me donna une chèvre, deux volailles, et beaucoup de farine.

Quant à l'affaire de Nsama, il est difficile d'en connaître le fond. Suivant mes Arabes, le chef les aurait invités à venir chez lui; puis, à leur approche, il aurait appelé tout son peuple, qui serait accouru sous prétexte de voir les étrangers, mais en réalité pour se battre. Je soupçonne les Arabes d'avoir eu peur de la foule et d'avoir ouvert le feu. Il y eut de chaque côté plusieurs morts, et Nsama prit la fuite, laissant le village au pouvoir de ses invités.

D'après une autre version, il y aurait eu dispute à propos d'un éléphant, et les indigènes auraient été les agresseurs.

Toujours est-il que, maintenant, le pays est troublé. Tchitimeba envoya demander aux traitants de venir s'établir chez lui, ce qu'ont fait beaucoup d'Arabes. Ceux qui sont restés au village de Nsama vont piller les bourgades voisines pour se nourrir, et y mettent le feu.

Nous étions là depuis une heure, quand arrivèrent des guerriers de Kasonnzo, avec l'intention de gagner le pays de Nsama, et, si faire se pouvait, de s'emparer de celui-ci « pour le punir d'avoir manqué au droit des gens, en attaquant des hommes qui apportaient des marchandises dans la contrée. » Il fut alors résolu par les Arabes qu'ils se joindraient à cette nouvelle expédition, et feraient le plus de mal possible à l'ennemi. Ce sera un pillage, chacun prendra tout ce qu'il pourra, — bêtes et gens, — et quittera la partie dès qu'elle paraîtra dangereuse.

Ceci met une large barrière entre nous et le lac Moéro, qui est à l'ouest; mais je me fie à la Providence, qui m'ouvrira le chemin. Je pense maintenant à prendre au sud, puis au couchant, ce qui me fera tourner le pays où l'on est en guerre.

Les principaux Arabes de la bande sont Hamis-Ouodim-Tagh, et Saïd-ben-Ali-ben-Mansoure, tous deux associés de l'une des maisons de commerce les plus importantes de Zanzibar.

Hamis s'est montré pour moi d'une extrême bonté; non-seulement il m'a donné des vivres, mais de l'étoffe, de la verroterie et des informations.

24 *mai*. — Toujours au village de Tchitimeba; il faut voir la tournure que prendront les affaires. Des Arabes sont partis ce matin avec les gens de Kasonnzo; ils rapporteront des nouvelles. Après cela, je me dirigerai vers le sud, puis à l'ouest.

Écrit à Sir Thomas Maclear, pour lui donner la position du Liemmba, et au docteur Seward, dans le cas où les autres lettres s'égareraient.

Nous sommes au début de la saison chaude; ce qui correspond au mois de juillet des latitudes plus méridionales.

Un léopard a tué trois chèvres à côté du village, et cela en plein jour.

28 *mai*. — On dit que Nsama a demandé pardon aux Arabes et a promis de les indemniser de tout ce qu'ils ont perdu; il ignorait que ses gens les avaient volés. Nous saurons dans un jour ou deux à quoi nous en tenir. Les uns croient aux paroles de Nsama; d'après les autres, il ne veut que gagner du temps pour construire une nouvelle estacade. En attendant, les gens de Kasonnzo lui ravagent son territoire du côté de l'est.

Hamis désire vivement que je ne parte pas avant le retour de Kamepâmmba, qui rapportera des nouvelles certaines; il s'occupera alors de me faire passer en toute sécurité de chez Kasonnzo, dont tout le monde reconnaît la droiture, au village de Tchihouéré.

1ᵉʳ *juin*. — Un autre parti de maraudeurs a été envoyé ce matin chez Nsama, avec ordre de piller son territoire, à l'ouest du Lofou. La bande s'est mise en marche à contre-cœur, la mission lui déplaît; mais quand elle aura goûté du pillage, elle en sera plus satisfaite.

Près de la résidence de Moammba, par 10° 10′ de latitude méridionale, la ligne de faîte commence à s'incliner vers le nord; mais les cours d'eau sont extrêmement tortueux, et les gens n'ont sur leur direction que des idées très-confuses. Ainsi, chez Moammba, tous les hommes m'ont affirmé que le Lokhopa va s'unir au Lokholou, pour gagner avec lui une rivière qui se jette dans le Liemmba; mais au même endroit une jeune femme, qui paraissait très-intelligente, soutenait que le Lokhopa et le Lokholou vont rejoindre le Chambèze ; et je les ai marqués de la sorte. Les affluents du Chambèze et ceux du Liemmba s'entortillent les uns dans les autres, et il faudrait un examen beaucoup plus étendu que je ne peux le faire pour débrouiller leurs cours.

Au nord de Moammba, sur le Mérenngé, l'inclinaison commence à se faire vers le Liemmba. Avec les tributaires du Lofou, qui prend naissance sur le territoire de Tchiboué, nous avons de longues chaînes de dénudation, d'une hauteur de cent quatre-vingts à deux cents yards, et couvertes d'arbres. Les vallées qui bordent ces collines versent leurs eaux directement dans le Liemmba, ou dans les quatre rivières qu'il reçoit.

Le pays descend peu à peu ; il devient plus chaud, et la tsétsé et les moustiques reparaissent ; enfin on arrive à la cavité remarquable où repose le lac. Plusieurs cours d'eau tombent du sommet des rochers à pic et forment de belles cascades. Aussi loin que la vue peut s'étendre, on voit au nord et à l'est se continuer les lignes de dénudation ; une chaîne s'élève derrière une autre ; et probablement les pentes se continuent jusqu'au Tanganika. La ligne de partage s'étend au delà de Casemmbé ; et le Louapoula ou Chambèze prend sa source entre les mêmes parallèles que le Lofou et le Lonnzoua.

Les Arabes me disent qu'entre ceci et la mer, à une distance d'environ deux cents milles, se trouve l'Ousanngo, dont les habitants ont simplement la peau brune — le teint des Portugais, — et accueillent parfaitement les étrangers. Ces gens ont beaucoup de bêtes bovines ; leur chef s'appelle Miréré[1]. D'ici à l'Ousanngo, mes informateurs comptent vingt-cinq jours ; et de l'Ousanngo à la mer, cinquante-trois, ce qui fait quatre cent quarante milles.

Outchéré est très-loin vers le nord ; mais un naturel m'a dit que, de chez Kasonnzo, il allait en huit jours à une fabrique de sel qui se trouve dans cette direction. Miréré fait souvent des razzias de bétail ; il y est poussé par sa mère.

---

1. Lors du retour des serviteurs de Livingstone, en 1873, le bruit courait que ce chef avait été tué.

Bien que la contrée soit couverte de bois interminables, ce que nous entendons par forêt vierge se voit rarement dans cette partie de l'intérieur. Les insectes font mourir une quantité d'arbres, ou les empêchent de se développer; les indigènes en mutilent beaucoup pour faire leur étoffe; les éléphants en abattent un grand nombre, et les arbres gigantesques ne se rencontrent que çà et là. On peut s'attendre à en voir dans les vallées des montagnes; mais généralement les arbres sont rabougris et offrent peu de diversité. Par contre, les différentes sortes d'oiseaux qui chantent dans le feuillage semblent être plus nombreuses que dans la région du Zambèze. Je suis surpris de la quantité de voix nouvelles que j'entends; mais je ne tire pas ces oiseaux-là.

Le pays dans lequel nous sommes est appelé Ouloungou par les Arabes, ainsi que par les indigènes; celui qui est au nord-ouest porte le nom de Maroungou.

Hamis est en bons termes avec les Mazitous de l'est, qui ne se livrent pas au pillage et sont des Vouatouta. Leur chef a envoyé récemment un message à Kasonnzo; l'homme, ayant reçu un présent, est revenu enchanté.

Des gens sont arrivés du nord-est pour s'enquérir de l'état des choses. Hamis, qui voudrait me voir en sûreté, me recommandait de partir avec eux, puis de remonter la côte du lac jusqu'à Oujiji; mais cela ruinerait le plan que j'ai formé de découvrir le Moéro et de suivre la ligne de faîte, pour savoir si le bassin qu'elle alimente est celui du Congo ou celui du Nil. Hamis n'a pas été content de me voir préférer la route du sud; j'avais l'air de rejeter son conseil. Puis il m'a dit d'attendre l'arrivée de ses hommes, afin de parler de cela avec plus de certitude.

A cette question : Y a-t-il de grandes montagnes dans le pays? on m'a répondu que le Moufipa, ou Fipa, qui est en face de l'extrémité méridionale du lac, est la plus élevée : du haut de ses pentes, on voit le Tanganika. Elle donne probablement naissance au Louazé et au Nkalammboué.

Rien d'intéressant dans le village. Tous les hommes sont occupés à préparer les repas et les vêtements, à faire des nattes ou des paniers; tandis que les femmes nettoient le grain pour eux et en font la mouture, ce qui est une longue et rude besogne. Elles le mettent d'abord sécher au soleil, puis elles le pilent dans un mortier; elles le vannent dans une corbeille plate, pour en retirer la poussière et l'écorce, et ensuite l'écrasent sur la pierre. Il ne leur reste plus qu'à aller chercher de l'eau et du bois pour le faire cuire.

L'autre jour, le chef a menacé de brûler sa propre maison et tout ce qu'elle renfermait, parce que des malfaiteurs s'y étaient introduits et l'avaient volé; mais il n'est pas allé jusque-là. C'était pour faire savoir aux Arabes qu'il était en éveil.

Quelques-uns des gens qui sont allés se battre ont attaqué un gros village et tué plusieurs indigènes; en tirant dans les broussailles, ils ont tué aussi un des leurs, et en ont blessé un autre.

J'ai demandé à un Arabe qui a navigué sur le Tanganika, quelle était la direction du courant. Il m'a répondu : Au sud!

Les bergeronnettes bâtissent leurs nids dans le chaume des cases; elles sont très-affairées. Les autres bêtes, ainsi que les hommes, montrent la même ardeur au travail.

Je suis très-perplexe à l'égard de la route que je dois suivre. Quelques Arabes paraissent décidés à prendre au couchant, dès qu'ils pourront s'entendre avec Nsama; les autres continuent à se méfier de lui. On l'attend aujourd'hui ou demain; et aller directement à l'ouest, au lieu de tourner au sud, épargnerait tant de chemin et de fatigue, que j'hésite à prendre cette dernière route.

Hier sont arrivés plusieurs Arabes venant du côté du Liemmba. L'un d'eux a voyagé sur le Tanganika, et dit que les vents y sont mauvais; mais pas un n'a sur le Liemmba d'idée précise. Ils donnent à sa partie inférieure le nom de mer, et pensent qu'il diffère du Tanganika.

Une observation attentive des Baloungou me fait croire qu'ils sont excessivement polis. Pour se saluer, ils s'agenouillent, se prennent la poitrine, puis battent des mains près du sol. Quelques-uns, plus rampants, baisent la terre quand ils sont devant un chef; la masse se borne à s'agenouiller, en étendant les avant-bras le plus possible, et courbe la tête en disant : « *O Adjadla tchiousa, Mari a bouino*[1]. » Dans cer-

---

[1] Dans l'Ousanga, on dit : « *Adjé sennja.* »

tains villages, les battements de mains, qui s'adressent même aux égaux, ne cessent pas de retentir. Les vieillards sont tous généralement salués. D'où peut venir cette extrême déférence des uns pour les autres? Je ne me l'explique pas; la crainte n'y est certainement pour rien; ils ne craignent pas même leurs chefs. La domination, qui en d'autres lieux s'établit par de stupides cruautés, n'existe pas chez ces peuples. Ils sont cependant gouvernés; et, à tout prendre, ils le sont même fort bien.

Les gens qu'on a envoyés chez Nsama pour le punir, et qui ne l'ont fait que sur l'injonction des chefs, sont revenus, l'un avec un tabouret, l'autre avec une natte; celui-ci rapporte une calebasse d'arachides, ceux-là un peu de viande sèche, ou un arc, ou une pioche — pauvre solde pour un si rude travail : quinze jours à chasser des fugitifs et à brûler des villages.

16 juin. — On a appris ce matin qu'une caravane a perdu près de quarante hommes de la *ndoué* (petite vérole) dans le sud-ouest du Lonnda, et que les indigènes, ayant eu connaissance du différend qui existe entre Nsama et les Arabes, n'ont rien voulu vendre aux chefs de cette caravane : pas plus de provisions de bouche que d'ivoire. Nouvel empêchement à ce que nous prenions cette route.

17-19 juin. — Hamis est allé au-devant de la caravane du sud-ouest, pour l'empêcher de venir ici et d'y répandre la petite vérole; elle s'est arrêtée à deux heures du village. Cette caravane apporte de bonnes nouvelles de quelques Arabes qui sont encore plus enfoncés dans l'ouest : un Sélim ou Séid ben Oumali demeure aux environs de Casemmbé, dans un village dont nous sommes à dix jours de marche; un autre, appelé Djouma-Mérikano ou Katata-Katannga, habite un endroit plus septentrional; et Saïdi-ben-Habib est à P'houito, qui se rapproche du Tanganîka.

La bande qui arrive fait partie des forces d'Hamis; maintenant celui-ci va aller trouver Nsama pour arranger l'affaire : il présume que ce dernier a peur de venir, et il est décidé à faire la première démarche.

Tout bien considéré, et quel que soit l'ennui qui en résulte, je pense qu'il vaut mieux attendre que d'aller au sud et à l'ouest; car je pourrais alors ne pas voir le Moéro, qui n'est, dit-on, qu'à trois jours de la demeure actuelle de Nsama. Les gens de celui-ci y vont chercher du sel; je ne pourrais pas m'y rendre sans être reconnu par eux, et peut-être pris pour un Arabe.

Hamis conseille aux traitants de patienter; son avis est d'aplanir la voie par des présents et de s'assurer des dispositions des indigènes. Il espère s'entendre avec le chef et arriver à une paix définitive. Pour montrer que son espoir n'a rien de déraisonnable, il rappelle que, lorsque les hostilités commencèrent, Nsama envoya deux dents d'éléphant au village d'où il venait d'être chassé, témoignant par là de ses intentions pacifiques. Mais les Arabes soupçonnèrent une trahison; ils tirèrent sur les porteurs d'ivoire, qui furent tués. Dix chèvres et une nouvelle défense furent encore envoyées par le chef; les Arabes les refusèrent. Hamis croit avec raison que, s'il avait été là, le différend se serait terminé à l'amiable.

Chacun se plaint du froid; la position est élevée, et nous sommes au bord du Tchiloa, derrière un groupe d'arbres qui, le matin, nous cache le soleil. Le thermomètre descend alors à 7 ou 8 degrés, et parfois n'en marque qu'un demi au-dessus de zéro. Cette température pousse les gens à faire du feu dans leurs cases, et souvent la maison brûle.

24 juin. — Tous les Arabes sont en prière et lisent le Coran, pour savoir la route qu'il faut suivre. Ils doivent se réunir demain, afin de délibérer sur le parti à prendre à l'égard de Nsama. Celui-ci paraît tenir Hamis en grande estime : « Qu'il vienne, et tout s'arrangera, » a-t-il répondu aux gens qui lui en parlaient. Hamis se propose d'aller le trouver, avec une faible escorte. Ces Zanzibarites sont tout différents des traitants aïahous.

25 juin. — Bien que convoqués, les Arabes ne se sont pas réunis : ce sera pour demain.

De jeunes bergeronnettes, presque entièrement empennées, se sont mises au vol, laissant l'une d'elles au fond du nid. Respectées par tout le monde, elles ne sont pas craintives; et à l'approche de leurs parents, elles se sont élancées en jetant de petits cris de joie. Le père et la mère ont essayé de faire venir celui qui restait, allant au bord du berceau, l'appelant à plusieurs reprises, s'envolant tout à coup, et se retournant pour voir s'il venait; le petit n'a pas bougé. Cette manœuvre a duré plusieurs jours; ce matin, il est parti avec les autres.

27 juin. — Il a été décidé, par les Arabes, qu'Hamis irait trouver Nsama le lendemain du jour où paraîtrait la nouvelle lune. Cette date a pour eux une grande importance; le mois où nous sommes a été malheureux; ils veulent essayer du mois prochain.

28 juin. — Un mariage a eu lieu aujourd'hui parmi les traitants. Cent cartouches à poudre ont été brûlées; et une procession de mâles, en habit de gala, a traversé le village. Ils chantaient à pleine voix, mais d'une façon peu musicale. Des femmes se répandaient du grain sur la tête[1], comme souhait de prospérité.

On dit que Nsama attend les Arabes derrière sa nouvelle estacade. Il m'est impossible de dire au juste à qui revient le blâme dans cette affaire; car je n'ai entendu qu'un son. Mais l'empressement qu'ont mis les chefs de cette partie de la province à punir son infraction au droit des gens, et lui n'ayant pas protesté, me fait supposer que Nsama est le coupable. Sûr de son innocence, il aurait fait demander aux Baloungou pourquoi ils l'attaquaient sans motif.

Les Vouasonngo ressemblent beaucoup aux Zoulous; ils sont nus, et ont une quantité prodigieuse de gros bétail, qui habite les mêmes cases que leurs propriétaires. Chez eux, on a un bœuf pour deux choukahs[2]; le lait en abondance. Miréré est très-généreux et donne souvent un bœuf. Il n'a pas de riz, mais a de l'éleusine et du maïs, et avait beaucoup d'ivoire lors de la première visite des Arabes; maintenant il n'en a plus. Hamis ne lui a enlevé aucun de ses sujets, pour que le riz puisse être cultivé dans la province.

1ᵉʳ juillet. — Aujourd'hui, nouvelle lune, à dix heures du soir, — heure précise. C'est, pour nos musulmans, une époque de prière et le moment de faire des charmes; ils sont, à cet égard, d'une ponctualité scrupuleuse.

---

1. Il y a dans ce fait un grand rapport avec la coutume anglaise qui consiste à jeter du riz aux mariés.
2. La choukah est une brasse d'étoffe.

Un certain nombre de figures cabalistiques ont été dessinées par Halfani, et l'on croit pouvoir y découvrir les projets de Nsama; c'est probablement un reste de la science occulte qui régnait en Arabie avant la prédication de Mahomet. La descente des Arabes sur la côte africaine paraît avoir précédé la venue du Prophète.

3 juillet. — On attend les gens de Kasonnzo. Tous les capturés ont été rendus; Nsama a reçu, en outre, une quantité d'étoffe; les choses semblent donc bien marcher. C'est aujourd'hui que paraîtra la nouvelle lune : les Arabes comptent d'une apparition à l'autre, non pas, comme nous, de la conjonction.

4 juillet. — Katahouanya, un traitant, est venu se joindre aux pacificateurs; il arrive du Liemmba, où il s'est rendu après nous et d'où il y a envoyé ses gens à la ronde, chercher partout de l'ivoire. S'en procurer est leur unique souci, et ils ne comprennent pas que je songe à autre chose.

6 juillet. — Un tremblement de terre s'est produit à trois heures trente minutes du matin; la secousse a été accompagnée d'un grondement sourd; elle n'a duré que peu de secondes. Je me suis senti comme à flot; mes gens sont accourus me demander ce que c'était. Nulle part on ne peut être en lieu plus sûr : les cases ne s'écroulent pas; et il n'y a pas de roches élevées dans le voisinage.

Baromètre 0,635 : température $+ 20°59$. Épais cumulus; pas de pluie survenue.

7 juillet. — Hamis est parti ce matin avec une suite de trois cents hommes, parés de ce qu'ils avaient de plus beau. Il déclare n'avoir que des idées conciliantes. Kasonnzo, Mommbo et Tchitimeba, ont envoyé leurs gens, et doivent venir eux-mêmes pour user de toute leur influence en faveur de la paix.

Saïdé a fait halte ici; avant le départ il a mis un peu d'encens sur un brasier, et tous les chefs de la bande se sont unis dans une courte prière. Ils font tout cela gravement et semblent avoir une foi sincère dans leurs incantations. Je désirais aller avec eux; Hamis s'y est opposé : il n'est pas sûr des intentions de Nsama; et il ne veut pas qu'il m'arrive malheur tant que je serai avec lui.

CHAPITRE VIII.

8 juillet. — Kasonnzo a trouvé une excuse pour ne pas venir. Deux hommes, des Arabes, à ce que l'on prétend, se seraient rendus au village de Tchiboué, où on les aurait mis à mort; et Kasonnzo est obligé d'aller voir ce qui en est.

Les gens qui partent avec Hamis emportent chacun des vivres, preuve qu'ils n'ont pas l'intention de se livrer au pillage. En leur absence, j'emploie mon temps à lire le Dictionnaire de la Bible de Smith et à calculer différentes positions que j'ai relevées pendant la route. J'étudie le baouloungou; mais j'y fais peu de progrès.

Les propriétaires des cases que l'on prête aux étrangers ont, par le fait de ce prêt, beaucoup de besogne. Au départ des visiteurs, il leur faut nettoyer les huttes ; puis se nettoyer eux-mêmes de la poussière qu'ils y ont gagnée; ensuite laver leurs vêtements salis par le nettoyage. Toutes les fois que celui qu'ils logent est une connaissance, ils joignent la nourriture au gîte; et rappelons-nous que ce sont eux qui préparent les repas. Mon séjour ici me permet de voir que les indigènes, — hommes et femmes, — travaillent presque sans cesse. Les premiers font des nattes, filent le coton ou fabriquent de l'étoffe; il est impossible d'être témoin de leur assiduité à leurs petits travaux et de dire que ces gens-là sont paresseux. Je ne leur vois prendre de repos que dans la matinée, vers sept heures, moment où ils se réunissent pour jouir des premiers rayons du soleil, quand celui-ci vient éclairer notre bouquet d'arbres; et même souvent ils profitent de l'occasion pour enfiler des perles.

Les sujets de Nsama, à ce que j'entends dire, ont traversé le Lovou à Karammbo et pillé le village pour se venger de ce qu'ils ont souffert. Depuis lors, les gens dudit endroit n'osent pas aller à la pêche dans la crainte d'être pris, s'ils s'éloignent de leur estacade.

Les Baloungou sont, en général, grands et bien faits ; chez la plupart l'angle facial est à peu près le même que celui des Européens; et l'on ne voit certainement pas chez eux plus de talons d'alouette que chez les blancs. Hommes et femmes, surtout ces dernières, s'arrachent une ou deux incisives de la mâchoire inférieure. Les hommes font usage d'un arc de plus de six pieds de long et d'une faible courbure.

14 juillet. — Aux présents qu'il m'a déjà faits, Saïdé a joint de nouveaux grains de verre; tous ces Arabes sont pour moi d'une extrême bonté, ce que j'attribue en grande partie à la lettre de Saïd Medjid.

Hamis a traversé le Lovou à un endroit guéable. Les gens de l'autre rive ont refusé de porter son message à Nsama; il a été forcé de les y contraindre, et l'a fait en détruisant leur estacade. Même refus au second village, dont l'estacade a subi le même sort. Après cela les villageois se chargèrent de la commission et allèrent trouver le chef, qui, non-seulement accorda l'entrevue, mais envoya des vivres, de la bière et des bananes en abondance; — le pays est d'une extrême fertilité. Nsama vint ensuite et ratifia la paix en faisant échange de sang avec plusieurs des employés d'Hamis. C'est, dit-on, un vieillard excessivement bouffi, ne pouvant plus se mouvoir, et auquel des femmes entonnent constamment de la bière. Il a donné dix défenses à Hamis, lui en a promis vingt autres, et s'est engagé à faire tous ses efforts pour que ses gens rendent aux Arabes ce qu'il leur ont pris. Il doit nous envoyer une ambassade après la nouvelle lune.

Rien d'ennuyeux comme cette longue attente; mais j'espère que ce rude exercice de ma patience me vaudra de voir le Moéro, que je n'aurais pas pu visiter si Hamis n'avait pas fait la paix.

17 juillet. — Un lion a rugi avec fureur la nuit dernière; il suivait probablement les buffles qui viennent parfois s'abreuver près du village. Ces animaux sont très-farouches; ainsi du reste que tout le gibier, par crainte des flèches.

J'ai la paupière gauche et les parties voisines affectées d'une maladie curieuse: une légère démangeaison, suivie d'un gonflement très-fort; ce doit être une sorte d'impétigo. Le soleil paraît me guérir, ce qui me fait faire de très-longues promenades.

Latitude : 8° 57' 55". Longitude E. environ 28 degrés.

24 juillet. — Un incendie a éclaté ce matin vers quatre heures. Il ne faisait pas de vent; et de notre côté, on a pu enlever tous les toits de chaume. Ceux des greniers, qui ne tiennent pas à la muraille, ont promptement disparu. Les Arabes ont essayé de faire le vide autour d'eux; ne le pouvant pas, ils ont fait porter leur ivoire et leurs marchandises en dehors de l'estacade. Tout leur quartier a été consumé; trois chèvres ont péri dans les flammes.

Tchitimeba nous a quittés; c'est, dit-il, pour sauver ses jours. Son intention est probablement de faire valoir cette fuite comme une excuse auprès de Nsama, quand nous serons partis : « Moi aussi, j'ai été obligé de fuir de mon village pour ne pas mourir! Que pouvais-je faire pour vous » Telles seront ses paroles; du moins je le suppose.

Beaucoup d'esclaves sont arrivés des deux estacades qui ont été détruites. On les rendra, m'assure-t-on, quand l'ivoire promis aura été livré.

Lorsqu'on a dit à Nsama qu'un Anglais désirait passer chez lui, pour gagner le Moéro, il a répondu : « Qu'on me l'amène; je lui donnerai des hommes pour le conduire. »

Hamis fait construire un temmbé (maison dont la toiture est plate et la muraille crépie avec de la terre), pour y mettre son ivoire pendant son absence, afin qu'il soit à l'abri du feu.

Nous espérons que Nsama enverra ses gens le 2 août, époque de la nouvelle lune. Si l'ambassade ne vient pas, Hamis fera prendre son ivoire.

28 juillet. — Prières avec les litanies.

L'esclavage, en tout lieu, est un grand mal. Une pauvre vieille femme et un enfant sont parmi les captifs. L'enfant peut avoir trois ans et paraît être le favori de sa mère. Ses petits pieds sont écorchés pour avoir marché au soleil. On l'a offert pour deux brasses de calicot et la mère pour une seule[1]. Il a très-bien compris; et s'est mis à sangloter en s'accrochant à elle; mais sa mère n'y pouvait rien; on les a séparés à Karoungou.

29 juillet. — Je suis allé au village de Ponnda qui est à deux heures et demie du côté de l'ouest, et où demeure un Arabe que les indigènes appellent Tipo-Tipo; son vrai nom est Hamid-ben-Mohammed-ben-Djouma-Boradjib. Il m'a donné une chèvre, une pièce de calicot blanc, quatre gros paquets de verroterie, un sac de sorgho et s'est excusé de m'offrir si

---

[1]. Il ne faut pas croire que ce soit à vil prix. Dans les temps de famine, qui suivent les razzias des marchands, filles et garçons peuvent s'obtenir pour quelques poignées de maïs.
(WALLER.)

peu de chose; il a beaucoup perdu par le fait de Nsama, et a reçu deux flèches dans la bagarre. Les Arabes n'avaient pas plus de vingt fusils; mais quelques-uns se trouvaient à l'intérieur de l'estacade; et les gens de Nsama, bien que très-nombreux, furent battus et prirent la fuite, emportant leur gros chef. On a raconté qu'il y avait dans le village des caisses ayant appartenu à des Arabes qui étaient morts précédemment; mais Saïdé affirme que c'est une erreur.

Ici, les noms de famille ne semblent pas exister; le fils porte celui de sa mère, et, quand le père est mort, il peut en prendre le nom. Le mariage entre parents est défendu jusqu'au troisième degré; les cousins du premier et du second degré sont appelés frères et sœurs.

Une femme, dont l'enfant a mal aux yeux, lui a mis des ventouses sur les tempes et en a jeté le sang sur le toit de sa hutte, en qualité de charme[1].

---

[1]. Pour mettre les ventouses, les Africains emploient une corne de chèvre, percée d'un petit trou à la pointe. La base de la corne est appliquée sur la peau; et le vide se fait par la succion, au moyen d'un petit morceau de caoutchouc mâché, que l'opérateur a dans la bouche. Au moment convenable, celui-ci ferme le trou de la corne avec sa langue. Quelques incisions sont faites avec un petit couteau; et la corne est réappliquée pour tirer le sang. Bien que primitif, le moyen est très-bon et partout en grande faveur. (WALLER.)

CHAPITRE IX.

Négociations de la paix avec Nsama. — Glanes géographiques. — Araignée couveuse. — Arrivée au Lofou. — Chez Nsama. — Mariage d'Hamis. — Fuite de la jeune épouse. — Incendie. — Anxieux de visiter le lac Moéro. — Funérailles d'un Arabe. — Maladie grave. — Remis en marche. — Rencontre de marchands d'esclaves. — Découverte du Moéro. — Description du lac. — Renseignements à l'égard du Chambèze et du Louapoula. — Livingstone entend parler du lac Bemmba. — Tombeau de Lacerda. — Casemmbé est averti de l'approche de Livingstone. — Rencontre de Mohammed Bogharib. — Petit lac Mofoué. — Arrivée chez Casemmbé.

1ᵉʳ *août* 1867. — Hamis envoie des mandataires au village de Tchihouéré pour y faire du commerce.

Zikoué est ici le nom de la grande sauterelle. Les gens du Sahouahil l'appellent *zigé* ou *nzigé* et *pannsi*.

L'un des pieux qui forment la porte de notre estacade est surmontée d'une pierre trouée; cette pierre est oblongue, taillée d'un côté en biseau, et a sept ou huit pouces de long sur quatre de large; le diamètre du trou central est d'environ un pouce et demi. C'est une preuve que les anneaux se fabriquent par un procédé de forage. La pierre en question est en porphyre d'une teinte rosée, et ressemble un peu à celle dont une femme de Bushman, que j'ai rencontrée en 1841, se servait pour donner du poids à son bâton de fouilleuse. Une pierre pareille à la nôtre se voit à un portail des environs de Kasonnzo. Les gens ne lui connaissent d'autre emploi que celui de charme, écartant du village tous les maux qui pourraient l'assaillir.

2 *août*. — L'un des chronomètres s'est arrêté aujourd'hui, sans autre cause apparente que le tremblement de terre.

Il est probable que le tintement d'oreilles qui m'est resté de la maladie que j'ai faite au bord du lac, est dû à la mal'aria.

3 août. — Nous attendons tous les jours le message de Nsama ; il devait l'envoyer après la nouvelle lune, qui a fait son apparition.

5 août. — Les gens de Nsama sont arrivés hier ; mais pour dire à Hamis d'attendre un peu, Nsama n'ayant pas encore reçu tout l'ivoire ni tous les objets volés. L'ambassade est restée ici jusqu'à la chute du jour. Celui qui en était le chef, un nommé Katala, m'a dit que le Lonnda est à huit journées de route de Nsama ou du Moéro, et, qu'en y allant, nous traverserons le Movoui, grand cours d'eau qui se jette dans le Loapoula ; une autre rivière, appelée Mokoboua, vient du sud-est et débouche dans le Moéro.

Le territoire de Nsama et le peuple qui l'habite portent le nom d'Itahoua.

A un jour de marche de la résidence de Nsama, on trouve une source chaude, nommée Paka-Pézhia. Autour de cette fontaine, le sol tremble parfois ; il est possible que le tremblement de terre que nous avons ressenti provienne du même centre d'action.

6 août. — Le temps devient plus doux ; c'était le vent du sud qui avait fait baisser la température.

Tous les Arabes nous font de bons rapports des Vouasonngo. Ces derniers ont pour leur bétail des bâtiments à toiture plate, d'une énorme grandeur : quatre cents mètres de long, nous dit l'un des témoins. Le chef, Miréré, a sa demeure dans une de ces étables ; le lait, le beurre et le fromage sont en abondance. La peuplade est très-nombreuse ; je crains bien qu'elle ne soit gâtée par les mandataires des Arabes.

7 août. — Quelques-uns de mes hommes sont allés à Karammbo ; le chef les a retenus en disant : « Je ne veux pas que vous partiez, vous autres Anglais, pour me laisser dans l'embarras avec ces marchands. » Voici à quelle occasion : un esclave, qui avait été remis à la garde d'un homme du village, s'est évadé. Les Arabes se sont rendus à Karammbo et ont réclamé le prix du fugitif ; le chef leur a offert de l'étoffe ; ils l'ont refusée : c'était un homme qu'il leur fallait ; on leur en a donné un ; mais cet homme avait deux enfants ; ils les ont demandés. Avec leurs fusils, ils font tout ce qu'ils veulent. Mes gens toutefois leur ayant parlé, ils ont quitté le village. Le chef me supplie d'aller lui faire une seconde visite : « d'un jour seulement »; mais c'est impossible; car nous allons partir. J'ai fait dire à Hamis ce qui s'est passé à Karammbo. Il a répondu qu'ils étaient sur le point de découvrir l'homme qui leur soutirait leurs esclaves en les faisant échapper. Les Arabes ont avec eux des escouades d'inférieurs qui se livrent à toutes les exigences, maltraitent les indigènes, prennent le grain et les volailles sans payer. L'esclavage fait de mauvais voisins.

Hamis est en bon termes avec des Mazitous qui ont renoncé, dit-il, au meurtre et au pillage. Ils enlevaient autrefois beaucoup de bétail; maintenant ils en ont très-peu. Quelques hommes de cette tribu l'ont accompagné chez Kasonnzo, pour lui montrer le chemin.

Ici, la vente de l'homme se fait publiquement et de la même manière qu'au marché de Zanzibar : le vendeur va et vient, en criant le prix qu'il veut avoir de l'esclave qui marche derrière lui; si c'est une femme, on la fait entrer dans une case pour l'examiner en détail.

Quelques Arabes pensent que les aérolithes sont des pierres jetées à Satan, à cause de sa méchanceté. Ils croient que des canons ont été portés sur le Kilimandjaro par les premiers Arabes qui vinrent dans le pays; et que ces canons y sont encore. Ils nient fermement que Von der Decken ait fait plus que de tourner une portion de la base de la montagne ; gravir celle-ci ne lui aurait pas été possible : tous ses ânes et quelques-uns de ses hommes étaient morts de froid. Hamis semble être l'oracle géographique de M. Cooley [1].

On n'obtient des Arabes sur les contrées du nord-ouest que des renseignements très-vagues; ils grandissent les difficultés de la route, parlent d'anthropophages chez qui tous les morts sont achetés comme viande de boucherie; ce qui ne s'accorde pas avec cette autre assertion que lesdits cannibales ont des moutons et des chèvres en très-grand nombre.

---

1. On se rappelle que, d'après le rapport d'un Arabe, M. Cooley dressa une carte où une mer intérieure, embrassant les lacs Nyassa, Tanganîka et Nyanza, occupait tout le centre de l'Afrique orientale; et que M. Cooley, persuadé de l'exactitude du fait, soutint son opinion contre Burton, Baker, Speke et Stanley.
(*Note du traducteur.*)

Le Roua, dont le chef se nommerait Kiommbo, est à dix journées à peu près à l'ouest du Tanganîka. A cinq jours au delà de ses limites, on gagne un lac ou une rivière d'une largeur de dix milles, et qui, dit-on, s'appelle Logarahoua. Les eaux se dirigeraient toutes vers le nord ; mais nulle confiance ne peut être accordée à ces informations.

Un autre assure que le Tanganîka a un écoulement septentrional, et forme une grande eau par de là l'Ougannda ; mais on ne peut pas s'en rapporter à ces métis arabes ; ils ne font attention qu'à l'ivoire et à la mangeaille.

25 août. — Nsama a réclamé son fils qui a été pris dans le combat ; le ravisseur a fait à cet égard quelque difficulté ; toutefois Hamis a triomphé de sa résistance ; et le fils du chef a été renvoyé aujourd'hui avec neuf autres captifs.

Nous n'attendons plus, pour partir, que les gens de la suite des Arabes qui sont disséminés dans le pays.

Hamis m'a donné de la farine, des gâteaux, un poulet, une gigue de chèvre et un morceau d'élan. Ce dernier s'appelle ici *pofou*[1], comme à Kolobeng[2].

Il y a ici un figuier dont l'écorce porte de grosses loupes, de même que chez certains acacias. Un autre a l'aspect d'un malolo du Zambèze, avec des proportions beaucoup plus grandes. Un bois jaune, quand on le brûle, répand l'odeur de l'encens.

On trouve à l'intérieur des cases, un morceau de papier d'un blanc pur qui est appliqué sur la muraille. Ce feuillet, d'un pouce et demi de diamètre, est le nid d'une grosse araignée ; il recouvre quarante ou cinquante œufs, et est entouré d'une bande de papier plus mince, qui paraît avoir pour objet d'en solidifier l'attache. Pour le faire, l'araignée se meut en décrivant des lignes ondulées ; quand il est fini, elle s'y pose, les huit pattes étendues, et y reste immobile pendant trois semaines, prenant et mangeant n'importent quels insectes,

---

1. Les Mânnganyas l'appellent *tchéfou* ; la syllabe *fou* ou *vou*, chez ces derniers, termine les noms de tous les animaux qui ont une grande force ; ainsi l'éléphant s'appelle *ndjobvou* et l'hippopotame *m'vou*. (WALLER.)

2. Troisième station habitée en Afrique par Livingstone ; établissement fondé par lui, entre les 24ᵉ et 25ᵉ parallèles au sud de l'équateur. Voy. Livingstone, *Explorations dans l'Afrique australe*, Paris, Hachette, 1859, p. 24.
(*Note du traducteur.*)

les blattes par exemple, qui viennent à sa portée. Au bout des trois semaines, elle quitte son nid pour aller à la chasse, mais elle y revient tous les soirs. Les indigènes ne la tourmentent pas.

Une petite fourmi se rend maîtresse de la mouche commune en lui saisissant une aile ou une patte, et en la tenant jusqu'à ce que la mouche soit fatiguée; tout d'abord celle-ci va et vient et s'envole comme si de rien n'était; mais à la fin elle succombe sous le poids d'un ennemi dont la taille est bien inférieure à la sienne.

Une espèce de touraco, nouvelle pour moi, porte un masque jaune qui lui couvre le front et la partie supérieure du bec; le toupet et les ailes sont comme dans les autres espèces, mais le rouge en est rosé. Les plaques jaunes qui forment le masque, se remarquent de loin.

Par suite du poids de leurs charges, les Vouanyamouézi, qui font le métier de porteurs, ont sur l'épaule une callosité qui prend des proportions notables; je lui ai trouvé un pouce et demi d'épaisseur. On m'a montré un vieillard de cette peuplade qui, autrefois, a porté cinq frasilahs d'ivoire, — cent soixante-quinze livres — de son pays à la côte.

30 août. — Quitté enfin aujourd'hui le village de Tchitimeba, après trois mois et dix jours d'attente. Une marche de deux heures et demie nous a fait gagner Ponnda; Tipo-Tipo (Hamidi ben Mohammed) venait d'en partir; nous avons suivi sa trace, passé un joli cours d'eau, fuyant au sud-ouest pour s'unir au Lofou; et rejoint notre Arabe, qui m'a donné une chèvre grasse.

31 août. — Un beau district onduleux, couvert en partie d'une forêt, où se rencontrent de nombreuses clairières et de grands arbres le long des cours d'eau, a été traversé. Nous étions alors sur le versant septentrional de la ligne de faîte, et l'on voyait au loin.

Passé deux jolies petites rivières. Les marais, toujours pleins et débordants.

1er *septembre*. — Marche forcée de l'après-midi, en raison d'un espace aride qui est sur la route, et qu'il fallait franchir. Nous nous sommes couchés sans avoir bu. Un détour de quelques milles vers le nord nous eût fait rencontrer de nombreux ruisseaux; mais le sentier que nous avons pris est le meilleur en toute saison.

Baraka, l'un des Nassickais, est retourné au village de Tipo-Tipo, ne craignant pas de mendier parmi les traitants qui sont en quête de bétail humain. Il n'a qu'une maladie : l'horreur du travail. C'est lui qui nous a fait perdre nos médicaments, six tapis de table, et tous nos outils en donnant sa charge à un indigène, pour aller ramasser des champignons. Il est probable qu'il retournera à Zanzibar, et, qu'après avoir été pour nous un être nuisible pendant plus d'un an, il deviendra l'esclave des esclaves d'un Arabe.

2 septembre. — Arrivés au gué du Lofou, nous nous sommes trouvés à une altitude de mille pieds au moins au-dessous du village de Tchitimeba. La dernière partie de l'étape, six heures de marche, a été faite sans trouver une goutte d'eau ; mais près du village de Tchoungou, nous avons rencontré deux charmants ruisseaux de quelque dix pieds de large. A cet endroit, nous avons pu voir, à l'ouest et au nord, les longues rangées de collines de dénudation du pays de Nsama, naguère si populeux.

Nsama est de la famille des Babemmba; Kasonnzo, Tchitimeba, Kihoué, Ouronngoué ont le même rang, et sont tous de l'Ouroungaï. Tchoungou est un homme agréable, et généreux selon ses moyens.

Abondance de gibier dans tout le pays : la grosse bête est commune.

Le Lofou, à la place du gué, a deux cent quatre-vingt-seize pieds de large; il coule rapidement sur un fond de grès durci; nous y avons eu de l'eau jusqu'à la ceinture. Ailleurs, il est plus étroit, mais ne peut être passé qu'en pirogue.

4 et 5 septembre. — Sept heures de marche à l'ouest du Lofou nous ont conduits au village d'Hara, l'un de ceux qu'Hamis a démantelés parce que les habitants refusaient de porter son message. Le pays est l'Itahoua et Hara l'un des districts. Nous nous sommes arrêtés au village pour attendre la réponse de Nsama, que nous avions fait prévenir de notre approche. Il a très-peur des Arabes, non sans motif; jusqu'à ces derniers temps, il passait pour invincible; et une vingtaine de mousquets l'ont complétement battu ; sa défaite a jeté la terreur dans le pays.

Bien que presque tous les habitants aient pris la fuite, la contrée est pleine de provisions; les arachides ont repoussé, faute de récolteurs; et trois cents personnes vivant dans le district en toute licence ne font aucun vide appréciable dans la masse des denrées.

9 septembre. — Trois heures de marche, à l'ouest d'Hara, et je me suis trouvé à la nouvelle estacade de Nsama ; elle est construite près de celle qui a été brûlée par Tipo-Tipo[1]. Je me suis fait annoncer et j'ai reçu du chef l'invitation de venir le voir, mais sans fusil. Un grand nombre de ses sujets m'ont accompagné; au moment d'arriver à l'estacade intérieure, ils ont tâté mes habits pour savoir si je n'avais pas d'armes sur moi.

Nsama est un homme très-âgé, ayant la tête bien faite, une bonne figure, et un gros ventre, qui témoigne de sa passion pour la bière; on est obligé de le porter. Je lui ai donné une brasse d'étoffe et lui ai demandé des guides pour aller au Moéro; il me les a immédiatement accordés ; à son tour, il m'a demandé la permission de toucher mes habits et mes cheveux. Je lui ai conseillé de vivre en paix; mais ses gens faisaient tant de bruit, et écoutaient si peu les remontrances de ses sous-chefs et de lui-même, qu'il n'y avait pas moyen de s'entendre. Nsama me dit alors qu'il m'enverrait chercher le soir et que nous pourrions causer ; mais il paraît que cette proposition lui est sortie de la tête. Il m'a donné une chèvre, de la farine et de la bière. Demain, nous retournons à Hara.

Les sujets de Nsama sont en général de petite taille, et, pour la plupart, ont les traits bien dessinés; rien du nègre de la côte occidentale. Beaucoup d'entre eux sont réellement beaux; mais ils se liment les dents en pointe et se défigurent la bouche. En somme, ils ne diffèrent des Européens que par la couleur. Hommes et femmes ont communément la tête bien faite; et la manière dont ils se coiffent leur avantage le front;

---

[1]. Ce surnom dont le sens est : *Qui entasse richesses sur richesses*, fut donné à Hamid par Nsama lui-même. Souzi raconte que, lorsque Hamidi ben Mohammed eut réuni le butin qui avait appartenu à Nsama, il s'écria : « C'est maintenant que je suis Tipo-Tipo. » (W. ALLER.)

leurs cheveux sont rasés jusqu'au sommet de la tête; l'espace dénudé va en se rétrécissant à mesure qu'il s'élève; et, par derrière, la chevelure forme une dizaine de rouleaux.

10 *septembre*. — Des hommes d'Oujiji sont venus chez Nsama pour acheter de l'ivoire avec des grains de verre. Trouvant les Arabes en possession du marché, ils sont retournés à leur daou, ou pour mieux dire à leur canot, qui est manœuvré par cinquante hommes.

Tout ce qui m'appartient est, dit-on, en sûreté; et la viande des buffles qui sont morts en route est là-bas, séchée au soleil. J'envoie à Oujiji une boîte contenant des papiers, des livres, et quelques vêtements.

14 *septembre*. — Je suis resté à Hara parce que j'étais malade. Hamis, qui s'y trouvait avec moi, ne croyait plus aux paroles de Nsama; celui-ci lui avait promis sa fille en mariage pour cimenter la paix, mais ne la lui avait pas donnée; l'ivoire, qui devait être arrivé depuis trois semaines, se faisait toujours attendre, et les naturels ne venaient pas nous échanger de provisions, comme ils le font partout ailleurs. Hamis allait donc retourner au village de Tchitimeba, d'où il se proposait d'envoyer ses gens dans le Lopéré et le Kabouiré, ainsi qu'au Moéro pour acheter de l'ivoire. Ne croyant plus aux promesses du chef, il me conseillait d'aller avec ses hommes; ce qui, d'après Ahmed, était la meilleure chose à faire. Ce serait plus long, à cause des achats; mais plus sûr que de traverser le territoire d'un chef qui pourrait être hostile.

La population du pays tout entière a été vivement frappée de la défaite de Nsama; et l'idée qu'elle se faisait de la valeur des arcs et des flèches a totalement changé. Nsama était le Napoléon de ces parages; personne ne pouvait tenir devant lui; d'où la panique causée par son échec. Les Arabes disent avoir perdu cinquante hommes; les pertes de l'ennemi doivent être au moins égales; et je ne doute pas que les naturels, qui paraissent intelligents, ne profitent de l'expérience si chèrement acquise.

Au milieu de ses doutes, Hamis a vu exécuter le traité : la fille de Nsama lui a été expédiée aujourd'hui. Elle est arrivée à califourchon sur les épaules d'un homme. C'est une jeune et jolie femme, à l'air gracieux et modeste; ses cheveux,

Arrivée de la fiancée d'Hamis

frottés avec du nkola, teinture que donne le ptérolobe santalinoïde, étaient complétement rouges, ce qui est un raffinement très en vogue. Une douzaine de suivantes, jeunes et vieilles, accompagnaient la fiancée ; chacune d'elles portait un panier de provisions : cassave, arachides, etc.

Les Arabes étaient en grande tenue ; les esclaves, parés de costumes fantastiques, déchargèrent leurs fusils ou brandirent leurs sabres en poussant des cris de joie. Quand la mariée eut gagné la porte d'Hamis, elle mit pied à terre et entra dans la maison avec ses filles d'honneur ; celles-ci avaient, comme elle, les traits fins et délicats. J'étais avec l'époux ; je me levai aussitôt et m'éloignai. Comme je passais devant lui, je l'entendis qui se disait à lui-même : « Hamis-Ouadim-Tagh ! Où en es-tu arrivé ! »

15 septembre. — Un guide est venu de la part de Nsama pour nous conduire hors du territoire. Hamis est parti ce matin avec sa nouvelle femme, pour aller voir son beau-père ; mais, en route, il a rencontré deux messagers qui lui ont dit de venir plus tard. Ceux de nos gens, qui se trouvaient à l'ouest et au nord-ouest, ont alors été rappelés sans en référer au chef.

16-18 septembre. — Nous étions toujours là ; Tipo-Tipo s'est mis en route pour aller redemander des guides ; Nsama n'a pas voulu qu'il franchît l'estacade, à moins qu'il n'eût déposé sabre et fusil. Tipo a refusé la condition et n'est pas entré. Nsama, toutefois, a promis des guides, qui sont arrivés après une visite d'Hamis ; celui-ci a fait la visite sans en parler à aucun de nous ; évidemment il a honte de son beau-père.

Désespérant d'acheter de l'ivoire, les Arabes placent leur verroterie et leur étoffe en esclaves.

20 septembre. — Je voulais aller trouver aujourd'hui Nsama et me rendre au Moéro ; mais Hamis m'a fait dire que ses gens arrivaient, et que nous partirions après-demain tous ensemble. Nsama est tellement changeant, qu'il est certain que cela vaut mieux ainsi.

Voyant se préparer au départ, la femme d'Hamis s'est figuré que c'était pour attaquer son père ; et, ce soir, elle a décampé avec toute sa suite. Hamis est retourné près de Nsama, et a enfin obtenu les guides qui nous permettent de partir.

22 *septembre*. — Nous avons marché au nord pendant une couple d'heures; puis descendu dans la vallée où j'ai trouvé Nsama. Cette vallée est sur la côte de la ligne de faîte et s'oriente de l'est à l'ouest; une rampe de grès, d'un rouge foncé, la flanque au sud. D'autres chaînes de même formation, disposées en gradins, constituent le versant. La descente se fait peu à peu et se noie dans la pente insensible qui fait gagner le sommet opposé. La plate-forme du premier degré est parfois marécageuse, et les sentiers y sont couverts d'empreintes de pas humains, qui étant durcies par le soleil, rendent la marche très-pénible.

Nous retrouvons les moustiques, que nous n'avions pas sur les hauteurs.

23 *septembre*. — La nuit dernière, le feu a éclaté au village d'Hara et détruit tout le quartier des Arabes: des huttes en paille. Hamis a perdu tous ses grains de verre, ses fusils, sa poudre et son étoffe, à l'exception d'un ballot. La nouvelle est arrivée ce matin; aussitôt des prières ont été dites, pendant lesquelles on a brûlé de l'encens; le livre était tenu au-dessus de la fumée, pendant les répons. Les prières s'adressaient principalement à Harasdji — quelque parent de Mahomet; ces Arabes sont très-religieux à leur façon.

24 *septembre*. — Éveillé à trois heures du matin pour m'entendre dire que la prochaine étape n'avait pas d'eau, que nous serions étouffés par la chaleur du jour, si nous partions de bonne heure, qu'on ne se mettrait en marche que dans l'après-midi; et, la femme d'Hamis ayant été malade la veille, on n'a pas marché du tout.

Aujourd'hui, nous avons descendu pendant la première heure; suivi un mur rocheux de plus de mille pieds d'altitude et couvert d'arbres, que nous avions à notre gauche; puis remonté et longé la falaise au nord, jusqu'à une futaie où celle-ci venait mourir. Dormi sans avoir renouvelé notre provision d'eau.

25 *septembre*. — En marche à cinq heures trente du matin, toujours dans la même forêt, et gagné un village avec estacade, dont les portes étaient closes et tous les gens en fuite, par crainte des Arabes. Nous avons alors descendu de la crête où il était perché (trois cents mètres de hauteur) dans une plaine immense, où passait une grande rivière, à quelque dix milles du point où nous nous trouvions.

26 septembre. — Deux heures et demie nous ont amenés au bord du grand cours d'eau que nous avons vu hier : plus d'un mille de large, rempli de papyrus et d'autres plantes aquatiques rendant le passage très-pénible. En marchant sur le tapis d'herbes flottantes qui se trouvait au milieu, on évitait les racines de papyrus, très-dures pour les pieds nus; mais la nappe, qui ondulait sous le poids du corps, se déchirait souvent, et l'on tombait jusqu'à la ceinture dans un trou d'où l'on ne sortait qu'avec difficulté. Il nous fallut une heure et demie pour traverser cette rivière qui s'appelle Tchiséra; elle serpente au couchant et va gagner le Kalônngosi, affluent du Moéro. Des éléphants, des zèbres, des antilopes (*egoceros barbatus*) et des buffles pâturaient sur les pentes allongées, versants d'un quart de mille, qui arrivaient au bord de l'eau.

Les chaînes de collines que nous avons franchies nous apparaissent maintenant vers le sud comme de simples billons.

27 septembre. — Population nombreuse et amicale. Un éléphant a été tué; nous sommes restés pour en prendre l'ivoire. On a tué aussi des buffles et quelques zèbres. Le temps est si couvert, qu'il n'y a pas moyen de faire d'observations et d'établir la latitude.

Le Tchiséra prend sa source dans le Lopéré; plus loin, au couchant, il n'a pas de papyrus, mais, pour le traverser, il faut des canots.

28 septembre. — Deux heures de marche vers le nord, et atteint le Kamosennga, ruisseau limpide, d'une largeur de sept ou huit mètres, qui fuit vivement au milieu de plantes aquatiques et va s'unir au Tchiséra, du côté de l'est.

Buffles, zèbres et hippopotames en abondance; pays plat et couvert d'un hallier. Les cassias, et un autre arbre de la famille des légumineuses, sont en fleurs; l'air en est parfumé.

30 septembre. — Arrivés chez Karoungou, après avoir franchi le Kamosennga. Ce dernier sépare le Lopéré de l'Itahoua, qui est le pays de Nsama et qui a le Lopéré au nord-ouest.

1er *octobre*.—Karoungou, très-effrayé, nous a d'abord tenus à distance; puis les Arabes ayant envoyé des messages à quelques chefs demeurant un peu plus loin, il s'est rassuré, et a fini par être abordable. Il a peu d'ivoire, et ceux qui en ont paraissent assez mal disposés. On a envoyé une ambassade à Nsama pour le prier de décider Mtéma et Tchikonngo à vendre leurs dents d'éléphant et à nous céder des vivres; Nsama a répondu que ces chefs n'étaient pas sous ses ordres, et que, s'ils croyaient être assez forts pour lutter contre des fusils, lui n'avait rien à dire.

D'autres chefs, à notre approche, ont menacé de prendre la fuite. On leur avait cependant assuré que nous n'avions pas d'autre projet que de traverser le pays; que s'ils voulaient nous donner des guides, nous éviterions même les villages, et que nous irions directement dans la contrée où il y avait des dents à vendre. Mais la terreur est si vive, que pas un n'a voulu agréer nos ouvertures; et lorsqu'à la fin nous sommes partis, un chef des bords du Tchoma a exécuté sa menace, et nous a laissé trois villages déserts. Personne n'était là pour nous vendre ce dont les greniers étaient pleins, et il a été impossible d'empêcher les esclaves de voler.

3 et 4 octobre. — Lorsque Tchikonngo eut entendu le message par lequel Hamid lui demandait à acheter de l'ivoire, il s'écria : « Quand est-ce que Tipo-Tipo a mis de l'ivoire chez moi, pour venir le chercher? » Puis il envoya une défense, en disant : « Voilà tout ce que je possède, et qu'il ne vienne pas ici. » Leur hostilité est causée par la peur. « Si Nsama n'a pas pu tenir contre les malonngouanas (les marchands), comment pourrions-nous leur résister? » Je voudrais aller au Moéro; mais on déclare autour de moi que nos dix fusils mettraient tous les villages en fuite : ils sont tous frappés de terreur.

5 octobre. — Première pluie de la saison.

10 octobre. — Causé longtemps avec Saïdi; il pense que le soleil se lève et se couche, parce que c'est écrit dans le Coran; d'ailleurs on le voit bien. Il affirme que la venue de Mahomet a été prédite par Jésus, et que ce n'est pas celui-ci qui a été mis en croix, mais un homme qu'on lui a substitué; car il n'est pas possible qu'un véritable prophète ait subi une mort aussi ignominieuse. Saïdi ne comprend pas que nous puissions nous réjouir de ce que notre Sauveur est mort pour nos péchés.

12 *octobre*. — Les hommes de Tipo-Tipo ont tué un éléphant.

Toujours des nuages; et, fréquemment, pas un souffle d'air.

16 *octobre*. — Beaucoup de femmes de ce district, ainsi que du Lopéré, ont des goîtres. Cette hypertrophie de la glande thyréoïde se rencontre également chez les hommes qui, en surplus, ont des hydrocèles volumineux.

Le soir, on a enterré un Arabe, qui avait été malade pendant longtemps au village de Tchitimeba, et qui est mort hier. Il n'a été permis à aucune femme d'approcher du cortége. Arrivés près de la tombe, ils ont déposé le corps; les assistants ont fait une longue prière silencieuse, puis le défunt a été descendu et couché sous des baguettes plantées obliquement dans l'une des parois de la fosse, pour empêcher la dépouille d'être en contact avec la terre. Pendant ce temps-là, on tenait un grand morceau d'étoffe au-dessus des hommes qui faisaient l'enterrement.

Un grand repas a été donné par les amis du défunt, et des portions ont été envoyées à tous ceux qui avaient assisté aux funérailles; j'ai reçu une forte part.

18 *octobre*. — Depuis que Nsama a refusé d'intervenir auprès de Tchikonngo, nous n'avons plus entendu parler de lui. Deux femmes lui battent du tambour, et il danse pour elles; il est évidemment en enfance[1].

On dit que plus loin, il y a beaucoup d'Arabes.

20 *octobre*. — Très-malade; il en est toujours ainsi, quand je suis inactif; mal dans les os, mal à la tête, aucune force dans les reins, pas d'appétit et une soif dévorante, — comme au Liemmba : la fièvre, sans rien pour la combattre.

21 *octobre*. — Des gens de Saïdé ont reçu l'ordre de me faire une case dans une meilleure situation; j'espère que cela aidera à me guérir.

22 *octobre*. — Le dernier message de Tchikonngo a été décourageant : pas du tout d'ivoire. Cependant mes compa-

---

1. Ceci probablement devrait être mis au passé; il est difficile d'admettre qu'un vieil obèse, qui ne peut plus se mouvoir, se livre à une danse quelconque.
(*Note du traducteur.*)

gnons viennent avec moi jusqu'à la demeure de Tchisahoué; celui-ci, qui est habitué à recevoir des marchands, me donnera des hommes pour me conduire au Moéro. Les Arabes s'en retourneront, et je poursuivrai ma route.

23 octobre. — Tipo-Tipo a donné de l'étoffe à Karoungou, qui « cherche quelque chose » à lui offrir; encore un jour de retard.

Quand un esclave veut changer de maître, il se rend auprès de celui qu'il préfère, brise une lance ou un arc en sa présence, et le transfert est irrévocable. Cette coutume se retrouve sur les bords du Zambèze et dans l'Ounyamouézi. L'ancien maître veut-il ravoir son esclave, il est obligé d'en payer intégralement la valeur au nouveau propriétaire, qui sans cela pourrait refuser son homme, mais qui alors est obligé de le rendre; un cas de ce genre s'est présenté hier matin.

25 octobre. — On a trouvé dans le Coran un nouveau prétexte pour rester un jour de plus; ma patience est mise à de rudes épreuves. Le fait est que notre guide — celui qui est venu d'Hara, — a fait sauver une jeune esclave, et l'a donnée à garder à un de ses compatriotes; le gardien a voulu conserver la belle pour lui, et, ne se voyant pas agréé, il est venu dénoncer l'autre. Rien de plus ennuyeux que de voyager avec les Arabes.

26 octobre. — Marché au sud-ouest, pendant cinq heures, dans un pays ondulé, bien boisé, bien peuplé et où abonde la grosse bête : éléphant, buffle, zèbre, hippopotame, antilope de grande taille.

Certains arbres, quand on les brûle, répandent d'excellents parfums; d'autres, quand on les coupe. L'euphorbe est abondant.

Bivaqué près d'un torrent que les dernières averses ont rempli d'eau vaseuse. Il y a de l'orage toutes les après-midi, et il pleut presque aussi régulièrement qu'il tonne; mais de simples ondées qui ne rafraîchissent pas la terre et laissent persister les fissures qu'a produites la sécheresse.

27 octobre. — Ce matin, nous nous sommes mis en route par une bruine qui a duré deux heures, et nous sommes tombés dans une plaine de trois milles de large, où abondait le gros gibier. Ces plaines, parfois marécageuses, sont flanquées de rampes de dénudation de quatre-vingts à cent yards de hauteur relative, et couvertes de bois. La roche de ces côtes est généralement un grès durci, grès quartzeux, avec madrépores et des amas d'hématite brune.

Il fait une chaleur accablante; nous sommes tous exténués. Les Arabes ne mettent dans leur marche aucune méthode : le premier jour, cinq heures; ce matin trois et demie. C'était le contraire qu'il aurait fallu : de brèves étapes en commençant, et augmenter peu à peu; les muscles se seraient habitués et endurcis à la fatigue.

Une longue rangée de hauteurs, qui se déploie au sud, nous indique la vallée de Nsama.

28 *octobre*. — Cinq heures de marche nous ont fait gagner le Tchoma et les villages de Tchifoupa; mais les habitants avaient pris la fuite, et rien n'a pu les décider à revenir et à nous apporter des vivres. J'ai montré à quelques-uns, qui se sont aventurés parmi nous, ce qui leur serait donné en échange de farine. « Nous allons appeler les femmes, et elles vous en vendront, » nous dirent-ils; mais les femmes ne sont pas venues.

Passé toute la journée au bord du Tchoma, qui est un cours d'eau bourbeux, arrivant du nord et allant au sud-ouest pour s'unir au Tchiséra. Il s'est ouvert un lit profond dans la fange de ses rives, a une largeur de vingt yards, trois ou quatre pieds d'eau en certains endroits, et ailleurs n'est pas guéable. Le poisson y abonde, ainsi que l'hippopotame.

Acheté quelques arachides à un prix exorbitant. Les indigènes n'ont pas compris qu'il aurait mieux valu en céder davantage pour peu de chose que de s'enfuir et de laisser tout prendre par les esclaves.

30 *octobre*. — Au fond de huttes, bâties exprès pour elles, se trouvent deux horribles statues, — pauvre essai de représentation des gens de la contrée; elles figurent dans les cérémonies qui ont pour objet de faire pleuvoir ou de guérir les malades; c'est le fait le plus voisin du culte des idoles que j'aie vu dans cette région.

31 *octobre*. — Marché sur une longue rangée de collines, se déroulant à l'ouest; et, après une route de cinq heures et

demie, atteint des villages dont les habitants nous ont vendu volontiers des vivres, et se sont montrés pour nous d'une grande obligeance.

Une troupe de buffles nous a rencontrés dans sa course; Saïdé avait pris mon fusil des mains de celui qui le portait; et, quand la bande a passé près de moi, je me suis trouvé désarmé, et pas du tout content du sans-gêne de mon Arabe, ordinairement poli.

Note. — Le Tchoma, d'après Mohammed, irait se jeter dans le Tanganika (??); c'est un affluent du Kalônngosi.

1ᵉʳ *novembre.* — Marché entre des rangées de collines beaucoup plus hautes que celles que nous avons vues dans l'Itahoua, ou pays de Nsama; elles s'élèvent à deux cents ou deux cent cinquante mètres au-dessus des vallées, et sont couvertes d'arbres, quelques-uns en plein feuillage, quelques autres commençant à montrer leurs feuilles nouvelles d'une teinte rouge. Ce n'est pas un pays d'eau courante; nous avons franchi trois ruisseaux dont l'eau paresseuse nous a monté jusqu'aux genoux.

On voit des buffles en très-grand nombre. Le ratel couvre leur bouse avec de la terre pour s'assurer les scarabées qu'elle renferme, empêchant de la sorte ces nettoyeurs d'en faire des boules, ainsi qu'ils en ont l'habitude.

Campé au flanc d'une colline. Notre course s'est dirigée à l'ouest et a duré un peu plus de six heures.

2 *novembre.* — Toujours dans la même direction, et dans une vallée découverte, remarquable par l'abondance d'un petit euphorbe que nous écrasons à chaque pas.

Traversé le Lipanndé, simple rivulette, mais d'un courant très-fort, qui va au sud-ouest tomber dans le Moéro, et que nous avons repassé au bout d'une heure; il avait alors vingt mètres de large et nous a monté jusqu'aux genoux. Après avoir descendu la colline boisée qui sépare le Lipanndé du Loua, ce dernier a été franchi et on a dressé le camp sur sa rive droite. Les collines sont maintenant granitiques; une chaîne de sept cents à quinze cents pieds de hauteur se déploie à notre gauche sur toute la route qui va au Moéro.

Ces vallées dans lesquelles nous marchons sont extrêmement belles. Le vert est la couleur dominante; mais les massifs que les arbres composent sont de formes très-variées et rappellent la scènerie d'un parc anglais. Notre caravane, — esclaves et porteurs, au nombre de quatre cent cinquante, — est divisée en trois groupes et anime le tableau. Chaque parti a son guide et sa bannière ; quand celle-ci est plantée, toute la compagnie s'arrête jusqu'au moment où le drapeau se relève ; la marche est alors reprise au son du tambour et d'une corne de coudou. Chacune des trois bandes a une douzaine de conducteurs, costumés d'une manière fantaisiste : plumes et perles sur la tête, étoffe rouge sur le corps, lanières et ornements de fourrures. Ils se mettent en ligne, le tambour bat, la trompe sonne rudement et tout le monde est en marche. Cette fanfare semble réveiller une sorte d'esprit de corps chez ceux qui ont été esclaves ; au premier appel de ces instruments de leur enfance, mes serviteurs bondissent, c'est tout au plus s'ils me donnent le temps de m'habiller ; et pendant toute l'étape, ils sont au premier rang. « J'en ai les pieds meurtris », me disait l'un d'eux qui ne s'en pressait pas moins, bien qu'on lui eût dit qu'il n'était pas forcé de lutter de vitesse avec les esclaves.

Les Africains ne résistent pas au plaisir de railler. Si en route l'un des camarades éprouve la moindre mésaventure, qu'une branche inaperçue lui jette son fardeau par terre, tous ceux qui voient cela poussent des cris moqueurs ; si quelque chose vient à se répandre, ou si l'un des hommes, n'en pouvant plus, s'assied au bord du chemin, le fait est salué des mêmes cris dérisoires ; ce qui les tient tous en haleine pour éviter ces railleries. Ils pressent le pas sous leurs charges et se hâtent de dresser le camp, tandis que leurs propriétaires amènent l'arrière-garde et font aider les malades. La distance parcourue dépend entièrement de ce que peuvent faire les maîtres. S'il y avait des haltes fréquentes, douze ou quinze minutes, par exemple, toutes les heures ou les deux heures, la fatigue serait peu de chose ; mais cinq heures de chemin tout d'une traite, dans un pays chaud, c'est plus qu'un homme ne peut supporter. Les femmes soutiennent bravement la marche ; elles ont toutes des fardeaux sur la tête, excepté la dame qui les commande et qui est l'épouse du chef ; celle-ci est coiffée d'un beau châle blanc, brodé d'or et d'argent. Toutes ces commandantes ont une allure dégagée, le pas alerte et jamais ne faiblissent, même dans les plus longues étapes; de beaux anneaux de cuivre d'un poids considérable, portés au-dessus de la cheville, semblent n'avoir d'autre effet que de leur rendre la marche plus facile. Dès qu'elles arrivent, elles se mettent à faire la cuisine et y apportent une grande habileté, préparant pour leurs maîtres des plats très-savoureux avec des fruits sauvages et autres matériaux aussi peu culinaires.

3 novembre. — Les collines reculent à mesure que nous avançons; la terre est féconde. Deux villages nous ont fermé leurs portes; c'est au troisième, nommé Kabouakoua que nous nous sommes arrêtés. Un fils de Mohammed-ben-Séli y réside avec un certain nombre de Vouanyamouézi. Les habitants sont venus nous vendre beaucoup de grain. Un jeune homme, appelé Mouabo, est leur chef et celui de tout le canton; son père demeure chez Casemmbé.

On est menteur dans ce pays-ci : tous les endroits dont nous nous sommes informés étaient voisins; « on y trouvait beaucoup d'ivoire, des provisions de toute sorte et à bon marché; mais ici, dans le Bouiré ou Kabouiré, pas une seule dent. » Le Roua, par contre, se trouvait à une distance d'un mois (en trois jours on pourrait y être); et nos chefs, qui s'en rapportent à ces informations, renoncent à y aller maintenant. Il est vrai qu'on a reçu une lettre d'Hamis et que les nouvelles sont mauvaises : Mammboué et Tchitimeba sont morts; on se dispute l'héritage de celui-ci; et les Arabes ayant acheté tous les vivres, la famine se fait sentir. Moriri, chef dépossédé par Nsama, sollicite Hamis de lui faire rendre son territoire; mais la paix est conclue, et Hamis refuse d'intervenir.

Par suite de ces nouvelles fâcheuses, arrivant d'un endroit où ils ont la plus grande partie de leurs marchandises, Saïdé et Tipo-Tipo ont résolu de ne passer dans le Bouiré que dix ou quinze jours, d'envoyer pendant ce temps-là leurs agents acheter tout l'ivoire qu'ils trouveront, et de partir ensuite. Leurs facteurs se rendant chez Casemmbé, je me décide à aller avec eux, au lieu de prendre d'abord la route d'Oujiji.

Ici, beaucoup d'habitants ont des goîtres, — hommes et

femmes; je n'en vois pas la cause : le pays n'est qu'à trois mille trois cent cinquante pieds (mille dix-huit mètres) au-dessus du niveau de la mer.

7 novembre. — Parti ce matin pour le Moéro. Les Arabes m'ont conduit assez loin; ils sont pour moi d'une extrême bonté. Nous nous sommes rapprochés des montagnes de Kakoma, que nous avons à notre gauche, et nous avons passé la nuit dans un des villages de Kapouta. Notre marche est maintenant presque droit au sud.

8 novembre. — La vallée qui se trouve entre la chaîne de Kakoma et une autre, que nous avons plus loin à notre droite, est couverte de villages. Cent ou deux cents mètres, telle est la distance commune entre ces bourgades, qui, de même que dans le Lounda, sont ombragées d'énormes figuiers de l'espèce du *ficus indica*.

Pouta, le grand chef du pays, m'avait fait dire que si nous nous arrêtions dans un de ses villages, et si nous lui donnions de l'étoffe, il nous enverrait des guides et nous ferait passer la rivière. Il pensait probablement que nous avions le projet de traverser le Loualaba pour aller dans le Roua. Je ne demandais pas mieux que d'accepter ses offres, mais ses gens n'ont pas voulu nous héberger; nous sommes donc venus directement au lac; et pas une seule pirogue !

Le Moéro paraît être de belle grandeur; il est flanqué de montagnes à l'est et à l'ouest. Son rivage est formé d'un sable grossier et gagne le bord de l'eau par une pente graduelle. En dehors de la rive, est une épaisse ceinture de végétation des tropiques où sont bâties les huttes des pêcheurs. Le Roua est à l'ouest et apparaît sous la forme d'une chaîne de hautes montagnes de couleur sombre. A droite, la chaîne a moins d'élévation, mais elle est plus brisée; la route, qui mène chez Casemmbé, traverse celle-ci. Nous avons couché dans une hutte située au nord du lac. On nous a apporté, pour nous le vendre, un *monndé*, grand poisson qui a la peau gluante et sans écailles, une large tête avec de grands yeux et des barbillons comme les siluroïdes. Ses gencives, très-développées, forment des espèces de brosses : les fanons d'une baleine en miniature. On dit que le monndé mange le fretin; il a sur le dos, probablement comme moyen de défense, une épine osseuse d'une longueur de deux pouces et demi et de la grosseur d'un tuyau de plume. Ce poisson a la vie très-dure.

La rive septentrionale du Moéro décrit une belle courbe, pareille à celle d'un arc détendu. C'est à l'extrémité occidentale de cette courbe que s'échappe le Loualaba, qui, avant d'entrer dans le Moéro, se nommait Louapoula, et qui, s'il faut en croire les rapports des plus intelligents, serait le Chambèze sortant du lac Bemmba ou Banngouéolo.

Nous avons longé la côte nord du Moéro jusqu'à la chaîne qui est au levant, puis remonté et pris au sud. A notre approche les gens fermaient leurs portes; nous étions cependant peu nombreux : neuf seulement; ils faut qu'ils aient de grands motifs de frayeur. Un chef n'a pas voulu nous recevoir; puis il a fait courir après nous, disant qu'il n'était pas là, et que c'était un subalterne qui nous avait refusé l'entrée. Comme il vaut mieux être en bonnes relations qu'autrement, nous sommes revenus à l'appel, et avons été bien reçus. On nous a donné des provisions; après quoi nous sommes partis.

Les mouches pullulent et sont très-tourmentantes; il semble qu'elles soient attirées par la masse de poisson que prennent les pêcheurs.

Ici, les gens sont des Babemmba; de l'autre côté du Kalônngosi, ce sont tous des Balonnda.

Un commerce de sel est alimenté par des sources et par une boue salines, dont les produits sont exportés dans différentes provinces, entre autres dans le Lonnda. Nous rencontrons journellement des gens qui font ce commerce, et qui nous rendent notre salut d'une façon très-cordiale en se frottant les bras avec de la terre.

Le sentier que nous suivons se déroule entre deux chaînes de montagnes, l'une flanquant le rivage du côté de l'est, l'autre, parallèle à celle-ci, mais reculée de deux ou trois milles. Toutes les deux sont couvertes d'un bois épais et formées d'un granite dont la texture est lâche. Le terrain qu'enferment ces deux chaînes porte beaucoup de villages qui n'y sont pas en sûreté.

12 *novembre*. — Atteint le Kalônngosi, que les Arabes et les Portugais appellent Karoungouési, et qui a une largeur d'en-

viron soixante yards. Il coule rapidement sur un fonds de pierres; et même à cette époque, où la saison pluvieuse n'est pas ouverte, il est assez profond pour exiger des canots. On dit qu'il prend naissance dans le Koumbi ou Afar, situé au nord-ouest de l'endroit où nous l'avons passé. Une grande quantité de poisson y est prise lors de la remonte, au moment du frai; la pêche se fait avec des filets, des barrages et des nasses, ou à la ligne. De grands paniers très-longs, remplis de pierres, sont placés au milieu des rapides et servent de postes aux pêcheurs pour jeter leurs lignes ou tendre leurs filets.

Ayant traversé le Kalônngosi, nous sommes maintenant dans le Lonnda ou Lounnda.

13 *novembre*. — Vu le Kalônngosi aller au nord jusqu'à une grande prairie, qui borde le Moéro, puis tourner au couchant et entrer dans le lac.

Les pêcheurs m'ont nommé trente-neuf espèces de poissons qui vivent dans le Moéro et qui remontent le Kalônngosi toute l'année, bien qu'irrégulièrement: plus dans une saison que dans l'autre. Ce sont: le monndé, la mota, le lasa, le kasibé, le molobé, le lopemmbé, le motoya, le tchipannsa, le mpifou, le mannda, le mpala, le moumbo, le mfiou, le le menndé, le sieusé, le kadia nkololo, l'étiaka, le nkomo, le lificha, le sammbammkaka, le ntonndo, la sammpa, le bonngoué, le mabannga, le kisé, le kouanya, le nkosou, le palé, le mosoungou, le litemmboua, le michibiré, le koninntchia, la sipa, le lomemmbé, la molennga, le mironngé, le nfinndo et le penndé.

14 *novembre*. — Ne sachant quelle route prendre, j'envoyai s'informer dans un village. Évidemment de l'ancienne école des Casemmbés, le chef vint à nous, plein de colère : « De quel droit, nous dit-il, prenez-vous ce chemin, quand vous avez le sentier battu à votre gauche? » Il ajouta quelques phrases pompeuses à la mode du Lonnda, mais ne nous indiqua pas la route. Nous l'avons quitté ; et, après une marche de quatre heures et demie vers le sud, dans une forêt d'arbres à haute tige, nous nous sommes arrêtés au bord du Kifouroua, à un groupe de huttes bâties par des coupeurs d'écorce pour étoffe.

17 *novembre*. — Pluie torrentielle le 15; mais avancé quand même et trouvé Kifouroua, village entouré de champs de manioc.

Le Mouatozé: vingt-cinq mètres de large, deux pieds d'eau, et courant avec force vers le Moéro, fut traversé le lendemain. Un de ses affluents, le Kaboukoua, a la même profondeur, sur une largeur de sept yards.

Ensuite, passé le Tchironngo, un ruisselet de moins d'un mètre, et aussi profond que large. La marche tout entière s'est faite dans une forêt de belle venue, principalement composée d'arbres à copal et à étoffe. Le copal suinte, pendant ou après la saison pluvieuse, de trous d'un quart de pouce d'ouverture faits par un insecte. Il tombe, et, avec le temps, s'enfonce dans la terre, où il reste en dépôt pour les générations futures.

Ainsi que nous le remarquons chez les marchands de sel et dans les bourgades où nous passons, les visages bien modelés des gens du pays de Nsama sont communs. C'est réellement ici qu'est la patrie du nègre; et les traits fins qu'on y rencontre sont pareils à ceux que nous représentent les peintures de l'ancienne Égypte, comme M. Winwood Reade me l'a fait observer le premier.

Passé la nuit au bord du Manndapala: onze mètres de large, de l'eau jusqu'au genou.

18 *novembre*. — Nous nous sommes reposés près du Kabousi, petite rivière languissante, qui se traîne vers le Tchoungou et le rejoint à quatre cents mètres de l'endroit où nous étions alors. Le Tchoungou est large, mais encombré d'arbres et de plantes aquatiques: sapotas, papyrus, eschinomènes. La partie libre du courant n'a qu'une largeur de cinquante-quatre pieds; l'eau vous y arrive à la ceinture. Nous avons eu à franchir une centaine de mètres, de l'eau jusqu'à la cuisse, puis jusqu'à la taille, avant d'atteindre la portion découverte. Le Manndapala rejoint cette rivière, et se jette avec elle dans le Moéro.

C'est au bord du Tchoungou, par 9° 32' de latitude méridionale, et non par 8° 43', ainsi que M. Arrowsmith l'a marqué sur sa carte, qu'est mort le docteur Lacerda, après dix jours de résidence. Les renseignements à ce sujet sont très-confus. Voici ce que j'ai pu glaner au milieu d'une foule de réponses. Il y avait alors, au village de Casemmbé, des gens d'Oujiji ; une querelle s'engagea entre ceux-ci et les Portugais, et l'on en vint aux mains. « Vous êtes tous mes hôtes, leur dit le chef, pourquoi vous battre et vous entre-tuer? Il donna à Lacerda une garde d'un certain nombre d'hommes, plus dix esclaves pour lui bâtir des cases, lui apporter du bois, lui aller chercher de l'eau, et fit le même présent aux Vouajiji, ce qui les apaisa. Sur ces entrefaites mourut le docteur, qui n'était arrivé que depuis dix jours. La querelle était venue de ce que les Portugais avaient tué un Mjiji ; ce qui certainement les aurait arrêtés dans leur marche.

Sur la rive droite du Tchoungou, c'est-à-dire à l'ouest, les élaïs sont communs, tandis que pas un seul ne se voit du côté du levant. L'huile que l'on extrait du fruit est employée par les indigènes pour accommoder leurs mets ; elle est fine et douce ; j'en ai acheté une pinte pour une coudée de calicot. Il est remarquable de trouver l'élaïs à pareille altitude : trois mille trois cent cinquante pieds au-dessus du niveau de la mer.

Note. Allah! est une exclamation très-commune parmi les indigènes qui sont au couchant du pays de Nsama.

Sur le conseil d'un guide, que nous avons pris à Kifouroua, j'ai envoyé quatre brasses de cotonnade à Casemmbé, pour l'avertir de notre approche ; l'envoi des Arabes est ordinairement de dix brasses. Pour nous, l'avertissement n'était pas nécessaire ; on dit qu'à partir de notre traversée du Kalônngosi, moment où nous sommes entrés dans le Lonnda, tous les détails de notre marche ont été communiqués au chef par des courriers spéciaux. Nous attendons au bord du Tchoungou l'arrivée du notable qui doit nous conduire à la ville.

Le temps a toujours été si couvert, que je n'ai pas pu relever notre route ; et l'épaisseur de la forêt m'a empêché de voir le Moéro comme je l'aurais désiré. Averse et tonnerre perpétuels, bien que la pluie soit rarement tombée où nous étions.

Vu des hirondelles à tête d'un blanc pur (*psalidoprocne albiceps*) raser la surface du Tchoungou.

Le sol est très-fertile ; je n'ai rencontré nulle part d'aussi grandes arachides, ni de manioc aussi luxuriant. Un beau jeune homme, fils du précédent Casemmbé, nous a fait une visite. Il n'est plus rien actuellement, sans quoi il nous aurait servi d'introducteur; ici, le pouvoir n'appartient pas à l'héritier du chef.

21 novembre. — A cinq milles du Tchoungou, nous avons franchi le Loundé, qui en cet endroit n'a que dix-huit pieds d'un bord à l'autre, mais qui s'élargit en aval et s'augmente des sources que renferme son lit. Nous nous sommes alors trouvés dans une grande plaine couverte de buissons, les arbres ayant été abattus lors de l'érection du village. Après la mort d'un Casemmbé, le successeur quitte invariablement la résidence du défunt et va établir son *pemmboué*, c'est-à-dire sa cour, à un autre endroit. Quand mourut Lacerda, le Casemmbé d'alors porta sa demeure à l'extrémité septentrionale du Mofoué. Le nom de Casemmbé signifie général.

Du Loundé à la ville, la plaine est unie et parsemée de fourmilières rouges, ayant de quinze à vingt pieds de haut. Casemmbé y a fait faire, pour arriver chez lui, une route d'un mille et demi de longueur (un peu plus de deux kilomètres) et aussi large que nos chemins carrossables. Un mur de roseau de huit à neuf pieds d'élévation et entourant un espace de trois cents yards carrés, enferme la résidence du chef. La porte de cette muraille est ornée d'une soixantaine de crânes humains. Avant d'y arriver, on trouve sous un hangar, construit au milieu de la route, un canon habillé d'étoffes voyantes. Des gaillards à voix haute, formant un corps nombreux, nous arrêtèrent pour nous faire payer tribut au canon. Je les écartai brusquement, les autres me suivirent, et cela sans rien donner: les péagers eurent peur de l'Anglais.

La ville est bâtie sur la rive orientale du petit lac Mofoué, à un mille de l'extrémité nord. Mohammed-ben-Séli vint à notre rencontre; et pendant que ses hommes nous saluaient de leur poudre, il nous conduisit à son hangard de réception; puis il nous donna une case, en attendant que nous en ayons fait construire une. Mohammed est un bel Arabe noir, avec une barbe d'un blanc pur, la démarche noble et le sourire aimable. Il y a plus de dix ans qu'il habite ces parages, où il a vécu sous quatre Casemmbés, et où il a une grande influence, de même que sur les bords du Tanganika.

Un marchand arabe, Mohammed-Bogharib, qui est arrivé sept jours avant nous avec une énorme quantité d'esclaves, m'a envoyé un potage au vermicelle, de l'huile, du miel et un plat de cassave, qui ressemblait à un entremets sucré. Je n'avais pas goûté au sucre ni au miel depuis que j'ai quitté le Nyassa, c'est-à-dire depuis quatorze mois, — septembre 1866.

Ni chevaux, ni moutons, ni bêtes bovines ne prospèrent ici ; en fait de nourriture animale, les indigènes en sont réduits au poisson et à la volaille. Le manioc est si largement cultivé, que l'on ne sait pas si l'on est à la ville ou à la campagne : chaque demeure est entourée d'une plantation, où l'on trouve de la cassave, du sorgho, du maïs, des fèves, des arachides.

Mohammed me fait, sur le Louapoula et sur le lac Bemmba, le même rapport que Djoumbi ; mais il ajoute qu'à l'endroit où nous l'avons traversé, le Chambèze est le Louapoula avant son entrée dans le Bemmba ou lac Banngouéolo ; qu'en sortant de ce lac, il se détourne, coule au nord, sous le nom de Louapoula, et, sans toucher le Mofoué, va tomber dans le Moéro, sort de celui-ci au nord-ouest, devient le Loualaba, traverse le Roua, y forme un lac, et va gagner un autre lac situé au delà du Tanganika.

Le petit lac Mofoué s'emplit pendant la saison pluvieuse, et s'épanche vers l'ouest, bien au delà de ses rives. Des éléphants sont tués chaque année en grand nombre dans les plaines marécageuses qu'il recouvre ; s'il était relié au Moéro, la crue se déverserait de ce côté, et l'inondation aurait un écoulement.

Beaucoup d'habitants ont les oreilles et les mains coupées ; le Casemmbé actuel s'est rendu souvent coupable de cette barbarie. L'un de ces mutilés est justement devant nous ; il essaye d'exciter notre compassion par une sorte de gazouillement qu'il produit, en se frappant les joues avec ses moignons.

Un nain, appelé Zofou, s'est également approché de moi. Il parle avec un air d'autorité et assiste à toutes les cérémonies publiques. Tout le monde semble très-bon pour lui. C'est un étranger; il appartient à une peuplade qui demeure dans le nord. Sa taille est de trois pieds neuf pouces (un mètre quatorze centimètres); il a eu l'épine dorsale brisée, et n'en travaille pas moins dans ses champs d'une manière très-active.

CHAPITRE X.

Grande réception. — Casemmbé et sa première épouse. — Long séjour dans la ville de Casemmbé. — Exploration du Moéro. — Dépêche à lord Clarendon. — Maladie. — Autre exploration du Moéro. — Plaines inondées. — Le Louao. — Visite à Kabouabouata. — Joie des Arabes. — Libération de Mohammed-ben-Séli. — Encore la fièvre. — Rapports sur des demeures souterraines.

24 *novembre*. — Il y a eu aujourd'hui grande réception à la cour pour notre présentation. Le Casemmbé actuel a une figure peu intéressante : pas de barbe, ni de favoris; quelque chose du type chinois et des yeux louchant en dehors. Il ne lui est arrivé qu'une fois de sourire; j'ai trouvé son sourire agréable, bien que les oreilles et les mains coupées, ainsi que les têtes qui ornent sa porte, m'aient peu disposé en sa faveur.

Quand il fut parti, sa principale épouse vint avec sa suite pour voir l'Anglais (Moïnghérésé). C'est une belle femme, ayant de beaux traits et une grande taille; sa main droite tenait deux lances.

Les notables qui faisaient cercle autour de moi s'écartèrent devant elle, et m'invitèrent à la saluer, ce que je fis aussitôt; mais, comme elle se trouvait à une quarantaine de mètres, instinctivement je lui fis signe d'approcher. Mon geste renversa la gravité de son escorte, qui éclata de rire; elle en fit autant, et prit la fuite avec tout son monde.

Le nain était là, et ce sont ses bouffonneries qui ont fait sourire le maître. L'exécuteur des hautes œuvres, qui également était à la cour, s'approcha de moi. Il portait sur le bras un large sabre du pays, et, suspendu au cou, un singulier instrument, sorte de ciseaux dont il fait usage pour couper les oreilles. Je lui dis que c'était là une vilaine besogne; il se mit à sourire, et beaucoup de ceux qui nous entouraient firent de même, qui n'étaient pas certains d'avoir leurs oreilles l'instant d'après : un grand nombre de gens, d'une haute respectabilité, montraient ce qu'ils avaient à craindre.

Casemmbé, dont nous avions déjà reçu, au bord du Tchoungou, un énorme panier de poisson sec, nous en a fait remettre un second, avec deux paniers de farine, un de manioc, et un pot de bière. Mohammed, qui a connu des Casemmbés plus généreux, a trouvé le cadeau très-mesquin : « Ni libéralité, ni convenance. » Mais comme il nous donne plus de vivres que nous ne pouvons en consommer, je n'ai pas à me plaindre.

27 *novembre*. — La première épouse du chef passe fréquemment devant ma hutte, pour aller à sa plantation. Douze hommes, quelquefois six seulement, la portent dans une espèce de palanquin. Elle est simplement d'un brun-clair, et a les traits d'une Européenne. Une quantité de serviteurs courent devant elle, en brandissant des sabres et des haches d'armes, coureurs précédés eux-mêmes d'une sorte de timbalier, qui frappe sur un instrument creux, pour avertir de laisser le passage libre. La reine a sous la main deux énormes pipes toutes prêtes à être fumées. Elle s'occupe très-sérieusement de son agriculture et y apporte le plus grand soin ; le manioc en est le principal produit ; le reste se compose de patates, de maïs, de sorgho, de pennisetum, d'éleusine et de coton.

Ici, les habitants paraissent plus sanguinaires que tous ceux que j'ai encore vus : ils se frappent cruellement les uns les autres, et par simple badinage.

Mohammed-ben-Séli nous propose de partir pour l'Oujiji le mois prochain ; il a attendu notre arrivée, afin que nous puissions faire route ensemble. Cet Arabe a fort peu d'estime pour le Casemmbé actuel.

L'aire qui, à différentes époques, a servi à l'établissement de la résidence du chef, peut avoir un diamètre d'une dizaine de milles.

28 *novembre*. — Le Mofoué n'est qu'une pièce d'eau peu profonde, d'environ deux milles de large, sur trois ou quatre de longueur ; il est rempli d'îlots couverts de joncs, et qui servent de retraite aux oiseaux aquatiques. Le sol de quelques-

Cortége de la femme de Casemmbé.

unes est cependant assez ferme pour être cultivé. Bien que sableux près de la rive orientale, le fond est constitué par de la vase.

Du poisson en abondance, — principalement de la perche. A l'ouest, sur la rive, est un bouquet d'élaïs, et, fermant l'horizon, une longue chaîne de montagnes, qui se trouve dans le Roua, à une distance de quinze ou vingt milles.

On dit que le Lounndé, le Tchoungou et le Manndapala, se rejoignent et vont se jeter dans le Moéro.

1er *décembre*. — Un vieillard, du nom de Pérémebé, est propriétaire du terrain où la ville est construite. Mounonngo, l'un de ses frères, possède toute la contrée qui est à l'est du Kalônngosi. Quiconque veut cultiver un coin de ce territoire est contraint de s'adresser à ces chefs aborigènes.

Pérémebé est un homme de sens, toujours pour la droiture et la générosité. Suivant lui, le premier Casemmbé se serait établi près du Mofoué, à cause de l'abondance du poisson que renferme ce lac. Il a l'idée que tous les hommes descendent d'un seul couple. Mohammed pense que Pérémebé a cent cinquante ans; c'est peut-être beaucoup dire. Mais, lors du voyage de Lacerda, en 1798, ses enfants étaient déjà au nombre de quarante, et il ne peut guère avoir aujourd'hui moins de cent deux ans.

J'ai demandé à Casemmbé un guide pour aller à l'extrémité sud du Moéro; il m'a conseillé de ne pas prendre cette direction, où le pays n'est que fondrières. D'un côté, les eaux du Lonndé forment un marais; de l'autre, celles du Louapoûla filtrent dans le sable et détrempent le terrain qui devient bourbeux. Il en est de même du Roboukoué, dont les infiltrations défoncent la route, souvent jusqu'à deux pieds de profondeur. Il m'enverra, dit-il, des hommes qui me feront gagner le lac, en me menant plus au nord. Il a ajouté que nous avions très-peu mangé de sa nourriture, et qu'il voulait nous en donner davantage.

L'extrémité sud du Moéro est environ par 9° 30' de latitude méridionale.

7 *décembre*. — Il y a ici beaucoup de nuages. Chaque après-midi et tous les soirs, le temps est couvert, d'où l'impossibilité de faire des observations.

11 décembre. — Cette nuit, le ciel était pur ; mais un accès de fièvre m'a empêché de sortir.

13 décembre. — Pluie continue.

Un groupe de belles jeunes filles, de la maison de Casemmbé, sont venues me donner une poignée de main, à la façon du pays : elles placent leur main droite transversalement sur votre main gauche et l'étreignent, puis elles la serrent plusieurs fois à deux mains et renouvellent la pose transversale. Ces jeunes filles me faisaient une visite, afin de pouvoir dire un jour à leurs enfants qu'elles m'ont vu.

15 décembre. — J'ai annoncé aujourd'hui à Casemmbé que j'allais partir ; je suis toujours malade quand je ne fais rien.

Deux traitants ont reçu, en échange des leurs, le même cadeau que celui qui m'a été donné, à savoir : une chèvre, du poisson, de la farine et du manioc.

Je passe mon temps à écrire des lettres, afin qu'elles soient prêtes quand nous arriverons à Oujiji.

18 décembre. — Ici depuis un mois, et n'ai pu faire que deux observations de lune. Peu de temps après mon arrivée, j'ai relevé les altitudes du méridien d'étoiles, nord et midi, mais pas de lunaires.

Casemmbé m'a envoyé une grande corbeille de poisson fumé, deux pots de bière et un panier de manioc, en me faisant dire que je pouvais me mettre en route quand je voudrais.

19 décembre. — Je suis allé faire mes adieux au chef. Il a essayé d'être aimable, a répété que je n'avais pas assez mangé de sa nourriture, que cependant il nous permettait de partir, et nous a donné un guide.

22 décembre. — Traversé le Lonndé, et campé au bord du Tchoungou, près de l'endroit où résidait la cour, à l'époque du voyage de Lacerda. Immédiatement après la mort du docteur, la ville fut reportée plus à l'ouest. Beaucoup d'élaïs ; mais aucun souvenir de leur introduction dans le pays[1].

23 décembre. — Passé le Tchoungou. En haut, de la pluie ; en bas, de l'eau froide ; et mouillé jusqu'à la ceinture : je ne

---

[1]. On verra plus loin que cette introduction est due à un aïeul de Pérémebé.
(*Note du traducteur.*)

peux pas relever ma chemise, la peau blanche fixe tous les regards.

Vu en cet endroit des singes noirs.

Avant d'entrer dans le Moéro, le Tchoungou est rejoint par le Kabousi et le Manndapala. Casemmbé dit que le Lonndé se jette dans le Mofoué; d'autres prétendent que c'est une erreur, que cette rivière constitue un marais où elle se termine et forme des étangs dans les grandes herbes; mais elle peut s'égoutter ainsi dans le Mofoué.

Trois guides m'ont été envoyés par Casemmbé pour me conduire au Moéro.

24 *décembre*. — Pluie fine et pénétrante, et dans le plus misérable endroit, près du Kabousi, au milieu d'une fougeraie de quatre pieds de hauteur. Les guides ne veulent pas bouger de ce temps-là. J'ai donné des perles et dit d'acheter ce qu'on trouvera pour le repas de Noël.

25 *décembre*. — Pluie fine de temps à autre; une fange noire pour terrain.

Mohammed a reçu une dizaine d'hommes en qualité de guides et d'escorte honorifique.

27 *décembre*. — Traversé le Manndapala, où maintenant on a de l'eau jusqu'à la ceinture; le passage a duré deux heures. Il y a cinq ans, le pays était populeux; mais les doigts et les oreilles coupés, les enfants vendus pour les moindres fautes, ont mis la population en fuite; et Casemmbé ne trouverait pas actuellement un millier d'hommes à réunir.

Ville de Casemmbé, 10 décembre 1867.
9° 37′ 13″ de latit. méridionale, 25° 40 de longit. est.

« Mylord [1],

« La première occasion que j'ai eue d'envoyer une lettre à la côte ne s'est offerte qu'au mois de février de cette année; j'étais alors au village de Molemmba, par 10° 14′ de latitude méridionale et 29° 26′ de longitude est, dans un pays qu'on appelle Lobemmba. Lobisa, Lobemmba, Ouloungou et Itahoua-

---

1. Cette lettre, incluse ici dans le journal, n'a pas été envoyée, faute de papier pour en faire la copie, ainsi qu'on le voit dans une note qui s'y trouve attachée.

Lounda, sont les noms que portent les districts d'une région élevée, située entre les huitième et onzième parallèles au sud de l'équateur, et les vingt-huitième et trente-troisième méridiens à l'est de Greenwich[1]. Cette région a une altitude de quatre à six mille pieds (douze cents à dix-huit cents mètres) au-dessus du niveau de la mer ; elle est généralement couverte de forêts, bien arrosée par de nombreux ruisseaux, et d'une température comparativement froide. Le sol y est très-fertile, et, dans les endroits cultivés, donne d'abondantes récoltes. Ce pays constitue la ligne de partage entre la Loanngoua, tributaire du Zambèze, et plusieurs rivières qui se dirigent vers le nord. De ces dernières, la plus remarquable est le Chambèze, qui contribue à la formation de trois lacs, et change de nom trois fois dans les cinq ou six cent milles de son cours.

« En quittant le Lobemmba, nous sommes entrés dans l'Ouloungou, et, nous dirigeant vers le nord, nous avons trouvé, dans cette direction, une pente décidée que nous indiquaient à la fois le baromètre et la marche des rivières.

« Un vieux chef Ouloungou, du nom de Kasonnzo, apprenant que je désirais visiter le lac Liemmba, qui touche à son pays, me donna son fils, avec une troupe nombreuse, pour m'y conduire ; et le 2 avril 1867, j'ai atteint le bord du profond bassin, en forme de cuve, où repose le lac. La descente est de deux mille pieds ; néanmoins la surface de l'eau se trouve encore à plus de deux mille cinq cents pieds (sept cent soixante mètres) au-dessus du niveau de la mer. Les flancs de la cavité sont abruptes ; parfois même le rocher tombe à pic, de ses deux mille pieds de hauteur, jusqu'à la nappe d'eau. Nulle part la bande de terre, qui se déroule entre la plage et le bas de la falaise, n'a trois milles de large ; mais, excepté aux quelques endroits où la roche nue perce le manteau de verdure, sommet, versant et pied de la chaîne sont couverts de bois et d'herbe. La scènerie est d'une beauté merveilleuse. Un cours d'eau de quatorze à quinze mètres de large et de deux à trois pieds de profondeur, l'Aïsé, se précipitait le long de notre descente, formant, dans sa course, des cascades ayant jusqu'à trois cents pieds de chute. Ces cataractes, mêlées au

---

1. 25° 40′ et 30° 40′ à l'est de Paris.

rouge éclatant du schiste argileux, parmi la feuillée d'un vert splendide, arrêtaient les plus bornés de mes serviteurs et les faisaient s'exclamer d'admiration. Les buffles, les antilopes, les éléphants, abondent sur ces pentes escarpées; l'hippopotame, le crocodile et le poisson, pullulent dans le lac.

« Ici le gnou est inconnu, bien que cet animal atteigne un âge avancé. L'éléphant vient quelquefois manger les récoltes et s'éventer de ses énormes oreilles à la lisière même des villages. Un de ces colosses, trouvé sur notre chemin, gagna un endroit relativement plat, s'y arrêta, et se mit à crier après nous. Partout ailleurs l'éléphant déguerpit à l'approche de l'homme.

« Le premier village que nous avons gagné, au bord du lac, était entouré d'un bosquet d'élaïs et d'autres arbres, — non pas l'élaïs nain qu'on voit sur les rives du Nyassa : un régime de ce palmier passa devant ma case; il faisait la charge de deux hommes; les fruits m'ont paru du même volume que ceux de la côte de Guinée.

« Deux îles renferment la majeure partie des indigènes, qui en cultivent le sol, élèvent des chèvres et se livrent à la pêche.

« Le lac n'est pas large : de quinze à vingt milles d'une rive à l'autre, et de trente à quarante de longueur. Il reçoit quatre cours d'eau considérables, et envoie, dit-on, au nord-nord-ouest, un bras d'une largeur de deux milles, qui lui ferait rejoindre le Tanganîka; il se pourrait qu'il fût une branche de celui-ci[1]. L'un de ses tributaires, le Lonnzoua, charrie un volume d'eau de cinquante yards de large et de dix brasses (plus de dix-huit mètres) de profondeur, rivière tranquille, dont la surface est couverte d'îles herbues et de lentilles d'eau. J'ai vu l'embouchure d'autres affluents; mais, de ceux-ci, je n'ai pu mesurer que le Lofou, auquel j'ai trouvé, à cinquante milles du lac, une largeur de cent yards, et où nous avons eu en cet endroit, pendant la saison sèche, de l'eau jusqu'à la taille.

---

1. On verra plus tard que le Liemmba est l'extrémité méridionale du Tanganîka; l'ignorance des indigènes à cet égard, voire celle des Arabes et les faux renseignements qui en résultèrent, montrent combien il est parfois difficile au voyageur de connaître même les lieux qu'il visite. (*Note du traducteur.*)

« J'ai passé un mois et demi au bord du Liemmba, essayant de recouvrer un peu de chair et de force. Pendant ce temps-là, des Arabes arrivèrent dans l'Ouloungou pour acheter de l'ivoire, et, apprenant qu'un Anglais les avait précédés, demandèrent naturellement où il se trouvait. Les indigènes, effrayés des intentions qu'ils supposaient à ces marchands, affirmèrent que je n'étais nullement dans le pays, et vinrent me presser de me réfugier dans l'une des îles populeuses où je n'aurais rien à craindre. Je le regrette : mais, à mon tour, je les soupçonnai de vouloir me faire prisonnier, ce qui leur eût été facile en retirant leurs canots, et je refusai la proposition. Ce ne fut que plus tard, à l'air de triomphe avec lequel ils se vantèrent d'avoir trompé les Arabes, pour les empêcher de me nuire, que je vis qu'ils n'avaient eu d'autre but que ma sécurité.

« J'ai eu, en trois occasions différentes, des preuves de la même sollicitude. Ainsi, lorsqu'ayant viré au nord-ouest, pour examiner le bras du lac dont il a été question plus haut, j'arrivai au confluent du Lofou, le chef me supplia avec tant de chaleur de ne pas aller plus loin dans cette direction où, les Arabes venant de combattre, je pourrais être pris pour l'un d'eux, que je me sentis ébranlé. Le même jour, deux Arabes, cherchant de l'ivoire, entrèrent dans le village, et confirmèrent tout ce que m'avait dit le chef.

« Dès lors, je me dirigeai vers le sud, avec l'intention de tourner la province qui était soulevée par les traitants. Quand j'eus fait soixante milles de ce côté, j'appris que le quartier général des Arabes était à vingt-deux milles plus loin. Les marchands, trouvant dans l'ouest de l'ivoire à bas prix, avaient étendu leurs recherches jusqu'au moment où un chef, appelé Nsama, les avait attaqués. Le chef avait été battu dans sa propre estacade et avait pris la fuite; mais les traitants ne savaient plus où diriger leur marche.

« Je les trouvai dans le village de Tchitimeba, par 8° 57′ 55″ de latitude méridionale et 28° de longitude est. Avec leur suite, ils formaient un groupe d'environ six cents hommes. Sur la présentation d'une lettre que m'avait donnée le sultan de Zanzibar, je fus immédiatement pourvu de cotonnade, de verroterie et de vivres. Mon projet de tourner au sud fut approuvé par les Arabes; mais ceux-ci me conseillèrent d'attendre les effets de la punition que les Baouloungou avaient résolu d'infliger à Nsama, parce qu'il avait violé le droit des gens. Il a toujours été entendu que quiconque apporte des marchandises dans le pays doit être protégé, et deux heures après notre arrivée au village de Tchitimeba le fils de Kasonnzo, qui nous servait de guide, partait avec ses hommes pour châtier l'agresseur des traitants. On pensait que Nsama prendrait la fuite; s'il allait au nord, il me laisserait le passage libre à travers son territoire; s'il fuyait au midi, j'évitais de tomber entre ses mains. Toutefois, il se trouva qu'il désirait la paix. Il envoya deux parlementaires avec des dents d'éléphant pour entamer les négociations; mais on soupçonna quelque perfidie, et les négociateurs furent tués, chacun d'une balle.

« Une nouvelle démarche fut tentée avec dix chèvres, et fut repoussée; tout cela, au vif regret des principaux Arabes. Il était heureux pour moi que les traitants n'eussent pas troqué toutes leurs marchandises; car, pour les échanger contre de l'ivoire, la paix n'était pas moins nécessaire que pour atteindre le Moéro, qui se trouve dans le pays de Nsama. Néanmoins, l'arrangement fut d'une longueur désespérante; Arabes et indigènes s'en occupèrent pendant trois mois et demi, buvant le sang les uns des autres pour cimenter leur union. Tel que je l'ai vu faire, en 1854, dans l'ouest de l'Afrique, ce n'est pas plus horrible que d'avaler la trentième dilution de belladone ou de strychnine de l'homœopathie; et si j'avais été l'un de nos Arabes, je pense que j'aurais pu m'y résoudre, mais non pas à l'autre moyen de sceller la paix, qui fut d'épouser la fille de Nsama. Il se trouva toutefois que la mariée était fort jolie; elle arriva à califourchon sur les épaules d'un homme, ce qui est le mode de locomotion le plus honorifique que le chef et sa famille puissent employer. Elle était accompagnée de dix suivantes, portant chacune un panier de provisions, et toutes ayant d'aussi beaux traits qu'elle-même. Ce fut le plus important des Arabes qui l'épousa; mais elle montra bientôt qu'elle préférait sa famille à son mari; car, voyant faire les préparatifs d'une expédition à la recherche de l'ivoire, elle se figura qu'on allait attaquer son père et prit la fuite. Je visitai alors Nsama, ne me présentant chez lui qu'avec trois de mes serviteurs, afin de ne pas l'inquiéter. Ses gens ont une grande frayeur des armes à feu, et ils palpèrent mes habits pour être sûrs que je n'en avais pas sur moi.

« Nsama est un vieillard dont la tête et le visage sont les mêmes que ceux des figures représentées sur les monuments de Ninive. Il a fait jadis de grandes conquêtes, et a toujours été invincible pour l'arc et pour les flèches. Beaucoup de traitants indigènes, venus du Tanganika, ont été défaits par lui; mais vingt mousquets arabes l'ont battu dans ses propres murs et lui ont fait prendre la fuite : d'où une grande émotion dans la contrée.

« Il a été fort surpris de ma chevelure et de mes vêtements de laine. Malheureusement, en dépit de ses reproches, les gens qui se pressaient autour de nous parlaient si haut, que nous ne pouvions pas nous entendre; et après avoir dit qu'il m'enverrait chercher le soir, ce qu'il oublia, il leva la séance.

« Je reçus de lui la promesse de me donner des guides pour me conduire au Moéro, et une plus grande quantité de provisions que je ne pouvais en emporter; mais il témoigna tant de défiance, qu'en somme je me rendis au lac sans avoir recours à son aide.

« Les habitants du pays de Nsama, en particulier, sont très-beaux. On trouve parmi eux, en fort grand nombre, des têtes aussi bien faites que dans une réunion d'Européens. Tous ont de très-belles formes, de petites mains, de petits pieds. Rien de la laideur occidentale, d'après laquelle nous nous représentons la race noire, ne se rencontre ici; ni mâchoires saillantes, ni talons d'alouette, n'y blessent la vue. Mes observations journalières confirment cette remarque de Winwood Reade, à savoir que le vrai type nègre se voit dans l'antique Égyptien, et non chez les êtres informes qui grandissent dans les marais pestilentiels de la côte de l'ouest. Il est même probable que cette haute région forestière du centre de l'Afrique est le véritable pays du Nègre. Les femmes de l'Itahoua font l'admiration des Arabes; elles ont de beaux traits, délicats et bien formés; leur défaut est une chose de mode, et qui ne s'étend pas à la tribu voisine : elles se liment les dents en pointe, les coquettes ! et rendent leur sourire pareil à celui du crocodile.

« Itahoua est le nom du pays de Nsama, dont le chef-lieu est par 8° 55' de latitude méridionale et 27° 1' de longitude est. En raison de sa population nombreuse, l'Itahoua offre beaucoup d'espaces où la forêt a été défrichée et mise en culture. Il est moins élevé que la province d'Ouloungou, son altitude générale étant d'environ trois mille pieds (dix-huit cents mètres) au-dessus du niveau de la mer. De longues files de hauteurs boisées, qui dominent de six à sept cents pieds ces vallées de dénudation, empêchent la scènerie d'être monotone. Les éléphants, les buffles, les zèbres, paissent en grand nombre sur les pentes allongées des rives du Tchiséra, cours d'eau d'un mille et demi (deux mille quatre cents mètres) de large. En allant au nord, nous avons franchi cette rivière, ou plutôt ce marais, qui est encombré de plantes aquatiques. Notre gué était une piste d'éléphants, et les racines de papyrus — tapis pour ces colosses — étaient si blessantes pour les pieds nus habitués aux chaussures, qu'elles nous faisaient reculer et tomber dans des trous où l'on enfonçait jusqu'à la poitrine.

« Le Tchiséra forme un grand marais au couchant de l'endroit où nous sommes, et va rejoindre le Kalônngosi, affluent du Moéro.

« Des agents furent envoyés par les Arabes dans toutes les directions pour acheter de l'ivoire ; mais la défaite de Nsama avait frappé les tribus d'une terreur que nulle assurance ne pouvait calmer : « Si le grand Nsama avait été mis en fuite « par vingt fusils, qui pourrait tenir devant les marchands, « si ce n'était Casemmbé? » Et celui-ci avait donné les ordres les plus sévères pour empêcher les vainqueurs de Nsama de mettre le pied sur son territoire. Ne voulant pas employer la force, les Arabes adressèrent des messages et des présents aux différents chefs. Leurs avances furent mal accueillies ; ils prirent une autre direction, et à la fin, désespérant d'acquérir plus d'ivoire, ils retournèrent chez eux.

« Du premier au dernier, tous ont été pour moi d'une bonté parfaite, et ont montré pour le saïd tout le respect désirable. Je me félicite d'avoir pu être témoin de la façon dont ils traitent les affaires, et qui s'éloigne entièrement de l'atroce conduite des négriers de Quiloa, gens qui ne dépendent pas du même souverain, bien que l'on suppose le contraire. Si quelqu'un voulait dépeindre le commerce d'esclaves sous sa forme la moins blâmable, il devrait accompagner ces gentlemen, sujets du sultan de Zanzibar. Si, au contraire, on voulait le montrer sous son aspect le plus odieux, on n'aurait qu'à suivre les traitants de Quiloa dans leur course au Nyassa, ou les métis portugais du Zambèze sur les rives du Chiré.

« Allant au nord de Nsama, puis au couchant, nous atteignîmes, le 8 novembre dernier, l'extrémité septentrionale du lac Moéro. En cet endroit, celui-ci offre une belle nappe de douze milles de large, et plus, flanquée au levant et au couchant de hautes montagnes couvertes d'arbres. La chaîne de l'ouest est la plus élevée et fait partie du Roua-Moéro. Le lac reçoit, à son extrémité sud, le Louapoula et le Rovoukoué; à l'est, vers son milieu, le Kalônngosi, appelé Karônngouési, et donne naissance au Loualaba, qui sort de son extrémité nord-ouest.

« Ce qu'il y a de plus intéressant dans le Moéro, c'est qu'il forme un des anneaux d'une chaîne de lacs reliés entre eux par un cours d'eau d'une longueur de quelque cinq cents milles. Cette rivière, sous le nom de Chambèze, prend sa source dans le Mammboué, au nord-est du Molemmba; elle coule d'abord au sud-ouest, puis à l'ouest, jusque par 11° de latitude méridionale et 26° 40' de longitude est, où elle alimente le lac Bemmba ou Banngouéolo. Elle émerge de ce premier lac sous le nom de Louapoula, et va déboucher dans le Moéro. A la sortie de ce dernier, elle se nomme Loualaba, et coule au nord-ouest dans le Roua, où elle forme un autre lac qui porte le nom d'Ourenngé ou d'Oulenngé, et qui renferme des îles nombreuses. Au delà de ce point, les renseignements n'ont plus rien de positif : les uns font entrer la rivière dans le Tanganîka ; les autres, dans un quatrième lac situé au nord de celui-ci.

« Lorsque je traversai le Chambèze, la similitude de nom me fit croire que c'était une branche du Zambèze. Les gens du pays me disaient : « Non, cette rivière coule au sud-ouest, où « elle forme une très-grande eau. » Mais j'étais persuadé que le lac Liemmba était ce Bemmba dont j'avais entendu parler en 1863; et nous avions tant souffert de la faim dans le sud, que j'étais content d'aller au nord. Le prolongement du Liemmba, sous forme de rivière, pouvait se rendre au Moéro, et atteindre ce bras fluvial n'étant pas possible, je me dirigeai vers ce dernier lac.

« Chez Casemmbé, j'ai recueilli de nombreux témoignages, tant des Arabes que des indigènes, et tous s'accordent si bien à dire que je ne suis pas à plus de dix jours du lac Bemmba, ou Banngouéolo, qu'il est impossible de douter de leur exactitude. Mais je suis tellement las d'être sans nouvelles d'Angleterre ou d'ailleurs, depuis deux ans, qu'avant de faire autre chose il faut que j'aille à Oujiji, sur le Tanganîka, chercher mes lettres.

« Dans la saison où nous sommes, les rives du Banngouéolo, et toute la contrée voisine, à ce que l'on rapporte, sont très-marécageuses et fort insalubres, et je n'ai pas de médicaments. Beaucoup d'indigènes sont, dit-on, affectés de goître et d'éléphantiasis. Nous sommes à l'époque des pluies, et ce voyage m'offrirait beaucoup de danger.

« Arrivé au Moéro, nous étions si près de Casemmbé, qu'il nous parut bon d'aller le voir, ce qui nous ferait longer le lac et nous permettrait d'en mesurer la longueur. Notre marche s'accomplit sur la rive orientale, entre les montagnes de la double chaîne qui flanque de ce côté la nappe d'eau; mais plaines et montagnes sont tellement couvertes d'une forêt de belle venue, que rarement nous avons entrevu le lac. Ce fut le 28 novembre que nous arrivâmes chez Casemmbé, qui demeure près de l'extrémité nord du petit lac Mofoué. Celui-ci a d'un à trois milles de large et six ou sept de longueur; il est rempli d'îlots formés d'herbes aquatiques, et le poisson y abonde. Le pays est tout à fait plat; mais à quinze ou vingt milles du côté de l'ouest apparaît une longue chaîne des montagnes du Roua. Entre cette chaîne et le Mofoué passe le Loapoula, qui se rend au Moéro okata ou grand Moéro, dont la longueur est d'environ cinquante milles.

« La capitale de Casemmbé se compose de huttes éparses dans des champs de cassave et couvre une étendue d'un mille carré. Quelques-unes des cases sont entourées d'une palissade de roseaux, formant une enceinte quadrangulaire; mais aucune règle n'a présidé à leur arrangement : c'est un groupe d'habitations rurales plutôt qu'une ville. Nulle estime ne peut être faite du nombre des habitants par celui des huttes, qu'on ne saurait compter, tant elles sont disposées d'une façon irrégulière et cachées par le manioc. Toutefois, en comparant l'ensemble avec ce que j'ai vu en d'autres lieux, j'évalue la population à moins d'un millier d'âmes.

« La demeure du chef — quelques-uns diraient le palais — comprend un enclos de trois cents yards d'un côté sur deux cents de l'autre ; la palissade est en roseaux. Dans cette enceinte, où j'eus l'honneur d'être admis et reçu en grande pompe, se trouvait une case gigantesque habitée par Casembé, et une vingtaine de petites huttes, logements des domestiques. La case de la reine est derrière celle du chef, et également entourée de communs pour les gens. Une plantation de coton et de manioc (*curcas purgaris*) occupe la majeure partie du clos.

« Je trouvai Casemmbé assis devant sa porte, sur un siége carré, placé sur des peaux de lion et de léopard. Il était vêtu d'une cotonnade de Manchester, de qualité inférieure, imprimée bleu et blanc, bordée de rouge et formant de larges plis qui la faisaient ressembler à une crinoline mise sens devant derrière. Un bonnet, des manches et des guêtres en perles de diverses couleurs, et faits avec soin, lui couvraient la tête, les bras et les jambes. Ses hauts dignitaires, chacun à l'ombre d'un énorme parasol mal tourné, et suivi d'une escorte nombreuse, firent leur entrée et, après avoir rendu hommage au chef, allèrent s'asseoir à droite et à gauche du trône. Différents corps de musiciens les imitèrent.

« Je fus prié de me lever et de faire un salut, ce que je fis immédiatement. Un vieux conseiller, auquel le bourreau avait coupé les oreilles, prenant alors la parole, donna au chef tous les renseignements qu'il avait pu recueillir sur les Anglais en général et sur moi en particulier. Le fait de ma précédente traversée du Lonnda, au couchant de leur province, et de ma visite à des chefs qu'ils connaissaient à peine, éveilla chez les auditeurs la plus grande attention. Après le rapport, Casemmbé m'assura que j'étais le bien venu dans son pays, que je pouvais aller partout et faire tout ce que je voudrais. Puis il se leva, et, suivi de deux négrillons qui portaient la queue de sa jupe, il me conduisit dans une salle où étaient exhibés tous mes cadeaux. Je savais qu'il les avait vus d'avance et qu'il en était satisfait. Le présent était composé de huit mètres de serge aurore, d'un large tapis de table à raies, d'un grand morceau d'étoffe de Manchester, fait à l'imitation des tissus indigènes de la côte occidentale et qui ne manque jamais d'exciter l'admiration des naturels, voire celle des Arabes; enfin d'un grand peigne à chignon, richement doré, tel qu'en portaient nos dames il y a cinquante ans. Ce peigne m'avait été donné par un de mes amis de Liverpool; et Casemmbé, ainsi que les gens de Nsama, relevant ses cheveux par derrière en grosses touffes, j'étais sûr que ledit article lui ferait plaisir. Il m'exprima son contentement et me renouvela ses compliments de bien-venue.

« Je lui fis une autre visite où j'entrepris de le dissuader de vendre ses sujets. Il m'écouta pendant quelque temps, puis me lança une tirade sur la grandeur de ses États, sur son autorité et sa puissance, tirade que Mohammed-ben-Séli, qui est dans le pays depuis dix ans, tourna en ridicule, faisant rire l'auditoire par cette remarque : que les autres chefs du Lonnda m'avaient donné des moutons et des bœufs, tandis que Casemmbé n'avait eu à m'offrir que du poisson et une pauvre petite chèvre; puis il termina par cette assertion, qu'il n'y avait au monde que deux souverains : le sultan de Zanzibar et la reine Victoria.

« A ma troisième audience, lorsque je vins lui faire mes adieux, Casemmbé me reçut avec beaucoup moins de hauteur, et il me sembla que bientôt nous aurions pu devenir bons amis. Mais sa figure est disgracieuse; il louche en dehors; une quantité de crânes humains ornent l'entrée de sa résidence, et beaucoup de ses notables, dont les oreilles ont été coupées, quelquefois les poignets, montrent qu'il a une façon barbare de rendre ses ministres attentifs et honnêtes. Je ne pouvais pas m'empêcher d'être prévenu contre lui.

« Il y a longtemps que les Portugais vinrent dans le pays pour la première fois; mais, comme chaque nouveau Casemmbé se fait une nouvelle résidence, il n'est pas facile de déterminer exactement le lieu où les étrangers ont été reçus.

Les sept derniers Casemmbés ont eu leurs capitales dans un rayon de sept milles de la ville actuelle. De tous les voyageurs qui les visitèrent, le docteur Lacerda, gouverneur de Tété, fut le seul qui eût des connaissances scientifiques, et il mourut au bord du Tchoungou, à trois ou quatre milles d'ici. Le nom de l'endroit est Nchineda ou Inntchineda, que les Portugais écrivirent *Ucenda* ou *Lucenda*. Quant à la position, la latitude marquée par le docteur présente un écart d'environ cinquante milles; mais les indigènes rapportent qu'il mourut dix jours après son arrivée; et si la fièvre, comme il est probable, obscurcissait déjà son esprit, ceux qui connaissent l'état dans lequel on est alors excuseront facilement n'importe quelle erreur il a pu commettre. Son voyage avait pour but d'établir — chose ardemment souhaitée par les Portugais — une communication entre les provinces des deux côtes. Nul de ses compatriotes n'a jamais accompli ce qu'il voulait faire; mais deux marchands de race noire ont presque touché les deux rivages. Partis de Cassangé, dans l'Angola, ils ont gagné Tété, sur le Zambèze, et sont revenus au point de départ, avec une lettre du gouverneur de Mozambique. Il est remarquable que ce voyage, pleinement réussi, ait étouffé chez les Portugais de race blanche tout désir d'établissement d'une route continentale entre les deux mers.

«L'état de choses actuel semble différer beaucoup de ce qui avait lieu sous les divers Casemmbés qui ont eu la visite des Portugais. Pereira, le premier de ces visiteurs, dit que Casemmbé (je cite de mémoire) avait une armée régulière de vingt mille soldats, que ses rues étaient arrosées quotidiennement, et que tous les jours on immolait vingt personnes. Je n'ai pas entendu dire qu'il y eût maintenant de sacrifices humains, et il est douteux que le chef actuel pût mettre en campagne un millier de maraudeurs. Il y a cinq ans, lorsqu'il usurpa le pouvoir, la population était fort nombreuse; mais il fut tellement sévère dans ses pénalités, faisant couper les mains et les oreilles, mutiler d'autre sorte, ou vendre les enfants pour les moindres fautes, que ses sujets émigrèrent dans les contrées voisines. Partir est le remède que, dans cette région où le fugitif n'est jamais rendu, on oppose à la tyrannie.

« Le Casemmbé d'aujourd'hui est très-pauvre. A l'époque où il avait des chasseurs d'éléphants, son avarice l'empêchait de donner au tueur de la bête une part des profits du commerce d'ivoire. Dès lors, ses gens l'ont quitté ou ont renoncé à la chasse, et actuellement il n'a pas de dents à vendre aux Arabes qui viennent chez lui.

« Il paraît que le major Monteiro, le troisième Portugais dont ce pays-ci eut la visite, fut maltraité par le Casemmbé de l'époque ; et depuis ce temps-là aucun individu de cette nation ne s'est aventuré aussi loin. Les Portugais n'y ont pas beaucoup perdu ; car un peu d'ivoire et quelques esclaves sont les seules choses dont les Casemmbés aient jamais fait commerce.

« A une trentaine de journées de marche d'ici, du côté de l'ouest, les gens de Katannga fondent le cuivre qu'ils extraient de la malachite, et le vendent en grosses barres ayant la forme d'un I majuscule. Ces barres, qui pèsent de cinquante à cent livres, sont répandues dans toute la contrée, où on les étire en fil assez mince pour en fabriquer des bracelets et des jambelets. On trouve aussi de l'or au même endroit ; des échantillons de ce métal, recueillis à Katannga, ont été récemment envoyés au sultan de Zanzibar.

« En descendant de la ligne de faîte vers le Tanganika, nous sommes entrés dans une aire que trouble encore l'action volcanique. Une source chaude du pays de Nsama est fréquemment employée par les indigènes pour faire cuire la cassave et le maïs. Dans cette région, les tremblements de terre ne sont pas rares ; nous en avons ressenti une secousse au village de Tchitimeba, et ils s'étendent jusque chez Casemmbé. Il me sembla que j'étais à flot ; et comme ici les huttes ne s'écroulent pas, nulle frayeur ne se mêlait à cette sensation. Plusieurs de ces secousses arrivées pendant la nuit firent caqueter les poules. L'effet le plus remarquable de celle du village de Tchitimeba fut produit sur les chronomètres. Personne ne touchait à ceux-ci que moi-même, et, n'ayant jamais entendu parler d'un fait semblable, je crois devoir le mentionner. L'une des montres, qui retardait très-régulièrement d'une seconde et demie par jour, perdit quinze secondes ; une autre, qui depuis notre débarquement n'avait perdu que quinze secondes, retarda de quarante; et la troisième, qui avançait quotidiennement de six secondes, s'arrêta.

« Quelques-uns des gens de Nsama voient la cause des tremblements de terre dans les sources chaudes, parce que, lors des secousses, leur fontaine a des bouillonnements inusités. Il y a une autre source thermale plus près du Tanganika, et nous en avons rencontré une au bord du Moéro.

« Ce dernier reçoit des naturels la qualification de beaucoup plus grand que le Tanganika. Je n'ai pu comprendre comment cette opinion s'était produite qu'après avoir vu les deux lacs. Couché dans une auge d'une étroitesse relative, le Tanganika est flanqué sur les deux bords de hautes murailles toujours visibles, tandis que le Moéro, du point où nous l'avons abordé, n'offre au sud-ouest qu'un horizon de mer.

« Le Louapoula et le Rovoukoué forment, à son extrémité sud-orientale, un vaste marais, et Casembé me dissuada de m'engager dans cette direction; mais il m'envoya un guide pour me faire atteindre le lac en aval des fondrières.

« Vu des hauteurs qui le dominent vers le sud, le Moéro paraît avoir de quarante à soixante milles de large. A l'extrémité de la partie des montagnes du Roua qui l'avoisine, par 9° 4' de latitude, sa largeur est de trente-trois milles. Nul indigène n'a encore essayé de le franchir d'un bord à l'autre, même en cet endroit. Les pêcheries sont d'une grande valeur pour les habitants, qui en exportent les produits à de grandes distances.

« Parmi les végétaux de cette région, celui qui m'intéresse le plus est une sorte de pomme de terre, non pas de la famille des solanées; c'est une papilionacée dont les fleurs ont un délicieux parfum; elle se propage facilement soit par boutures, soit par fragments des tubercules. Ceux-ci, d'une forme oblongue, ressemblent à nos vitelottes, et, cuits dans l'eau, ont exactement le goût de la pomme de terre. Avant d'être mûrs, ils présentent un léger degré d'amertume et passent pour être très-sains. Mangée crue, une tranche de cette racine est un bon remède contre les nausées. La plante qui donne ce légume ne se trouve que sur les hautes terres, et semble redouter la grande chaleur; j'ai toutefois conservé de ses tubercules dans une boîte qui fut portée en plein soleil, presque tous les jours, pendant six mois, et sans détruire chez eux la puissance végétative.

« Chose remarquable, l'espèce de coton que nous avons rencontrée dans toute la partie du centre de l'Afrique que nous avons parcourue est celle de Fernambouc. La soie en est longue et forte ; les graines sont réunies par groupes et adhérentes entre elles. Le buisson, d'une hauteur de huit à dix pieds, a des tiges ligneuses. Avec ce coton, les indigènes font de grands châles rayés de noir et de blanc.

« Il nous a été agréable de trouver ici l'élaïs de Guinée à trois mille pieds (dix-huit cents mètres) au-dessus du niveau de la mer. L'huile que l'on retire de son fruit est à bon marché. Aucun récit traditionnel de l'introduction de ce palmier n'existe dans le pays.

« Je n'envoie pas d'esquisse de la contrée, n'ayant pas encore visité un assez grand espace pour tracer une vue complète du drainage de cette région et je regrette de ne pas pouvoir recommander les cartes qui en ont été publiées. Pas une de celles que j'ai vues ne donne même une idée tolérable du pays. Un audacieux cartographe a marqué les lieux jusqu'à deux cents milles de la pointe nord-occidentale du Nyassa, fait d'une hardiesse que pas un voyageur n'oserait imiter. Un autre a placé dans les mêmes parages une rivière coulant à une altitude de trois ou quatre mille pieds, et remontant des collines, sous le titre de Nouveau-Zambèze, probablement parce que l'ancien coule de haut en bas. J'ai passé à travers ces deux créations mentales, et n'ai su que j'avais marché sur de l'eau qu'en voyant les susdites cartes. »

28-31 *décembre* 1867. — Gagné une rivulette, nommée Tchibonngo, ensuite le Kaboukoua, où j'ai été malade. Des pluies abondantes nous ont forcés de retourner en arrière. Je n'ai eu pour vivre, depuis longtemps, que du sorgho mal broyé, et je me suis affaibli. Autrefois j'étais en tête de la caravane ; maintenant je suis le dernier. Mohammed m'a fait présent d'une bouillie de farine bien moulue et d'une volaille ; sur-le-champ, le mieux a été sensible ; je mange pourtant ma grossière nourriture sans répugnance.

J'ai bien fait de ne pas aller au Banngouéolo. Le pays, dans cette saison, est fort insalubre, même pour les naturels; et, en l'absence de médicaments, être mouillé sans cesse m'aurait abattu tout à fait. Ainsi que je l'ai mentionné, les indigènes sont largement affligés de goître et d'éléphantiasis du scrotum.

1er janvier. — Père tout-puissant, pardonne les péchés de l'année dernière pour l'amour de ton Fils. Viens à mon aide, pour que cette année je me rende plus utile, et, si je dois mourir avant qu'elle s'achève, prépare-moi.

. . . .

J'ai acheté cinq houes, chacune au prix de deux ou trois yards de calicot; elles ont treize pouces et demi de longueur sur six et demi. Cet instrument de labour se fait ici en grand nombre, et c'est le dernier endroit où nous pourrons en faire l'acquisition. Quand nous serons dans le Bouiré, avec mes houes je me procurerai de bonnes chèvres, en en donnant une par animal. J'avais deux de ces bêtes, l'une est morte, la seconde est tarie; j'aspire à les remplacer. En fait de nourriture, le lait est ce que je peux avoir de plus réconfortant.

Mon guide est arrivé aujourd'hui, et je suis allé au Moéro; j'ai visité celui-ci plusieurs fois pour me faire une juste idée de son étendue. Dans les premiers quinze milles vers le nord, sa largeur est de douze à trente-trois milles. Le grand massif des montagnes du Roua y confine. Par un temps clair, on voit une chaîne moins haute se détacher du point culminant de cette masse, et courir à l'ouest-sud-ouest; puis vers le sud on n'a plus qu'un horizon maritime. De la hauteur où nous l'avons vu, le lac paraît avoir, au minimum, une largeur de quarante milles, peut-être de soixante. La côte ne s'aperçoit qu'avec une forte lunette, et dans les jours les plus purs. Une grande île, appelée Kiroua[1], est située entre le Manndapala et le Kaboukoua, mais plus près de l'autre rive. Jamais les indigènes n'ont essayé de traverser le lac au midi de cette île. Je comprends pourquoi ils disent que le Moéro est plus grand que le Tanganîka : de celui-ci on voit toujours

---

1. Le nom de Kiroua et ses différentes corruptions, telles que *Chiroua*, *Tchiroua* et *Kiroa*, reviennent continuellement dans cette partie de l'Afrique, où ils paraîtraient signifier : l'Ile.   (WALLER.)

les deux rivages, tandis qu'au sud-ouest des montagnes du Roua, la côte du Moéro est invisible.

Mohammed, dont les gens ont tué un buffle au bord du Kalônngosi, m'a donné un cuisseau de l'animal — viande bovine et savoureuse.

Notre marche, retardée à la fois par les averses et par l'attente de la caravane, a été très-lente. Arrivés au Kalônngosi, nous ne trouvâmes pas de canots : les riverains auxquels s'adressa Mohammed n'osaient pas nous faire sortir du pays de Casemmbé, dont leur rivière forme la limite. Cependant, à la fin, un gros salaire triompha de leurs scrupules, d'autant mieux que les habitants d'un autre village se disposaient à nous passer, et en étaient même si désireux qu'ils furent sur le point de nous battre, quand ils virent leurs voisins profiter de l'aubaine.

Nous avons ensuite longé le Moéro, près de la rive. L'humidité fait croître à profusion les gingembres, les fougères et toutes les plantes des forêts tropicales. Les buffles, les zèbres, les éléphants, sont nombreux ; et les habitants du village de Tchoukosi, où nous nous sommes arrêtés, nous ont avertis de prendre garde aux lions et aux léopards.

12 janvier. — Passé le dimanche chez Karemmboué. Les montagnes qui sont à l'est du village s'appellent Makounga. Le chef nous a envoyé des notables pour nous inviter à une audience. C'est un gros homme, à la voix rude, mais qui est aimé de son peuple et des étrangers. Il a reçu de moi une brasse de calicot, et m'a donné une chèvre.

Hier, je suis retourné sur le rivage ; la pointe du Roua, par son prolongement, se trouvait à une distance de trente-trois milles. L'enthousiasme avec lequel je tenais à visiter le Moéro s'est communiqué à Tipo-Tipo et à Saïd-ben-Ali ; ils m'ont accompagné lors de ma première visite, et pendant que j'étais chez Casemmbé ils y ont fait une halte de cinq jours. D'autres Arabes, ou plutôt des hommes du Sahouahil, devaient connaître ce lac ; mais ils n'en avaient rien dit, n'estimant pas que cela valût un regard ; et ce ne fut que lorsque toute espérance de recueillir de l'ivoire fut évanouie que Tipo et Saïd trouvèrent le temps de s'y rendre.

Les rives ont une population nombreuse.

13 *janvier*. — Pluies abondantes.

Karemmboué m'a signalé une curiosité naturelle qu'il supposait digne de mon attention : une rivulette nommée Tchipammba, et qui est souterraine dans une partie de son cours; mais cela n'a rien d'intéressant.

Franchi le lendemain un torrent copieux, du nom de Vouna. Près de l'endroit où on le passe à gué est une source thermale d'une chaleur suffisante pour que l'on y fasse cuire de la cassave et du maïs. Comme dans le pays de Nsama, où une large fontaine également chaude est employée au même usage, les racines de manioc et les épis de maïs sont noués à une cordelette et déposés dans la source, qui en opère la coction. Nous avons dit que pour un certain nombre d'indigènes les tremblements de terre se rattachaient aux bouillonnements exceptionnels de ces eaux chaudes.

Le Katétté, second torrent de la force de l'autre, fut traversé avant d'atteindre l'extrémité nord du Moéro, où nous avons passé la nuit dans des cabanes faites par des voyageurs.

Quittant le lac et allant au nord, nous sommes bientôt arrivés à une plaine inondée par le Louao. Quatre heures de marche dans une boue noire et très-adhérente — généralement jusqu'à la cheville — et de plongeons dans des trous nombreux nous firent gagner la rivière. Un bras fut alors passé à gué : de l'eau jusqu'à la taille pendant un quart de mille; puis un étroit canal, franchi au moyen d'un pont rustique fait avec des arbres et des branches, et d'une longueur d'environ quarante yards.

En s'épanchant dans la plaine, le Louao confère aux naturels des profits dont ils se réjouissent; mais, par endroits, la fange noire sent horriblement mauvais, et je ne peux pas m'empêcher d'en conclure qu'aux avantages se joint la malaria. Un grand nombre de siluroïdes, surtout des *clarias capensis* de trois pieds de longueur, parcourent les terres inondées du pays, mangeant le fretin, et en outre les insectes, les lézards et les vers que l'eau a fait périr. Des barrages et des nasses sont installés par les habitants qui, lors du retrait des eaux, font une récolte abondante de ces siluroïdes, précieux complément de leur nourriture farineuse.

16 *janvier*. — Après avoir passé la nuit au bord du Louao, nous nous sommes rendus au village où demeure le fils de Mohammed. La bourgade s'appelle Kabouabouata; elle est arrosée par le Kakoma et a pour chef un appelé Mouabo. En beaucoup d'endroits, sitôt que nous apparaissons, les gens ferment leurs estacades et restent sous les armes, l'arc et la flèche à la main, jusqu'à ce que nous soyons passés. Cette conduite paraît avoir pour motif celle des esclaves, qui, hors de la vue du maître, prennent ou exigent ce qui leur convient, comme s'ils en avaient le droit. Hier, en traversant un village, un esclave s'est emparé de deux pipes. Dès mon arrivée, les gens vinrent se plaindre à moi. J'attendis Mohammed et lui fis part de la plainte. Nous allâmes tous les deux à la recherche du voleur, qui fut bientôt découvert; et les volés, qui nous avaient suivis jusque-là, rentrèrent en possession de leur bien. Pendant la marche, les gens des caravanes prennent du manioc; mais on ne peut guère les en empêcher. La tige a un pouce et demi d'épaisseur; ils la saisissent et l'arrachent. La terre est molle; avec le brin viennent une demi-douzaine de racines de la dimension de nos plus grosses carottes; elles sont immédiatement détachées, serrées dans la charge et croquées en route. On ne le saurait pas, si les tiges dépouillées, jetées parmi les autres, ne dénonçaient le vol. Ces racines, mangées crues, sont à la fois agréables et nutritives. Le picorage des esclaves à leur sujet ne fait pas grand tort, les jardins sont si grands! mais il inspire de la défiance aux indigènes, et rend le pays dangereux pour les Arabes, qui ne peuvent plus voyager sans une escorte nombreuse.

Mais à Kabouabouata, ce fut autre chose : les gens de Mohammed — Arabes et Vouanyamouézi — ont accueilli notre arrivée par une ovation : les femmes avaient la figure barbouillée de terre de pipe, et jetaient vigoureusement leurs cris de joie. Quand nous fûmes parmi les huttes, elles ramassèrent de la terre à poignée et se la répandirent sur la tête, pendant que les hommes déchargeaient leurs fusils coup sur coup, ne prenant que le temps de recharger. Ceux qui étaient parents du maître vinrent lui baiser les mains, et les coups de feu, les chants, les cris, les applaudissements, les acclamations, nous assourdirent. Mohammed était profondément ému d e ce transports, et fut longtemps avant de pouvoir les calmer.

De ce village, nous dirigeant vers le sud, nous vîmes de grandes étendues plantées en arachides, destinées à faire de l'huile. Une grande jarre de cette dernière s'échange contre une houe. L'arachide est en fleurs, et le maïs vert prêt à être mangé.

Toute la population est dans les champs à planter, transplanter ou sarcler. Ils mettent le manioc sur des buttes préparées à cet effet, et où du maïs, du sorgho, des fèves, des citrouilles, ont été semés; ces produits mûrissent, et le manioc reste maître de la place. Quand le sorgho, qui a été semé dru, a un pied de hauteur, si le propriétaire a pu disposer un terrain pour le recevoir, il y est transplanté; en pareil cas, une portion des feuilles est coupée, afin de prévenir la trop grande exhalation qui ferait mourir la plante.

17 janvier. — D'après les Vouanyamouézi et les gens de Garagannza, il y a treize jours de marche d'ici au Tanganîka, — route marécageuse et beaucoup de rivières à franchir.

Mohammed désire naturellement passer quelques jours avec son fils. Nous sommes dans la saison pluvieuse; il est désagréable de marcher dans la boue, et le chemin est, dit-on, encore plus mauvais près d'Oujiji. Beaucoup de Vouanyamouézi se sont arrêtés dans ce village, en raison de la grande quantité d'eau qui tombe près du lac; ils ajoutent qu'il serait très-difficile d'obtenir des canots pour traverser le Tanganîka, dont maintenant les vagues sont très-fortes.

Pour me faire prendre patience, Mohammed veille à mon bien-être; et, avec son peu de ressources, il m'accommode de petits plats friands. Le vinaigre est fait avec des bananes, et l'huile avec des arachides. Mais j'ai hâte de partir pour avoir des nouvelles.

24 janvier. — Deux agents de Mohammed-Bogharib viennent de chez Casemmbé, pour faire ici du commerce, et une bande, appartenant à Saïd-ben-Habib, est arrivée de Garagannza, près de Kazeh; tous rapportent que l'inondation de ce côté-ci du Tanganîka vous fait marcher dans l'eau jusqu'à la ceinture, parfois jusqu'à la poitrine. Ben-Habib est à Katanṅga, et ne veut pas en sortir avant la fin des pluies. J'ai peur que nous aussi nous ne soyons bloqués jusqu'à cette époque; les affluents du Maroungou ne sont plus guéables, et il n'y a pas moyen d'avoir de canots.

27 janvier. — J'ai la fièvre, comme il arrive toujours quand je suis arrêté.

28 janvier. — Cela va mieux. Grâces soient rendues à Celui dont le nom remplit le ciel et la terre! Nous devons rester; l'endroit est sec, et le terrain favorable aux arachides.

La coqueluche est dans le village.

30 janvier. — Il a plu cette nuit, et l'averse, qui a rafraîchi la terre, a envoyé tous les villageois transplanter le sorgho. Ils en rognent les feuilles, de manière qu'elles n'aient plus que dix-huit pouces de longueur. Le changement de terrain fait pousser la plante avec plus de force.

D'après Mohammed, le Tanganîka irait, par le Roussizi, au Lohindé, ou Tchouammbo.

On dit que Saïd-Saïd fut le premier sultan arabe qui fit du commerce; Saïd-Médjid suit l'exemple de son père et emploie beaucoup d'Arabes à cet effet. Il a dernièrement envoyé huit buffles à Mtésa, roi d'Ougannda et fils de Sounna, pour donner plus d'extension à ses affaires; mais il n'est pas probable qu'il renonce à la vente lucrative de l'ivoire et de l'esclave.

Souzi a acheté une houe avec un peu de poudre; puis il a vendu la houe pour une caisse de sorgho, un cylindre de trois pieds de hauteur sur deux de diamètre : au minimum, un quintal de grain.

On rapporte qu'il y a, dans le Roua, des maisons souterraines dont les murs sont en pierre : mais sont-elles le produit de la nature ou de l'art? Mohammed n'en sait rien. Dès qu'on leur fait un présent, les chefs du Roua ne mettent aucun obstacle à la marche des étrangers.

Tchikosi, dont le village, situé près du Kalônngosi, nous a hébergés pendant une nuit, est mort, ainsi que Tchipouta.

Le Mofoué déborde à l'époque des grandes pluies et inonde une large étendue. Des éléphants parcourent alors ses marais, et sont tués facilement par les indigènes qui les poursuivent en canots. Il en est de même tous les ans, et Mohammed-Bogharib attend cette chasse, qui lui procurera de l'ivoire.

7-21 février. — J'ai questionné sur les demeures souterraines du Roua des gens qui les ont visitées. Ils m'ont dit que ces habitations occupaient une grande étendue. On les trouve au flanc des montagnes sur une longueur de vingt milles; à un endroit, un ruisseau coulerait dans cette ville de cavernes.

Parfois les habitations ont leurs portes au niveau du sol; ailleurs il faut des échelles pour y arriver. On dit qu'intérieurement elles sont très-grandes, et que ce n'est pas l'œuvre des hommes, mais celle de Dieu. Les habitants possèdent beaucoup de volailles, qui ont également leur abri dans ces demeures de Troglodytes.

23 *février*. — J'ai eu la visite d'un chef important nommé Tchapé, qui voulait, dit-il, avoir l'Anglais pour ami; il n'a rien demandé et m'a promis une chèvre. Tchisapi, Sama, Mouabo, Karemmboué et Tchapé, sont de la même tribu, celle des Oannzas.

CHAPITRE XI.

Querelle dans le camp. — Longue captivité de Mohammed. — Superstitions. — Nouvelles du lac Tchohouammbé. — Vie des traitants arabes. — Or de Katannga. — Mouabo. — Ascension des montagnes du Roua. — Saïd-ben-Habib. — Jour de naissance. — Hostilité de Mpouéto. — Projet de visiter le lac Bemmba. — Sources du Nil. — Désertion. — Rivages du Moëro. — Visite à Foungafounga. — Livingstone retourne chez Casemmbé. — Opposition d'un essorillé. — Détails sur Péreira et sur Lacerda. — Le major Monteiro. — Liste des Casemmbés. — Relations des lacs avec le Louapoula expliqués par Casemmbé. — La reine Moäri. Sacrifice arabe. — Kapita vend sa femme.

24 *février* 1868. — Ce matin, des esclaves, venus avec l'agent de Mohammed-Bogharib, ont injurié mes hommes, sous prétexte qu'ils apportaient de la viande impure dans le village et la mettaient en vente, bien que ce fût un Mnyamouési qui eût tué la bête. A l'appellation de Kafir! Kafir! Souzi révolté s'élança, un bâton à la main; les autres se joignirent à lui et chassèrent les insulteurs; mais ces derniers réunirent leurs camarades et revinrent à l'assaut. L'un d'eux jeta un bloc de bois à la tête de Simon, qui tomba sans connaissance et fut agité de mouvements convulsifs. Il a trois blessures qui pourraient devenir graves; heureusement qu'en général les Gallas ne sont pas forts. C'est le premier accès de bigoterie musulmane dont nous ayons eu à souffrir, et de la part de gens si peu instruits de leur religion, qu'ils ne pourraient peut-être pas répéter la formule : « Lā illāhā illā laou Mohammed Rassoulela salla, lahou, a léihi oa Salama. »

25 *février*. — Bogharib est venu aujourd'hui me faire des excuses de l'outrage d'hier; mais, dans tout cela, il n'y a personne à blâmer que les esclaves, et je me suis contenté de requérir des menaces de châtiment, qui se réaliseraient en cas de récidive. Il est clair que, s'ils ne voulaient pas acheter de

viande impure, ces gens pouvaient la laisser : dès qu'on ne les forçait pas d'en prendre, il n'y avait aucun mal. Les Vouanyamouézi chassent pour tout le monde. Quelques mahométans refusent cette viande, qui n'est pas saignée d'une façon orthodoxe ; mais leurs femmes et leurs serviteurs la mangent fort bien en secret.

J'ai demandé ce soir à Mohammed-ben-Séli s'il était vrai qu'il fût prisonnier ; il m'a répondu affirmativement. Des gens de Garagannza (Ounyamouézi), qui habitent maintenant Katanga, se sont battus avec Casemmbé. Mohammed fut soupçonné d'avoir fait alliance avec eux ; sa bande fut attaquée ; il perdit dans l'affaire cent frasilahs de cuivre (trois mille cinq cents livres) et soixante hommes, dont l'aîné de ses fils. C'est alors qu'il fut fait prisonnier.

28 *février*. — Mohammed-ben-Séli a donné quelque chose et a obtenu sa libération. Je présume que ma lettre du Saïd a été pour beaucoup dans cet acte de clémence, Casemmbé ayant dit maintes fois, à portée de mon oreille, qu'il devait avoir égard à cette lettre et veiller à ma sûreté, au moins jusqu'à Oujiji.

Mohammed ne veut pas retourner chez Casemmbé et va se mettre en relation avec un autre chef ; il est dur, pour un homme de son âge, d'avoir à recommencer sa carrière. Tous les Arabes parlent de lui en bons termes et le respectent. Voilà, dit-il, vingt-deux ans qu'il est en Afrique, et il affirme n'y avoir jamais vu de dispute analogue à celle d'hier. Cependant il est commun à Oujiji, qu'après avoir bu de la liqueur de palmier, les gens se querellent dans le bazar, et que la bataille devienne générale ; mais le lendemain on n'y pense plus.

Ici, l'enfant dont les incisives de la mâchoire supérieure se montrent les premières est mis à mort, comme devant porter malheur : c'est une superstition largement répandue. En 1859, lors de mon séjour chez les Makololos, ce fait d'apparition anormale des dents se présenta chez l'enfant de la servante d'une des épouses de Sékélétou. La maîtresse ne voulut pas qu'on tuât le pauvre petit ; mais les gens assez courageux pour lutter de la sorte contre l'opinion publique sont très-rares.

Chez Casemmbé, si un enfant se retourne pendant son sommeil, il est tué. Celui qui a l'un ou l'autre de ces défauts est qualifié par les indigènes d'*enfant arabe*, parce que les Arabes n'ont pas ce genre de superstitions; et l'un de ces derniers se trouve-t-il dans le voisinage, on lui donne le bébé qui introduirait dans sa famille les procès, la maladie ou le crime. Cela peut expliquer l'empressement avec lequel des enfants d'une tribu furent cédés aux serviteurs de Speke. D'après Mohammed, ces enfants devaient être des captifs, aucun indigène ne vendant sa progéniture.

Si Casemmbé rêve deux ou trois fois du même individu, celui-ci est accusé d'attenter aux jours du chef par des artifices secrets, et il est condamné à mort. Toute opération ayant pour but les repas de Casemmbé, voire la mouture du grain, doit avoir lieu dans le plus profond silence. Tout cela, et d'autres choses encore, prouvent une extrême dégradation.

Pendant sa captivité, Mohammed reçut plusieurs fois le conseil de partir de vive force; ses amis lui offraient de le soutenir dans le combat, il a toujours refusé. Son père est celui qui a ouvert le territoire au commerce arabe, et il l'a fait à ses frais; mais lui paraît être un homme paisible, tenant à vivre en bonnes relations avec les chefs. Il pense que le Casemmbé actuel a empoisonné son prédécesseur, et très-certainement fait périr la mère de sa femme, qui était une reine, afin de pouvoir s'emparer plus aisément de la fille.

Tout le pays situé entre celui-ci et le Tanganîka est inondé. S'il y avait beaucoup de pente, l'eau s'écoulerait; cela me fait supposer que le Tanganîka est moins bas que ne l'établissent les calculs de Speke. Les Arabes prétendent, et, à cet égard, sont très-affirmatifs, que le lac se décharge dans le Victoria Nyanza; ils assurent que Dagara, père de Roumanika, voulait envoyer des canots qui seraient partis de sa demeure, pour se rendre à Oujiji. Suivant quelques-uns, il aurait fait un canal pour atteindre ce but.

Les Vouanyamouézi, détenus avec nous, se procurent des ressources en allant tuer des buffles à deux jours d'ici, et en troquant leur gibier pour du grain et de la cassave. A peine le résultat de leur chasse est-il connu dans le village, que toutes les femmes accourent pour échanger leurs produits contre de la viande, préférant celle-ci à toute autre chose, même aux perles. Leur régime farinacé crée un désir excessif de faire gras : si mes chaussures tenaient encore, j'irais, moi aussi, tuer des buffles.

Un homme des bords du haut Tanganika rapporte que ce dernier s'écoule jusqu'à une certaine distance, mais qu'il rencontre le Roussizi, et revient en arrière ; c'est précisément ce qui a été dit à Burton et à Speke. Mon informateur ajoute que le lac se décharge au nord et à l'est par plusieurs petits cours d'eau qui n'admettent que des pirogues; il se déverserait dans le lac Tchohouammbé, probablement celui de M. Baker. Ce Tchohouammbé est dans le Houndi, pays d'anthropophages. Mais les plus éclairés de ceux qui me renseignent me produisent l'effet d'être au milieu des ténèbres. Il est possible que ce soit tout différent, quand nous l'aurons vu.

Pour obtenir l'huile de palme, on fait d'abord bouillir le fruit, on le pile ensuite dans un mortier; la pulpe est mise dans l'eau très-chaude, l'huile surnage et on la recueille. Elle est, dit-on, fort commune à Oujiji : souvent jusqu'à trois cents gallons (près de quatorze cents litres) sont mis en vente dans une seule matinée; les indigènes la recherchent avidement pour la cuisine. D'après Mohammed, l'île de Pemmba, près de Zanzibar, renferme beaucoup d'élaïs; mais les habitants ne savent pas extraire l'huile du fruit.

L'élaïs est nommé *tchikitchi* par les Zanzibaristes[1], et *nkoma* chez Casemmbé.

A l'égard de ce que les musulmans ont fait ou manqué de faire dans cette région, il n'est pas de meilleure autorité que Mahommed-ben-Séli ; car il a beaucoup d'intelligence et prend de l'intérêt à tout ce qui se passe; son père s'intéressait également aux affaires de la contrée. Or il affirme que les musulmans n'ont jamais essayé de convertir les Africains; ils apprennent à leurs enfants à lire le Coran, mais à eux seuls. Le livre n'est jamais traduit, et, pour les serviteurs qui vont à la mosquée, ce n'est qu'une pantomime. Quelques-uns d'entre eux s'imprègnent de bigoterie au sujet de la nourriture,

---

1. Depuis quelque temps les noix de *tchikitchi* sont, pour Zanzibar, un objet d'exportation. Dans l'île de Pemmba, l'élaïs croît à l'état sauvage.

mais ne font jamais de prières. La circoncision, afin d'être *halel*, ou capables de tuer les animaux pour leurs maîtres, est le plus grand progrès auquel ils soient arrivés. Les Arabes ne s'étant jamais sentis appelés à répandre les doctrines de l'Islam dans l'est de l'Afrique, l'assertion du capitaine Burton qu'auprès des nègres ils réussiraient mieux que les chrétiens, parce qu'ils ne parleraient pas de renoncer à la polygamie, est de la même force que s'il avait dit que les musulmans prendraient plus d'oiseaux que les disciples du Christ, parce qu'ils leur mettraient du sel sur la queue. La première de toutes les qualités, pour un missionnaire quelconque, est d'avoir le désir de faire des prosélytes, et cette qualité *sine qua non* manque absolument aux Arabes.

En ne traduisant pas le Coran, ils négligent le meilleur moyen d'influencer les indigènes, qui invariablement veulent comprendre ce dont ils s'occupent. Toutes les fois que nous leur avons appris l'alphabet, ce qui pour eux était difficile, nous leur avons entendu dire d'un ton suppliant : « Donnez-moi de la médecine, je la boirai pour comprendre. » Dès qu'ils se sont fait une idée claire de telle ou telle histoire de l'Évangile ou de l'Ancien Testament, ils vont la raconter à leurs voisins; et, quand ils voyagent, ils sont fiers de montrer leur savoir. De cette façon, la connaissance du christianisme peut être largement répandue. Ceux qui, par une étude plus approfondie, arrivent à en détester les principes de renoncement, propagent des médisances; mais c'est toujours en parler, et cela éveille l'attention. Entre la méthode chrétienne, d'une supériorité incommensurable, et celle des musulmans, il y a donc un abîme : celui qui sépare l'esprit de la lettre morte. Cependant j'ai toujours été surpris de voir que pas un indigène n'imitait les prières des Arabes. Quand on réfléchit au profond respect que leur inspire la Divinité, on s'étonne de la rareté de leurs invocations, qui ne se produisent que dans les circonstances les plus exceptionnelles.

Ma note au sujet de l'ignorance des musulmans ne s'applique pas aux gens du Sahouahil, qui apprennent à lire à leurs enfants et les envoient même à l'école. Ce sont les descendants de fils d'Arabes et d'Africaines; mais, bien qu'ils sachent lire, ils comprennent très-peu de mots de la langue du Coran[1], en dehors de ceux qui ont passé de l'ancien idiome paternel dans celui de la côte.

L'établissement d'une mission musulmane chez les païens est un fait absolument inconnu : chose d'autant plus remarquable que les Vouanyamouézi, par exemple, ont avec les Arabes des relations constantes et amicales. Habiles négociants, et d'une grande fidélité, ils ne sont pas seulement employés sans cesse en qualité de porteurs, mais ils servent d'agents aux chefs de caravanes, et même reconnaissent l'autorité de Saïd-Médjid. Mais, suivant les Arabes, tous les Africains sont *goumou*, ce qui signifie durs, insensibles à la religion de Mahomet.

Quelques-uns croient qu'il y a des momies au Kilimandjaro comme en Égypte, et que Moïse a visité cette montagne. Mungo-Park rapporte qu'il a trouvé dans l'intérieur du continent, très-loin du côté de l'ouest, les indigènes en possession de l'histoire de Joseph vendu par ses frères. Il est probable que le récit venait du Coran et avait été expliqué par quelque moullah; mais le fait démontre combien il est naturel aux indigènes de répandre les nouvelles idées qu'ils acquièrent. Ceux dont il est question furent très-surpris, en voyant que leur histoire était connue du voyageur.

Les gens de Katanga n'osent pas fouiller le sol pour trouver l'or que renferme leur pays. Ils croient que ce métal a été caché par Ngolou, qui en est le propriétaire, et, en le cherchant, ils craindraient de se porter malheur. Les Arabes traduisent *Ngolou* par Satan; c'est aussi l'équivalent de *mézimo*, qui veut dire : esprit d'un trépassé. Tous les indigènes sont opprimés par leurs superstitions; ils ont de la mort une peur effroyable. Jamais les bergeronnettes ne sont inquiétées : si on les tuait, la mort visiterait le village. Il en est de même pour les oiseaux de Vouidah : la crainte que les gens du pays ont de mourir les protége. Mais de quel droit nous pressons-nous de critiquer? Dans la répugnance de prendre part à un dîner de treize convives, dans la hâte à jeter par-dessus l'épaule gauche un peu de sel répandu, pour conjurer le

---

1. Voy. à ce sujet : Burton, *Voyage aux grands lacs de l'Afrique orientale*, Paris, Hachette, 1862, p. 32. (*Note du traducteur.*)

malheur qui résulterait du renversement de la salière, et dans tant d'autres préjugés, n'y a-t-il pas les vestiges de nos propres superstitions? Le roi de Naples, Ferdinand Ier, ne passait jamais dans les rues sans avoir une main dans la poche, afin de croiser le pouce sur l'index, pour combattre l'effet du mauvais œil.

6 *mars*. — Mouabo, le grand chef de ces parages, est venu aujourd'hui voir Mohammed. A son arrivée, plusieurs individus se levèrent, exécutèrent des sauts plus ou moins grotesques, puis, s'étant mis à genoux, firent des salutations. Ensuite Mouabo gigota lui-même un peu, et tout le monde applaudit. C'est un homme d'un bon naturel, aimant la plaisanterie et toujours prêt à sourire. Quand on l'eut salué, on chanta hautement ses louanges : « Comparé à Mouabo-Mokolou, le grand Mouabo, Mpouéto n'était rien. » Il rendit le compliment, en faisant l'éloge de Tipo-Tipo et de Mpamari, ainsi que les indigènes appellent Mohammed[1]. Celui-ci fit à son tour quelques gambades, à l'instar des naturels; chacun fut ravi, et l'on se sépara, enchantés les uns des autres.

Il y a dans les îles du lac Victoria, disent quelques Arabes très-convaincus du fait, un serpent doué de la parole, et c'est celui qui a trompé Ève.

A Oujiji, tuer un serpent est considéré comme un crime, alors même qu'il s'introduit dans une habitation et y tue un chevreau.

Le nom indigène des habitants d'Oujiji est Vouayaïyé; c'est également celui des riverains de la Zouga, près du lac Ngami. Il est probable que ces derniers sont une branche des Vouajiji.

Une chaîne du Kabouiré, appelée Kakoma, renferme des demeures souterraines, dites en pierre. Cette chaîne est voisine de l'endroit où nous sommes détenus.

15 *mars*. — Les tubercules du nyoumbo ou noumbo montrent leurs rejets au bout de quatre ou cinq semaines de plantation; ceux que j'ai mis en terre le 6 février ont maintenant des tiges de quinze pouces. Jamais, dit-on, ces tubercules ne font mal; mangés crus, c'est un excellent remède

---

1. Ce nom signifie : *Donne-moi des richesses.*

contre les vomissements opiniâtres. Un seul pied en donne souvent quatre ou cinq; dans le Maroungou, ils atteignent six pouces de longueur sur deux de diamètre.

16 *mars*. — Partis pour le village de Mpouéto, qui est près du Loualaba. Cette course nous a fait traverser le Lokineda, rivière d'une largeur de cent vingt pieds, qui fuit rapidement vers le Moéro, et que l'on franchit sur un pont très-primitif. Une inondation d'une centaine de mètres couvre les deux rives.

Le lendemain, nous avons gravi les montagnes du Roua et gagné le village de Mpouéto, qui est dans une vallée située entre deux chaînes. La bourgade se trouve à peu près à un mille de la rive droite du Louapoula, au point où la vallée reçoit la rivière. Celle-ci baigne alors le pied d'une montagne, orientée levant et couchant, et se dirige ensuite vers le nord; elle a, dit-on, un cours très-sinueux, ce qui est une nouvelle preuve que le Tanganîka est à plus de dix-huit cent quarante-quatre pieds au-dessus du niveau de la mer. Si ce dernier chiffre était exact, le Loualaba aurait une marche plus rapide et plus directe; on dit qu'il se jette dans le Loufira, et celui-ci dans le Tanganîka.

18 *mars*. — Hier, en arrivant au village de Mpouéto, nous avons été conduits chez Saïd-ben-Habib. La demeure de celui-ci, une maison carrée faite d'un clayonnage recouvert d'argile, est bâtie sur une crête qui domine le bourg, et a pour toiture une couche de pisé qui la protége contre les brandons de l'ennemi. C'est un endroit charmant, un site de montagnes.

Sariama, l'agent de Ben-Habib, m'a donné un panier de farine et une cuisse de chevreau. Au message que je lui adressai, Mpouéto répondit gracieusement qu'il n'avait pas de nourriture, mais que si je voulais attendre deux jours, il m'en ferait préparer, et qu'alors nous pourrions nous voir. Il savait, disait-il, le cadeau que je lui destinais, et il n'avait pas besoin d'en parler.

Une jeune femme très-belle est venue nous regarder. Parfaite sous tous les rapports, presque entièrement nue, mais inconsciente de l'indécence : une véritable Vénus en noir.

Le perroquet d'un gris clair et à queue rouge, que l'on voit sur la côte occidentale, est commun dans le Roua; les indigènes l'apprivoisent[1].

19 *mars*[2]. — Seigneur, accorde-moi la grâce de t'aimer davantage et de mieux te servir !

Aujourd'hui, le fils favori de Mpouéto nous a rendu visite ; son père ne fait rien sans le consulter : il ne semble pourtant pas doué de beaucoup d'intelligence.

21 *mars*. — Ma réception a été remise et la vue du présent que je dois faire a été demandée. J'ai envoyé une brasse d'étoffe de bonne qualité et de grande largeur, en expliquant que mes marchandises étaient fort réduites, que j'étais en voyage depuis deux ans, et que je me rendais à Oujiji pour me rassortir. Mpouéto avait préparé de la bière, un panier de farine et une chèvre ; mais en les comparant avec mon cadeau, il lui a semblé qu'il faisait un marché de dupe. Il m'a dès lors expédié un message pour me dire que j'avais donné beaucoup d'étoffe à Casemmbé, ainsi qu'à Mouabo, et que si je ne lui envoyais pas le double de ce qu'il avait vu, je ne serais pas admis en sa présence. « Il n'avait jamais dormi avec une seule choukka, le soir d'une réception. J'avais d'ailleurs, pour le tuer, répandu de la médecine (drogue magique) sur le morceau que je lui destinais, et que je devais quitter le pays. »

Il paraît être blessé de ce que nous sommes allés chez Mouabo avant de venir chez lui ; Mouabo est son grand rival. Ce n'est qu'au bout de huit jours qu'il a consenti à recevoir Saïd-ben-Habib, faisant pendant ce temps-là usage de sortiléges, afin de s'assurer que l'entrevue n'avait rien de dangereux. Le neuvième jour, ayant accordé l'audience, il entrebâilla sa porte, examina Saïd, pour voir si c'était un homme convenable, et finit par se montrer.

23 *mars*. — Reçu l'ordre de déguerpir ; sinon Mpouéto viendra avec tout son monde et nous mettra dehors. Sariamo déclare que, s'il ne craignait pas pour les valeurs de Ben Habib, il me soutiendrait contre Mpouéto ; mais comme je ne veux pas rester, encore moins me quereller avec un homme stupide, j'ai résolu de partir demain.

---

1. Les caravanes apportent souvent ce perroquet à Zanzibar.
2. Jour de naissance de Livingstone.

24 mars. — Couché à moitié chemin, au village de Kapemmba, où venaient d'arriver des marchands de sel, natifs du Roua; c'étaient de beaux hommes, grands et bien faits, de couleur un peu foncée.

25 mars. — Rentré vers midi à Kabouabouata; Mohammed est venu à notre rencontre, avec tous ses gens; son fils, Cheik Beute, l'accompagnait.

L'eau est, dit-on, si profonde en face de nous qu'il est impossible d'aller au nord; d'après les Vouanyamouézi, elle a souvent plus de la hauteur d'un homme, et l'on ne trouve pas de canots. Eux-mêmes ne resteraient pas là s'ils pouvaient retourner dans leur pays. Le passage ne sera libre que dans deux mois; ce serait le cas de me rendre au lac Bemmba; mais mon avoir s'épuise, et je ne pourrais rien donner aux chefs que l'on trouve sur la route.

Ce lac a le fond sableux et non pas vaseux, ainsi qu'on me l'avait rapporté. Il renferme quatre îles; l'une d'elles, la Banngouéolo, est très-grande et a beaucoup d'habitants qui possèdent des moutons et des chèvres en abondance. Au delà de cette île, on n'a plus qu'un horizon de mer. Les propriétaires de canots demandent trois houes pour le loyer d'une embarcation pouvant contenir huit ou dix personnes.

En échange de leurs denrées, les habitants désirent avoir du sel et non des perles.

2 avril. — Si les informations que je tiens d'hommes sérieux ne me trompent pas, le commencement du Nil est entre les neuvième et dixième parallèles au midi de l'équateur, c'est-à-dire à quatre ou cinq cents milles au sud de la pointe méridionale du lac de Speke. Le Tanganika envoie, dit-on, ses eaux dans le Tchohouammbé ou lac de Baker; si le fait est vrai, le Tanganika et le Tchohouammbé, réunis par le Loannda, sont des expansions du Nil. Malheureusement les habitants de la rive orientale du Loannda sont constamment en guerre avec ceux de l'ouest ou des bords du Roussizi. Les Arabes toutefois ont parlé de se rendre au Tchohouammbé, où il y aurait beaucoup d'ivoire; et j'espère que le Très-Haut m'ouvrira un chemin qui me conduira là-bas.

11 avril. — Je voulais partir demain pour le lac Bemmba;

Mohammed m'a fait hier un long discours pour m'en dissuader.

« Casemmbé, affirme-t-il, pensera que je lui ai fait un mensonge en disant que je partais pour Oujiji, et saisira ce prétexte pour me dépouiller de mon étoffe. » Il ajoute à cet argument que nous touchons à la fin de la saison pluvieuse et que bientôt la route du nord sera ouverte. Le fait est qu'en ne me prévenant pas de la quantité d'eau qui, tous les ans, surabonde dans le Maroungou, Mohammed m'a fait perdre cinq mois. Il n'ignorait pas que nous serions arrêtés dans ce village; mais il avait si grande hâte de sortir de chez Casemmbé, qu'il a pressé mon départ en m'assurant que nous atteindrions Oujiji un mois après. Je regrette qu'il m'ait trompé; c'est une déception; la chose toutefois n'a rien qui doive surprendre; même d'un chrétien elle passerait pour une preuve d'habileté. Si je n'étais pas à court d'étoffe, je risquerais de déplaire à Casemmbé dans l'espoir de découvrir le lac Bemmba. J'avais d'abord songé à prier Bogharib de me vendre les articles nécessaires; mais je crains de le mettre au dépourvu : son stock est peut-être fort réduit. J'ai peur d'être obligé d'abandonner ce projet, du moins quant à présent.

12 *avril*. — Décidément je pars demain pour le Banngouéolo. En supposant même que la route nous soit interdite par Casemmbé, nous serons mieux chez lui que dans ce village, où les vivres sont rares, par conséquent fort chers. On paye en ce moment, à Kabouabouata, six rangs de perles une volaille que là-bas on a pour un seul; ici, pas de poisson; là-bas, il est commun. Trois des principaux fonctionnaires de Casemmbé, Tcharlè, Kakouata et Kapitennga, sont ici; ils ont le plus vif désir de rentrer chez eux; c'est pour moi une excellente occasion; mais Mohammed me retient; quand je lui demande pourquoi, il me répond que Mouabo ne veut pas que je m'en aille, et les autres me disent en me montrant sa demeure : « C'est là qu'on s'y oppose. »

13 *avril*. — Ce matin, au moment de partir, mes gens ont refusé de se mettre en route; ils sont fatigués, et l'opposition de Mohammed les encourage. Celui-ci, qui évidemment veut exploiter leur refus, m'a prié de rester encore un jour, et m'a

demandé quelle serait ma conduite envers les déserteurs. J'ai répondu que s'il y avait un magistrat dans le pays, je les lui livrerais. « Oh ! s'est-il écrié, je suis magistrat ; faut-il que je je les saisisse. » J'y ai consenti ; il a répété sa question, l'a fait à satiété ; et j'ai fini par apprendre qu'il a dit à mes hommes : « Votre maître est venu me prier de vous saisir, et j'ai refusé. » Il tient à leur paraître meilleur que moi. »

14 avril. — Je me suis mis en route avec cinq hommes, laissant la majeure partie de mon bagage à Mohammed, et j'ai gagné le Louao, où nous passerons la nuit. Le chef s'appelle Ndohoua.

15 avril. — Amoda a pris la fuite ce matin : « Il désire s'arrêter avec ses frères. » En refusant de venir au Bemmba, ils veulent me contraindre à rester et à partir ensuite pour Oujiji. L'un d'eux a persuadé aux autres que je ne les payerais pas : « Voyez les cipahis ! » Il ignore que ceux-ci étaient payés par le gouvernement indien. Quant aux Anjouannais, ils avaient reçu d'avance, sans compter les vêtements, vingt-neuf livres quatre shillings (sept cent trente francs). J'ai envoyé le paquet d'Amoda à Mohammed ; le messager se trouvait là quand le fugitif s'est présenté ; Mohammed naturellement lui a fait des reproches ; l'autre a donné pour excuse qu'il était las du portage ; mais j'ai découvert qu'Amoda ne demandait pas mieux de venir dans le sud, en compagnie de l'un des hommes de Bogharib, et que c'était Mohammed qui l'avait fait revenir. Mon messager a dit de ma part à celui-ci que maintenant, pour rien au monde, je ne prendrais la route du nord avant d'avoir fait tout mon possible pour atteindre le lac que je cherche ; que, dans tous les cas, j'aimerais mieux attendre au bord du Moéro, même du Louao, jusqu'à l'époque où il m'arriverait des gens d'Oujiji pour remplacer les déserteurs.

Au fond, je ne les blâme pas trop d'avoir pris la fuite ; ils étaient las d'errer ; je le suis également. Quant à Mohammed, qui a provoqué leur désertion et dont le langage est double, rien ne l'excuse. Et cependant on ne pouvait guère attendre de lui autre chose ; il a passé trente-cinq ans dans le pays, vingt-cinq chez Casemmbé, où il lui a fallu souvent ruser pour vivre. La conscience de mes propres défauts me rend indulgent.

CHAPITRE XI.

16 *avril.* — D'après Ndohoua, les excavations des montagnes de Mouabo portent le nom de *Mita* ou celui de *Mpamañkanana*; elles sont assez vastes pour cacher, en temps de guerre, tous les gens du district; d'où j'estime qu'elles peuvent loger dix mille âmes. Des vivres y sont emmagasinés, et dans l'une des rues coule une rivière permanente. Un jour que l'entrée principale était bloquée par l'ennemi, un des assiégés, qui connaissait tous les détours du souterrain, conduisit une bande par un passage secret, et, tombant sur les envahisseurs, les chassa en leur infligeant des pertes sérieuses.

Tous les gens du pays attribuent la formation de ces cavernes à la Divinité. Cela peut signifier que les habitants actuels ont succédé à la race primitive qui a creusé les grottes du mont Hor, le Djébel Nébi Haroun des Arabes (montagne du prophète Aaron) et beaucoup d'autres; même celles des Bushmen, qui sont à un millier de milles de ces parages.

Il y a ici un moustique très-menu, dont la piqûre est fort cuisante; avant de se coucher, les femmes essayent de le chasser des cases en promenant sur les murailles des bouquets de feuilles.

1ᵉʳ *avril.* — Traversé le Louao, sur un pont de quatre-vingt-dix pieds de longueur, mais précédé et suivi d'un débordement de plus de huit cents mètres à droite et à gauche. Passé devant beaucoup de villages situés sur des éminences qui dominent des plaines inondées. Quelque trois milles d'un sol herbu, vis-à-vis du Moéro, avaient été les parties les plus profondes de l'inondation; il y a plus d'eau encore de chaque côté du Louao. Nous avons marché à gué pendant quatre heures, sur un fond de bourbe noire et tenace. Des ruisseaux ont été creusés dans les sentiers par les passants; la vase en est molle; comme on ne voit pas ces ornières, il arrive souvent de mettre le pied sur le bord qui cède tout à coup, et vous enfoncez jusqu'à mi-jambe dans un bourbier d'où il est difficile de sortir. Pour éviter cela, on empiète sur l'herbe qui est à la lisière; mais on rencontre le ruisseau, les deux pieds s'agitent pour garder l'équilibre, et ce barbotage fait monter à la surface des bulles qui, en crevant, émettent des gaz d'une odeur suffocante de matière fécale. Par endroits, la boue noire et l'eau fétide qui la recouvre sont froides; ailleurs, l'une et l'autre sont chaudes, suivant que l'eau circule ou est stagnante. Près du Moéro, elle nous a monté jusqu'à la poitrine ; tous les articles endommageables ont été mis sur la tête. Arrivés sur la grève, nous avons rencontré une bande de pêcheurs ; on m'a donné une case, j'ai pris un bain dans l'eau claire, mais tiède, et changé de vêtements avec délices.

Température du lac à trois heures de l'après-midi : $+28°\,3/9$.

18 avril. — Longé la côte nord du Moéro, qui va au sud-est. Le sable mouvant, bordé d'une large ceinture de plantes tropicales et de grands arbres, ajoutait à la fatigue d'hier, lorsque nous avons trouvé, près des montagnes, un village abandonné où nous nous sommes installés avec joie et où nous passerons la journée de demain qui est un dimanche.

Je n'ai pas marqué le niveau qu'il avait à notre première visite, mais le lac est maintenant plus haut d'au moins vingt pieds qu'à cette époque, et ses bords montrent qu'il arrive à une plus grande hauteur.

De grands paniers, faits d'éclats de roseaux et réunis trois par trois, sont employés pour prendre le menu poisson ; un homme est à chaque panier et conduit le poisson à terre.

20 avril. — Arrivés au Katetté ; puis gagné un torrent et couché sur la rive droite de la Vouna, dans un village voisin d'une source chaude où l'on fait cuire parfois la cassave et le maïs.

21 avril. — Traversé la Vouna et atteint le village de Kalemmboué. A la porte, nous avons trouvé le chef, qui nous a conduits à une case, et a manifesté le plus vif désir de voir tous nos objets. Il a demandé si nous ne pourrions pas rester le lendemain pour boire la bière qu'il faisait préparer.

Les léopards sont ici en grand nombre.

Le lac semble maintenant plus large que jamais.

J'avais cru jusqu'à présent qu'un trou dans le cartilage du nez ne pouvait avoir d'autre emploi que de porter un ornement, bien qu'en général le bijou ne soit qu'un brin d'herbe ; mais aujourd'hui un homme cousait des plumes à ses flèches, et utilisait le trou de son nez en y déposant son aiguille quand il ne s'en servait pas.

Dans notre marche sur Kanngalola, nous avons trouvé le pays à flot. Séparé un instant de mes compagnons, je les vis disparaître dans les grandes herbes, à une distance de cent yards, et leur criai d'arrêter; mais le flic-flac de leur patouillage les empêcha de m'entendre. Ne découvrant pas de sentier allant au sud, j'en pris un qui se dirigeait à l'est; l'herbe était si haute, si emmêlée que je n'avançais qu'à grand'peine. A la fin, je payai un homme pour qu'il me montrât la route; il me conduisit à un joli village, dont le chef est une femme appelée Naïna Kasannga, et ne voulut pas aller plus loin. Mère Kasannga (Naïna veut dire mère) a été fort belle et a une fille d'une grande beauté, probablement une nouvelle édition d'elle-même; elle me conseilla d'attendre mes gens sous le figuier qui protége de son ombre les cases du village. Je tirai un coup de fusil; mes serviteurs arrivèrent et je donnai à Kasannga un rang de perles qui lui fit exprimer son chagrin de ce que je partais « sans avoir bu de sa bière. »

Les gens de plusieurs bourgades ont pris la fuite en raison de la quantité des bêtes féroces.

23 *avril*. — Gagné à travers un fourré de nyassi, herbe emmêlée et très-épaisse, l'endroit qu'habitait Tchikosi; Nsama a tué le chef et brûlé le village. Trouvé des navets croissant parmi les ruines.

Le nyassi, grande herbe rude et forte, domine le sentier; quand on l'écarte, ses graines aiguës pénètrent les vêtements et sont très-agaçantes. La tige elle-même vous râpe la figure et les yeux d'une manière pénible. Lorsqu'elle a été brûlée et qu'elle repousse, cette herbe forme un tapis de verdure où la marche est beaucoup plus agréable.

24 *avril*. — Quitté les ruines de Tchikosi pour nous rendre au Kalônngosi. Partout, dans la forêt, le souci et la digitale sont en fleurs.

La rivière, à l'endroit du bac, est large de cent mètres; elle couvre sa rive occidentale d'une inondation trois fois plus étendue, et si haute qu'il nous a fallu garder les pirogues jusqu'à soixante pas de la terre ferme.

Ici les habitants mâchent la moelle du papyrus, qui a trois pouces de diamètre et qui est blanche comme la neige; cette moelle est très-peu sucrée et n'a pas d'autre goût.

Gagné ensuite un village où nous nous sommes arrêtés.

Le chef, appelé Kannsabala, était allé couper du bois pour

faire une palissade autour d'un nouveau jardin; sa femme refusa de nous donner une case. Le soir, à son retour, il tança vertement son épouse, ainsi que toutes les femmes du village et nous pressa de venir chez lui; mais j'étais fort bien dehors, sous ma moustiquaire, et je déclinai la proposition; là j'étais à l'abri des insectes et n'avais pas de vermine, ce qui est très-rare dans les huttes.

25 avril. — Partis de bonne heure dans la direction du couchant; puis traversé une forêt élevée en allant au sud-sud-ouest, pour atteindre la courbe du Kifouroua, rivulette qui entre dans le Moéro près de l'embouchure du Kalônngosi.

26 avril. — Passé le dimanche dans nos anciennes huttes des coupeurs de bois[1]. Nous avons rencontré hier des gens qui venaient d'avoir la même occupation : tout un parti chargé d'écorces destinées à faire des vêtements. Le chef de la bande sortit du chemin, parce que j'étais assis au bord; je l'invitai à suivre la route; mais il n'aurait pas été respectueux de couvrir de son ombre une portion quelconque de ma personne, et il fit un léger détour : cette politesse est commune.

27 avril. — Une brève étape nous a conduits chez Foungafounga; nous aurions pu aller jusqu'au Mouatizé; mais là, on ne trouve pas de village; et ici, nous pouvons acheter des vivres. La femme du chef a donné un beau souper à l'étranger; le mari était absent; quand il est revenu : « Ce village est le vôtre, nous dit-il, faites ce qui vous convient et mangez mes provisions. » Foungafounga est un mnyamouézi qui fait le commerce de cuivre, de houes et d'esclaves.

Ici les perroquets abondent, et mangent le sorgho, en dépit des vociférations des femmes.

Traversé le Mouatizé au moyen d'un arbre formant passerelle; joui d'une belle vue du Moéro, prise d'une colline située près du Kaboukoua, et passé la nuit au bord du Tchironngo.

29 avril. — Arrivés au Manndapala. Nous y avons trouvé des hommes du Tchoungou; l'un d'eux, qui se disait parent de Casemmbé, jeta de grands cris, nous reprochant de n'avoir pas attendu de l'autre côté de la rivière la permission de

---

1. Revoy. p. 267.

rentrer dans la province. Sur ce, l'un des assistants qui avait les oreilles coupées, et, qui lors de mon départ m'avait demandé si je comptais revenir, excita la foule, et ce fut un feu roulant d'exclamations : « L'Anglais une seconde fois ! — Une seconde fois ! — Le pays ravagé ! — Une seconde fois, une seconde fois ! — Pourquoi ne pas avoir attendu ? — Retournez au Kalônngosi ! — Il était avec Mpamari, avec les Bagaragannza (gens de l'Ounyamouézi) ! Une seconde fois, une seconde fois ! ! ! »

J'invoquai le Très-Haut pour qu'il influençât leur esprit, comme il l'avait fait souvent; et je leur persuadai d'en référer à Casemmbé, en envoyant l'un d'eux avec un de mes hommes exposer l'affaire au chef. Celui-ci est raisonnable et juste; ses gens ne sont ni l'un ni l'autre et se servent de tous les moyens pour exploiter les étrangers, voire leurs compatriotes. Toujours est-il que l'essorillé, qui se rendait au Kalônngosi pour en surveiller le bac, ne voulut pas retourner à la ville, et que mon homme y allât seul.

30 *avril*. — Le froid de l'hiver a commencé, et le matin, la rosée est abondante; mais bien qu'il y ait quelque temps déjà que la pluie a disparu, les rivières sont toujours très-hautes et l'inondation persiste.

1ᵉʳ *mai*. — Toujours au Manndapala. Bogharib a reçu de moi la prière d'intercéder auprès de Casemmbé, afin que celui-ci m'envoie un homme qui puisse me conduire à Tchikeumbi, voisin du Banngouéolo. J'ai peur d'être mêlé, dans l'esprit des gens du Lonnda, avec Mparami (Mohammed-ben-Séli) : nous avons fait route ensemble, et me voilà de retour avant d'être allé à Oujiji, qui était le but officiel de mon voyage. On peut supposer que je suis dans sa confidence, et que je reviens pour seconder ses plans.

Je vois fréquemment dans la foule un sourd-muet. Il fait exactement les mêmes signes que les muets d'Angleterre, et, comme ces derniers, il émet parfois un son guttural, bas et traînant.

3 *mai*. — Abraham, mon messager, est revenu pendant l'office du soir; il rapporte de bonnes nouvelles. L'homme aux oreilles coupées a la tête très-basse; Casemmbé a été on ne peut plus gracieux : « Il ne désirait pas que je partisse

et voit mon retour avec plaisir. On dit que les Mazitous ont fait une incursion dans le pays de Tchikeumbi, et que ce dernier est en fuite. Casemmbé a envoyé des hommes pour savoir ce qu'il y a de vrai dans ce rapport; et dès que nous aurons la certitude que la paix est rétablie, un guide me conduira où je veux aller. »

4 mai. — Quitté le Manndapala. En apprenant la réponse du chef, notre essorillé, dont j'ignore le nom, a disparu tout à coup. Jusque-là, c'était le plus grand bavard que j'eusse jamais rencontré, arrêtant les passants, hommes et femmes, pour leur insinuer les mêmes propos sur l'Anglais, Mpamari et les Bagaragannza — conspiration, — crime et désastre, — rentré sans avertir — une seconde fois, — jusqu'à se persuader, comme un avocat sans cause, qu'il tenait un bel et bon procès.

Nous avons trouvé au Tchoungou une largeur de quinze à dix-huit mètres, quatre pieds d'eau et cent mètres de débordement. Il est rejoint par le Loundi, sur le territoire qu'on appelle Kimebafouma, à douze milles environ au couchant de l'endroit où nous avons passé le Manndapala. Le Loundi, qui, avec le Tchoungou, est un affluent de ce dernier, a douze mètres de large; nous y avons eu de l'eau jusqu'à la poitrine.

En arrivant chez Casemmbé, j'ai trouvé Bogharib creusant un puits, afin d'éviter à ses esclaves d'être saisi par les crocodiles; il en a déjà perdu trois de cette façon.

Une de mes chèvres a été mordue à la jambe par un chien, et si cruellement qu'il a fallu l'abattre. Ici, les chiens sont mauvais, de vilaines bêtes sans courage, et qui cependant quelquefois se jettent sur l'homme, qu'ils mordent grièvement.

J'ai rencontré d'anciens amis, et Bogharib nous a fait cuire un souper.

6 mai. — Manoel Gaetano Pereira est venu chez Casemmbé en 1796; il y a de cela soixante-douze ans. Les indigènes l'appelaient Moenndo-Monndo, littéralement la Jambe du Monde, c'est-à-dire le voyageur qui parcourt la terre. Il vint au Manndapala, dont le Casemmbé d'alors habitait les rives. Un prêtre l'accompagnait, ainsi que beaucoup d'hommes, ayant des armes à feu. En arrivant, il ordonna de faire une décharge.

Casemmbé voulut connaître le sens de cette démonstration : « Mes fusils, répondit-il, demandent des esclaves et de l'ivoire. » Ce qui lui fut libéralement donné.

Si Pérémebé, de qui je tiens ces détails, avait alors une trentaine d'années, — et cela doit être, puisqu'il était père de quarante enfants lorsque vint Lacerda en 1798, — il a maintenant cent deux ans. Je n'ai pas pu obtenir de lui qu'il me parlât des temps qui l'ont précédé. Pereira, la Jambe du Monde, a dit à Lacerda que les indigènes l'avaient surnommé *La Terreur;* un accès de vanité, car il n'y a pas de terme abstrait dans la langue du pays[1].

A l'époque de la visite du major Monteiro, la ville de Casemmbé était au même endroit qu'à présent; seulement la mosoumba (enclos du chef) se trouvait à cinq cents yards environ au sud-est de celle d'aujourd'hui. Monteiro n'alla nulle part et ne fit rien; mais quelques-uns des gens de sa suite gagnèrent le Louapoula, qui est à une distance d'à peu près six milles. Dans sa relation, le major se plaint d'avoir été volé par Casemmbé. J'ai demandé au fonctionnaire actuel pourquoi les valeurs de Monteiro lui avaient été prises; il m'a répondu qu'il se trouvait dans un autre village et ne savait rien de l'affaire. Ben-Séli, qui était là, prit la parole et me dit que l'assertion de Monteiro est fausse; qu'il n'a subi aucune violence, mais qu'il y avait disette, et que le major ayant dépensé toutes ses marchandises pour se procurer des vivres, au lieu d'en acheter de l'ivoire et des esclaves, a imaginé l'histoire du vol pour apaiser ses créanciers.

Une escorte nombreuse, escorte d'honneur, fut donnée à Monteiro. Kapika, un vieillard qui vit toujours, a été l'un des commandants, sinon le chef de cette bande; il raconte qu'il

---

1. Il est certain que les mots qui représentent des abstractions ne se rencontrent pas chez des peuplades dépourvues d'idées abstraites; mais la peur, dont l'empire est d'autant plus grand que l'individu qui la subit est plus voisin de l'enfance, doit s'exprimer d'une manière ou de l'autre, puisqu'elle est ressentie. Que la nuance du mot *terreur* n'ait pas d'équivalent, c'est possible; mais il y a un analogue. C'est ainsi que chez les Bongos, on trouve *manghirr* que Schweinfurth traduit par *angst* et par *furcht* (angoisse, frayeur); chez les Niams-Niams, *goundé*; chez les Krédis, *mbaoua*; chez les Diours, *louarr* ou *lorr*, qui ont le même sens. (Voy. *Linguistische Ergebnisse einer Reise nach Centralafrika*, par le Dr Schweinfurth.) Nous pourrions multiplier ces exemples en recourant aux vocabulaires que Barth a rapportés du Soudan. (*Note du traducteur.*)

est allé à Tété, à Senna et à Quilimané avec Monteiro. Cette garde d'honneur paraît confirmer l'explication de Mohammed : si Casemmbé avait dépouillé le major, ce témoignage d'estime n'aurait été ni accordé ni accepté.

Ici nous avons plus chaud que pendant la route; des nuages couvrent le ciel et empêchent le rayonnement. Le sorgho est complétement épié.

De très-jolies nattes sont faites par les indigènes avec les palmes du raphia.

Pris cette fois des observations lunaires.

9 mai. — Ce matin, j'ai vu passer huit ou dix hommes, qui allaient faire des captifs. Les gens qu'ils prendront seront envoyés, par le chef, à Matiamvo, dont il relève, et seront fournis comme esclaves pour acquitter le tribut.

Pérémebé m'a donné la liste suivante des Casemmbés :

1. Kanyimebé, vint du Lonnda, attiré qu'il était par le poisson du Mofoué et du Moéro, et détrôna Katéré, l'aïeul de Pérémebé. Ce fut Katéré qui planta ici les premiers noyaux d'élaïs; il les avait rapportés du Lonnda, et la venue de Kanyimebé résulta probablement des relations qui s'établirent pendant ce voyage.

2. Kinyannta.
3. Ngouanda Milonnda.
4. Kanyemmbo.
5. Lékouisa.
6. Kiréka.
7. Kapoumba.
8. Kinyanta.
9. Lékouisa, encore vivant, mais réfugié auprès de Nsama.
10. Mouonnga, le chef actuel, qui a chassé Lékouisa.

Lorsque vinrent les Portugais, le Casemmbé régnant était Kiréka, chef très-généreux, qui, dit-on, faisait largesses d'ivoire, de bétail et d'esclaves.

Celui d'à présent est un homme de sens, à la fois juste et loyal, mais aussi avare avec ses sujets qu'avec les étrangers; néanmoins je n'ai eu qu'à me féliciter de la conduite qu'il a tenue à mon égard.

Maïyé, qui ne figure pas sur la liste précédente, et les Casemmbés 7, 8, 9 et 10, sont les enfants de Kiréka. Mouonnga, le chef actuel, était considéré par les autres comme un esclave, « né en dehors de la maison », c'est-à-dire que sa mère n'était pas de sang royal. C'est une vieille femme, laide et cupide. Je me suis délivré de sa mendicité, en lui demandant des vivres pour les grains de verre que je lui accordais. Elle n'a plus quêté, de peur que je ne lui fisse donner des provisions en retour de ce qu'elle avait reçu.

12 *mai*. — Prié Casemmbé de me fournir un guide pour me conduire au Louapoula. Il m'a fait répondre qu'il ne m'avait pas encore vu, ni donné de nourriture, et qu'il m'attendait pour le lendemain. Le jour suivant, il était occupé à tuer un homme pour crime de sorcellerie, et ne pouvait pas me recevoir ; l'entrevue a été remise à aujourd'hui.

Hier, il m'a envoyé quinze perches du Mofoué et un grand panier de racines de manioc, racines qu'on avait fait sécher.

Fait des observations lunaires, et à diverses reprises ; mesuré les deux côtés de la lune cent quatre-vingt-dix fois. Mais tout cela peut être changé par un impertinent faiseur de cartes, et pour le plus sot motif [1].

16 *mai*. — Il y a sept mois que Bogharib est ici, et il n'a pu se procurer que trois dents : la chasse dans le marais du Mofoué n'a rien produit.

Nous n'avions pas eu d'audience. C'était la faute du vieux Kapika, le chef d'escorte de Monteiro, qui avait eu peur de déplaire à son maître en lui rappelant que nous devions nous voir ; mais hier Casemmbé m'a envoyé chercher. Il m'a dit que tous les habitants du village de Tchikeumbi avaient pris la fuite, et que, par ce motif, il nous donnerait des guides pour aller à Kabaïa, où nous trouverions du monde.

Finalement il m'a prié d'attendre quelques jours, — le temps de se procurer des guides et de faire moudre du grain, pour que j'aie de la farine pendant le voyage. Il comprend que je désire me rendre au Banngouéolo. « Rien de plus juste, dit-il, que de vous acquitter de la mission dont vous êtes chargé, et de retourner ensuite en rendre compte à votre

---

1. Allusion à des changements commis sur ses propres cartes par des théoriciens dont ses découvertes dérangeaient les hypothèses. (Voy. Stanley, *Comment j'ai retrouvé Livingstone*, Paris, Hachette, 1874, p. 386-69.

(*Note du traducteur.*)

chef. Ce n'est que de l'eau, rien de plus à voir, et la même que le Louapoula, le Mofoué et le Moéro; mais allez où vous voudrez, et mes gens ne vous tourmenteront plus. » Cela me fait remercier Celui qui tient les cœurs dans ses mains.

Casemmbé reconnaît qu'il a fait tort à Mpamari, et il lui enverra de l'ivoire et des esclaves pour le dédommager. Il vaut mieux que ses sujets, qui sont extrêmement chicaneurs, passionnés pour les milanndos, c'est-à-dire les procès. Me voyant m'asseoir par terre, il me dit que cela ne valait rien, et me demanda si je n'avais plus la peau de léopard qu'il m'avait donnée pour me servir de siége. Je répondis qu'elle avait des trous si nombreux, que cela faisait rire le monde, et que j'en avais honte; mais il n'a pas compris l'invite, et le vieux siége n'a pas été remplacé.

Quand il ne s'est pas gorgé de bière, Casemmbé fait toujours preuve de sens; tous les Arabes chantent hautement ses louanges. Par contre, ils n'aiment pas la reine Moäri, Kifouta ou Ngommbé, dont ils ont mauvaise opinion. Les Vouanyamouézi de Katannga avaient tué un proche parent de Casemmbé et d'elle-même; lors de cet événement, Foungafounga, l'un des Vouanyamouézi, se trouvait dans le voisinage; il prit la fuite, arriva au Mofoué, continua sa course sans rien dire à personne, et gagna le Kabouiré, qui se trouve vers le nord. La reine soupçonna Mpamari (Mohammed) d'être le complice de Foungafounga. Il y eut un soulèvement contre Mpamari, dont le fils aîné fut tué, et auquel on enleva tout son cuivre, tout son ivoire et tous ses esclaves. Enfin la reine demanda sa tête; mais Casemmbé arrêta le peuple dont il avait modéré la violence autant qu'il avait pu; et c'est de ce pillage, dont il a regret, que Casemmbé veut dédommager l'Arabe.

La reine, dans tout cela, n'a fait que suivre les principes de sa race : « Mpamari a tué mon fils, que son propre fils soit tué. » Il est difficile de connaître la vérité; car Mohammed ne la dit jamais tout entière. Il a combattu Nsama avec Casemmbé, a été blessé au pied, mis en déroute, et maintenant quitte le Lonnda avec joie pour retourner à Oujiji.

Vingt séries complètes d'observations lunaires.

17 *mai*. — Bogharib a dit à Casemmbé que, ne trouvant pas

à faire d'achats, il voulait partir. Casemmbé lui a répondu : « Puisque je n'ai pas d'ivoire, allez-en chercher ailleurs. » Rien de plus raisonnable. Il a envoyé de tous côtés pour se procurer des dents, et n'a pas réussi. En en faisant l'aveu, il a dit une vérité que les autres chefs dissimulent, ne voulant pas paraître pauvres devant les étrangers.

19 mai. — Bien qu'on soit en hiver, il fait chaud ; mais les nuits sont froides.

Casemmbé a donné l'ordre de prendre du poisson pour nous.

Un des hommes de Saïd-ben-Habib est arrivé au village de Tchikeumbi ; il retourne à Zanzibar.

20 mai. — Pluie d'orage, qui a abattu la poussière et rafraîchi le temps. La dernière averse de la saison est tombée le 12.

21 mai. — Ce mois-ci ne peut pas être qualifié de pluvieux ; avril est, en somme, le dernier mois de la saison humide, qui débute au commencement de novembre.

22 mai. — Casemmbé met une si grande lenteur à nous envoyer le poisson, la farine et les guides qu'il nous a promis, et ses gens redoutent si fort de le presser, que je songe à partir avec Bogharib. Il doit aller trouver Tchikeumbi pour acheter du cuivre, et se rendre ensuite dans l'Ouvira, où il échangera ce cuivre pour de l'ivoire ; mais c'est encore un secret ignoré de ses esclaves. Le chemin, dès lors, me serait ouvert ; je pourrais arriver au grand lac qui est à l'ouest de l'Ouvira.

J'ai annoncé mon départ à Casemmbé. Il m'a dit que si je n'avais pas trouvé de caravane, je n'aurais pas dû m'aventurer sur le chemin de Nsama avec aussi peu de monde ; qu'il aurait fallu me rendre chez son frère Moïnémepannda, où il m'aurait fait conduire, et que de là j'aurais été envoyé en toute sécurité à mon lac. Tout cela est fort bon.

23 mai. — Les Arabes ont immolé une chèvre, — une sorte de sacrifice ; — ils l'ont fait cuire aussitôt et m'en ont envoyé un bon plat. Ils lisent le Coran avec beaucoup de zèle et font des prières pour réussir dans ce qu'ils vont entreprendre ; ces gens-là paraissent sincèrement religieux, suivant la lumière qu'ils possèdent. Les sacrifices et l'encens dont ils font usage reportent l'esprit aux anciens temps du judaïsme.

Une avant-garde est allée bâtir des huttes au bord du Kanenngoua, rivulette qui est à une heure de la ville, du côté du sud. Là, on prendra congé de Casemmbé ; le corps principal se mettra en route demain, après avoir vu la nouvelle lune. Ces Arabes sont très-attentifs à choisir les jours heureux : il suffit qu'une chose déplaisante soit arrivée dans tel ou tel mois, pour qu'ils évitent de commencer une entreprise à la même date du mois suivant. Mohammed a quitté l'Ouvira le troisième jour d'une nouvelle lune ; pendant le trajet, le camp a été incendié plusieurs fois, et, depuis lors, pour Mohammed, le troisième jour de la lune est un jour néfaste.

Le sorgho, mapemmba des naturels, est mûr. La déclaration officielle en a été faite aujourd'hui : Casemmbé en a mangé, tout le monde peut faire de même. C'est à peu près à cette époque qu'il arrive à maturité et qu'on le moissonne à Kolobeng ; entre les saisons des deux pays il y a donc peu de différence.

24 *mai*. — Encore quatre jours de retard. Les notables de Casemmbé refusent d'escorter Bogharib : ils savent que leur maître a des dettes et craignent la mauvaise humeur de l'Arabe, qui toutefois n'a pas l'intention de tourmenter son débiteur. Casemmbé a cherché partout de l'ivoire pour liquider tout cela ; il a fini par se procurer deux défenses, qu'il a données avec joie à Mohammed, et s'est placé très-haut dans l'estime de nous tous.

26 *mai*. — Cinq buffles ont été poursuivis et tués dans les marais du Mofoué. Le chef préside à la distribution de la viande, et il ne pourra recevoir nos adieux que demain.

28 *mai*. — Nous sommes allés voir Casemmbé ; il a été aussi gracieux que d'habitude. Un cas de conversation criminelle lui était soumis. L'accusé appartenait à un Arabe, qui offrait d'arranger l'affaire en donnant trois brasses d'étoffe, des perles et un esclave ; mais le plaignant refusait tout. Casemmbé lui dit alors : « Vous chargez vos femmes d'aller séduire les étrangers pour avoir une amende, et vous n'en voulez pas. » Sur quoi il le renvoya des fins de la plainte. Ce jugement fut très-applaudi par les Arabes, et le propriétaire de

l'esclave se couvrit la tête de poussière, ainsi que beaucoup d'autres l'avaient fait précédemment pour des faveurs reçues.

Dans son désir de se procurer de l'ivoire pour le donner à Mohammed, Casemmbé nous proposa un autre délai de quatre jours; mais nous voudrions tous être partis. Ce n'est pas manque de bonne volonté, si l'ivoire ne se trouve pas : attendre n'y ferait rien. Les chercheurs sont revenus les mains vides; Casemmbé nous l'a dit. Évidemment il est très-pauvre.

30 *mai*. — Nous voici au bord du Kanenngoua, rivulette débouchant à l'extrémité méridionale du Mofoué, qui, en cet endroit, forme une petite lagune de cinquante mètres de large et où nous avons eu de l'eau jusqu'à la cuisse. Le Mofoué — d'une largeur de deux ou trois milles, sur à peu près quatre milles de long — renferme beaucoup d'îlots marécageux. Son principal affluent est le Mbérézé, qui vient du sud-est.

31 *mai*. — Le vieux Kapika a vendu sa jeune et jolie femme, sous prétexte qu'elle ne lui était pas fidèle. Voir une femme de haute condition devenir esclave a révolté toutes les dames du pays. Elles sont accourues pour s'assurer du fait, et, ne pouvant plus en douter, elles se sont frappé la bouche avec les mains, ce qui est leur manière d'exprimer la surprise et l'horreur : les doigts s'appliquent sur l'une des joues et le pouce sur l'autre.

La vendue excite la plus vive sympathie; on lui apporte des aliments, des friandises; les filles de Kapika, elles-mêmes, lui ont donné de la bière et des bananes. Un homme a voulu la racheter au prix de deux esclaves; un autre en a offert trois. Mais Casemmbé, qui est très-sévère pour le genre de faute imputé à la dame, a déclaré que dix esclaves ne la rachèteraient pas, et qu'elle partirait. Il a probablement peur que sa belle reine, en voyant céder la loi, ne perde la crainte salutaire qu'elle doit en éprouver. Le vieux Kapika a dit à la sienne : « Vous n'avez pas voulu de moi; à présent je ne veux plus de vous. »

Une jeune épouse du vieux Pérémebé, le centenaire, a été également vendue, mais rachetée. Il y a d nombre considérable d'hommes très-âgés, et le marchand d'esclaves est un moyen de punir les femmes que ces vieux fous ne devraient pas avoir.

Casemmbé m'a envoyé près d'un quintal de *nsipo*, qui paraît être notre *whitebait*[1]; ce menu poisson, accommodé seul, est un peu amer. Cuit avec des arachides, c'est un mets passable. Nous pourrons, avec cela, acheter de la farine dans le village de Tchikeumbi.

---

1. Petit poisson très-délicat du genre clupe que les Londonnais vont manger en partie fine à Greenwich. Le goût amer de celui du Mofoué paraît être dû au genre de nourriture que fournit le lac, nourriture qui communique la même amertume à d'autres poissons de ladite pièce d'eau. (*Note du traducteur.*)

CHAPITRE XII.

Départ de chez Casemmbé. — Lion des grandes herbes. — Réception de Moïnémepannda. — Le Louonngo. — Chant d'esclaves. — Tombeau dans la forêt.—Village de Tchikeumbi. — Les Imebozhouas. — Estacade de Kommbokommbo. — Mazitous. — Découverte du lac Banngouélo, le 18 juillet 1868. — Mapouni, chef du lac. — Description du lac. — Dimension. — Ile de Mpabala. — Frayeur des canotiers. — Retour. — Envoi de dépêches. — Rencontre de Vouanyamouézi. — Difficultés. — Détails sur les marais, décrits précédemment sous le nom d'éponges. — Troubles et complications.

1er *juin* 1868. — Bogharib se propose d'aller à Katannga pour acheter du cuivre et m'invite à l'accompagner ; je voudrais bien voir le Loufira ; mais il faut que j'aille au Bemmba. Seigneur, guide-moi d'en haut !

2 *juin*. — En passant dans un champ de cassave, j'ai cueilli les gousses d'une plante que les indigènes appellent *maloumbi*; et qui s'enlace aux tiges du manioc. A la racine, il y a des tubercules présentant des yeux, absolument comme la pomme de terre. L'une des plantes que j'ai arrachées, avait seize de ces tubercules, ayant deux pouces de longueur sur un et demi de diamètre ; un tubercule d'un autre pied en avait cinq de long et deux de large ; il serait difficile à tout le monde de les distinguer des pommes de terre anglaises. Cuits dans l'eau, ils sont un peu visqueux, et semblent durs, si on les compare à nos pommes de terre. L'extérieur en est rougeâtre ; l'intérieur, également coloré, est d'une teinte plus pâle. Tout d'abord, mes gens ne les ont pas reconnus; ensuite ils se sont rappelé en avoir vu à Zanzibar, où on les cultive sous le nom de *méne*, et où on les écrase avec du poisson, ce qui est un fort bon manger. Si on les trouve à Zanzibar, ils sont probablement connus dans les autres îles des tropiques.

4 *juin*. — D'après ce que je vois de la traite, même dans

ses meilleures phases, je ne voudrais pour rien au monde faire le commerce d'esclaves.

5 juin. — Ce matin, la reine Moäri est passée devant nous, allant faire construire une hutte dans ses champs. Elle a une figure agréable, et complétement européenne, la peau fine et d'un brun clair, le rire joyeux, et serait admirée partout. Quand elle a été près de moi, du haut de son palanquin porté par douze hommes, elle a fait tournoyer son ombrelle, puis s'est mise à rire, sans doute en se rappelant notre première entrevue, et a montré qu'elle ne riait pas seulement des lèvres, mais aussi des yeux et des joues. « *Yammbo ?* » m'a-t-elle dit (comment vous portez-vous ?) — *Yammbo sana*, ai-je répondu (je me porte très-bien). — Donnez-lui quelque chose de ce que vous avez à la main ou dans la poche, m'a dit un des hommes de sa suite. — Je n'ai rien ici, répliquai-je ; mais demandez à la reine si elle veut venir près de ma hutte. Elle y a consenti, et j'ai envoyé chercher deux rangs de perles rouges que je lui ai offerts. Étant plus bas qu'elle, j'ai pu voir qu'elle avait un trou dans le cartilage nasal, près de la pointe de son nez qui est légèrement aquilin, et les deux incisives médianes de la mâchoire supérieure limées de façon à laisser entre elles un espace triangulaire.

Dents de la reine Moäri.

9 juin. — Après un délai devenu irritant, nous nous sommes mis en marche ; trois heures de route nous ont fait gagner le Katofla, petite rivière couverte de plantes aquatiques, et dont les eaux vont rejoindre le Mbérézé ; cinq yards de large, deux pieds de profondeur.

10 juin. — Arrêtés de nouveau ; pas moyen d'en finir avec les gens de Casemmbé. Ils ne peuvent pas avoir d'estime pour le traitant, qui est le moyen de punir les fautes domestiques : celles d'une femme envers son mari, ou d'un serviteur à l'égard de son maître. On dit qu'en général les esclaves sont des criminels qui ont été vendus par vengeance ou pour les punir. La femme de Kapika avait dans les cheveux le sommet de l'un de ces coquillages qui portent le nom de cône, et s'en est allée avec cette parure. Sans avoir réclamé son bien, le propriétaire a saisi l'une des filles de Kapika, en garantie des efforts que celui-ci devra faire pour ravoir le bijou.

11 juin. — Traversé le Mbérézé : largeur d'une dizaine de mètres et de l'eau montant jusqu'à la cuisse. Gravi ensuite une rangée de collines basses formées de grès durci, et couvertes d'une forêt, ainsi que la contrée l'est généralement. Notre marche était sud-est et sud-sud-est. Après cela, ayant descendu, nous nous sommes trouvés dans une vallée, fourrée d'un bois épais que traversait une petite rivière de douze pieds de large et de deux pieds de profondeur. Les éléphants et les buffles étaient très-nombreux.

12 juin. — Franchi de nouveau le Mbérézé, et à deux reprises différentes ; puis une rivulette très-profonde ; et nous nous sommes arrêtés au bord d'une autre, dans un bouquet d'arbres où nous avons bivaqué, tué un bœuf et séjourné le lendemain pour manger la bête.

Comme nous étions à Kanenngoua, passèrent des hommes qui jetaient des cris de triomphe. Je m'approchai du groupe et vis deux de ses membres portant chacun le bout d'une perche à laquelle était attaché un lion. L'animal était mort, et de la petite espèce sans crinière, que les indigènes appellent le lion du *nyassi*; il avait tué un homme et on l'avait tué. Les chasseurs lui avaient bandé soigneusement la gueule, croisé les pattes sur la poitrine, où elles étaient retenues par des liens, et le portaient à Casemmbé.

Nyassi est le nom d'une grande herbe, qui dépasse de beaucoup la tête d'un homme, et qui a des tiges de la grosseur d'une plume d'oie ; on l'attribue à tort au Nyassa. D'autres lions, — le karamo, le thammboué, le simmba, — arrivent, dit-on, à cinq pieds de hauteur, et même plus ; celui dont je parle ne semblait pas avoir plus d'un yard ; mais il faisait trop nuit pour le mesurer.

13 juin. — Les Arabes distinguent les gens du Sahouahil, métis arabes et africains, par leur figure rasée : la barbe et les favoris de ces gens-là étant presque toujours de la plus chétive venue.

Des oiseaux, tels que le drongo, insectivore ayant beaucoup de ressemblance avec une linote grise qui aurait un gros bec rougeâtre, se réunissent maintenant par bandes très-nombreuses; ils vivront ainsi pendant tout l'hiver, et se sépareront au mois de novembre, époque où arrive la pluie.

Une toute petite abeille s'introduit dans les vermoulures du bois, y construit ses alvéoles et y dépose ses œufs avec leur provision de miel. J'ai compté dans le pays sept ou huit de ces abeilles minuscules.

On voit une femelle de sphex creuser des trous dans la terre, et placer, à côté des œufs qu'elle y a pondus (chacun dans sa cellule), un certain nombre d'insectes qu'elle a engourdis. Une autre espèce du même genre, guette le moment où l'ouvrière sort du terrier pour compléter les vivres, et, pendant l'absence de la pourvoyeuse, met dans le nid souterrain des œufs qu'elle n'approvisionne pas, du moins je le suppose. Il ne paraît pas cependant y avoir d'animosité entre l'une et l'autre.

14 juin. — Marché sur des hauteurs bien boisées, où apparaissaient des roches de dolomite, et où les arbres étaient couverts de lichens. La pente alors a changé, et la ligne de faîte s'est déversée au midi.

15 juin. — Très-froid maintenant tous les matins : 6° 1/9. J'ai trouvé Moïnémepannda, le frère de Casemmbé, à la rive du Loulapouta, cours d'eau de dix-huit mètres de large, se dirigeant à l'ouest. Le Moïnémepannda qu'ont visité les Portugais était l'aïeul de celui-ci et n'habitait pas le même endroit; il est inutile de mettre le nom des chefs comme indication géographique; souvent le même nom continue, mais à une grande distance de la demeure du personnage qui l'a porté le premier.

Un esclave a essayé de se délivrer du joug et a rompu avec ses doigts un morceau de fer d'un demi-pouce d'épaisseur; l'extrémité du boulon est restée dans la fourche; sans quoi l'homme aurait été libre.

Le chef m'a fait une réception publique du même genre que celle de son frère, mais mieux ordonnée et plus brillante. Moïnémepannda est jeune et serait très-beau sans un défaut dans les yeux, qui sont louches et qu'il tient à demi fermés. Il vint à notre rencontre de cette allure particulière que, dans ce pays-ci, prennent tous les chefs pour faire sonner les anneaux de cuivre et les rangs de perles qui leur décorent les jambes; allure sautillante que ne manquent pas d'imiter beaucoup de gens sans perles ni métal, absolument comme nos pères, qui n'avaient rien à cacher, s'empressèrent d'adopter l'énorme cravate, au moyen de laquelle George IV dissimulait un cou défectueux.

Moïnémepannda marchait les épaules rejetées en arrière avec raideur, ce qui n'avait rien d'étonnant, car il traînait derrière lui une queue de dix mètres d'étoffe que portait l'un de ses pages. Environ six cents hommes, tous bien armés, étaient là gardant les rangs, mais sans marcher au pas. Des tambours et des marimebas[1], composaient l'orchestre, et un barde y ajoutait ses chants : « J'ai été voir Saïdi (le sultan de Zanzibar). J'ai été voir Mirépoute (le roi de Portugal). J'ai été voir la mer. »

C'est dans une audience privée que j'ai donné mon étoffe. Le chef était alors dépouillé de sa queue et n'avait plus qu'une ombrelle : la veille il en avait trois. Les Arabes m'avaient chanté ses louanges ; mais toute sa bonne grâce s'est dépensée à faire des dettes qu'il ne désire pas du tout rembourser ; il a offert la vingtième partie de la valeur des objets en liquidation, et les créanciers ont maintenant l'oreille basse.

Quant à moi, j'ai reçu de lui deux pots de bière, dont je ne bois jamais qu'en route lorsque j'ai très-soif, et la promesse d'un guide qu'il n'a pas voulu donner. Casemmbé a grandi dans mon estime de tout ce qu'y a perdu son frère, dont les sujets ont appris de nous la mesquinerie.

Le Loulapouta se jette, dit-on, dans la Louéna, et celle-ci dans le Louonngo ; il faut qu'il y ait deux Louéna.

22 *juin*. — Traversé une plaine herbue dans la direction du sud, et gagné le Louonngo, rivière profonde, coulant dans une épaisse forêt, dont les arbres sont tous couverts de lichens : les uns de forme aplatie, les autres en longs filaments, comme des barbes de vieillards, et ondulant au souffle de la brise, de même que ceux des mangliers du bord de la mer.

Aujourd'hui, le Louonngo a ici quarante-cinq mètres de

---

1. Espèce de tympanon. Voy. Livingstone, *Explorations dans l'Afrique centrale*, Paris, Hachette, 1859, p. 327. (*Note du traducteur.*)

large et trois brasses de profondeur; il en a huit au moment des crues; près de sa jonction avec le Louapoula, sa largeur est de quatre-vingt-onze mètres. Un pont de quarante yards nous fit gagner une île séparée de l'autre rive par un canal de trente pieds de large; sur ce canal, le pont était rompu; quelques-uns pensèrent qu'on l'avait fait exprès; mais avec des arbres de cinquante à soixante pieds de long, la brèche fut promptement réparée. Nous fîmes encore un peu de chemin et nous nous arrêtâmes au bord d'une petite rivière qui allait se jeter dans le Louonngo à deux cents mètres de notre bivac.

23 juin. — Halte d'un jour pour attendre du cuivre offert en payement d'une dette, et qui d'abord avait été refusé. Cela m'a donné l'occasion de voir que le Louonngo a des berges escarpées et argileuses de quinze pieds de hauteur, et, sur ses rives, beaucoup de prairies qui doivent être noyées pendant la saison des crues. Le Louéna prend, dit-on, sa source au levant du point où nous sommes actuellement.

24 juin. — Six esclaves chantaient comme s'ils n'avaient pas senti leur abjection et le poids de la fourche qu'ils avaient au cou. Je leur ai demandé la cause de leur gaieté; ils m'ont répondu qu'ils se réjouissaient « à l'idée de revenir, après leur mort, tourmenter et tuer ceux qui les avaient vendus. » « Vous m'avez envoyé à la côte, disait le chant; mais quand je serai mort, je n'aurai plus de joug, et je reviendrai vous hanter et vous tuer. » Et tous reprenaient le refrain qui était formé du nom de chaque vendeur. Récit tout d'amertume et de larmes fait par les opprimés. Du côté des oppresseurs est la force; mais il y a au-dessus d'eux une Puissance qui est plus forte que la leur.

Le traitant demanda à la femme de Kapika si elle voudrait revenir tuer son vieux mari; les autres répliquaient par des rires aux noms des condamnés; mais elle ne fit aucune réponse. Évidemment son cœur saignait; une femme comme elle! tomber si bas lui était bien douloureux. Elle a perdu sa démarche élégante; et avec sa tête rasée et son air chagrin elle est laide; mais vis-à-vis de ses acheteurs, elle conserve toute sa dignité, et ils paraissent la craindre.

Pérémebé était l'un des coupables menacés de mort.

CHAPITRE XII.

25 *juin*. — Traversé une forêt plate, où, par endroit, affleurait l'hématite brune ; c'est le minerai habituel du pays ; toutefois j'ai vu dans un village des morceaux de fer spéculaire qu'on avait apportés pour les fondre.

A notre droite, un peu vers le couchant, passait le Louonngo ; et les gens avaient posé leur bourgade à une place où il n'y avait que des citernes ! En dix minutes nous avons gagné la rivière.

De grandes haies entouraient les jardins, pour les défendre contre les animaux sauvages.

Dans la forêt, nous avons trouvé un tombeau, un tertre au sommet arrondi, comme si le défunt y était assis à la manière des indigènes ; le dessus en était jonché de fleurs et une quantité de grosses perles bleues y avaient été déposées ; un petit sentier montrait qu'il a des visiteurs. C'est le genre de sépulture que je préférerais entre toutes : reposer dans ces grands bois si calmes, si calmes, où jamais personne ne troublerait mes os. Dans nos cimetières, les tombes m'ont toujours paru misérables, surtout celles que l'on creuse dans l'argile humide et froide ; puis elles sont trop pressées les unes contre les autres. Mais je n'ai pas autre chose à faire qu'à attendre que Celui qui est au-dessus de tout décide où je dois me coucher et mourir. Pauvre Mary est à Choupanga...[1]

Arrivés au Tchanndó, qui sépare le territoire de Casemmbé de celui de Tchikeumbi ; mais Casemmbé est au-dessus de tous les autres.

27 *juin*. — Franchi un marais inondé d'une eau très-froide ; ensuite le Tchanndo : quatre yards de large, deux pieds de profondeur ; puis un autre ruisseau important, appelé Nsénega.

28 *juin*. — Le service terminé, nous avons gravi des collines pour atteindre une estacade de Vouanyamouézi, située au bord du Kalomina, et où notre camp a été dressé. L'endroit s'appelle Kisinega, et se trouve au faîte d'une rangée de collines de grès, couvertes des bois dont le pays est généralement revêtu. Avec leurs mousquets, les Vouanyamouézi ont chassé les Mazitous qui venaient de mettre en fuite les naturels

---

[1]. Allusion au tombeau de mistress Livingstone. Voy., pour ce tombeau, *Explorations du Zambèze*, p. 386 et suivantes. (*Note du traducteur.*)

Décidément les Vouanyamouézi sont moins bien au physique que les Balonnda et les Baïtahoua; mais ils possèdent, à l'égard des traitants, plus d'honnêteté que les indigènes. Ils ne mangent pas de poisson, bien qu'ils viennent de la rive orientale du Tanganïka où le poisson abonde et n'est pas cher.

29 juin. — Observé aujourd'hui les *fumées* pour la première fois de la saison; elles obscurcissaient tout le pays.[1]

1er juillet. — Je suis allé trouver Tchikeumbi, le grand chef du district, je lui ai donné une brasse d'étoffe et lui ai demandé un homme qui puisse me conduire au Banngouéolo. Il m'a dit que j'étais le bien-venu dans la contrée; tous les autres m'ont dit la même chose; mais il faut que j'attende, suivant ses propres paroles qu'il m'ait choisi pour guide « un homme très-*bon*; il m'enverra de la nourriture; ce n'est pas d'une attente de dix jours qu'il s'agit; mais de deux seulement. » Son guide me conduira d'abord à la petite portion du lac, abandonnera les autres, et me mènera ensuite à la partie plus grande, qui est le Banngouéolo. La moindre partie s'appelle Bemmba, ce qui fait confusion, le nom de Bemmba étant celui du territoire où cette partie de la nappe d'eau est située. Lorsque j'ai demandé le lac Bemmba, le fils de Kasonnzo m'a répondu : « Le Bemmba n'est pas un lac, mais un pays. » C'est pourquoi il vaut mieux faire usage du nom de BANNGOUÉOLO qui est appliqué à la grande nappe, bien qu'il soit à craindre que nos gens d'Angleterre ne l'estropient et ne le changent en Beunghé-hollow. Quelques Arabes disent Bammbéolo, comme étant plus facile à prononcer que le véritable nom.

L'estacade de Tchikeumbi est à une heure et demie de notre bivac de Kisinega, vers le sud-est.

2 juillet. — Ecrit au consul d'Angleterre à Zanzibar pour qu'il m'envoie à Oujiji cent vingt pièces d'étoffe, quarante de kaniki et quatre-vingts de mérikano d'une largeur de trente-quatre pouces; des perles rouges de belle qualité, dites same-same : douze frasilahs ou quatre cent vingt livres; plus six frasilahs de talaka (perles rouges), trois d'un rouge pâle, trois de perles blanches. Je demande en outre du savon, du café,

---

1. Dans la saison sèche, les grandes herbes qui couvrent le pays sont incendiées; et pendant trois mois environ la fumée obscurcit l'atmosphère. (WALLER.)

Tombeau dans la forêt.

du sucre, des bougies, des sardines, des conserves de viande françaises, un fromage en boîte, le *Nautical Almanac* pour 1869 et 1870, des souliers (trois ou quatre paires) du papier rayé, de l'encre, des crayons, de la cire à cacheter, de la poudre, de la flanelle.

3 juillet — Les sources que décidément je fais tomber dans la ligne centrale du drainage, formées par le Chambèze, le Louapoula et le Loualaba, sont au nombre de treize ; chacune de ces rivières est plus large que l'Isis à Oxford, ou l'Avon à Hamilton. En outre, cinq cours d'eau rejoignent le drain oriental par le Tanganîka ; et cinq autres vont se jeter dans le Loufira, canal de l'ouest ; ce qui donne un total de vingt-trois au minimum. Le Loualaba et le Loufira s'unissent dans le lac du chef Kinekonnza.

5 juillet. — Emprunté à Bogharib du papier pour écrire des lettres qu'emporteront des Arabes qui vont partir. J'annoncerai ma découverte à Lord Clarendon ; mais je réserverai la question du Tanganîka et celle du Loualaba qui ont besoin d'être confirmées ; non pas que j'aie des doutes à ce propos ; car je reçois de première main les rapports de naturels intelligents, et qui n'ont aucun motif pour me tromper ; les meilleures cartes ont été dressées d'après des informations du même genre et qui avaient passé dans trois ou quatre bouches.

Maintenant, prédominent des vents froids du nord-est.

6 juillet. — J'ai réparti mon sel entre mes hommes pour que chacun puisse s'acheter des provisions. Le sel a ici plus de valeur que les perles.

Tchikeumbi m'a envoyé de belle farine : la charge de deux hommes qui l'ont apportée dans un panier suspendu à une perche, et de plus, un beau mouton, porté de même, parce qu'il était trop gras pour marcher.

10 juillet. — Après nous avoir fait attendre pendant plusieurs jours le guide que je lui avais demandé, Tchikeumbi a répondu qu'il craignait que les habitants du pays où nous irions ne vinssent à dire que l'Innglésa leur avait amené les Mazitous, et que le blâme ne retombât sur lui. J'ai pris cela pour des « paroles de bière » propos d'ivrogne ; mais j'ai vu plus tard qu'il préparait un assaut contre une estacade appartenant à des Vouanyamouézi, estacade placée sur notre chemin, et qu'à son retour le guide aurait couru des dangers; il a mieux aimé ne pas tenir sa promesse que de mettre en péril un de ses hommes. J'ai pris alors un Mnyamouézi pour conducteur, et je suis parti ce matin.

La marche s'est faite sur des collines de grès, aux pentes adoucies et couvertes de bois. Beaucoup de villages étaient déserts: résultat de l'incursion des Mazitous; nous avons vu les pistes de ces maraudeurs, et les places où leur bande a bivaqué. Ils ne suivent pas les sentiers battus qui serpentent d'un village à l'autre, et vont en ligne droite où ils veulent se rendre, couchant l'herbe et la foulant de manière à y laisser un chemin frayé. Les Vouanyamouézi leur ont tué ou blessé tant de monde, qu'à leur tour ils ont pris la fuite. L'effet de cette victoire sur l'esprit des Imebochouas ou Imebozhouas, comme on appelle les sujets de Tchikeumbi, n'a pas été de la gratitude, mais de l'envie et de la défiance à l'égard de ce nouveau pouvoir qui surgissait parmi eux, et qui appartenait à des étrangers venus pour faire le commerce de cuivre.

L'estacade de Kommbokommbo, que nous avons gagnée aujourd'hui, reçut la première attaque; après cela, Tchikeummbi l'assaillit de trois côtés, et fut repoussé avec pertes. Ce n'est pas seulement dans le combat que les Vounyamouézi triomphent; ils sont, en fait de commerce, bien plus retors que les Imebochouas, les trompant sans merci et mentant comme des Grecs.

Kommbokommbo a son estacade au bord du Tchibérasé, rivulette profonde de vingt-quatre pieds de large, qui traverse rapidement une éponge d'un mille. Nous sommes tombés au milieu d'une réjouissance publique, et avons été amplement pourvus de bière et de mangeaille. Les Vouanyamouézi reconnaissent l'autorité du saïd et tous ceux que protège le sultan ont leur respect. Kommbokommbo nous a prodigué la nourriture et le breuvage; quand je lui ai dit que je n'avais rien à lui donner en retour; il a répondu qu'il n'attendait rien de moi, qu'il était fils du sultan et devait me fournir tout ce dont j'avais besoin.

11 juillet. — En quittant le Tchibérasé, nous avons gravi la côte et marché sur une longue rangée de collines où étaient de nombreux villages, entourés de jardins, mais abandonnés

CHAPITRE XII.

pour la plupart, à cause des **Mazitous**. Les habitants se sont jetés dans la forêt, où ils sont devenus la proie des maraudeurs, qui paraissent avoir agi sans pitié.

Descendus dans la vallé suivante, nous sommes arrivés à une forte estacade dont les défenseurs ont repoussé les Mazitous ; puis nous sommes entrés dans une forêt plate, où, çà et là, étaient des éponges inondées. Les plaines succédaient aux collines ; alternance qui se prolonge jusqu'au Banngouéolo.

12 juillet. — Passé la nuit dans la forêt, après avoir entouré notre camp d'une palissade ; et aujourd'hui atteint le Rofouba : cinquante yards d'un bord à l'autre, quatre pieds et demi de profondeur ; une eau encombrée de plantes aquatiques, et allant au sud-ouest, rejoindre le Louonngo ; enfin, de chaque côté, un mille et demi d'éponges.

Bivaqué un peu au sud de la rivière.

Nous nous reposions dans un endroit abandonné, lorsque des hommes d'un village voisin, des gens qui paraissaient ivres, s'approchèrent de nous et augmentèrent leur excitation en courant çà et là, brandissant leurs lances en nous regardant, agitant leurs haches, et nous visant de leurs flèches. Ils nous prenaient pour des maraudeurs ; et quelques tiges d'arachides, éparses autour de notre groupe, semblaient leur donner raison. Mais dans toutes les foules il y a toujours une bonne âme ; un des indigènes vint à nous, et s'adressant aux autres : « Ce n'est que votre bière, dit-il, qui vous fait voir cela. » Puis se tournant vers moi. « Homme à peau blanche, ne leur résiste pas et va-t-en. » Il se plaça entre nous et les assaillants, qui au nombre d'une trentaine, continuaient leur mimique guerrière.

Tandis que nous nous éloignions tranquillement avec notre protecteur, les forcenés prirent l'avance ; puis s'arrêtant dans les buissons ou derrière les arbres, ils nous ajustèrent de leurs flèches ; et les plus jeunes se jetant sur nos chèvres s'enfuirent avec elles.

Lorsque nous eûmes fait un quart de mille, mon compagnon me dit de l'attendre, qu'il allait chercher mes bêtes et me les ramener ; ce qu'il fit en effet. Je ne pouvais pas tenir pour ennemis des gens ivres ; mais ils n'en étaient que plus dangereux, leur ivresse leur ôtant le sentiment du péril. L'un arracha des mains de notre guide une volaille, qui nous fut également rendue par notre défenseur. Je n'avais pas chargé mon fusil, car un coup de feu accidentel aurait mis le comble à la démence de ces furieux. L'incursion des Mazitous a bouleversé toutes les têtes; chaque étranger est tenu pour ennemi. Nous avons fini par en sortir, et sans répandre le sang, ce dont je suis plein de gratitude.

14 juillet. — Passé un jour à l'estacade de Moyegghéa, située dans le district de Kabaïa, et sur une forte rivulette qui porte le nom de Mato. Un Mnyamouézi de Garagannza y est établi; nous ne sommes en sûreté que chez les étrangers; ils se montrent tous bien disposés à notre égard.

15 juillet. — Le chef du village que nous avons trouvé sur la rive gauche du Mpannda, nous a pris pour des Mazitous. Évidemment il avait bu. En nous voyant il commença à fermer ses portes, avec des gestes frénétiques. J'offris de m'éloigner; quelques-uns de ses sujets, également ivres, insistèrent pour m'empêcher de partir; j'allai m'asseoir. Un instant après, l'excitation du chef étant toujours la même, je dis à ceux qui m'entouraient : « Le chef ne veut pas que je reste, je dois m'en aller. » Ils trouvèrent cela raisonnable, seulement il n'y eut pas moyen d'emmener mes poltrons. Un homme du village avait bien offert de me montrer le chemin; mais il avait dit, à propos des indigènes : « Il faut leur parler agréablement »; ce qui parut à mes garçons le comble de la sagesse. Pour eux, parler agréablement signifie prendre la voix enfantine et tremblante de cette petite fille, qui passant dans une prairie, vit une vache s'approcher d'elle, sans doute par curiosité, et qui pour apaiser la bête, lui balbutia d'un ton suppliant : « Oh! bonne vache, ne me faites pas de mal, je ne vous en ferai pas. » J'appelai mes gens; la peur d'être poursuivis les fit continuer leur agréable causette.

D'après le guide, il n'y avait pas d'eau sur la route; j'ai entendu dire cela trop souvent pour le croire; et allant toujours, au bout d'une heure et demie je trouvai une éponge près de laquelle, mes Nassickais étant venus me rejoindre, nous avons campé.

16 juillet. — Franchissant l'éponge et traversant un bois

CHAPITRE XII.

en terrain plat, nous nous trouvâmes au bord d'un second marais, appelé Méchoué. Avec un zèle contraire à leurs habitudes, mes jeunes gens offrirent de me porter sur l'autre rive; mais j'avais ôté mes souliers, j'étais dans l'eau, et ils passèrent avec moi, m'indiquant les parties les moins creuses. La marche se termina par la traversée d'une nouvelle éponge, celle du Molônngosi, où l'on a cent cinquante pas d'une eau profonde, coulant au nord-est. Bien qu'au milieu du jour l'eau de ces marais ait 18° de chaleur, et que, même le matin, elle en ait plus de quinze, elle produit l'effet d'une eau très-froide.

Les gens de Molônngosi nous invitèrent à passer la nuit chez eux; mais la forêt, à moins qu'elle ne soit infestée par les lions et les léopards, est toujours préférable : on n'y a pas de vermine, et l'on y est à l'abri des curieux qui, dans les villages, s'imaginent avoir le droit de vous regarder tant qu'ils veulent, et qui dans la forêt ne croient plus que vous leur appartenez.

18 *juillet*. — Gagné hier le principal village de Mapouni, situé près de la rive nord du Banngouéolo.

Aujourd'hui, je suis allé au bord du lac, que j'ai vu pour la première fois, tout reconnaissant d'être arrivé jusque-là sain et sauf.

J'ai dit à Mapouni que je n'avais presque plus rien, et ne pouvais lui donner qu'une brasse de cotonnade. Il m'a répondu que puisque mes marchandises étaient épuisées, il n'avait rien à dire, qu'il m'enverrait des guides et ferait pour moi tout ce qu'il saurait pouvoir faire; puis il m'a reçu en audience publique avec toute la pompe dont il dispose. Je lui ai demandé s'il avait déjà vu un homme qui me ressemblât, il a répondu : « Jamais. » Un Babisa voyageur a voulu savoir pourquoi j'étais venu de si loin; je lui ai dit que c'était pour faire connaître au reste du monde les pays étrangers et ceux qui les habitent; que nous sommes tous les enfants du même Père, et que je voudrais nous mettre en relations les uns avec les autres, afin que tous les hommes pussent se visiter amicalement, sans avoir rien à craindre. Puis j'ai raconté ce que la reine d'Angleterre a fait pour encourager la culture du coton sur les bords du Zambèze, et comment les trafiquants d'esclaves et leurs défenseurs ont fait échouer ses projets. Ce récit les a vivement intéressés. J'ai ensuite, à la demande générale, exhibé le livre de notes, la montre, la boussole, le miroir ardent, et l'on m'a reconduit chez moi au son du tambour. Depuis, je leur ai montré la Bible, et parlé de ce qu'elle renferme.

Il me faudra rester au Banngouéolo quelques jours de plus que je n'en avais l'intention; la lune étant à la dernière période de son déclin, je ne pourrai l'observer que lorsqu'elle aura une certaine largeur.

19 *juillet*. — Descendu au village de Masanntou, lequel est situé au bord du lac, près d'une source appelée Tchipoka, et qui sort d'une masse de granite en désagrégation. Il est rare que nous voyions sourdre les fontaines sous une roche : l'eau des marais les couvre, si toutefois il en existe.

Ici, nous avons eu pour spectateur un homme monté sur des échasses; ces dernières étaient fixées par des liens au genou et à la cheville.

Beaucoup de Babisa dans le village. Les femmes ont les cheveux abondamment pommadés, et ornent leur coiffure de chapelets de cauries.

J'envoyai au chef une brasse de calicot; immédiatement j'eus une audience. Masanntou est d'un certain âge; jamais il n'a prié le Père de tous les hommes, bien qu'il le reconnaisse. Il rapporte qu'on voit l'empreinte du pas de Moungou, ou Mouloungou, dans une partie de l'île de Lifoungé. La trace d'un grand pied — quinze pouces de long — se voit également sur le roc, au bord du Chambèze[1].

Masanntou m'a dit que le lac est beaucoup plus grand dans la partie qui s'appelle Banngouéolo. Autour de celui-ci, le pays est plat et déboisé; en fait d'arbres, on n'y trouve que le motsikiri ou mossikisi, dont l'écorce est fine, le feuillage épais, et qu'on a réservé à cause de son ombre et de l'huile

---

1. Cette trace de pied divin, ou tout au moins vénéré, n'est pas très-rare; entre autres, la mosquée d'El-Neter-el-Nabi, sur les bords du Nil, possède une pierre où se voit l'empreinte du pied de Mahomet; et la marque du pied de Jésus-Christ est visible à Poitiers, dans l'église de Sainte-Radégonde, où elle est protégée par une grille assez large pour laisser passer les offrandes des fidèles. (*Note du traducteur.*)

grasse que donnent ses semences ; nous avons vu les indigènes faire bouillir, dans de grands pots, la graisse brune qu'ils retirent de ces graines, et dont ils se servent pour lubrifier leur chevelure.

Le Banngouéolo renferme quatre îles; toutes les quatre sont basses et populeuses. Elles sont entourées de beaucoup de pirogues ; les hommes sont tous habiles pêcheurs, et, comme tous les pêcheurs, ils ont beaucoup d'enfants. On les appelle Mboghouas ; mais ils portent sur le front, ainsi qu'au menton, les marques des Babisa ; et se liment les dents en pointe.

21 *juillet*. — Les bateliers, sachant qu'on ne peut rien faire sans eux, généralement vous rançonnent. Mapouni qui a, dit-il, autorité sur ceux du lac, a demandé une seconde brasse de calicot pour nous faire avoir des pirogues. Ayant peu d'étoffe, j'ai envoyé un rang de perles et une houe ; le chef a insisté, voulant sa cotonnade; je la lui ai donnée, il l'a prise, et a gardé la houe et les perles.

Source de Tchipoka, température de l'eau à 9 h. du matin : 24° 1/9..................... .... } Air : 22° 2/9.
Température du lac à la même heure : 21° 6/9.......
Source de Tchipoka, température à 4 h. de l'après-midi : 23° 8/9............................... ... } Air : 22° 1/9.
Température du lac à la même heure : 24° 1/9....... (Boule du therm. mouillée : 21° 1/9.)

Ni sources chaudes, ni tremblements de terre ne sont connus dans cette région.

Le fond du lac est formé d'un sable fin et blanc; autour des îles, une ceinture de grands roseaux, d'une largeur de cent yards, montre une eau basse.

Chaque après-midi, toute une flottille de canots est ancrée au bord extérieur de la ceinture d'herbe et montée par des gens qui pêchent à la ligne. L'hameçon est pareil aux nôtres, toutefois sans être barbelé. C'est de la perche que ramènent principalement les pêcheurs, mais il y a aussi des poissons du même genre que ceux des autres lacs; deux de ces dernières espèces atteignent quatre pieds de long, sur un et demi de large; l'une d'elles porte le nom de sammpa.

22 *juillet*. — Un vent très-fort, qui a débuté avec la nouvelle lune, nous a empêchés de partir; les pêcheurs eux-mêmes

n'ont pas pu se livrer à leur industrie. Mapouni me voyant prendre mes chèvres, pensait que nous voulions le quitter et aller au sud, chez les Babisa; pour le rassurer j'ai laissé mes bêtes, avec deux de mes gens, au village de Masanntou.

23 et 24 juillet. — Vent toujours trop fort pour naviguer. Fait des observations lunaires.

26 juillet. — Vent du sud-est, toujours violent; mais ayant donné beaucoup de grains de verre aux bateliers, plus une houe et des grains de verre à Masanntou, nous sommes partis hier, à onze heures du matin, dans une pirogue de quarante-cinq pieds de long, sur quatre de large et quatre de profondeur. La houle était très-forte, mais la pirogue était sèche : les vagues ici embarquent bien moins que celles du Nyassa.

Des pagayeurs vigoureux, au nombre de six, nous firent nager rapidement vers l'île de Lifoungé, placée à notre sud-est. Les hommes s'y arrêtèrent pour prendre du bois; j'en profitai pour examiner l'île. On y trouve une espèce de chacal et des empreintes d'hippopotame; elle porte une herbe raide, quelques fleurs, et un arbre de la famille des capparidées. Tous les arbres montrent que les vents qui prédominent soufflent du sud-est; de ce côté-là, toutes les branches sont mortes ou tordues, pendant qu'au nord-ouest elles sont droites et bien développées; les tiges sont courbées dans la même direction. Un de ces arbres portait un nid d'ombrette de quatre pieds de hauteur.

Tantôt les canotiers disaient qu'ils voulaient partir, tantôt qu'ils voulaient rester, parce qu'ils n'atteindraient l'île de Mpabala qu'après la chute du jour et qu'ils n'auraient pas de logement. Je leur fis observer, qu'en restant, ils n'en coucheraient pas moins à la belle étoile, et nous partîmes. Au levant, où elle paraissait double, s'apercevait l'île de Kisi, à une distance de quinze milles. Celle de Mpabala, située à notre sud-est, ne laissait apparaître que la pointe de ses arbres. Au nord et au sud, entre les îles, partout un horizon de mer. Des roseaux grossiers indiquent les bas-fonds qui sont aux abords des rivages. Une seule coquille a été vue sur la côte L'eau est d'un vert de mer foncé, produit sans doute par le reflet du sable fin et blanc qui constitue le fond du lac; nulle part je n'ai vu le bleu sombre du Nyassa, d'où j'en tire cette

Découverte du lac Banngouéolo.

conclusion, que la profondeur n'est pas considérable. Malheureusement j'ai perdu ma ligne de sonde par la fuite d'Amoda.

Sur l'île de Kisi, une masse d'une teinte foncée et de forme quadrangulaire attira mes regards ; je crus d'abord que c'était une éminence ; mais peu à peu la colline se changea en un bouquet d'arbres, probablement un lieu de sépulture, car le bois des cimetières n'est jamais touché ; et il montre de quelle épaisse forêt serait couvert tout le pays, n'était l'action des hommes.

Nous ne pouvions pas aller à Kisi, en ce sens que nos bateliers, ce sont eux qui nous l'ont dit, y avaient volé leur canot. C'était donc vers Mpabala que nous nous dirigions. Il faisait noir quand nous abordâmes ; le froid était pénible, en raison de l'humidité de l'air. Un homme se présenta pour savoir qui arrivait. Je lui demandai une hutte. « Est-ce que les étrangers requièrent des huttes, ou les demandent quand il fait nuit ? » répondit l'habitant ; et il nous conduisit à un lieu de réunion publique appelé nsaka, vaste hangar entouré de planches, ayant entre elles des espaces vides. Après y avoir fait notre porridge et l'avoir mangé, nous nous couchâmes : mes canotiers et mes gens autour du feu, moi dans un coin, où je fus bientôt endormi et rêvai que j'avais un appartement à l'hôtel Mivart.[1]

Au réveil, cela m'a beaucoup amusé ; car je ne rêve jamais à moins que je ne sois malade ou sur le point de l'être ; et, de tous les endroits du monde, l'hôtel Mivart est celui qui m'a toujours le moins occupé. Caprice certainement de l'imagination dans lequel je n'avais aucune part : je n'étais pas du tout mécontent de mon souper ou de mon gîte, et n'avais que la peur de gagner un stock de vermine, fourni par mes compagnons.

Dans tous les lieux, où je viens pour la première fois, j'ai à supporter les regards de la foule pendant des heures. Chacun parle aussi vite que la langue peut se mouvoir ; ces gens-là n'appartiennent certainement pas aux tribus que l'on suppose s'exprimer par signes. Quelques-uns satisfont leur curiosité

---

1. L'un des plus grands hôtels du West-End, quartier aristocratique de Londres. *(Note du traducteur.)*

par un coup d'œil, et continuent à faire du filet, à battre de l'écorce, à filer du coton, à soigner un enfant ou bien à jouir des premiers rayons du soleil, ou à fumer leur tabac dans d'énormes pipes.

J'ai traversé l'île dans sa partie nord et lui ai trouvé un mille de large. Ensuite j'ai relevé la position de l'île de Tchiroubi, de la pointe orientale de Mpabala; et cela m'a donné 183° d'horizon de mer, à partir de l'extrémité sud-est de Tchiroubi au point de sortie de Louapoula.

Tchiroubi est la plus grande des îles du lac, elle renferme une population nombreuse qui possède beaucoup de chèvres et de moutons.

Du point culminant de Mpabala, nous avons vu la cime des arbres d'un îlot inhabité, appelé Kasanngo, et qui est à une distance de trente milles. Évidemment c'était par un effet de mirage, car près de la côte, et ailleurs, ces arbres n'étaient pas visibles, même avec une forte lunette. Cette île déserte forme la deuxième escale des indigènes qui traversent le lac, et l'aurait été également pour nous, s'il nous avait été permis de faire cette traversée. Il y a la même distance de Kasanngo à la rive du Mannda, que du village de Masanntou à Mpabala.

27 juillet. — Fait des observations de lune et d'étoiles pour la latitude.

Le bruit s'est répandu que les gens de Kisi avaient appris que leur pirogue était à Mpabala et qu'ils venaient la reprendre; grande émotion chez mes canotiers, qui sont partis en toute hâte. Ils m'ont dit qu'ils reviendraient; mais je ne peux pas me fier à des voleurs. J'avais pensé d'abord à saisir leurs pagaies et à en appeler au chef de l'île; mais sachant combien il est facile aux coquins de cette espèce de forger un conte qui leur gagne la sympathie peu coûteuse des têtes faibles et des cœurs sensibles, j'ai résolu de prendre la chose patiemment; toutefois en moi-même, je maugrée de la perte des deux jours qu'ils me doivent et que j'ai payés d'avance. Je n'ai plus que ma couverture pour louer un autre canot, et maintenant il fait très-froid. Le peu de verroterie qui me reste m'est indispensable pour acheter des vivres. J'aurais pu avoir de la viande en allant tuer des buffles; mais à pied, et dans les grandes herbes, dont les tiges sont de la grosseur d'une plume d'oie, c'est horriblement pénible. Il faut dès lors que je revienne à Masanntou, et que je m'en rapporte pour les dimensions du lac, aux distances, calculées d'après le temps que les indigènes mettent à les parcourir.

Nous avons gagné Mpabala avec une vitesse de six nœuds à l'heure ; nous sommes revenus dans le même temps, conduits à la pagaie par six hommes vigoureux. La latitude franchie a été de 12', dans la direction du sud-est, ce qui peut donner 24' de trajet effectif. De Mpabala à Kasanngo, il y a au moins 28', et de l'île déserte à la côte de Mannda, 28' encore. Ces 24 + 28 + 28, nous donnent 80' comme largeur du lac, près de Masanntou, en regardant au sud-est. La nappe est située par 11° de latitude méridionale ; si nous ajoutons à ce chiffre la moitié de la distance qui sépare les deux rives, nous trouvons 11° 40' comme latitude de la côte du Mannda. La terre ferme, au sud de Mpabala, s'appelle Kabenndé. Le finistère, qui se projette au midi de Masanntou, marque la sortie du Louapoula, trop large en cet endroit pour que l'œil le plus perçant puisse voir d'un bord à l'autre.

J'ai remarqué des nuages pareils à ceux qui proviennent de l'incendie des herbes ; mais c'étaient probablement des nuées de koungous, insectes comestibles, dont les masses, quand elles flottent au-dessus de l'eau et s'élèvent dans l'air, ont le même aspect que la fumée.

D'après le temps que mettent les pirogues pour atteindre le Kabenndé, je pense que la côte méridionale entre un peu dans le douzième degré de latitude ; et, prenant pour base les dix jours qu'emploient les canots pour aller de Mpabala au Chambèze — personne ne m'a parlé d'un temps moins long, — je porte la longueur à cent cinquante milles ; probablement ce chiffre est trop bas.

Le Louapoula, pendant une vingtaine de milles, est un bras du lac ; ensuite il n'a jamais moins de cent quatre-vingts à deux cents yards de traversée ; généralement il est beaucoup plus large, et peut être comparé à la Tamise au pont de Londres.

En donnant au Banngouéolo une étendue de cent cinquante

milles sur quatre-vingts[1], je crois être fort au-dessous de la vérité. Quand on m'a dit qu'il renfermait quatre grandes îles, je me suis figuré que la masse en était fractionnée, comme cela paraît être le cas pour le lac Victoria, dont les cinq îles détruisent l'ensemble; mais Tchiroubi elle-même, la plus grande de nos quatre îles, ne diminue en rien l'énormité de la nappe d'eau.

Une chaîne de montagnes, nommée Lokinega, s'étend du sud-est au sud-ouest; des ruisseaux torrentiels en descendent, mais pas de rivières. Cette chaîne rejoint celle du Koné ou Monnkoné, située à l'ouest de Katannga, et dont l'un des versants donne naissance au Loufira, l'autre, au Liammbaï qui est le haut Zambèze.

La rivière du Mannda, appelé Matannga, est seulement un bras du lac où il revient ensuite. Le Louma et le Loéla — quelque trente yards de large — devront aussi être examinés l'un et l'autre comme sources méridionales du lac.

29 juillet. — Pas vu un seul goître, ni un seul cas cas d'éléphantiasis près du Banngouéolo; par conséquent le rapport qui nous a été fait de l'extrême insalubrité de ses rives est erroné. Nulle part de berge fangeuse; mais en route, il nous a fallu traverser tant de marais, que le nom de *Matopé*, qui signifie boue, était parfaitement applicable au pays; et je présume que, si nous étions venus plutôt, nous aurions eu beaucoup de difficultés à gagner le lac.

3 août. — Quitté le Banngouéolo, pressé que je suis de regagner le village de Tchikeumbi, dans le cas où Bogharib voudrait se rendre à Katannga. Nous n'avons fait que toucher au village de Mapouni, et avons continué notre marche vers le nord. Des nuages commencent à couvrir le ciel au-dessus du Mpannda, qui, tout en n'ayant qu'une largeur de cinq yards, en a quinze de débordement. Arrivés à l'estacade de Moyegghé, après avoir franchi le Mato, nous apprîmes que Tchikeumbi avait attaqué Kommbokommbo; Moyegghé s'était tenu pour averti; et nous le trouvâmes achevant une seconde ligne de défense autour de son village. Nous avons atteint

---

1. Il s'agit ici de milles marins de soixante au degré, ce qui fait en chiffres ronds : deux cent soixante dix-sept kilomètres sur cent quarante-huit.
(*Note du traducteur.*)

celui-ci le 1ᵉʳ août, et nous y avons passé la journée d'hier qui était un dimanche. Aujourd'hui nous nous sommes retrouvés au Rofoubou, où j'ai eu la chance de louer une pirogue qui nous a mis sur l'autre bord.

En examinant une tsétsé avec beaucoup d'attention, j'ai vu, qu'à la base de la lancette qui est noire ou d'un rouge brun, se trouve un réceptacle, renfermant un liquide transparent, et qui arrive à la pointe de ladite lancette quand on presse sur le réservoir. Les deux autres parties de la trompe forment l'étui de l'aiguillon et n'ont pas de bulbe à la racine. La *Royal Society* a déclaré que cette vésicule n'était qu'un muscle ; mais il serait bizarre qu'un muscle eût été placé où il est inutile, et que les parties mobiles du suçoir, qui en ont absolument besoin, en fussent dépourvues.

5 *août*. — Arrivés chez Kommbokommbo, qui est très-généreux et qui a insisté pour nous garder un jour. Nous avons consenti, et appris que Mohammed n'était allé nulle part.

7 *août*. — Rencontré une caravane, partie de Kisinega pour la côte, et qui avait nos lettres ; il lui faudra cinq mois pour atteindre la mer. L'état de désordre dans lequel se trouve le pays ne permet pas aux bandes des traitants d'aller dans certaines directions ; et l'une d'elles qui s'était mise en route le même jour que nous a été obligée de revenir. Il en résulte, qu'au lieu de se diriger vers Katannga, Mohammed a résolu de partir pour le Manyéma, dès que ses gens, qui sont en course, seront de retour. Ce changement de projet m'est favorable ; la direction choisie est celle que je dois suivre pour voir le Loualaba, ainsi que le Loufira, et pour gagner le Tchohouemmbé. Devant moi s'ouvre le chemin ; j'en suis très-reconnaissant.

Je voulais me rendre au nord, par la voie de Casemmbé ; les guides étaient prêts, moi aussi ; mais des bruits de guerre, venant des parages où nous devions aller, m'ont obligé d'attendre au moins des informations. Mes conducteurs (des Vouanyamouézi) ont fait l'épreuve du coq, pour savoir si, à présent, il était bon de m'accompagner.

Les rumeurs de péril sont devenues tellement précises, qu'il a fallu se mettre sur ses gardes ; on a entouré le camp d'une seconde enceinte, creusé un puits à l'intérieur ; et les

Vouanyamouézi, tout en fondant du cuivre pour les marchés manyémas, ont fait des balles.

Saïd-ben-Omar, venant d'Irammba, est arrivé au Louapoula : c'est une nouvelle force ; tous les traitants sont convenus de réunir leurs bandes, afin de n'avoir rien à craindre. Ils affirment qu'il serait très-dangereux de descendre avec un parti aussi faible que le mien, la rive droite du Loualaba, qui est cependant en vue ; et comme ils partiront bientôt, je quitterai le pays avec eux.

13 *août*. — Les Vouanyamouézi, pour forger, se servent d'un marteau en forme de cône, et sans manche. Ils ont deux espèces de soufflets ; l'une en peau de chèvre, l'autre en bois : la caisse d'un tambour, couverte d'un sac de peau noué autour d'un bâton. Avec cela, ils fondent des morceaux de barres de cuivre, qu'ils mettent dans un vase, presque plein de cendre. Le feu est entouré d'amas de fourmilières dans lesquelles sont des creux destinés à recevoir la fonte ; le métal est versé directement du vase que le fondeur tient avec les mains, enveloppées de chiffons mouillés.

15 *août*. — Ben-Omar, un msahouahili, est venu de Mouaboso, sur le Chambèze, en six jours. Il a traversé, dans cette demi-douzaine d'étapes, vingt-deux marais et ruisseaux torrentiels, où il a eu parfois de l'eau jusqu'à la ceinture ; au minimum, jusqu'au genou.

Des vents froids et très-forts prédominent actuellement.

Dès que Saïd-ben-Omar sera arrivé, les Arabes se proposent d'attaquer Tchikeumbi, pour le punir de ce qu'il ne veut pas payer ses dettes ; et je m'en vais chez Casemmbé.

J'apprends qu'il y a dans le Baloba, une fontaine chaude, appelée Foungoué ; avec celles de Kapira et de Vana, cela fait trois sources thermales dans cette région.

Des indigènes ont été tués sur la route de Casemmbé ; c'est un nouvel argument contre ma résolution de prendre ce chemin.

D'après des Vouanyamouézi, les Bonyolos s'arrachent les incisives de la mâchoire supérieure, ainsi que font les Batokas. Leur tribu est voisine du Lonnda, et c'est chez eux que se trouve le lac Tchipokola, probablement le Kinekonnza. Je tâte ma voie.

Tous les arbres se couvrent maintenant de feuilles nouvelles et de différentes couleurs.

Vents du sud-est. Nuages de la strate supérieure, nord-ouest.

20 *août*. — Aujourd'hui a commencé le Kaskass ; chaleur étouffante ; cela durera jusqu'à la première averse.

Toujours des bruits de guerre, et dans le voisinage. Nous avons eu le récit détaillé d'une attaque faite par les Baousé ; ce soir, l'attaque est démentie.

31 *août*. — Il a plu hier dans la soirée, chose tout à fait exceptionnelle et très-remarquable, en ce sens que cette ondée précède d'au moins une couple de mois l'époque ordinaire des pluies. Ce soir également ; c'était une pluie d'orage, et toute locale.

La théorie d'une zone pluvieuse, dans laquelle les nuages déposeraient leurs trésors en ondées perpétuelles, n'a été nullement confirmée par mes observations[1]. En 1866-67, la chute d'eau a été de quarante-deux pouces ; en 1867-68, elle s'est élevée à cinquante-trois ; à peu près le même chiffre que sur la côte de l'ouest, par la même latitude. Dans ces deux années la pluie a complétement cessé au mois de mai ; et, à l'exception de deux averses partielles, pluies d'orage tombées au milieu de la ligne de faîte, il n'y a pas eu d'eau jusqu'à la mi-octobre ; ce ne fut alors, même en novembre, qu'une pluie locale, limitée à des espaces de faible étendue ; mais du mois d'octobre au mois de mai, il s'est à peine écoulé un seul jour sans tonnerre. Quand celui-ci commençait à gronder, c'était pour les indigènes l'indication que la pluie allait finir.

Le centre de la ligne de faîte est la partie la plus humide ; on voit immédiatement la grande humidité du climat par la quantité de lichens dont les arbres, vieux et jeunes, sont revêtus : les uns, de forme aplatie, couvrent les troncs et les

---

1. La même remarque a été faite par Schweinfurth au nord de l'équateur : « Nulle part, dit-il, je n'ai trouvé d'indication qui témoignât de la perpétuité de la saison pluvieuse.... Pas même chez les Mombouttous, par 3° de lat. nord, la périodicité ne paraît être en défaut. On y trouve quelques endroits où toute l'année le sol est humide ; mais dans ce pays même, il y a une saison sèche et une saison pluvieuse, non moins tranchées qu'en Nubie, sous le quinzième parallèle. Voy. *Au cœur de l'Afrique*, Paris, Hachette, 1875, vol. I, p. 305, et les deux précédentes. (*Note du traducteur.*)

branches; d'autres, en longues touffes de fil, pareilles à des barbes de vieillard, flottent au vent. De grandes orchidées épidendres se mêlent à cette profusion de lichens, et ne se voient ailleurs que dans les forêts de mangliers qui bordent la côte.

Je ne peux m'expliquer l'humidité de la ligne de faîte, humidité en excès, relativement au reste du pays, que par la prédominance des vents du sud-est, vents qui viennent de l'océan Indien et amènent la pluie. En général avec ce vent de surface on observe, dans la région supérieure, où il souffle avec force, un vent de nord-ouest, c'est-à-dire de l'Atlantique. La double strate éolienne est d'une observation facile lorsqu'il y a deux couches de nuages l'une au-dessus de l'autre, ou quand l'incendie annuel des herbes, courant sur des vingtaines de milles carrées, envoie sa fumée assez haut pour que le vent supérieur la saisisse. Ces vents se rencontrent de la sorte probablement à l'époque des grandes pluies. Maintenant, c'est-à-dire au mois d'août, ils se recouvrent alternativement l'un et l'autre. La probabilité vient de ce fait que, dans la région tropicale, les pluies continues arrivent du point opposé à celui d'où souffle le vent qui prédomine dans l'année. C'est en général du sud-est que proviennent les pluies partielles.

La direction des vents qui prévalent dans cette région est bien marquée sur les îles du lac Banngouéolo : tous les arbres sont courbés en fuyant le sud-est, et les branches de ce côté sont mortes ou rabougries ; tandis qu'au nord-ouest, la ramée est droite et vivace ; on dirait que ces arbres ont été élagués d'un côté. La même courbe se remarque dans tous les endroits exposés à l'action du vent.

A Kisinega, dont l'altitude est plus grande que celle du lac, les arbres sont couverts de lichen, principalement sur le côté sud-oriental, et sur la partie supérieure des branches qui, placées horizontalement, se dirigent au nord-ouest ou ont leur point d'attache de ce côté. Des arbres et des plantes qui, ailleurs en Afrique, ne se trouvent qu'au bord de l'eau ou dans les lieux humides, prospèrent ici dans toute la contrée ; les rochers eux-mêmes sont couverts de lichens, et leurs crevasses ornées de fougères.

Mais ce qui démontre de la manière la plus frappante l'humidité du climat, c'est la quantité d'éponges terreuses que l'on rencontre. En allant de Kisinega au Banngouéolo, j'ai traversé, dans un espace de trente milles de latitude en inclinant au sud-est, vingt-neuf de ces réservoirs. Le mot *bog* (marais tourbeux) donnerait une idée assez juste de ces éponges; mais dans notre esprit il est inséparablement associé à la tourbe qui n'existe pas dans les marais en question. Ces marais sont formés d'une terre noire et poreuse, couverte d'une herbe raide et coriace, et de quelques autres plantes amies des marécages. En maint endroit, ils renferment des quantités considérables d'oxyde de fer, provenant de grandes pièces d'hématite brune qui affleurent partout; et des courants de cet oxyde, épais comme de la mélasse, se traînent lentement dans ces petits glaciers rouges. Lors même que la surface du marais est à sec, le pied du passant fait jaillir de nombreux filets d'eau qui évoquent l'idée d'une éponge. La terre des sentiers qui traversent ces réservoirs se change bientôt en une vase molle, et se dépose rapidement, comme par l'effet d'une densité spécifique très-grande : dans ces chemins, l'eau suinte et circule toujours.

On rencontre les éponges dans de légères dépressions, dépourvues d'arbres et de broussailles, dépressions formant clairières dans l'épaisseur de la forêt, et, qui, revêtues d'une herbe courte — douze ou quinze pouces seulement — offrent souvent l'aspect des belles pelouses de nos grands parcs. Elles ont de deux à dix milles de longueur, sur un quart de mille à un mille de large.

L'eau des grandes pluies s'infiltre dans le sol des forêts, dont le terrain est plat : on ne la voit jamais ruisseler, à moins qu'un sentier ne lui serve de canal. A une profondeur de huit pieds, elle rencontre un lit de sable jaune, sous lequel s'étend une autre couche de sable fin et blanc, qui, dans sa partie inférieure, forme une croûte imperméable où l'eau s'arrête.

C'est exactement ce que nous avons trouvé dans le Kalahari en creusant le sol pour abreuver nos bœufs. Là-bas, comme ici, l'eau est conduite, par le lit de sable fin, dans la vallée la plus voisine, où elle suinte de toute part, à travers l'épais revêtement de terreau noir et poreux qui constitue l'éponge. Dans certaines vallées du Kalahari, l'eau paraît mouiller la surface de la couche sableuse, et les Bushmen se la procurent par succion[1]. Lorsqu'autrefois, creusant un puits, nous arrivâmes à la croûte imperméable, les indigènes nous prièrent de ne pas aller plus loin, parce que l'eau affluerait du sable autour du puits, où elle se perdrait, et qu'il n'en viendrait pas du fond. Plus tard, malgré les supplications des habitants, deux Anglais stupides brisèrent la croûte; et non-seulement leur puits, mais toute la vallée se desséch a pour jamais.

Ici, l'eau qui suinte de la surface de l'éponge se réunit au centre du vallonnement occupé par le marais. Dans la partie supérieure, elle forme un cours d'eau languissant; en aval, où la pente est plus forte, le cours d'eau s'ouvre un lit profond, entre des berges à pic, et a de chaque côté cent yards, et plus, d'une éponge dont l'égouttement lui fournit sans cesse un nouvel apport qui l'entretient et qui l'augmente. Quand il arrive à un sol rocheux, il devient permanent, avec un fond de plantes aquatiques.

Chose remarquable, et qui frapperait tout le monde : jamais l'eau de ces courants — ruisseaux ou rivières — n'est décolorée ou fangeuse, même à l'époque des crues ; je n'ai vu qu'un seul de ces cours d'eau qui, étant débordé, fût vaseux : le Tchoma, dont le lit traverse une plaine alluviale du Lopéré.

Autre particularité frappante : c'est lorsque les pluies ont complétement cessé, même longtemps après, que ces cours d'eau atteignent leur maximum et produisent l'inondation. Pendant la saison pluvieuse, les éponges s'imbibent; vers la fin de la saison elles sont gonflées; et, de leurs pores, de leurs trous élargis, s'échappent l'eau surabondante qu'elles renferment. A mesure qu'elles s'affaissent, par l'écoulement de leur superflu, les pores se contractent, et le poids de la

---

1. Voy. *Explorations dans l'Afrique australe*, p. 59, le très-curieux procédé qu'emploient les femmes du Kalahari pour avoir de l'eau ; elles pompent celle-ci avec la bouche au moyen d'un roseau planté dans une touffe d'herbe qui est enfoncée dans le sable, et font passer le liquide dans des œufs d'autruche en lui faisant suivre un brin de paille où il n'entre pas. (*Note du traducteur.*)

couche supérieure empêche les eaux de s'écouler toutes à la fois. Il faut aussi plus ou moins de temps pour mouiller la totalité du sable où descend l'eau pluviale ; et ce n'est guère qu'un mois après la chute des grandes pluies que le flux revient à l'éponge.

J'ai traversé le Lonnda à l'époque où ces marais étaient sursaturés. Le gonflement était si fort que la pelouse distendue et soulevée ne présentait plus que des touffes d'herbe séparées les unes des autres ; et si le pied manquait l'une des touffes de la ligne qui constituait le chemin, vous faisiez un plongeon qui vous embourbait jusqu'à la cuisse. A cette époque, il est impossible de traverser l'éponge autrement que par les sentiers des indigènes, et le cours d'eau central ne peut être franchi que sur les passerelles. Nos bœufs enfonçaient des quatre jambes à la fois, jusqu'au ventre. Arrivés près du canal limpide, dont ils voyaient le fond sableux, ils s'y précipitaient et en avaient généralement par-dessus la tête, laissant leur queue dressée témoigner du choc que leurs nerfs avaient ressenti.

Ces éponges sont en voyage une affaire sérieuse. J'ai traversé les vingt-neuf, citées précédemment, à la fin du quatrième mois de la saison sèche, et leurs cours d'eau semblait n'avoir éprouvé aucune diminution ; la profondeur variait du mollet à la ceinture, la traversée exigeait de quinze à quarante minutes. Il y avait dans les sentiers des trous profonds, qui étaient nombreux ; chaque fois qu'on y tombait — surprise désagréable — toutes vos fibres éprouvaient une secousse douloureuse. Le ruisseau franchi, vous retrouviez l'éponge : un terrain sec en apparence, au moins partiellement, et où vous enfonciez de temps à autre jusqu'à mi-jambe et davantage, ce qui vous lançait un jet de bourbe noire vous atteignant la hanche. Ce n'était qu'en arrivant aux arbres que l'on pouvait se sentir à l'abri de la fange et des sangsues. Comme pour ces traversées il fallait dépouiller ses vêtements inférieurs, et qu'avant de les remettre un nettoyage était nécessaire, j'ai vu souvent ne pas pouvoir franchir plus de quatre de ces marais dans la journée.

Regardées à vol d'oiseau, ces éponges ressembleraient beaucoup aux végétations lichéniformes que la gelée produit sur les vitres, ou à celles que renferme le baume du Canada, et que des opticiens, partisans affolés d'une certaine physique, placeront entre les verres de l'objectif de nos télescopes[1].

Les cimes aplaties des chaînes de soutènement qui traversent cette région centrale, parallèlement à l'équateur, donnent naissance à un grand nombre d'éponges. J'ai dit en avoir rencontré vingt-neuf en trente milles de latitude, dans une seule direction — faible partie de celles qui alimentent le Banngouéolo. Les ruisseaux, littéralement innombrables, qui descendent de ces chaînes, ou, comme je les ai nommées précédemment, de ces terrasses, sont, sans aucun doute, les premières ou les dernières sources du Zambèze, du Congo et du Nil; par leur union, ils forment des rivières de trente à quatre-vingts mètres de large, et toujours assez profondes pour exiger des canots ou des ponts. Je propose d'appeler ces cours d'eau, *sources secondaires*; et comme, à l'égard du Nil, leurs eaux sont recueillies par trois lignes de drainage, ils constituent réellement le *caput Nili*, la tête du fleuve d'Égypte.

Grâces soient rendues à cette Providence universelle qui a veillé sur moi, et qui m'a mis à même d'arriver à ces découvertes. Il reste encore beaucoup à faire; mais si Dieu m'accorde protection et santé l'œuvre s'achèvera, et de ces éléments je ferai un tout complet.

Sur la ligne de faîte, il y a peu d'éponges qui tarissent; ailleurs, elles se dessèchent en grand nombre. Les fissures qu'elles présentent ont deux ou trois pouces de large et de quinze à dix-huit de profondeur. En perçant leurs galeries, des crabes et d'autres animaux révèlent que l'éponge repose sur une strate d'un sable de rivière fin et blanc, ce que j'ai vérifié à Kisinega et dans le Kabouiré, en y creusant des citernes; je l'avais également observé dans les fossés profonds de quatre à cinq mètres dont les indigènes entourent leurs estacades.

---

1. *That vegetation in Canada-balsam which mad philosophical instruments makers will put between the lenses of the object-glasses of our telescopes.* L'allusion renfermée dans cette phrase nous échappe, et le temps nous manque pour faire à cet égard les recherches nécessaires. Dans tous les cas, ne serait-ce pas plutôt entre les verres de l'objectif des microscopes que le baume du Canada devrait être placé, à moins que cela ne soit pour nous le faire voir dans un autre monde. (*Note du traducteur.*)

Ces fentes des éponges donnent une bonne idée de l'effet des pluies. Les ondées partielles, pluies d'orage des mois d'octobre, novembre, décembre et même janvier, ne produisent sur elles aucun effet ; ce n'est qu'à l'époque où le soleil commence à rétrograder vers le nord, que les fissures ferment leurs lèvres. A cette époque, l'éponge entière est soulevée et recouvre une masse énorme d'eau qui, s'écoulant en mars et en avril, produit les inondations. Les crues du Congo, du Zambèze et du Nil ne peuvent arriver à l'embouchure de ces fleuves qu'à des époques différentes. La masse du Zambèze est en outre augmentée par les grandes pluies qui font déborder ses affluents, dont beaucoup de mares ont été remplies en février, lors du retour du soleil.[1]

Mémento. — En contradiction avec ce qui précède, touchant le Zambèze, Saïd-ben-Habib m'a raconté il y a quelques jours, qu'il avait visité les sources du Liammbaï et du Loufira ; chacune de ces rivières sort d'une fontaine ; celle du Loufira s'appelle Tchanngozi ; elle est petite et située dans un bois de grands arbres au sud-ouest de Katannga. La source du Liammbaï, au contraire, est si large que l'on ne voit pas un homme qui se trouve sur la rive opposée. A son origine, le cours d'eau paraît être fort petit. Les deux fontaines sont juste à cinq heures l'une de l'autre. Saïd connaît bien le Liammbaï, où je l'ai rencontré pour la première fois.

Une autre rivière, la Lounga, prend sa source à peu près au même lieu et va s'unir au Leougné (serait-ce le Kafoué ?)

Le Loufira est moins large que le Kalônngosi, dont la traversée est de quatre-vingts à deux cents yards ; il forme de grandes cataractes.

La chaîne de Koné s'abaisse au nord près du village de Mpouéto. Mkana est le chef des maisons de pierre du Baloba ;

---

[1]. Le cas est le même pour les deux autres fleuves. C'est aux grandes pluies du Sud qui remplissent ses réservoirs (lacs et marais) que le Nil doit de traverser, dans la dernière partie de son cours, 18° de latitude sous un ciel de feu, baignant des sables altérés sans jamais perdre sa grandeur, bien que ne recevant de tribut d'aucune sorte pendant près de deux mille kilomètres : d'où le caractère mystérieux et sacré qu'il avait pour les anciens ; mais ce sont les pluies dont se forment les affluents qu'il reçoit du neuvième au dix-septième degré de latitude, qui le font déborder et charrier le limon fécondant, enlevé à l'Abyssinie. (Voy. Schweinfurth pour les tributaires du Ghazal, et Baker : *Affluents abyssiniens du Nil.*
(*Note du traducteur.*)

à partir de la résidence de Mpouéto, on peut se rendre chez lui en trois fortes journées de marche ; et, pour gagner le Loufira, on n'a plus qu'une longue étape à faire au couchant. Comme Mouabo refuse de me montrer ses *mitas*, ainsi qu'on appelle les demeures souterraines, qui se nomment encore *miennghélos* et *mpamannkanana*, j'essayerai d'aller voir celles du Baloba.

Les hirondelles du Sénégal s'accouplent au commencement de décembre.

Nota. — J'ai expliqué dans la note relative à l'humidité du climat, que par l'effet de l'hypersaturation des éponges, à l'époque où le soleil retourne vers l'équateur, l'eau d'inondation afflue avec une énorme abondance, même après que les pluies ont entièrement cessé. Il y a probablement quelque chose à apprendre de la chute d'eau qui se produit sous l'équateur et au delà, quand le soleil poursuit sa course vers le nord ; mais le système que j'ai décrit explique d'une manière évidente le débordement du Congo et celui du Zambèze. Les plus sagaces, parmi les anciens, attribuaient avec Strabon l'inondation de l'Égypte aux pluies d'été du Sud ; pour d'autres, c'était le résultat de la fonte des neiges qui s'effectuait sur les montagnes de la Lune. Quelques-uns la croyaient produite par le vent du Nord : les brises étésiennes, qui, soufflant directement contre les bouches du Nil, arrêtaient le fleuve ; d'autres encore se l'expliquaient, avec moins de raison, par ce fait que le Nil avait sa source dans l'Océan ; Hérodote et Pline y voyaient l'effet de l'évaporation qui suivait le soleil dans sa course.

1er *septembre* 1868. — Deux hommes, venant de chez Casemmbé, sont arrivés ce matin ; on a dit là-bas que j'étais mort — qu'on m'avait tué.

L'arbre que les indigènes appellent *mininego* distille de l'eau qui tombe en larges gouttes.

Quand la fumée se dissipe, on aperçoit le Louapoula.

Cinquante des gens de Saïd-ben-Omar sont morts de la petite vérole, dans l'Ousafa. *Mém*. VIRUS PRIS POUR VACCIN.

Le 25 août, nous avons quitté la rive orientale du Moïsi ; le 28, nous avons passé le Louonngo.

7 *octobre*. — Traversé le Loufoubou le premier de ce mois ; et ce matin le Kalônngosi.

J'ai été retenu dans l'Imebozhoua beaucoup plus longtemps que je n'aurais voulu. L'incursion des Mazitous, dont la nouvelle se répandit comme nous arrivions au Mofoué, a été la première cause du retard : Casemmbé envoya immédiatement des hommes pour s'assurer de la vérité du fait et ne voulut pas me laisser partir avant le retour des messagers. La razzia était vraie, et le trouble qu'elle jeta dans le pays fut le principal motif de notre détention. Les naturels ayant fui devant les Mazitous, des Vouanyamouézi de Garagannza, venus en grand nombre pour faire commerce de cuivre, prirent sur eux de repousser les envahisseurs, et les chassèrent avec pertes, au moyen de leurs mousquets. Ils se fortifièrent alors en élevant des estacades, et éveillèrent la jalousie des maîtres du sol, qui au lieu d'être touchés du service rendu, éprouvèrent de la haine pour cette puissance qui surgissait parmi eux. Les chefs avaient déjà gravement souffert de l'astuce commerciale de ces étrangers ; et Tchikeumbi, nous l'avons noté précédemment, assiégea l'estacade de Kommbokommbo; ce qu'il fit en vain.

La confusion dès lors fut partout : Les Vouanyamouézi prirent l'offensive, attaquèrent les Baousi, qui ressemblent aux Imebozhouas, mais dont la demeure est plus méridionale, et chez qui plusieurs personnes furent capturées et vendues. C'est au milieu de ce désordre que nous fûmes entourés par une bande d'indigènes, qui, nous prenant pour des pillards, nous visèrent de leurs lances et de leurs flèches à moins de trente pas. Un brave homme nous protégea et nous fit partir — qu'il soit béni, lui et les siens. Ailleurs un chef crut que nous étions des Mazitous. Sur ces entrefaites, le bruit que ma bande avait été détruite, arriva aux oreilles de Casemmbé. Celui-ci appela sous les armes son frère Moénémeponnda, et prétextant de la vente des Baousi, marcha en personne contre les Vouanyamouézi, auxquels il ne pardonnait pas d'avoir tu un de ses proches, encore moins le pouvoir qu'ils s'arrogeaient dans la contrée

Les deux Arabes, qui se trouvaient alors dans le pays, convinrent de réunir leurs forces et d'opérer leur retraite. Tchikeumbi avait reçu, pour Ben-Omar, vingt-huit dents d'éléphant qu'il avait gardées jusque-là saines et sauves ; mais l'arrivée de Casemmbé pouvait l'empêcher de remettre le dépôt intégralement, chaque homme d'une armée en campagne prenant ce qui lui convient.

Ma petite bande fut jointe à celles des deux Arabes ; et le 23 septembre nous partîmes de Kisinega avec près de quatre cents Vouanyamouézi, qui profitaient de l'occasion pour s'éloigner sûrement. Tous les jours le camp était entouré d'une forte palissade et nous passâmes sans être inquiétés. Kommbokommbo fit avec nous une partie de la route ; puis un soir, il prit à travers champs pour aller rejoindre ses compatriotes que retenait le cuivre de Katannga.

Marchant presque droit au nord, nous atteignîmes le Kalônngosi, où Saïd-ben-Omar nous quitta pour gagner Mozammba, qui est au levant, et se rendre ensuite à la côte.

CHAPITRE XIII.

Cataractes du Kalònngosi. — Passage de la rivière. — Sangsues et moyen de les détacher. — Fuite des esclaves de Saïd-ben-Habib. — Énorme quantité de dents d'éléphant. — Malade. — Théorie des sources du Nil. — Mlle Tinné. — Notes sur le climat. — Lac Nyassa en dehors du bassin du Nil. — Observations sur le lac Victoria. — Esclaves mourants. — Déserteurs repentis. — Mohammed Bogharib. — Imebozhouas furieux. — Attaque. — Échappé belle. — Nouvelle attaque. — Deux parlementaires. — Secours. — Ben Djouma. — Sorti de l'Imebozhoua. — Fuite d'esclaves. — Obsèques du frère de Saïd-ben-Habib. — Singulière coutume. — Un éléphant est tué. — Lois sur la chasse. — Vagues propos touchant l'expédition de Baker. — Dîner de Noël.

11 *octobre* 1868. — A partir de Kisinega, en allant au nord, le pays est entièrement couvert de bois, et constitué par des rampes formées de grès durci, coiffé de temps à autre d'un schiste argileux finement granulé. On voit souvent des arbres de grande taille et d'une espèce qui a beaucoup de ressemblance avec l'arbre à copal. Sur les hauteurs, se trouvent des masoukos et des rhododendrons; dans les endroits exposés au vent, ils se courbent en fuyant du sud-est.

Les éléphants et les bufffes sont nombreux, mais sauvages. Beaucoup de rivulettes, et dont la course est maintenant aussi vive que celle des ruisseaux d'Angleterre après des pluies abondantes.

Tous les gens qui habitent au sud-ouest du Kalònngosi ont pour chef Casemmbé, et sont des Balonnda ou Imebozhouas.

Il était satisfaisant de voir les Banyamouézi porter leurs malades sur une espèce de couchette suspendue à une perche; ils ont fini par s'en lasser, et un homme qu'ils ont porté pendant plusieurs jours est resté avec Chouma.

Nous avons passé le Louonngo bien au-dessus du point où nous l'avons vu pour la première fois, et près de sa source, qui est dans les montagnes de l'Ouroungou ou Ousoungou; ensuite franchi le Loboubou, cours d'eau rapide, d'une largeur de trente yards, qui forme de belles chutes au-dessus du gué, et va rejoindre le Kalônngosi.

6 *octobre*. — Traversé le Papoussi, fait un mille et trouvé le Louéna de quarante yards de large. Nous y avons rencontré à peu près quatre cents hommes : des gens de Kabannda; ils arrivaient comme pour nous disputer le passage; j'ai pris le gué immédiatement; ils ont été polis; mais si j'avais montré la moindre faiblesse, ils en auraient certainement profité.

7 *octobre*. — Gagné le Kalônngosi à un endroit où il forme cinq cataractes, produites par cinq îlots; près de cet endroit qui s'appelle Kabouéroumé, il reçoit une jolie rivulette du nom de Mébammba.

12 *octobre*. — Nous avons traversé le Kalônngosi au gué de Mosolo; je lui ai trouvé là deux cent quarante yards de large. Bien que nous soyons à la fin de la saison sèche, l'eau nous a monté jusqu'à la cuisse; et le courant avait tant de force qu'il était difficile de ne pas perdre pied. Au moins cinq cents hommes, sujets de Nsama, nous attendaient sur l'autre rive afin de savoir ce que nous voulions. Deux brasses de calicot leur furent envoyées, et je passai avec trente fusils pour protéger la caravane. A notre approche, les gens se retirèrent; j'allai les rejoindre et leur dis que j'avais fait une visite à Nsama, qu'il m'avait donné des vivres, dont une chèvre, et que nous étions bons amis; quelques-uns m'avaient vu dans cette visite; ils me reconnurent et tous vinrent me regarder de si près que les Arabes s'en inquiétèrent; si j'avais été nu, ils se seraient enfuis. Bref, nos relations ont été amicales; un éléphant venait d'être tué; et nous avons passé là deux jours pour acheter de la viande. Puis la caravane s'est engagée entre les chaînes de montagnes qui sont au levant du Moéro, reprenant le chemin que j'ai suivi à mon premier voyage chez Casemmbé.

21 *octobre*. — Du Louao, je suis allé trouver Mouabo à son principal village, je lui ai demandé de me faire voir les caves de son pays. Il m'a répondu que je voyageais avec une bande nombreuse; qu'avant tout, il fallait que je me rendisse

à Kabouabouata pour lui donner le temps de réfléchir à ce qu'il devait faire; m'inviterait-il à venir, ou refuserait-il ma demande : il le saurait alors. Évidemment il ne veut pas me montrer sa forteresse; tous ses gens, au nombre de plus de dix mille, s'y réfugient en cas de guerre; l'eau y est abondante, et le grain s'y emmagasine.

22 *octobre*. — Me voici à Kabouabouata, où j'espère trouver le moyen de visiter d'autres demeures souterraines. Il est probable qu'elles n'ont pas été faites par les ancêtres des habitants actuels; car ceux-ci les attribuent invariablement au Réza ou Mouloungou, c'est-à-dire à la Divinité; si elles avaient été creusées par leurs pères quelque tradition en aurait perpétué le souvenir.

23 *octobre*. — Saïd-ben-Habib, qui est allé chez Mpouéto, est revenu; il rapporte que le Loualaba et le Loufira vont rejoindre le lac de Kignekonnza.

Le chef suprême du Roua se nomme Loungabalé.

Mesuré des cornes de mparahala : trois pieds de longueur et trois pouces de diamètre à la base. Le mparahala est le koualata jaune des Makololos, le bastard gemsbock des colons du Cap, l'*oryx beisa*.

27, 29 *et* 30 *octobre*. — Sélim-ben-Habib a été tué par les habitants du Roua, qui l'ont attaqué pendant la nuit et percé d'une lance à travers la toile de sa tente. Saïd-ben-Habib a déclaré la guerre à toute la province pour venger la mort de son frère; une razzia faite dernièrement par Sef a pu être la cause du meurtre.

Dans notre marche vers le Nord pendant les mois de septembre et d'octobre, les derniers de la saison sèche, nous avons traversé un grand nombre de ruisseaux coulant de la même manière que le font les nôtres après de grandes pluies.

Observé dans de petites rivières une teinte blanche comme si elles avaient contenu du feldspath, provenant de granite en décomposition; quelques ruisseaux, presque dormants, avaient une eau laiteuse, ou bien rougie par l'oxyde de fer; mais c'est exceptionnel; ici les rives ne se dégradent pas et les cours d'eau sont limpides.

Où il y a des sangsues, pas besoin n'est de les amadouer pour les faire prendre; elles se jettent sur la peau blanche avec fureur et ne veulent pas lâcher prise. D'une main engourdie, bien que la température de l'eau ne soit pas au-dessous de 15°, on les enroule autour du doigt et l'on tire; mais elles glissent. J'ai vu les indigènes les faire tomber en les claquant avec la paume de la main; et j'ai trouvé le procédé efficace.

Le martinet, l'hirondelle à ventre foncé et l'hirondelle du Sénégal arrivent à Kisinega au commencement d'octobre. D'autres oiseaux, tels que le drongo — oiseau à bec rougeâtre, mais pour le reste pareil à une linote grise — sont encore en société; une note de l'année dernière porte que, le 5 décembre, les drongos étaient par couples. Le milan arrive plus tôt que les hirondelles; j'ai vu le premier au bord du Banngouéolo le 20 juillet.

1er novembre. — Toujours à Kouahouabouata. Nous attendons Saïd pour lui venir en aide; il a une énorme quantité de barres de cuivre et de dents d'éléphant, assez, paraît-il, pour charger trois fois plus de monde qu'il n'en possède. A son tour, il nous aidera en nous prêtant les grands canots qu'il a sur le lac.

2 novembre. — On a reçu hier, du village de Mpouéto, la nouvelle que vingt et un esclaves de Saïd-ben-Habib ont pris la fuite en même temps. C'étaient des gens du Roua, qu'on avait déchaînés, pensant qu'après avoir franchi le Loualaba, on n'avait plus à craindre de les perdre; mais, à la première occasion, leur amour de la liberté s'est fait jour. Mpouéto est soupçonné de leur avoir donné asile ou facilité le passage de la rivière; cela conduira probablement Saïd à l'attaquer, et dans ce cas Mpouéto n'aura la sympathie de personne : il en est tellement dénué pour les autres.

3 novembre. — Envoyé un message à Ben-Habib pour hâter son arrivée. Nous partons dans deux ou trois jours.

La plus ancienne de toutes les cartes, dont l'existence nous soit connue, est celle des mines d'or d'Éthiopie, qui date du règne de Séthos Ier, père de Rhamsès II, assez longtemps avant l'époque de la table de bronze d'Aristagoras, sur laquelle était inscrit le circuit de toute la terre, avec la mer et les fleuves. (Tylor, p. 90, cité de l'*Archæologia* de Birch, vol. XXXIV, p. 382.) Sésostris fut le premier qui distribua ses cartes.

8 *novembre*. — Saïd-ben-Habib a, dit-on, recueilli cent cinquante frasilahs d'ivoire, qui font cinq mille deux cent cinquante livres, et trois cents frasilahs de cuivre = dix mille cinq cents livres. Avec cent porteurs, il n'a que le quart des bras nécessaires; il lui faut recommencer trois fois chaque étape, faire quatre fois le chemin. Des vingt et un esclaves qu'il a perdus, quatre seulement ont été ressaisis. Tous n'avaient pas été achetés, ni le cuivre et l'ivoire obtenus loyalement : le meurtre de son frère était une bonne excuse pour tuer, piller et capturer. Mpouéto, qui demeure au bord du Loualaba, est toujours soupçonné d'avoir favorisé la fuite des esclaves; car sans l'aide de ses gens et de ses canots, ceux-ci n'auraient pas pu franchir la rivière. Il leur aurait dit ensuite : « Éloignez-vous de moi, et nous verrons s'ils viendront de ce côté »; pas un chef ne livre les fugitifs. Saïd a envoyé chercher un elma, seul représentant qu'il y ait ici du moullam ou ordre clérical; il veut sans doute lui demander si le Coran l'autorise à attaquer Mpouéto. « Certainement, lui répondra l'autre : si Mpouéto ne veut pas vous rendre vos esclaves, prenez-lui tout ce que vous pourrez. » La quantité de sang qu'il a versée est maintenant considérable, et il commence à craindre pour sa propre vie ; s'il ne s'arrête pas, il sera tué comme son frère.

Eu la fièvre pendant deux jours. Mieux aujourd'hui; et plein de gratitude.

Comme importance, la découverte des sources du Nil est analogue à celle du passage au nord-ouest de l'Amérique du Nord, qui a excité l'énergie, le courage, la persévérance des Anglais. Tout ce qui s'est fait à cet égard profite à la nation et sera avantageux à ses fils. Il y a en outre ici un élément d'intérêt que n'avait pas la question du Nord-Ouest. L'antiquité nous a laissé le témoignage du désir ardent qu'avaient ses grands hommes de savoir d'où venait le fleuve qu'Homère appelait la source de l'Égypte, et qu'il faisait descendre du ciel. Sésostris, le premier qui, en campagne, fit dresser des cartes, et les distribua non-seulement aux Égyptiens, mais aux Scythes, désirait naturellement, dit Eustathius, connaître les sources du fleuve au bord duquel florissaient ses États. Alexandre, qui fonda une ville célèbre à l'embouchure, éprouva le même désir, les Romains également : Lucain fait dire à Jules César que pour voir les sources de ce fleuve renommé, il renoncerait à la guerre civile ; et Néron envoya deux centurions à la recherche du *Caput Nili*. Ces derniers rapportèrent qu'ils avaient vu le Nil sortir avec force d'entre deux rochers, et qu'au delà il était perdu dans d'immenses marais. C'était probablement le rapport d'informations données par les indigènes sur les cataractes et sur un long espace en amont, détails déjà transformés en deux collines, au sommet aigu, appelées Crophi et Mophi. Entre ces deux collines, se trouvaient des fontaines insondables, dont une moitié des eaux, coulant au sud, baignait l'Éthiopie, l'autre se dirigeant au nord, vers l'Égypte, formait le Nil. Les fontaines que les centurions n'ont pas trouvées, et que tant d'hommes illustres des anciens jours aspiraient à connaître, ont été mises en lumière dans ces dernières années par les efforts persévérants et laborieux de quelques Anglais.

Linant-Bey, en 1827, remonta le Nil jusqu'à 13° 30' de latitude nord. En 1841 la seconde expédition égyptienne, commandée par d'Arnauld et Sabatier, explora le fleuve jusque par 4° 42' de latitude, et Jomard publia son ouvrage sur le Limmou et l'Habayah. Le docteur Beke et M. d'Abbadie contribuèrent à mieux faire connaître le Nil ; et, en 1854, Brun-Rollet fonda une station commerciale à Bélénia, sous le cinquième degré de latitude nord[1].

En mettant aux pieds de mes compatriotes ma part de contributions à la grande découverte, je désire rendre à mes prédécesseurs tout ce qui leur est dû, et l'hommage qu'ils méritent. L'œuvre de Speke et de Grant est digne de tout éloge, en ce sens qu'elle a ouvert une immense étendue, jusqu'alors inexplorée. Nul ne peut apprécier les difficultés de l'entreprise, à moins d'être allé soi-même dans un pays complétement neuf. Mais tous les deux ont cru avoir trouvé la tête du Nil ; en cela, ils se sont trompés. Associé au capitaine Burton, Speke a été beaucoup plus près des sources mystérieuses qu'au Victoria Nyanza, et il leur a tourné le dos. M. Baker a montré un courage et une persévérance dignes

---

1. Un peu plus au sud. (*Note du traducteur.*)

d'un Anglais en suivant les données de Speke et de Grant ; mais personne ne s'élève plus haut dans mon estime que Mlle Tinné, qui, après avoir éprouvé les afflictions les plus douloureuses, persévéra noblement en face des difficultés les plus grandes, et ne revint sur ses pas qu'après avoir reçu de Speke et de Grant l'assurance que les sources qu'elle cherchait étaient découvertes. S'ils ne lui avaient pas fait partager leur illusion, la sage prévoyance qu'elle avait eue de se pourvoir d'un bateau à vapeur l'aurait inévitablement conduite à l'extrémité des lacs ; et, avec des pirogues, elle serait arrivée aux sources du Banngouéolo, à plus de cinq cents milles au sud de la partie la plus méridionale du Victoria [1]. Miss Tinné possédait évidemment l'indomptable courage de Van Tromp, dont chaque Anglais, qui va en Hollande, doit visiter le tombeau. Son docteur a reçu le titre de baron ; et si déjà elle n'avait été Hollandaise, je pense qu'on aurait dû la créer duchesse [2].

[1]. Nous ne savons pas si Mlle Tinné aurait pu, venant du Nil, atteindre le Banngouéolo par la voie fluviale ; c'est un des problèmes non encore résolus ; mais l'illusion de Speke et de Grant n'est pour rien dans le retour de la voyageuse ; elle n'était plus à Gondokoro lorsque les deux Anglais arrivèrent : le bateau à vapeur n'avait pas pu franchir les rapides situés en amont et avait regagné Khartoum. Mlle Tinné repartit de cette ville avec sa mère à la fin de janvier 1863 ; et c'est le 15 février de la même année que Speke et Grant arrivaient à Gondokoro. Cette fois l'intrépide voyageuse se proposait de remonter le Bahr-el-Ghazal où commencent les marais qui arrêtèrent les centurions de Néron. Elle fut rencontrée par M. et Mme Petherick dans les premiers jours de mai ; et le 18 de ce mois elle se mettait en marche pour aller passer la saison pluvieuse près du Ghetti, affluent du Diour. C'est dans cette localité insalubre qu'elle éprouva ces cruelles douleurs dont parle Livingstone ; déjà le docteur Steudner, botaniste de l'expédition, venait d'y mourir. Au mois de juillet, la voyageuse y perdit sa mère, puis la femme de chambre de celle-ci, puis la sienne : deux compatriotes. Elle arriva à Khartoum le dernier jour de mars 1864 : sa tante mourut deux mois après. A l'époque où Livingstone rendait hommage à Mlle Tinné, la jeune comtesse se préparait à visiter le Soudan ; elle quitta Tripoli le 30 janvier 1869, et fut assassinée, le 1ᵉʳ août, à cinq jours au couchant de Mourzouk. Elle était grande et belle et avait à peine vingt-cinq ans. Voy. pour la région de Bahr-el-Ghazal et pour le souvenir qu'elle y a laissé, Schweinfurth, *Au cœur de l'Afrique*, Paris, Hachette, vol. I, p. 102-124 et p. 131 ; pour sa station près du Ghetti, *id.* vol. II, p. 279 ; et pour l'ensemble de ses voyages, l'*Année géographique* de M. Vivien de Saint-Martin : Paris, Hachette, 3ᵉ année, p. 65 ; 4ᵉ année. p. 13 ; 6ᵉ année, p. 151, 8ᵉ année, p. 579. (*Note du traducteur.*)

[2]. En anglais, Hollandaise a pour équivalent le mot *dutch*, et celui de duchesse *dutchesse* ; d'où le jeu de mots qui n'existe plus en français.
(*Note du traducteur.*)

En opposition avec ce que j'aurai à dire, si je vis assez pour aller jusqu'au bout, notons quelque-unes des théories qu'on a émises au sujet de ce fleuve célèbre. Ptolémée, géographe du deuxième siècle de notre ère, et non pas un roi d'Égypte, d'accord avec la plupart des cartes anciennes, fait naître le Nil dans les monts de la Lune, entre les dixième et douzième parallèles au sud de l'équateur; il le forme de six cours d'eau différents, qui vont au nord rejoindre deux lacs situés au levant et au couchant l'un de l'autre; ces cours d'eau passaient à peu près à l'ouest de la rivière qu'il appelle Rhapta ou Raptus, et qui est probablement notre Rovouma ou Louma. Ceci est très-voisin de la vérité; mais les montagnes de la Lune ne peuvent pas être identifiées avec le Lokinega ou montagnes du Bisa, d'où s'échappent tant de sources; à moins que nous ne soyons plus près qu'on ne pense des énormes changements qui s'effectuèrent dans le climat, à l'époque du mammouth, de l'auroch et des autres : nulle part, dans cette région, la neige ne se rencontre à six mille pieds (dix-huit cents mètres) au-dessus du niveau de la mer [1].

Dans les temps anciens, de grands esprits ont supposé que le Nil sortait de l'Océan. Les riverains du Liammbaï (haut Zambèze) ont la même idée à l'égard de leur rivière; comme je les questionnais sur l'origine de celle-ci, ils me répondirent: «Elle prend naissance dans le Liöatlé ou Métséhoula. » Le premier de ces noms signifie : *Mer de l'homme blanc*; et le deuxième; *Eau paissante*, désignation venue de cette croyance que les vagues du flux arrivent sur la côte pour manger. Quant à la douceur de l'eau du Liammbaï, si différente de la salure de la mer, ils ne se l'expliquent pas.

---

1. Est-ce bien entre le 10° et le 12° degré au sud de l'équateur que Ptolémée a placé les monts de la Lune? Ceux-ci ont reculé à mesure que les sources du Nil reculaient elles-mêmes. Tant que le confluent du Bahr-el-Azrek et du Bahr-el-Abiad n'a pas été dépassé, on les a marqués sur les cartes vers le 10° parallèle *nord*, et on leur a fait rejoindre les monts Kong. Lorsqu'on a eu connaissance du haut Nil Blanc, on les a rejetés en amont de Gondoroko; quelques-uns ont nié leur existence. Speke les a vus au nord du Tanganika, cette fois au *sud* de l'équateur; plus tard il y a compris les massifs du Kénia et du Kilimandjaro, interprétation qui nous paraîtrait plus juste : ici, les monts coiffés de neige et le voisinage des deux lacs, à l'est et à l'ouest l'un de l'autre, lacs d'où sortait le fleuve mystérieux. Quant à identifier les monts de la Lune avec ceux du Bisa, nous croyons, en effet, qu'il faudrait forcer le texte. (*Note du traducteur.*)

CHAPITRE XIII.

D'autres ont pensé que le Nil prenait sa source dans l'Afrique occidentale, qu'il traversait le continent, puis formait un angle droit pour gagner l'Égypte. D'autres encore l'ont fait venir de l'Inde! Toujours d'autres, sur de vagues informations données par des esclaves, l'ont fait sortir d'une mer intérieure. Ce grand lac, d'où émergeaient plusieurs cours d'eau, se nommait, disait-on, Atchélounda, mot qui dans le dialecte du pays d'Angole, voulait dire mer, et qui signifie simplement : *Appartenant au Lounda*. Il se pourrait néanmoins qu'on eût parlé d'un lac ou d'une chose quelconque ayant une existence réelle. Nyassi, pris également pour une mer, est une autre erreur; c'est le nom d'une grande herbe, et voilà tout. Nyanza, contracté en Nyassa, désigne une pièce d'eau, n'importe laquelle, voire un marais, même le lit desséché d'un lac.

Mais de tous les théoriciens, faiseurs de découvertes, l'homme qui a parcouru en imagination un lac de deux cents milles, et qui l'a placé au nord-ouest du lac Nyassa, à une altitude de quatre mille pieds, mérite la place d'honneur. Le docteur Beke, dans ses conjectures, s'est plus approché des sources que la plupart des autres ; cependant il les indique où on ne les trouvera pas. Le vieux Nil a joué aux théoriciens un assez mauvais tour en naissant à plus de cinq cents milles au sud de toutes les sources qu'on lui a trouvées. J'appelle les miennes une contribution, parce qu'il y a cent ans (1769) que Bruce, un plus grand voyageur que nous tous, ayant découvert les sources du Nil Bleu, crut avoir résolu le grand problème. Dois-je être distancé par quelqu'un qui trouvera, au fleuve d'Égypte, des fontaines méridionales dont je n'ai aucune idée ?

David Livingstone [1].

La question du changement de climat par le changement de niveau n'a pas reçu l'examen qu'elle mérite. M. Darwin a eu *de visu* de puissants motifs de croire que de grandes modi-

---

[1]. La signature mise à cette note, comme pour revendiquer l'opinion qu'elle exprime, est une preuve de l'importance qu'attachait l'illustre voyageur à cette hypothèse que sa rivière lacustre était le *caput Nili*. Cependant il a eu plusieurs fois l'idée que le Loualaba pouvait être le haut Congo. (*Note du traducteur*)

fications d'altitude, et conséquemment de température, se sont produites dans l'Amérique du Sud et dans les îles du Pacifique. Il pense que le niveau d'un pays, du moins je le crois, est aussi variable que les vents. Un très-grand changement d'altitude s'est également opéré en Afrique; le fait est visible sur la côte d'Angola et dans tout l'intérieur, où de grandes rivières, qui, autrefois, coulaient au sud et à l'ouest, ne peuvent plus suivre ces directions. Le desséchement général de la contrée, dont la preuve est fournie par des lits de rivières considérables et d'énormes lacs, maintenant à sec, vient à l'appui de cette opinion[1]. Des parties de la côte orientale se sont affaissées, d'autres se sont élevées, même depuis la période historique. L'extrémité supérieure, extrémité nord de la mer Rouge, s'est exhaussée de telle sorte que l'endroit du passage des enfants d'Israël est aujourd'hui à une distance de quarante à cinquante milles de Suez, la tête moderne du golfe. Ce soulèvement, et non pas le sable du désert, a mis hors d'usage l'ancien canal qui traversait l'isthme; il s'est opéré depuis la conquête d'Égypte par les mahométans[2].

Lors des captivités juives, les femmes passèrent au nord de la mer Rouge et contournèrent la Méditerranée dans des charrettes traînées par des bœufs. Maintenant, aux mêmes en-

---

[1]. Que le changement de direction des rivières puisse provenir d'un changement de niveau est évident; la disparition de la rivière elle-même est autre chose. Qu'il y ait dans l'altitude et dans la forme des terres un mouvement insensible et continu est certain; l'inertie de la matière (mieux des corps solides : l'impondérable est une forme de la matière) est une illusion provenant de l'étendue du mouvement et de sa lenteur, comparativement à la portée de notre regard et à la brièveté de notre existence. Que cette modification des continents influe sur le climat, nous l'acceptons; mais ce n'est là qu'un des éléments de la question, qui est trop complexe pour être abordée à cette place. L'altitude n'est qu'un des facteurs de la climatologie : l'état de la surface des terres, leur composition, leur culture, leur orientation, leur solidarité avec les contrées voisines, l'arrêt de circulation qui se produit autour d'elles dans les courants magnétiques et autres, et qui réagit sur leur atmosphère, ont plus d'influence que le niveau sur les conditions thermales, hydrologiques et éoliennes d'un pays; conditions que l'homme peut modifier sans que l'altitude ait subi d'altération appréciable.
(*Note du traducteur.*)

[2]. Le canal de Néchao ne traversait pas l'isthme dans toute sa largeur, il aboutissait au Nil; il fut abandonné et rétabli à diverses reprises, et disparut en effet sous la domination mahométane; nous sommes trop pressé pour faire des recherches à cet égard; mais ne fut-il pas comblé au huitième siècle par Al-Mansour? ce qui n'aurait rien de commun avec l'exhaussement du sol.
(*Note du traducteur.*)

droits, les bœufs manqueraient d'eau et de pâturage. En fait, la route d'Assyrie aurait été plus fatale aux captifs que la traversée du centre de l'Afrique ne l'a été depuis lors. Si le désert avait été ce qu'il est actuellement, il n'aurait pas pu être franchi par la multitude que dirigeait Moïse.

Les critiques allemandes, que le docteur Colenso a publiées au nom du progrès de la science, prétendent que le désert n'a pas subi d'altération; mais un examen scientifique du sujet aurait démontré ce que le pays était à l'époque où il fournissait pâture à de nombreux troupeaux, dans lesquels « les vaches étaient en quantité considérable ». Nous savons qu'Éziongeber et ses docks étaient sur la côte, et avait de l'eau en abondance pour ses constructeurs de navire; il est aujourd'hui très-loin du golfe Élaïthique et en pleine aridité. Lors de la visite du Portugais Balthazar, il y a moins de trois cents ans, Aden était un jardin; c'est maintenant un amas de rochers volcaniques et noirs où il y a si peu de végétation, qu'en y voyant des chèvres que l'on menait au pâturage, j'ai pensé à ce cocher irlandais qui, à une montée, ouvrit et ferma violemment la portière du cab et dit tout bas au voyageur : « C'est pour soulager la bête, elle croit que vous êtes descendu et que vous marchez. » D'immenses réservoirs et des ruines d'aqueducs se voient encore, vestiges d'un passé humide, dans un lieu où maintenant on est sans pluie pendant trois ou quatre années de suite. Ils ont tari par l'effet d'un changement de climat, peut-être contemporain et de même nature que celui qui a desséché la mer Morte[1].

Esdras entreprit un voyage après avoir jeûné au bord de la rivière d'Ahava. Sa bande se composait d'environ cinquante mille individus; il avait à peine huit mille bêtes de somme, et il éprouva de la honte à demander un corps de soldats et de cavaliers pour protéger sa colonne pendant la route. Il lui fallut près de quatre mois pour gagner Jérusalem, ce qui donne un chiffre de cinq ou six milles par jour, à vol d'oiseau, représentant une marche effective de douze à quinze milles. Cela dénote un pays capable de fournir à la fois de l'eau et

---

1. Ce changement de climat serait-il alors assez récent pour être postérieur à la visite du Portugais Balthazar ? *(Note du traducteur.)*

des vivres en une quantité que l'on n'y trouverait plus de nos jours. Si la route d'Assyrie avait été ce qu'elle est maintenant, Esdras n'aurait pas eu honte de demander qu'on lui prêtât des chameaux pour porter de l'eau et des provisions[1], et la soif dont on aurait souffert pendant la marche eût été mentionnée; or Esdras n'en dit rien, lui qui donne en détail le récit de toute chose.

A l'égard des lacs du centre de l'Afrique, il arrivera peut-être à quelques personnes de penser que le Nyassa décharge au nord une partie de ses eaux, qui s'écouleraient ainsi vers le Nil; mais cela impliquerait un lac émettant une rivière à ses deux extrémités. D'ailleurs, au nord-ouest et au nord-est, le pays s'élève de quatre mille à cinq mille pieds au-dessus du niveau de la mer; rien, absolument rien, n'indique que le Nyassa et le Tanganîka aient jamais eu entre eux la moindre communication. Le Liemmba, extrémité méridionale du Tanganîka, se termine par 8° 46′ de latitude; la limite du Nyassa vers le nord est probablement sous 10° 56′; différence : 2° 10′. Longitude du Liemmba : 29° 37′; du Nyassa : 32° 37′; différence : 3° ou 180′. 130′ de latitude, plus 180′ de longitude font 310′, dont les deux tiers, environ 206′, forment la distance entre les deux lacs; et nulle apparence de fissure, de crevasse ou de canal, ne s'observe dans les hautes terres qui les séparent. Enfin le Liemmba est à trois mille pieds au-dessus du niveau de la mer, le Nyassa a 1200/800 pieds. S'il y avait communication même souterraine, ce serait donc le Tanganîka qui se déverserait dans le Nyassa; et, descendant le Chiré, il gagnerait la mer par le Zambèze.

Le grand lac qui, dit-on, existe au nord-ouest du Tanganîka, pourrait néanmoins avoir une branche qui rejoindrait le Nil; mais le terrain se dresse en une grande chaîne au levant de ce lac.

Il est assez remarquable que les hommes intelligents du Sahouahil, qui sont allés dans le Karagoué, en aient rap-

---

[1]. Il est très-probable que la route d'Assyrie n'était pas alors ce qu'elle est actuellement; mais dans le récit d'Esdras, il n'est pas question de chameaux de bât pour le transport des vivres, seulement d'une escorte; et si Esdras ne voulut pas la demander, c'était pour ne pas avoir l'air de douter de la protection du Dieu d'Israël, protection miraculeuse et partant suffisante.

(*Note du traducteur.*)

porté l'impression que le Kitanngoulé sort du Tanganika et se rend au lac d'Oukéréhoué. L'un des agents de Saïd-ben-Omar m'exprimait l'autre jour cette opinion dans les termes les plus nets : « Le Kitanngoulé, disait-il, est un bras du Tanganika. » Il ne l'a pas suivi dans son entier ; mais Dagara, le père de Roumanika, avait sérieusement formé le projet d'en creuser la partie supérieure, afin que les canots pussent se rendre de sa résidence à Oujiji : preuve que la rivière communique avec le Tanganika, et serait très-large de ce côté. On sait qu'elle est de bonne grandeur du côté de l'Oukéréhoué, où sa traversée exige des pirogues. Burton est arrivé à cette conclusion naïve, que lorsqu'un indigène affirme qu'une rivière coule dans tel sens, il veut dire qu'elle suit la direction opposée[1].

A l'époque du père de Roumanika, Oujiji était le seul endroit de la contrée où l'on pût avoir les marchandises apportées de la côte. Maintenant la place de Garagannza ou Galagannza (Oumyamouézi) a plus d'importance.

Sur la rive orientale, l'Oukéréhoué (lac Victoria) porte le nom d'Okara ; il projette un bras appelé Kavironndo et qui aurait une largeur d'environ quarante milles. Le lac Barinngo est un bassin distinct de quelque cinquante milles de large ; il a pour émissaire le Ngardabache qui se dirige au levant et traverse le Somâl. Également de cinquante milles de large, et situé au sud-est du Kavironndo, est le lac Naïbache, qui donne naissance au Kidété, et d'où l'on voit le Kilimandjaro. L'Okara, le Naïbache et le Barinngo semblent avoir été fondus par le capitaine Speke en un seul lac. Dans sa partie méridionale, l'Okara est plein de grandes îles n'ayant entre elles que fort peu d'eau ; ce peu est encombré d'une végétation aquatique, appelée *tikatika*, sur laquelle, de même que dans le petit lac Goumadona, on peut marcher. Les nénuphars et les lentilles d'eau[2] ne forment pas la majeure partie de cette

---

1. Nous croyons facilement que tous les indigènes n'ont pas cette façon de parler ; mais elle existe en Afrique, chez les Nubiens, par exemple, que passionne l'étude des cours d'eau ; et il serait possible que le capitaine Burton, ayant rencontré cette manière de dire, n'ait eu d'autre tort que de la généraliser. Schweinfurth donne à ce sujet des renseignements précis. V. *Au cœur de l'Afrique*, Paris, Hachette, vol. II, p. 141. (*Note du traducteur.*)

2. *Duckweed* ; ce mot, que nous avons traduit littéralement, ne désigne pas les

masse flottante. Au nord, l'Okara est large. La terre de Bouroukinegghé forme la limite entre les gens du Kavironndo et ceux du pays des Gallas, qui ont des chevaux et des chameaux.

9 *novembre.* — Copié différentes notes prises à Kizinega et mis mon journal au courant.

De légères ondées ont un peu rafraîchi l'air; nous sommes à l'époque la plus chaude de l'année.

10 *novembre.* — Ce matin, grande averse, qui aura pour effet de nous rafraîchir davantage.

11 *novembre.* — Mouabo nous a fait une visite; néanmoins il refuse toujours de nous montrer ses cavernes.

13 *novembre.* — J'étais sur le point de partir sans Bogharib; mais il m'a prié d'attendre qu'il eût réglé une assez grosse affaire à propos d'une épouse qu'il veut obtenir de Mpamari, et qui est à Oujiji. Il fallait, en outre, que nous eussions la nouvelle lune, sans quoi le voyage n'aurait pas été heureux; et la lune ne devait paraître que trois jours après. Saïd-ben-Habib venait avec nous jusqu'au village de Tchisabi. Sur ces entrefaites, deux esclaves femelles se sauvèrent; Saïd n'avait toujours retrouvé que cinq de ses vingt et un fugitifs. Le moullah, dont les arrêts sont doux pour le maître, a été rappelé. Il m'a dit que Saïd avait perdu une quarantaine d'esclaves. La mortalité est grande parmi ceux qui ne peuvent pas s'évader; ils meurent évidemment de chagrin; ce sont des captifs, non pas des criminels condamnés à être vendus; et ils se figurent qu'on les emmène à la côte pour les engraisser et les manger. Pauvres créatures! Que le ciel vienne à leur aide!

J'ai repris tous mes déserteurs; après avoir essayé de la vie indépendante et l'avoir quittée d'eux-mêmes, ils se conduiront mieux. Depuis le départ des Anjouannais, je dépends entièrement de leurs services, ils l'ont vu; et on peut attribuer à cela une partie de leurs mauvais agissements. Des gens plus éclairés ont souvent exploité à leur profit l'embarras des autres. J'ai vu cependant des Africains de race pure se dé-

---

lenticules (lemnacées) qui revêtent nos pièces d'eau; il s'agit ici d'espèces différentes, même d'aspect; et ce terme n'a été choisi que relativement à la station des herbes dont il est parlé, herbes flottantes qui, de même que nos lemnas, verdoient à la surface des eaux tranquilles. (*Note du traducteur.*)

vouer généreusement à celui qui ne pouvait compter que sur eux. Moi aussi, j'ai mes défauts.

15 *novembre*. — Une tradition arabe parle de l'émir Mousa et de ses voyages, qu'il aurait poussés, dans le sud, jusqu'au pays des Yagas. Quelques-uns disent qu'il habitait au nord-est de Sounna, maintenant Mtézé ; mais c'est mêlé de tant de fables et d'histoires de génies, que cela ne peut pas se rapporter au grand Moïse ; il y a cependant, plus au nord, une vague tradition de sa résidence à Méroë, et de son mariage avec la fille du roi d'Éthiopie. La seule chose intéressante pour moi est la mention de la ville de Méroë, ville actuellement perdue, et qu'on peut retrouver si elle a été construite par les Égyptiens.

Tous les gens d'Afrique ont pour vous appeler avec la main un signe différent de celui qu'on fait en Europe ; chez eux la paume est en bas, ce qui est naturel : leur idée étant de poser la main sur la personne et de l'attirer vers eux. Si l'appelé est voisin, c'est-à-dire à quarante ou cinquante pas, celui qui le demande se place la main droite au niveau de la poitrine, en ferme les doigts, comme s'il avait saisi l'individu qu'il veut faire venir, et la ramène à lui. Quand la personne est éloignée, le bras se lève aussi haut que possible ; puis on ferme la main et on l'abaisse, en faisant le geste d'attirer à soi. Pour affirmer, les indigènes relèvent le menton, ce qui est également le contraire du geste européen. Quand on l'a fait pendant quelque temps, cela paraît naturel ; et c'est peut-être de pure convention, de même que le signe opposé.

16 *novembre*. — Je suis las d'attendre, et partirai demain pour le nord.

Depuis que cette résolution a été prise, Simon a tué un zèbre, ce qui rend le délai supportable ; non-seulement nous voilà avec de la viande, dont nous étions dépourvus, mais cela nous permet d'acheter toute espèce de grain et des légumes pour un certain nombre de jours. Dès qu'elles ont appris qu'un animal avait été tué, les femmes des bourgades voisines sont accourues, avec tous les produits de leurs plantations pour les échanger contre une partie de la bête.

17 *novembre*. — On dit qu'en Amérique, sur la route du Grand Lac Salé, des ossements d'animaux se rencontrent par-

tout, et que néanmoins les voyageurs sont souvent dans un grand embarras, faute de combustible. Si la chose est vraie, le fait est remarquable chez un peuple aussi apte que les Américains à profiter de toutes les ressources. Lorsque nous avons remonté le Chiré pour la première fois avec notre steamer, nous nous sommes trouvés à la fin de notre combustible dans un marais totalement dépourvu d'arbres, et séparé de toute espèce de bois par des fondrières entrecoupées de canaux. Mais à cette place on avait tué un éléphant; j'en fis porter les os à bord; et, avec ceux d'un autre colosse, nous pûmes gagner, à toute vapeur, un endroit où abondaient les arbres. Les Scythes, d'après Hérodote, se servaient des os de l'animal sacrifié pour en faire cuire la viande. Dans l'Amérique du Sud, les Gaoucos emploient le même procédé : quand ils n'ont pas de bois, c'est le bœuf qui fait bouillir sa propre chair.

18 *novembre.* — Une jolie petite femme a quitté le domicile marital et est venue trouver Mohammed. Le mari a apporté une brasse d'étoffe à carreaux, trois houes et deux rangs de grosses perles pour la racheter; mais le vieux traitant veut l'avoir pour lui; et, d'après la loi, il peut la garder en qualité d'esclave-épouse.

Les propriétaires d'esclaves sont de mauvais voisins; leurs gens prennent continuellement la fuite et ils tourmentent les chefs pour qu'ils les leur rendent.

Une vieille femme, appartenant à Mohammed-Ben-Séli, s'est déjà évadée trois fois; hier la malheureuse a été reprise et attachée à un poteau pour être châtiée par les jeunes. Sa fille, en voyant cela, a fondu en larmes; et, pour la punir de ses sanglots, le maître a ordonné qu'elle fût liée au dos de sa mère. J'ai intercédé pour elle et obtenu sa grâce. « Peu vous importe leur fuite, bien que le Saïd y perde, m'a dit Mohammed. — Que gagnerez-vous à ce traitement? ai-je répliqué; il faudra détacher la vieille femme et le lendemain elle aura fui de nouveau. » Il le sait, et ne tient pas à elle; mais comme tous les autres, il ne supporte pas qu'un esclave recouvre sa liberté. Je me demande quel effet ses longues prières et ses prosternations du côté de la Mecque peuvent avoir sur son esprit; mais elles n'en produisent pas un qui lui soit favorable sur celui de ses esclaves, ni sur le mien qui ne manque cependant pas de charité.

19 *novembre*. — J'allais partir, lorsque Bogharib m'a prié de rester trois jours de plus, et il viendra avec moi. Depuis mon arrivée chez Casemmbé, le 6 mai, jusqu'au 22 octobre, il a pourvu à mes repas; les aliments étaient grossiers, mais c'était de la nourriture, et je ne voulais pas refuser son hospitalité cordiale; je ne peux pas maintenant repousser sa demande. Mohammed me prie également de rester; je n'y aurais pas eu égard; cependant il a de l'influence sur les canotiers du Tanganîka, et il est toujours bon de ne pas se faire d'ennemis.

20 *novembre*. — Bogharib se proposait d'attaquer deux villages voisins dont il accuse les habitants d'avoir caché les esclaves qui l'ont quitté; en restant ici, je crois l'avoir empêché de réaliser ce projet : il ne voudrait pas se livrer au pillage pendant que je suis là. Mohammed également a tourné vers la paix, bien qu'il ait réuni tous les vauriens de la traite pour les passer en revue et qu'il ait paradé et soufflé devant eux comme un vieux cheval poussif. Un de ces soldats s'est excité par ses propres hurlements au point qu'il a fallu le désarmer; il est tombé ensuite dans un accès d'épilepsie; un seau d'eau sur la tête l'a rappelé à lui-même.

Nous partons demain.

23 *novembre*. — Hier au soir, à la chute du jour, les Imebozhouas ou Balemmba sont venus; ils ont tué deux femmes, dont une mnyamouézie, et un enfant à côté du village. J'ai cru que c'était le résulat de la démonstration belliqueuse de Mohammed ; mais un agent de Bogharib, appelé Ben-Djouma, s'était rendu dans un village situé au nord de celui-ci, et avait capturé deux femmes et deux jeunes filles pour remplacer quatre fugitifs. Le chef du village avait envoyé une flèche aux ravisseurs; Ben-Djouma avait riposté par un coup de fusil, qui avait tué une femme; et tout le pays était soulevé.

Ce matin les Imebozhouas nous ont assaillis de trois côtés; nous n'avions pas d'estacade. Une partie de nos gens se sont mis à couper des arbres, et les ont apportés en toute hâte sur la ligne de défense, tandis que les autres tenaient les assaillants en respect avec leur fusillade. Sans les Vouanyamouézi, qui ont fait pleuvoir une grêle de flèches sur les Imebozhouas, et qui les ont repoussés à diverses reprises, nous aurions été battus. Les femmes allaient et venaient dans le village ayant d'une main le tamis qui leur sert à passer la farine, de l'autre une branche de figuier qu'elles agitaient, sans doute comme talisman, faisant de temps à autre le geste de vanner, et chantant et criant pour encourager leur parents et leurs amis au combat. On rapporte que l'ennemi a perdu dix guerriers; mais les morts étaient enlevés immédiatement par leurs compatriotes.

L'attaque a duré depuis le lever du soleil jusqu'à une heure de l'après-midi; et les Babemmba ont fait preuve d'une grande bravoure. Toutefois leurs flèches n'ont frappé que deux de nos hommes. Ce n'est pas seulement dans la lutte qu'ils ont montré du courage; leur conduite à l'égard des blessés était admirable : deux ou trois saisissaient aussitôt l'homme tombé et l'emportaient en courant, sans s'inquiéter des Vouanyamouézi qui les poursuivaient, la lance au poing, ni des coups de feu que leurs adressaient les autres; un grand nombre méritaient vraiment la croix de Victoria. Ceux qui avaient à la ceinture une touffe de queues de différents animaux, queues médicinées, prenaient une marche oblique et arrivaient en trottinant. Lorsqu'ils étaient près de notre estacade, ils lançaient leurs flèches très-haut pour qu'elles pussent retomber sur nos hommes; puis ils ramassaient toutes celles qui étaient par terre, prenaient la fuite et revenaient à la charge. Par leur allure dansante, ils croyaient éviter les balles; et quand ils entendaient siffler celles-ci, ils baissaient la tête pour les laisser passer; c'était la première fois qu'ils luttaient contre des armes à feu.

Nous ne le savions pas, mais Mouabo, P'houta, Ngouroué, Sanndarouko et Tchapi étaient nos assaillants; nous l'avons découvert par les prisonniers qu'on leur a faits.

Il est évident pour moi que les Arabes sont très-surpris de l'attitude des indigènes; ils s'attendaient à les voir détaler à la première décharge; au lieu de cela nous avons failli être battus, et nous l'aurions été sans les Vouanyamouézi. Heureusement que les cinq chefs n'ont pas pu décider Mpouéto et Karemmboué à se joindre à eux; l'affaire alors eût été grave.

24 *novembre*. — Les Imebozhouas, ou plutôt les Babemmba, se sont présentés ce matin de bonne heure et ont crié à Mohammed de sortir de son estacade s'il était homme à se battre ; mais l'estacade est achevée et pas un de ceux qu'elle renferme ne semblait vouloir répondre à l'appel.

Je n'ai rien à démêler dans toute cette affaire ; néanmoins je m'estime heureux d'être ici, et de ne pas avoir à craindre de tomber avec mes gens entre les mains des Babemmba, que tant de crimes ont justement irrités. Ils ont renouvelé leur attaque, quelques-uns des nôtres ont fait une sortie et le combat a duré jusqu'au milieu du jour, moment où nous avons perdu un homme. Tous les morts que l'ennemi n'a pas pu enlever ont été décapités par les Vouanyamouézi ; et leurs têtes, mises au bout d'autant de perches, sont maintenant sur l'estacade : il y en a six. Un beau jeune homme, pris dans le combat, a été amené au village et a reçu un coup de hache sur le front, un coup de lance dans le dos. J'ai supplié en vain ; — il leur disait : « Ne me tuez pas, et je vous dirai où sont les femmes que vous avez perdues. — Tu mens ! lui répondaient les autres. » Et ils l'ont tué. C'était horrible. J'ai protesté contre le retour de pareils actes ; les plus raisonnables conviennent que l'on ne doit pas mettre à mort les prisonniers ; mais les Vouanyamouézi ne pardonnent pas aux Babemmba le meurtre des femmes tuées le 22, meurtre qui lui-même était une vengeance.

25 *novembre*. — Troisième attaque des Babemmba ; et les Arabes pensent que ce sera fort heureux si nous quittons le pays sains et saufs. Des gens ont été envoyés, dans la nuit du 23, à Saïd-ben-Habib pour avoir de la poudre et du secours. Bogharib ne veut pas se reconnaître l'auteur de la guerre ; il en rejette le blâme sur Mohammed, qui le lui renvoie. Je lui ai dit que cependant il en était responsable, en ce sens que Ben-Djouma est son agent et qu'il a approuvé la saisie des femmes. Cela lui a déplu, mais c'est vrai. Il n'aurait pas agi dans un des villages de Casemmbé, de Tchikeumbi ou de Moammba comme il l'a fait dans celui du délégué de Tchapi. Ici toutefois, les gens ont plus de valeur qu'il ne l'avait supposé ; et la folie qu'il a commise en faisant éclater une guerre dans laquelle tous ses esclaves pourraient

lui glisser dans la main, est visible pour tout le monde et commence à lui apparaître.

Saïd a envoyé quatre barils de poudre et dix hommes qui sont arrivés cette nuit.

27 novembre. — Deux sujets de Mouabo ont traversé la rivière pour venir parlementer. Ils nous ont dit qu'en passant près du village, leur chef avait entendu un homme dire à un autre : *Mo pigé* (tire sur lui). Mohammed, pour se disculper, a fait une longue harangue — toujours l'histoire des esclaves fugitifs. Les traitants ne peuvent pas empêcher leurs captifs de prendre la fuite et ont l'impudence de penser que les gens du pays doivent se donner la peine de saisir les évadés pour les leur rendre, se faisant ainsi leurs très-humbles serviteurs et les bourreaux de leurs compatriotes. S'ils ne peuvent pas garder leurs esclaves pourquoi les achètent-ils ? Dès qu'on met son argent dans des sacoches trouées, il faut s'attendre à le perdre.

C'est exactement ce qui avait lieu en Amérique; partout les propriétaires d'esclaves sont de fâcheux voisins. Le Canada était menacé, l'Angleterre vue d'un mauvais œil et les États du Nord maltraités pour le même motif, comme si les fonds mis en esclaves étaient sacrés entre tous, et devaient jouir de priviléges que n'ont pas les autres valeurs. « Ils sont mauvais, très-mauvais », disent les Arabes en parlant des esclaves qui s'enfuient; et mauvais également les chefs qui n'appréhendent pas les fugitifs.

J'ai conseillé à Bogharib de renvoyer les femmes qu'a saisies Ben-Djouma, afin de montrer aux Babemmba qu'il désapprouvait la capture et qu'il voulait faire la paix; mais « c'est trop humiliant ». J'ai ajouté que, comme esclaves, ces femmes lui coûtaient déjà quatre barils de poudre, valant cent soixante dollars, tandis qu'il aurait pu les avoir légalement pour vingt brasses de cotonnade.

Comme péroraison du discours de Mohammed, le Coran et les quatre tonneaux de poudre ont été exhibés aux parlementaires, afin de donner à ceux-ci une idée de la puissance des Arabes.

29 novembre. — Il est question de se frayer par la force un chemin vers le nord; mais ce serait pour les esclaves une belle occasion de fuir, et ils ne manqueraient pas d'en profiter; cela rend la chose sérieuse et le Coran est interrogé à toutes les heures propices.

30 *novembre*. — Un message a été expédié à Mouabo pour lui demander un sentier, c'est-à-dire sa protection. Mohammed proteste de son innocence dans toute l'affaire.

1er *décembre*. — Retour des gens de Mouabo; on les enverrait volontiers traiter de la paix avec Tchapi !

2 *décembre*. — Cette détention est pour moi des plus vexantes. Mouabo a envoyé un présent de trois esclaves pour faciliter la paix — une amende volontaire; mais il demeure au sud, et nous voulons aller au nord.

3 *décembre*. — De nos gens sont partis ce matin pour éclairer la voie; les Babemmba les ont reçus à coups de flèche : une femme leur a été prise, on leur a tué un homme, blessé un autre, et ils sont revenus après avoir été en grand péril. Une autre bande a eu également un blessé.

5 *décembre*. — On a envoyé un parti au levant; il a fui devant les Babemmba, trop heureux de leur échapper. Le même fait s'est produit à l'ouest. Aujourd'hui tout le monde est appelé à l'estacade pour la fortifier, de peur que l'ennemi n'entre au village sans qu'on l'y invite. Les esclaves en profiteraient certainement pour se sauver, et je ne les en blâmerais pas. Mohammed proposait de partir la nuit; mais ses compagnons objectent qu'il suffirait d'un cri d'enfant pour réveiller les indigènes, et que le péril serait plus grand que jamais.

Il a dit qu'il n'était pas convaincu, et il a envoyé un message à Ben-Habib pour lui demander conseil; je crois plus probable que c'est pour le prier de venir.

Dans chaque village de cette région est une sorte d'idole en bois, qui offre les traits, les marques nationales et la coiffure des habitants. Quelques-unes de ces statues ont de petites cases bâties exprès pour elles; les autres sont placées dans les maisons. Chez les Babemmba elles s'appellent *nkisi* (sanncane des Arabes). Dans le Roua elles portent le nom de *kaloubi*, dont le pluriel est *touloubi*. On leur fait des offrandes de bière, de farine, de chanvre, de tabac, et près d'elles est un feu qu'on entretient pour qu'elles en aient la fumée. Elles représentent le père et la mère décédés, et l'on suppose que les dons qui leur sont faits réjouissent ceux qu'elles rappellent ; mais elles ne semblent pas recevoir de culte. On leur donne souvent des noms de chefs défunts. Casemmbé possède une quantité de ces effigies ; l'une d'elles, qui a de longs cheveux et qu'on appelle Motommbo, est portée devant lui quand il se met en campagne. Je n'ai rencontré personne d'assez intelligent pour me dire si l'on invoquait ces images[1] ; les Arabes, qui connaissent la langue du pays, assurent que les naturels n'ont pas de prières et pensent que la mort détruit l'homme tout entier ; mais j'ai des motifs de croire que les Arabes sont dans l'erreur. Les esclaves rient de leurs compatriotes, à l'imitation de leurs maîtres, et ne révèlent pas le fond de leurs pensées ; l'un d'eux, toutefois, m'a dit qu'ils croyaient à deux êtres supérieurs : le Réza d'en haut, qui tue les gens, et celui d'en bas qui les emporte après leur mort.

6 décembre. — Dix hommes de Saïd ont apporté une lettre de celui-ci, lettre dont Mohammed et Bogharib ne se soucient pas de dire le contenu. Quelques-uns supposent, avec beaucoup de vraisemblance, que la missive est conçue à peu près en ces termes : « Pourquoi avez-vous commencé la guerre, si vous ne vouliez pas la soutenir ? Ne saviez-vous pas que les gens du pays profiteraient des difficultés de votre marche, encombrés que vous êtes de femmes et d'esclaves ? »

Mohammed m'a fait appeler pour me demander un avis ; tous ses plans, tous ses projets sont tombés dans l'eau, et il ne sait plus que faire. Les Vouanyamouézi menacent de le quitter ; ils sont furieux contre les Babemmba, et en veulent aux Arabes de ce qu'ils ne les aident pas à venger leurs griefs.

Tout en ayant soin de ne pas lui donner de conseil, j'ai répété ce que je lui ai déjà dit : qu'à sa place, je renverrais les captives de Ben-Djouma pour témoigner de ma désaproba-

---

1. Ces figures en bois, représentant des morts et conservées dans les habitations comme des espèces de dieux lares, se retrouvent dans le pays des Bongos (province du Bahr-el-Ghazal) ; elles y étaient communes avant la conquête du territoire par les marchands de Khartoum, et on leur mettait également des cheveux pour les faire ressembler davantage aux défunts dont elles étaient sensées reproduire les traits. Elles ne recevaient pas d'autre culte que celui du souvenir. Voy. Schweinfurth, *Au cœur de l'Afrique*, vol. I, p. 273 et suiv.

(*Note du traducteur.*)

tion de l'acte qui avait amené la guerre, et de mon désir de me réconcilier avec Tchapi. Il m'a répondu qu'il ne savait pas que Ben-Djouma avait capturé ces femmes ; que Ben avait rencontré des indigènes revenant de la pêche, et leur avait pris de force dix poissons ; que, pour se venger du fait, les indigènes s'étaient emparés de trois Vouanyamouézi, que Ben Djouma avait alors donné un esclave comme amende, et que lui, Mohammed, n'avait rien su de l'affaire. Mon opinion est qu'il la connaissait parfaitement ; la revue qu'il a passée en est la preuve, et sa caracolade démontre que la guerre lui souriait, bien qu'il le nie maintenant d'une manière formelle.

Ben-Djouma est un Arabe de la côte, un homme long, mince, efflanqué : six pieds deux pouces (plus d'un mètre quatre-vingt-sept centimètres), un nez crochu et de grosses lèvres. S'il vient avec nous au Manyéma, ai-je dit à Mohammed, nous n'en sortirons pas. Ici il a acheté un petit garçon, lui a permis de se sauver, a gourmandé Tchapi à ce propos, et pour se dédommager de la perte du négrillon, en a saisi dix autres, dont six ont été restitués par Mohammed ; ce fut l'origine de la guerre. Maintenant que celle-ci nous enveloppe, je n'ai pas d'autre parti à prendre que de m'en aller avec Mohammed et Bogharib. Me demander conseil aujourd'hui est inutile ; mais ils sentent qu'ils m'ont placé par leur faute dans une mauvaise position, et ils craignent d'en être blâmés par Saïd-Médjid ; en attendant, Saïd-ben-Habib m'a fait dire en particulier de quitter cette bande et d'aller le rejoindre.

Le projet est maintenant de s'ouvrir la route et de marcher vers le nord ; mais je suis tellement dégoûté de cette guerre esclavagiste, que je pense à courir les risques d'une attaque, et à partir demain sans Bogharib, bien que je le préfère de beaucoup à Mpamari (Mohammed) et à Saïd. C'est une hypocrisie trop évidente que de chercher un guide dans le Coran, et de laisser les femmes, les filles et le poisson volés aux mains de Ben-Djouma.

9 *décembre*. — Il m'a fallu attendre que les Vouanyamouézi eussent préparé des vivres. Mohammed n'a aucune autorité sur eux ; il n'en a d'ailleurs sur personne.

Deux Babemmba sont venus dire qu'ils renonçaient à se battre et ont réclamé leurs femmes qui leur ont été prises sur la route par les gens de Saïd. Cette juste requête a d'abord été refusée; puis de meilleurs conseils ont prévalu, et six captives ont été renvoyées, dont les deux femmes de ces Babemmba.

11 décembre. — Parti avec les Arabes, qui se rendent à Oujiji. Caravane mélangée : Mohammed, Bogharib et leurs serviteurs, une troupe de Vouanyamouézi, et de longues chaînes de mirérables ayant la fourche au cou, les uns chargés d'ivoire ou de cuivre, les autres de provisions. Nous avons marché pendant quatre heures, sans être inquiétés, puis on a dressé le camp, fortifié d'une palissade. Ce matin nous avons traversé le Lokineda et le Moukosi, son tributaire. Ici les gens relèvent de Tchisabi, qui ne s'est pas allié aux autres Babemmba. Nous cheminons entre deux rangées de montagnes couvertes d'arbres et qui continuent les chaînes dont le Moéro est flanqué sur les deux rives.

12 décembre. — Le fatigant récit d'une évasion d'esclaves a eu lieu de nouveau, au sujet de deux hommes qui cette nuit ont décampé, bien qu'ils fussent retenus par le joug et avec Mohammed depuis leur enfance. Il ne reste pas à Bogharib une seule femme de figure agréable : toutes celles qui étaient jolies se sont fait détacher et ont pris la fuite.

Traversé beaucoup de villages soumis à Tchisabi, et arrivés au camp de Saïd-ben-Habib en quatre heures de marche, par une pluie battante, qui a gâté la réception que Saïd voulait faire à Mohammed, dont il est parent. Les femmes ont néanmoins tout bravé; et, mouillées jusqu'aux os, la jupe crottée et ruisselante, elles ont dansé et acclamé avec un zèle « digne d'une meilleure cause », suivant l'expression des écrivains à deux sous la ligne. C'est l'usage, chez les traitants, lorsqu'il arrive des visiteurs, de tuer des chèvres et de nourrir tous ses hôtes pendant au moins deux jours. Saïd n'a pas manqué à cette coutume hospitalière; mais la pluie a continué et nous avons moins joui de la fête que s'il avait fait beau.

14 décembre. — L'ériophore et les fougères, répandues dans tout le pays, montrent la grande humidité du Maroungou.

Pluie quotidienne; mais ce n'est pas la grande pluie qui tombe quand le soleil revient du sud et qu'il est au zénith.

15 décembre. — Marché seulement pendant deux heures, et gagné les monts Tammba.

Un joli petit hibou d'un gris clair, nommé dans le pays nkouékoué, a été tué par un indigène comme provision de bouche. Ses oreilles noires, et une bande de même couleur qui lui entoure la face, lui donnent tout à fait l'aspect d'un chat, dont il a les habitudes.

18 décembre. — Un frère de Saïd-ben-Habib est mort cette nuit. J'avais résolu de quitter la bande; mais Saïd prétend que Tchisabi n'est pas un homme en qui l'on puisse se fier; et la mort de son frère étant survenue, il ne serait pas convenable de partir au moment des funérailles. Six de ses esclaves ont décampé cette nuit même, entre autres leur gardien. Celui-ci, un Mobemmba, qui est allé deux fois à la côte avec Saïd, voulait, dit-on, avoir une femme enclavée dans la chaîne; il a délié les quatre individus qui la précédaient et l'a emmenée; les autres en ont profité pour s'enfuir à toutes jambes; et comme l'herbe est grande et verte, leur course n'a pas laissé de trace.

Ce n'est pas cette perte qui a retenu Saïd, mais la mort de son frère. Nous avons enterré le pauvre jeune homme, qui était malade depuis trois mois. Mpamari est descendu dans la fosse avec quatre autres; un morceau d'étoffe d'une grande largeur a été tenu horizontalement au-dessus d'eux, et agité comme pour leur donner de l'air, pendant qu'ils déposaient le corps dans l'excavation latérale pratiquée au fond du trou. Cette opération terminée, ils firent glisser de la terre qu'ils arrangèrent avec soin; et tout le monde leur en poussa jusqu'à ce qu'ils eussent comblé la fosse. Le moullah s'approcha ensuite et versa un peu d'eau dans la tombe, ainsi qu'à la surface, en marmottant quelques prières; sur quoi Mohammed me dit tout haut : « Le moullah ne se fait guère entendre; » le prêtre se tourna alors vers moi en souriant d'un air qui semblait dire : « Je parle assez haut pour ce qu'il m'en reviendra. »

Le cortége se rendit ensuite au lieu habituel des réunions, où chacun de ses membres donna une poignée de main à Saïd, comme pour le recevoir de nouveau dans la société des vivants.

Il y a quelques jours, Saïd me disait avoir livré combat aux gens qui ont tué son frère Sélim ; et il ajoutait qu'il continuerait la guerre jusqu'à ce que le pays ne fût plus que ruine et désolation : les musulmans ne pardonnent pas le sang versé. Sous ce prétexte, Ben Habib a tué beaucoup de monde et pris beaucoup d'esclaves, de cuivre et d'ivoire : il rapporte deux cents défenses, dont beaucoup de très-grandes.

20 *décembre*. — A l'estacade du village de Tchisabi, sur la rive gauche du Lofounzo, qui traverse une vallée marécageuse de trois milles de large.

Huit esclaves de Bogharib ont pris la fuite la nuit dernière, l'un d'eux avec sa femme et son mousquet. On a mis à leur poursuite une bande nombreuse, qui ne les a pas retrouvés.

Un éléphant a été tué aujourd'hui par nos chasseurs ; les Arabes ont envoyé des hommes pour en avoir la viande ; mais Tchisabi leur a fait dire de laisser sa viande tranquille. L'expérience leur ayant appris à Kabouabouata ce sage précepte : « Employez la douceur, » mes compagnons ont expédié deux brasses de calicot et deux houes au chef pour se le rendre favorable. Tchisabi n'a plus alors demandé que la moitié de la chair et une dent ; la viande a été accordée, mais la défense refusée avec politesse. Le chef est un jeune homme ; et tout cela n'est que le fait de ses conseillers. On lui a répondu que Casemmbé, Tchikeumbi, Nsama, Miréré ne demandaient rien. Ses conseillers auront eu vent de la loi que se sont imposée les Portugais[1], et voudraient l'introduire ici ; dans tous les cas, les deux défenses ont été laissées aux Arabes.

22 *décembre*. — Traversé le Lofounzo : trois branches passées à gué ; la première, de quarante-sept yards ; ensuite la rivière elle-même, cinquante yards, et de l'eau jusqu'au-dessus des épaules. Deux femmes ont été noyées ; deux autres que l'eau entraînait ont été sauvées par deux hommes qui, plongeant dans la rivière, les ont retirées ; Souzi est l'un des

---

1. Sur les bords du Zambèze la moitié de l'éléphant appartient au chef du district où l'animal est tombé. Ce sont les Portugais, paraît-il, qui ont établi cette coutume dans leur province, d'où elle s'est répandue chez les tribus voisines. Leurs agents, dit Livingstone, s'y conforment toujours, afin de s'attirer les bonnes grâces des chefs et d'avoir de la bière en abondance. Voy. *Explorations du Zambèze*, David et Charles Livingstone, Paris, Hachette, 1866, p. 155.
(*Note du traducteur.*)

sauveurs. Un crocodile a mordu une personne, et d'une manière grave; on l'a frappé, ce qui l'a fait partir.

Dans la nuit, deux esclaves ont encore pris la fuite : un homme avait sa fourche liée à un arbre ; sa femme l'a détachée, et il s'est sauvé avec elle, bien que traînant son joug.

24 *décembre*. — Retenus aujourd'hui par cinq malades. Les pauvres gens sont tellement affaiblis par une diarrhée, gagnée en couchant nus sur la terre humide, qu'ils ne peuvent plus marcher.

D'après Saïd-ben-Habib, il y a dans le Roua une race de chèvres dont les jambes sont d'une brièveté remarquable, au point de ne pas permettre à la bête de faire une longue course. Cette race donne beaucoup de lait et devient très-grasse, mais la viande est d'une qualité médiocre.

A Katannga, l'or ne se trouve que dans l'étang d'une cascade; il vient probablement des rochers qui dominent le bassin.

Ce que rapporte Ben-Habib, au sujet du Lofou, qu'il appelle Ouest-Loualaba, est identique aux informations que m'a données son cousin, Saïd-ben-Omar. Cette rivière coule à l'ouest du Loufira, et se dirige au nord, vers le lac de Kignekonnza, appelé ainsi du nom du chef. L'Est-Loualaba devient très-large, souvent jusqu'à six ou huit milles d'un bord à l'autre ; il renferme beaucoup d'îles habitées, dont les gens sont à l'abri de l'invasion, et conséquemment rapaces et déshonnêtes; leurs chefs, Moïnnghé et Nyamakounda sont également sans foi ni loi.

Un chasseur, appartenant à Saïd et nommé Kabouéboua, m'a communiqué de nombreux renseignements qu'il a recueillis pendant ses tournées de chasse. Le Loufira, par exemple, a neuf tributaires d'un volume considérable; l'un d'eux, le Likouloué, a aussi neuf affluents ; un autre, appelé Kisoungou, est revêtu d'une couche de tikatika, végétation aquatique sur laquelle les indigènes le traversent, bien que ce radeau fléchisse sous leurs pieds. Kabouéboua, de même que ceux qui m'en ont déjà parlé, fait sortir le Loufira et l'Ouest-Loualaba, ainsi que le Liambaï, d'un large monticule terreux qu'il appelle *Sigoulo*, c'est-à-dire Fourmilière.

25 *décembre*. — *Christmas Day* (jour de Noël). Impossible

d'acheter autre chose que la nourriture la plus grossière, — ni chèvre, ni volaille; tandis que Saïd, qui possède du cuivre en abondance, peut avoir toutes les friandises du pays.

Laissant à notre gauche le mont Katannga, nous sommes arrivés au bord du Kapéta, où l'on a tué un chevreau favori pour faire le repas de Noël.

D'après une bande commerciale qui vient d'Oujiji, nous avons à camper dix fois avant de gagner le Tanganika. Ces gens racontent qu'il y a sur le Tchohouammbé un steamer anglais ayant un bateau à sa remorque, et, à bord, une énorme quantité de perles et d'étoffe. C'est Abdallah-ben-Sélim, missionnaire musulman au village de Mtésé, qui, dans une lettre parvenue à Oujiji il y a trois mois, a donné cette nouvelle.

26 *décembre*. — Montée de deux heures et demie, qui nous a fait arriver au sommet de l'une des chaînes, dont la direction générale est nord et sud. Trois heures de marche sur le sommet plat de ces montagnes, et nous avons trouvé le Kibahoué, rivulette tumultueuse qui arrose des villages. Pas d'habitations sur la hauteur, bien que le pays soit magnifique : une riche verdure, égayée par toutes les nuances que le vert peut fournir. Nous avons traversé des fougeraies de cinq pieds de haut, passé près de gingembres en fleurs, et, toute la journée, été dans un nuage. De temps à autre, une bruine tombe dans cet endroit, mais ne fait qu'entretenir l'humidité et ne compte pas dans le jaugeage de la pluie.

Ni soleil, ni étoiles n'ont paru.

27-28 *décembre*. — Repos du dimanche. Aujourd'hui, gagné le Lofounzo, après avoir franchi cinq rivulettes d'environ douze pieds de large et nous arrivant au genou. L'herbe commence à couvrir et à cacher les sentiers; sa croissance est très-rapide; il y a constamment des bulles d'eau sur les feuilles; elles tombent quand nous passons et nous avons sans cesse les pieds mouillés.

29 *décembre*. — Marché d'abord sur le plateau entre deux rangées de collines; puis descendu, et trouvé une estacade partiellement brûlée, où nous avons établi notre camp. Nous sommes dans le district d'Itanndé, au bord du Nsouiba.

30 *décembre*. — Du mont Katannga au Lofounzo, notre

course a incliné vers l'est; aujourd'hui elle est droit au levant.

Traversé la Lokivoua : douze yards de large et très-profonde; des villages de tout côté. Le pays s'élève beaucoup. De très-hautes montagnes apparaissent au nord-ouest. Les bois sont d'un vert foncé avec de grands espaces d'une nuance plus pâle.

31 *décembre*. — Hier, nous avons atteint le Lofouko par une pluie battante. Ne sachant pas que le camp, où il y avait des cabanes, était voisin, je me suis arrêté, j'ai mis un burnous, n'en ai pas moins été mouillé et n'ai pas eu de vêtements de rechange.

Resté aujourd'hui pour acheter des vivres. Des nuages couvrent le ciel du côté du nord-ouest.

La rivière — trente mètres de large — va rejoindre le Tanganîka, au levant de cet endroit. La scènerie est charmante.

FIN DU PREMIER VOLUME.

TABLE DES MATIÈRES

DU PREMIER VOLUME.

Introduction.. I

CHAPITRE I.

Arrivée à Zanzibar. — Réception cordiale du sultan Saïd-Médjid. — Meurtre du baron von der Decken. — Le marché aux esclaves. — Préparatifs de départ pour l'intérieur. — Embarquement sur le *Penguin*, vaisseau de la marine royale d'Angleterre, et sur une daou. — Baie de la Rovouma reconnue impraticable. — Atterrissage à Mikinedani. — Bonheur de se retrouver en Afrique. — Ennuis causés par les cipahis. — Chameaux attaqués par la tsétsé. — Jungles. — Bûcherons indigènes. — Rencontre d'anciens ennemis. — Les Makônndés. — Lac Nanngadi. — Copal.. 1

CHAPITRE II.

Effet de la première visite du *Pioneer*. — Tchitané. — Résultat des piqûres de la tsétsé. — Mort de chameaux et de buffles. — Indiscipline. — Droit de passage disputé. — Razzias des Mazitous. — Un ancien ami. — Privations. — Le Loenndi. — Révolte des cipahis. — Le docteur Roscher. — Désolation. — Tatouage. — Dents ornementales. — Coutume singulière. — Mort d'un Nassickais. — Triste souvenir.. 37

CHAPITRE III.

Horreurs du commerce d'esclaves. — Agriculture. — Poterie. — Exorcisme. — Mort de notre dernier mulet. — Libération d'une femme. — Atrocités des traitants. — Chez Mtarika. — Marche forcée. — Rencontre des caravanes. — Renvoi des cipahis. — Mataka. — Métropole des Aïahous. — Hospitalité et bons sentiments. — Mataka restitue le bétail volé et renvoie les captifs. — Beauté du pays et salubrité du climat. — Les Aïahous. — Regrets........ 61

CHAPITRE IV.

Géologie et description du pays des Afahous. — Départ de Moemmbé. — Le nyoumbo. — Fonderies indigènes. — Forgerons. — En marche pour le lac Nyassa. — Joie de revoir le lac. — Les Mânnganyas. — Lieu de traversée des bandes arabes. — Pas moyen d'avoir de barques. — Moucherons comestibles. — Crainte inspirée aux traitants par l'Anglais. — Rivages du lac. — Encre bleue. — Changement de couleur de Tchitané. — Le nsaka. — Procédé pour répartir la bière dans l'estomac. — Le sandjika. — Rivières lacustres. — Chez Mâkaté. — Le lac Pamalômmbé. — Chez Mponnda. — Une bande d'esclaves. — Vouékétani découvre ses parents et reste avec eux.................... 93

CHAPITRE V.

Traversée du cap Maclear. — Terreur de Mouza. — Arrivée chez Marenga. — Éponges : formation marécageuse. — Description de la ville de Marenga. — Rumeurs au sujet des Mazitous. — Départ des Anjouannais. — Chez Kimmsousa. — Présent d'un bélier. — Chouma retrouve une tante. — Obligeance de Kimmsousa et de ses femmes. — Une autre ancienne connaissance. — Pays à l'ouest du lac et ses habitants. — Les Kannt'houndas. — Kaouma. — Fonte du fer. — Chef ressemblant à sir Colin Campbell. — Milanndos......... 120

CHAPITRE VI.

Marche au nord. — Une forêt africaine. — Ravages des Mazitous. — Saluts des indigènes — Un chef désagréable. — Sur la ligne de partage entre le lac et la Loanngoua. — Extension de l'industrie du fer. — Un vieux Nemrod. — La Boua. — Charmante scènerie. — Difficulté du transport des bagages. — Tchilobé. — Une pythonisse africaine. — Engagement de deux porteurs afahous. — Malade. — Fève tchitella. — Début de la saison pluvieuse. — Arrivée au bord de la Loanngoua................................... 148

CHAPITRE VII.

Passage de la Loanngoua. — Marche difficile. — Le martin-chasseur. — Famine. — Remise forcée du repas de Noël. — Perte des chèvres. — Chasseurs de miel. — Soupé. — Les Babisa. — Encore les Mazitous. — Au village de Tchitemmbo. — Fin de 1866. — Le premier de l'an. — Bord septentrional de la grande vallée de la Loanngoua. — Plus de farine. — Vers le Chambèze. — Mort de Tchitané. — Manque de nourriture. — Perte désastreuse. — Plus de médicaments. — Verroterie. — Monnaie courante. — Babisa. — Le Chambèze. — Arrivée à la résidence de Tchitapanngoua. — Marchands arabes de Zanzibar. — Envoi de dépêches. — Tchitapanngoua et son peuple. — Complications......... 176

CHAPITRE VIII.

Adieux à Tchitapanngoua. — Exposé de la route du Tanganika. — Village de Moammba. — Une autre ligne de faîte. — Les Babemmba. — Malade de la fièvre. — Attitude menaçante des gens de Tchiboué. — Atteint les rochers qui bordent le Liemmba. — Scènerie d'une extrême beauté. — Dangereux état. — Livingstone s'éloigne du lac. — Coton de Fernambouc. — Bruits de guerre entre Nsama et les Arabes. — Village de Tchitimeba. — Présentation de la lettre du sultan à Hamis. — Guerre dans l'Itahoua. — Géographie des Arabes. — Marchands d'ivoire et marchands d'esclaves. — Appel au Coran. — Informations sur les Vouasonngo et sur leur chef Miréré. — Hamis contre Nsama. — Séjour ennuyeux. — Départ pour Ponnda. — Ventouses des indigènes... 213

CHAPITRE IX.

Négociations de la paix avec Nsama. — Glanes géographiques. — Araignée couveuse. — Arrivée au Lofou. — Chez Nsama. — Mariage d'Hamis. — Fuite de la nouvelle épouse. — Incendie. — Anxieux de visiter le lac Moéro. — Funérailles d'un Arabe. — Maladie grave. — Remis en marche. — Rencontre de marchands d'esclaves. — Découverte du Moéro. — Description du lac. — Renseignements à l'égard du Chambèze et du Louapoula. — Livingstone entend parler du lac Bemmba. — Tombeau du docteur Lacerda. — Casemmbé est averti de l'approche de Livingstone. — Rencontre de Mohammed Bogharib. — Petit lac Mofoué. — Arrivée chez Casemmbé.......................... 243

CHAPITRE X.

Grande réception. — Casemmbé et sa première épouse. — Long séjour dans la ville de Casemmbé. — Exploration du Moéro. — Dépêche à lord Clarendon. — Maladie. — Nouvelle exploration du Moéro. — Plaines inondées. — Le Louao. — Visite à Kabouabouata. — Démonstration en l'honneur de Mohammed-ben-Séli. — Encore la fièvre. — Rapports sur les demeures souterraines..... 271

CHAPITRE XI.

Querelle dans le camp. — Longue captivité de Mohammed. — Superstitions. — Nouvelles du lac Tchohouammbé. — Vie des traitants arabes. — Or de Katannga. — Mouabo. — Ascension des montagnes du Roua. — Saïd-ben-Habib. — Jour de naissance. — Hostilité de Mpouéto. — Projet de visiter le lac Bemmba. — Sources du Nil. — Désertion. — Rivages du Moéro. — Visite à Foungafounga. — Livingstone retourne chez Casemmbé. — Opposition d'un essorillé. — Détails sur Péreira et sur Lacerda. — Le major Monteiro. — Liste des Casemmbés. — Relations des lacs avec le Louapoula expliquées par Casemmbé. — La reine Moäri. — Sacrifice arabe. — Kapita vend sa femme.......... 299

CHAPITRE XII.

Départ de chez Casemmbé. — Lion des grandes herbes. — Réception de Moïnémepannda. — Le Louonngo. — Chant d'esclaves. — Tombeau dans la forêt. — Village de Tchikeumbi. — Les Imebozhouas. — Estacade de Kommbôkommbo. — Mazitous. — Découverte du lac Banngouéolo le 18 juillet 1868. — Mapouni, chef du lac. — Description du lac. — Dimensions. — Ile de Mpabala. — Frayeur des canotiers. — Retour. — Envoi de dépêches. — Rencontre de Vouanyamouézi. — Difficultés. — Détails sur les marais décrits précédemment sous le nom d'éponges. — Troubles et complications............ 325

CHAPITRE XIII.

Cataractes du Kalônngosi. — Passage de la rivière. — Sangsues et manière de les détacher. — Fuite d'esclaves appartenant à Saïd-ben-Habib. — Énorme quantité de dents d'éléphant. — Malade. — Théorie des sources du Nil. — Mlle Tinné. — Note sur les climats. — Le lac Nyassa est en dehors du bassin du Nil. — Observations sur le lac Victoria. — Esclaves mourants. — Retour des déserteurs. — Mohammed Bogharib. — Imebozhouas furieux. — Attaque. — Échappé belle. — Attaque renouvelée. — Diplomatie. — Secours. — Ben-Djouma. — Départ du pays des Imebozhouas. — Fuite d'esclaves. — Enterrement du frère de Saïd-ben-Habib. — Singulière coutume. — Les gens des Arabes tuent un éléphant. — Réclamations du chef à ce propos. — Bruits touchant l'expédition de Baker. — Repas de Noël. — Traversée du Lofounzo. — Traversée du Lokivoua. — Le pays s'élève. — Très-hautes montagnes au nord-ouest. — Au bord du Lofouko................. 361

FIN DE LA TABLE DU PREMIER VOLUME.

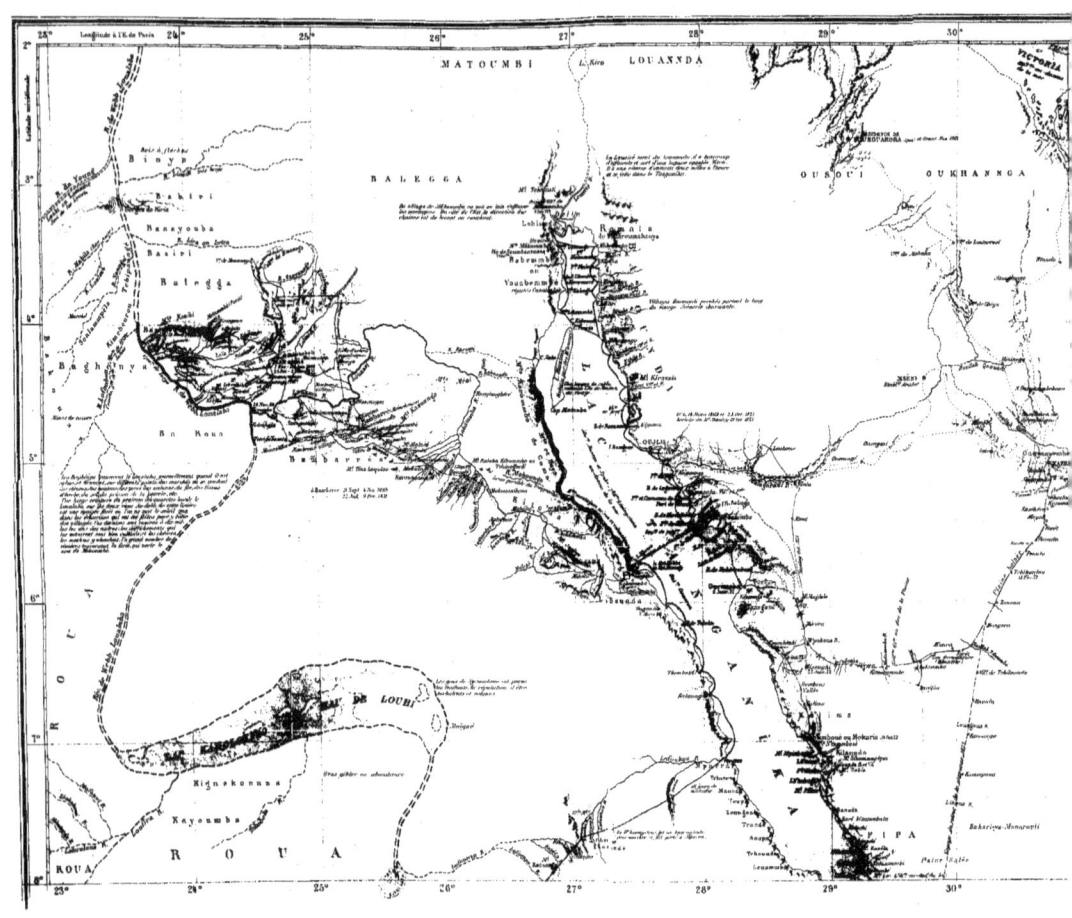

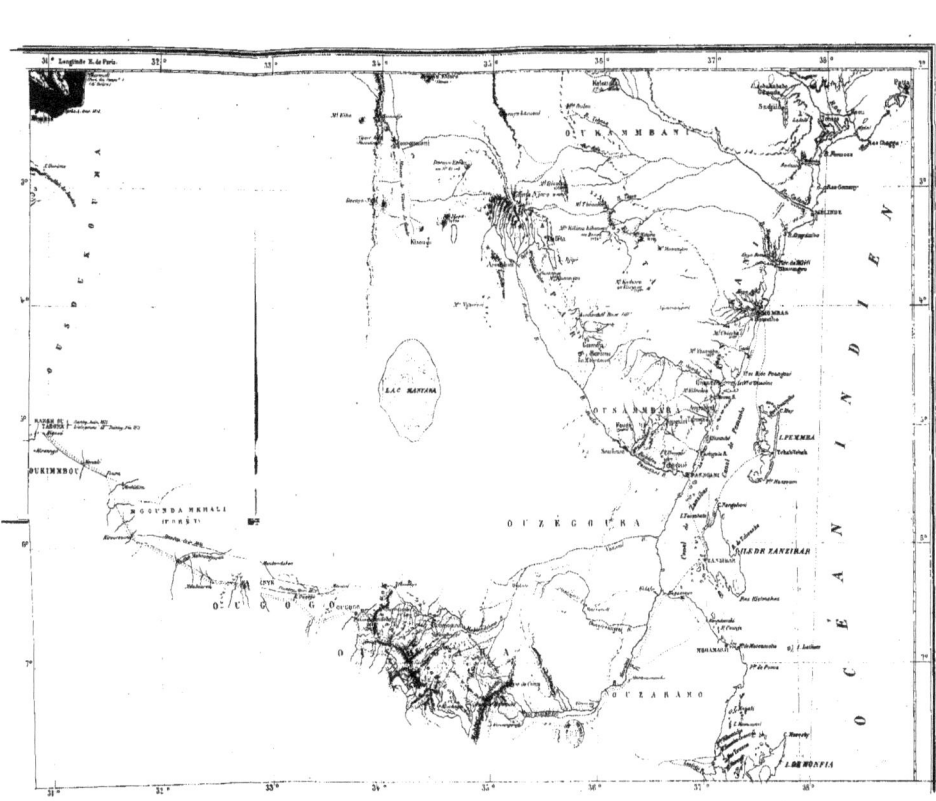

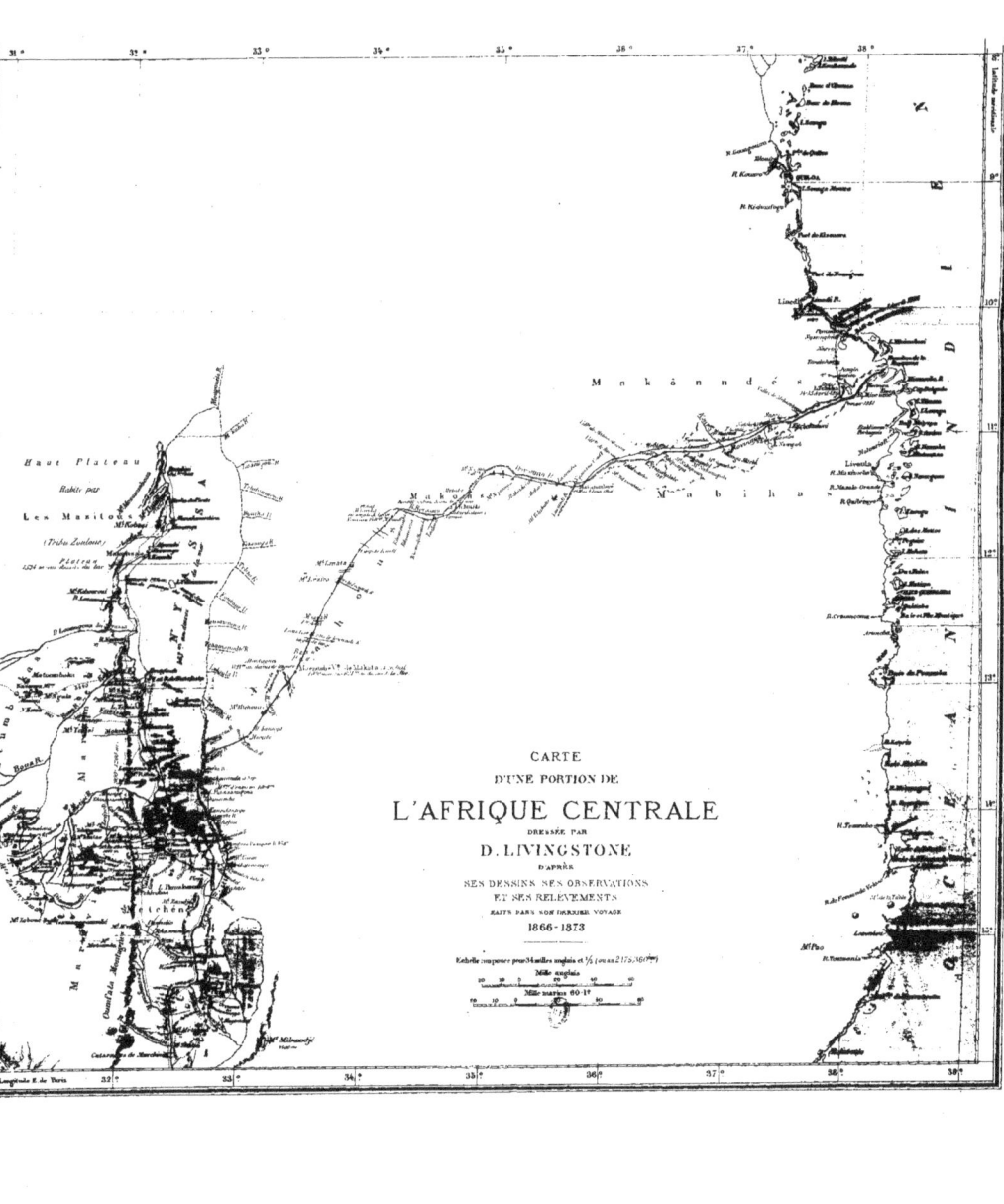

16433 — TYPOGRAPHIE LAHURE
Rue de Fleurus, 9, à Paris.

www.ingramcontent.com/pod-product-compliance
Lightning Source LLC
Chambersburg PA
CBHW071854230426
43671CB00010B/1336